大学通识教育教材

沟通与表达

GOUTONG YU BIAODA

主 编 周成强 戴 玮

中国教育出版传媒集团
高等教育出版社·北京

内容提要

本书是大学通识教育教材。

本书主要内容包括沟通与表达概述、有效沟通的方法、不同对象的有效沟通、会议沟通、团队沟通、危机沟通、跨文化沟通、口语表达、态势语言、面谈、演讲、谈判、书面应用表达、数字化时代的沟通与表达。本书注重理论与实践结合，通过丰富的案例分析和实践练习，引导学生深入了解沟通与表达的本质和规律，提高学生的沟通与表达能力，培养学生的综合素养，增强学生的职业竞争力。

本书适合作为高等学校相关课程的教材，也可供社会读者阅读参考。

图书在版编目（CIP）数据

沟通与表达／周成强，戴玮主编． -- 北京：高等教育出版社，2025.1. -- ISBN 978-7-04-063391-7

Ⅰ．H019

中国国家版本馆 CIP 数据核字第 202476659X 号

策划编辑 朱争争　　责任编辑 朱争争 曹永泰　　封面设计 张文豪　　责任印制 高忠富

出版发行	高等教育出版社	网　　址	http://www.hep.edu.cn	
社　　址	北京市西城区德外大街 4 号		http://www.hep.com.cn	
邮政编码	100120	网上订购	http://www.hepmall.com.cn	
印　　刷	上海新艺印刷有限公司		http://www.hepmall.com	
开　　本	787mm×1092mm　1/16		http://www.hepmall.cn	
印　　张	21.25			
字　　数	540 千字	版　　次	2025 年 1 月第 1 版	
购书热线	010-58581118	印　　次	2025 年 1 月第 1 次印刷	
咨询电话	400-810-0598	定　　价	49.00 元	

本书如有缺页、倒页、脱页等质量问题，请到所购图书销售部门联系调换

版权所有　侵权必究

物　料　号　63391-00

本书编委会

主　编　周成强　戴　玮

编　委　尹玲玲　王童谣　刘　伟　赵俊芳

前 言

沟通是心灵的桥梁，表达是思想的翅膀。在人际交往日益频繁的今天，沟通与表达的能力已成为衡量一个人综合素质的重要标志。无论在职场、家庭还是社会生活中，都需要借助沟通与表达来传递信息、增进理解、建立关系及解决问题。因此，学习和掌握沟通与表达的艺术，对于每个人都至关重要。

沟通与表达之间存在密切的关系，它们相辅相成，共同构成了有效交流的基础。表达是沟通的手段和方式，高效的沟通需要良好的表达能力作为支撑，有效的表达能够促进沟通顺畅进行。沟通则是表达的目的和延伸，通过沟通，人们可以了解他人的需求和想法，从而调整自己的表达方式，使之更加符合对方的接受和理解习惯。实际生活中，无论是在工作、学习还是人际交往方面，都需要不断提升自己的表达能力和沟通技巧，以便更好地与他人交流和合作。

本书旨在为广大读者提供一本系统、实用、易懂的沟通与表达指南。希望通过本书，引导读者深入了解沟通与表达的本质和规律，掌握有效的沟通技巧和策略，提高个人沟通和表达能力，从而在人际交往中更加自信、从容和高效。

本书从多个角度探讨沟通与表达的话题。首先，介绍沟通与表达的基本概念和原理，帮助读者明晰沟通和表达的观念。其次，分析不同情境下的沟通与表达技巧，包括如何倾听、如何表达、如何解决冲突等，使读者能够根据不同场合和对象灵活运用各种技巧。此外，还将关注跨文化沟通，帮助读者了解不同文化背景下的沟通习惯和差异，提高跨文化沟通的能力。

本书在编写过程中，注重理论与实践相结合，通过丰富的案例分析和实践练习，使读者能够在学习中获得实际的操作经验。同时，本书注重实用性和可读性，力求用通俗易懂的语言和生动的案例来阐释复杂的沟通和表达问题，使读者能够轻松掌握相关知识。

本书的编写得到了高等教育出版社的大力支持，谨此致谢。本书主编为周成强和戴玮，各章编写负责情况如下：王童谣负责第一章和第十四章；赵俊芳负责第二章；戴玮负责第三、四、五、六、七章；刘伟负责第八章；尹玲玲负责第九章和第十三章；周成强负责第十、十一、十二章。

最后，希望本书能够成为读者在提升沟通与表达能力道路上的良师益友，陪伴读者不断成长和进步。通过不断学习和实践，每个人都可以成为沟通与表达的高手，用智慧和魅力书写人生的精彩篇章。

编者

2025 年 1 月

目 录

001　第一章　沟通与表达概述
002　第一节　沟通与表达的内涵
004　第二节　沟通与表达的作用
008　第三节　沟通与表达的类型
014　第四节　沟通与表达的障碍
018　本章小结
018　思考练习
019　推荐阅读

020　第二章　有效沟通的方法
021　第一节　学会倾听
025　第二节　学会赞美
030　第三节　适度批评
035　第四节　学会拒绝
036　本章小结
037　思考练习
039　推荐阅读

040　第三章　不同对象的有效沟通
041　第一节　与领导的有效沟通
054　第二节　与同事的有效沟通
061　第三节　与下属的有效沟通
069　第四节　与客户的有效沟通
076　第五节　与亲友的有效沟通
080　本章小结
080　思考练习
081　推荐阅读

I

082　第四章　会议沟通

- 083　第一节　会议沟通概述
- 087　第二节　会议沟通提升策略
- 091　第三节　会议主持的技巧
- 095　第四节　会议的有效组织
- 100　本章小结
- 101　思考练习
- 101　推荐阅读

102　第五章　团队沟通

- 103　第一节　团队沟通概述
- 106　第二节　有效的团队沟通
- 112　第三节　团队沟通障碍
- 116　第四节　团队沟通策略
- 119　本章小结
- 119　思考练习
- 120　推荐阅读

121　第六章　危机沟通

- 122　第一节　危机沟通概述
- 126　第二节　危机管理中的内部沟通
- 130　第三节　危机管理中的公众沟通
- 134　第四节　危机管理中的媒体沟通和网络舆情引导
- 139　第五节　危机管理中的国际沟通
- 141　本章小结
- 141　思考练习
- 141　推荐阅读

143　第七章　跨文化沟通

- 144　第一节　文化与沟通
- 149　第二节　不同文化间的信息沟通
- 151　第三节　跨文化沟通概述
- 157　第四节　建立跨文化关系
- 161　本章小结
- 161　思考练习

162　推荐阅读

163　第八章　口语表达

164　第一节　普通话口语训练
171　第二节　朗读和朗诵训练
182　第三节　口语表达概述
194　本章小结
194　思考练习
195　推荐阅读

197　第九章　态势语言

198　第一节　态势语言概述
202　第二节　态势语言的主要类型
206　第三节　态势语言的使用与训练
215　本章小结
215　思考练习
215　推荐阅读

217　第十章　面谈

217　第一节　面谈概述
219　第二节　面谈的过程
230　第三节　面试
234　本章小结
234　思考练习
235　推荐阅读

236　第十一章　演讲

237　第一节　演讲概述
243　第二节　演讲的准备
246　第三节　演讲稿
247　第四节　演讲的技巧
254　第五节　即兴演讲
260　本章小结
261　思考练习
261　推荐阅读

262 第十二章 谈判

- 263　第一节　谈判概述
- 268　第二节　谈判的结构和过程
- 270　第三节　谈判中的沟通策略
- 275　第四节　谈判的语言及其运用
- 280　本章小结
- 281　思考练习
- 281　推荐阅读

283 第十三章 书面应用表达

- 284　第一节　书面应用表达概述
- 288　第二节　事务文书写作
- 297　第三节　个体文书写作
- 307　第四节　AI时代的应用写作
- 310　本章小结
- 310　思考练习
- 310　推荐阅读

311 第十四章 数字化时代的沟通与表达

- 312　第一节　数字化的影响
- 317　第二节　数字化时代的沟通
- 320　第三节　数字化时代的表达
- 323　本章小结
- 324　思考练习
- 324　推荐阅读

325 参考文献

第一章　沟通与表达概述

【本章提要】

本章主要介绍沟通与表达的内涵、作用、类型以及常见障碍。沟通与表达在个人和组织层面都扮演着至关重要的角色。通过改进沟通方式,团队可以更好地理解彼此的需求和目标,提高工作效率和团队凝聚力。同时,良好的沟通还可以解决问题、建立信任、促进创新、提高客户满意度和增强领导力。因此,应该不断努力提高自己的沟通能力,以便更好地与他人进行有效的交流。

【学习目标】

1. 了解沟通与表达的内涵和概念。沟通是人际交往中不可或缺的一部分,它是建立良好人际关系、有效解决问题的关键。通过学习,了解沟通的重要性,明确沟通在日常生活和工作中的地位。

2. 理解沟通与表达的重要作用。明白良好的表达能力是进行有效沟通的基础,学习如何清晰准确地表达自己的观点、想法和感受,避免因表达不清或误解造成沟通障碍。

3. 掌握沟通与表达的常见类型。学习倾听技巧,了解非语言沟通方式,提高情绪管理能力,培养同理心和共情能力。

4. 了解沟通与表达的常见障碍。掌握有效的冲突解决技巧,学会适应不同场合的沟通策略,增强跨文化沟通能力,掌握高效反馈技巧。

【导入案例】

沟通的作用

一家大型制造公司的研发部门和销售部门之间一直存在沟通问题。研发部门倾向于关注长期项目和技术细节,而销售部门则更关注短期业绩和客户需求。这种沟通障碍导致两个部门在理解彼此的需求和期望上存在很大的差异,从而影响了项目的进展和公司的整体业绩。为了解决这个问题,公司决定采取一些措施来提高两个部门之间的沟通质量。首先,增加了一些跨部门的会议和培训,让两个部门的员工更好地了解彼此的工作和目标。此外,引入了一个新的沟通工具,用于实时共享项目进展、问题和反馈。这个工具使得两个部门的员工可以更方便地进行交流,同时也提高了信息的透明度。

通过这些改进,研发部门和销售部门之间的沟通得到了显著改善。两个部门的员工能够更好地理解对方的需求和期望,从而在项目中进行更有效的合作。这不仅提高了工作效率,也增强了团队凝聚力,使得整个公司在市场竞争中更具优势。

> **思考:** 良好的沟通在工作中起到了什么作用?

第一节 沟通与表达的内涵

沟通与表达是人际交往的核心,在日常生活、工作和学习中扮演着重要的角色。良好的沟通技巧和表达能力可以提高工作效率,建立良好的人际关系,同时也可以增强个人的魅力和影响力。

一、沟通的内涵

沟通是指人与人之间、人与群体之间思想与感情的传递和反馈的过程,以求思想达成一致和感情交流通畅。沟通是一个双向的过程,它包括发送者和接收者之间的信息交流。发送者需要将信息以清晰、明确的方式传达给接收者,接收者需要在接收到信息后进行理解和反馈。在这个过程中,有效的沟通技巧和表达能力就显得尤为重要。

【案例分析】

沟通的技巧

小李是一个非常有才华的年轻设计师,在一家知名的设计公司工作。然而,他发现自己的沟通技巧并不像他的设计技能那么出色。尽管他的设计作品备受赞誉,但他的沟通方式却常常让他陷入困境。

小李在与同事交流时,往往过于直接,没有充分考虑到对方的感受。他经常批评和指责他的同事,这使得他在团队中的人际关系变得越来越紧张。由于沟通不畅,他的工作也受到了很大的阻碍。

小李意识到自己的问题后,开始寻求改变。他开始学习倾听技巧,更多地关注他人的感受和需求。他开始用更加积极和建设性的方式与同事交流,而不是一味地批评和指责。

随着时间的推移,小李的沟通技巧得到了显著的提高。他与同事之间的关系也得到了改善,工作变得更加顺利。领导也开始注意到他的进步,并在公开场合表扬了他。

> 【分析】这个案例表明,良好的沟通技巧对于个人和团队的成功至关重要。通过学习和锤炼沟通技巧,可以改善人际关系,提高工作效率,并为个人和团队的成功奠定基础。

二、表达的内涵

表达是指通过语言、图像、动作等方式,将思想、情感、观点等信息传达给他人的过程。表达可以是有意识的,也可以是无意识的。表达可以发生在不同领域和语境中,如文学、艺术、社交、商业等。在文学领域中,表达是通过文字和语言来传达作者的情感、思想和观点。在艺术领域中,表达是通过绘画、雕塑、音乐、舞蹈等方式来传达艺术家的情感和思想。在社交领域中,表达是通过语言和表情来传达人们的情感和观点。在商业领域中,表达是通过广告、宣传和营销来传达产品或服务的优势和特点。

表达不仅需要清晰、准确的语言和文字,还需要适当的语气、语调和表情来增强表达的效果。同时,表达还需要考虑听众的文化背景、价值观和兴趣等因素,以便更好地传达信息。

总之,表达是人们传递信息和交流思想的重要手段,也是人类文化和社会发展的重要组成部分。

【案例分析】

李华的工作策略

李华是一位出色的销售员,他总是能够成功地与客户建立良好的关系并促成交易。然而,在最近的一次销售会议上,他遇到了一个难题。会议开始时,李华试图与客户建立联系,但他很快发现客户对他的热情并不高。他试图询问客户的想法和需求,但客户似乎不愿意分享太多信息。李华感到困惑和沮丧,他不确定出了什么问题。

在会议结束后,李华向同事分享了他的经历并寻求建议。同事们提出了一些建议,讨论了客户可能需要的利益和价值,以及如何更好地与客户建立联系。

受到同事们的启发,李华重新审视了整个情况。他意识到,在之前的交流中,他可能没有充分表达出对客户的尊重和关注,客户可能感觉不到他的热情和关心,因此不愿意分享太多信息。在反思之后,李华重新制定了策略。他花了一些时间研究客户的需求和兴趣,并制定了更具体的计划来满足他们的需求。在第二次会议上,李华更加关注客户的反馈和情感,并试图更好地理解他们的需求。

在此基础上,这次会议取得了成功。客户对李华的热情和关注感到满意,分享了更多信息和需求。最终,双方达成了协议并签署了合同。

【分析】这个案例说明了沟通与表达的重要性。通过反思和改进自己的沟通策略,李华成功地与客户建立了良好的关系并促成了交易。同时,他也学会了更好地倾听和理解客户的需求和情感,这对于建立成功的商业关系至关重要。这个案例还可以进一步展开思考李华在沟通和表达方面的其他优势和技能,以及他是如何将这些优势和技能应用到其他领域的。

除了在销售会议中与客户建立联系和表达关注之外,李华还具备很好的倾听技能。他能够认真听取客户的需求和意见,并做出恰当的回应。这种能力让他能够更好地理解客户,为他们提供更好的解决方案。

此外,李华还具备很强的说服力和谈判技能。他能够以清晰、有说服力的方式呈现自己的观点和想法,并成功地与客户达成共识。这种能力不仅在销售领域中非常重要,在其他领域中同样重要。例如,在团队管理和领导力方面,李华的沟通和表达技能也起到了关键作用。他能够与团队成员建立良好的关系,有效地协调和沟通项目的进展情况,以及解决团队中的冲突和问题。他的说服力和谈判技能让他在团队中更具影响力,引导团队朝着共同的目标前进。

　　总的来说,李华良好的沟通与表达技能不仅使他在销售领域中取得了成功,在其他领域中也同样体现了其重要性。这些技能帮助他建立了良好的人际关系,有效地表达自己的观点和想法,并与他人达成共识。这些技能对于个人和组织的成功都至关重要。

第二节　沟通与表达的作用

一、沟通的作用

　　沟通在日常生活和工作中扮演着非常重要的角色。它是建立良好人际关系的基础,也是提高工作效率和达成共同目标的关键。通过有效的沟通,可以更好地理解他人的想法和需求,减少误解和冲突,建立信任和共识。

　　尽管认识到沟通非常重要,但在实际操作中也会遇到各种障碍。这些障碍包括语言差异、文化隔阂、缺乏信任、情绪影响、信息不对称等。这些因素会导致沟通不畅,甚至产生误解和冲突。为了克服沟通障碍,提高沟通效果,需要采取一些方法来提升自己的沟通效果。这包括:

　　倾听:在沟通中要认真倾听他人的意见和建议,理解他们的观点和需求。

　　表达:清晰明了地表达自己的想法和意见,避免模糊不清的措辞。

　　反馈:及时给予反馈,让他人知道你的想法和感受,同时也要接受他人的反馈。

　　建立信任:通过言行一致、尊重他人、诚实守信等方式来建立信任关系。

　　确认理解:在沟通过程中确认自己是否理解他人的意思,避免误解。

　　调整沟通方式:根据不同的情境和对象,灵活调整自己的沟通方式和风格。

　　总之,沟通是工作和生活中不可或缺的一部分。通过提高沟通技巧,可以更好地与他人合作,达成共识,实现共同目标。

【案例分析】

华为的沟通之道

　　华为创立于1987年,是全球领先的ICT(信息与通信)基础设施和智能终端提供商。公司拥有20.7万名员工,遍及170多个国家和地区,为全球30多亿人提供服务。华为致力于把数字世界带向每个人、每个家庭、每个组织,构建万物互联的智能世界。在过去的几十年里,华为公司通过有效的沟通,实现了快速的发展和成功。

华为公司非常重视内部沟通,采取了多种措施确保员工之间顺畅的信息流通。公司鼓励员工之间积极交流,分享想法和信息。为此,华为公司提供了各种沟通渠道,如内部网络、电子邮件、电话等。这些渠道使得员工可以轻松地与同事、上级、下级进行沟通。华为公司还注重跨部门之间的沟通。在项目开发过程中,不同部门的负责人会定期召开会议,分享各自的工作进展和遇到的问题,这有助于避免信息孤岛,确保项目顺利进行。

此外,华为公司还非常重视与外部利益相关者的沟通。公司定期向投资者、分析师、媒体等群体发布财务报告和业务动态。同时,公司还通过举办活动、接受采访等方式与公众保持联系,提高品牌知名度和声誉。

通过重视沟通,华为公司取得了显著的成功。公司的年收入和利润持续增长,市场占有率遥遥领先。同时,公司员工满意度高,员工流失率低。高效的沟通也使得华为公司在业界拥有良好的声誉,赢得了客户的信任和忠诚。

【分析】这个案例表明,沟通对于一个公司的成功至关重要。通过有效的沟通,华为公司得以协调内部资源,实现高效的项目管理,并与外部利益相关者保持良好的关系。这为公司的长期发展奠定了坚实的基础。

沟通不仅仅是一种技巧,更是一门艺术。在沟通中,需要关注自己的表达方式和情感,同时也要关注他人的反应和需求。一要尊重他人,尊重他人的观点和感受,避免对他人进行贬低或攻击。二要保持开放心态,接受不同的观点和建议,并从中学习。三要明确目标,在沟通之前明确沟通的目标和议程,避免无目的的讨论或偏离主题。四要用词简练,用简单明了的语言表达自己的想法,避免使用复杂的词汇或长句,以免让听众感到困惑。五要关注情感,在沟通中关注对方情感的变化和影响,以便更好地理解他人的需求和反应。六要善于提问,在沟通中善于提问,可以更好地了解他人的想法和需求,同时也可以帮助自己更好地理解问题。七要接受反馈,在沟通中接受他人的反馈和建议,以便更好地改进自己的想法和行为。

总之,沟通的艺术在于关注他人和自己的情感、需求和目标,以及灵活运用各种技巧和方法来达成共识和解决问题。不断提高自己的沟通艺术水平,可以更好地与他人合作,实现共同的目标。

二、表达的作用及作用领域

表达在日常生活和工作中扮演着非常重要的角色。无论是在学习、工作、社交还是娱乐中,都需要通过表达来传递信息和观点,建立人际关系,解决问题和达成共识。

(一)表达的作用

1. 提高沟通效率

清晰、准确和简洁的表达可以让听众更容易理解自己的意图和目的,从而提高沟通的效率。如果表达模糊、啰唆或不得体,很可能会造成误解或沟通障碍。

2. 增强个人形象

良好的表达可以增强个人形象和影响力。清晰、自信的表达可以让听众感受到自己的专业和能力,从而赢得对方的信任和尊重。

3. 促进合作与协商

在团队工作中,表达可以促进成员之间的合作与协商。通过有效的表达,可以更好地理解他人的观点和需求,达成共识,共同完成任务。

4. 解决问题与冲突

良好的表达可以更好地解决问题和应对冲突。清晰地表达自己的立场和需求,也可以更好地了解对方的立场和需求,从而找到解决问题的最佳方式。

5. 拓展人脉与资源

良好的表达可以帮助拓展人脉和资源。在社交场合,通过自信、得体的表达,可以结交更多的朋友,拓展自己的社交圈。

总之,表达在日常生活和工作中起着至关重要的作用。良好的表达可以提高沟通效率,增强个人形象,促进合作与协商,解决问题与冲突,拓展人脉与资源。因此,应该注重培养自己的表达能力,不断提高自己的表达水平。

(二) 表达的作用领域

1. 商业

一个很好的例子是苹果公司的前任 CEO 史蒂夫·乔布斯。他的出色表达使他能够说服投资者为他的产品买单,同时使员工对他的愿景产生共鸣。他的演讲使苹果公司成为全球最有价值的公司之一。

2. 人际关系

在人际关系中,清晰、诚实和有效的表达可以建立信任,并帮助人们建立更紧密的关系。例如,当一个人诚实地表达他们的感受和需求时,他们更有可能得到别人的理解和支持。

3. 教育

教师通过良好的表达来激发学生的兴趣,帮助他们理解复杂的概念,并培养他们的思维能力。有效的表达还可以帮助学生发展他们的批判性思维和解决问题的能力。

4. 科学研究

科学家通过发表论文和在学术会议上发表演讲来分享他们的研究成果。良好的表达能力可以使他们更有效地阐述他们的研究成果,从而推动科学研究的发展。

5. 社交

在社交场合,良好的表达能力可以使人们更自信地与他人交往,建立联系,并影响他人。例如,一个善于表达的人可以在社交场合中吸引他人的注意,并与他人建立新的关系。

6. 领导力发展

领导者可以通过良好的表达能力来激发团队成员的热情,引导他们朝着共同的目标前进。一个擅长表达的领导者能够有效地传达愿景,建立信任,并激励团队成员发挥他们的潜力。

7. 社区服务

在社区服务中,良好的表达能力可以帮助倡导者吸引更多的志愿者,筹集更多的资金,并提高公众对问题的认识。例如,一个有效的社区组织者可以通过演讲来激发人们对环保问题的关注,并采取行动。

8. 医疗健康

医生需要清晰、准确地传达诊断意见和健康信息,以便患者能够充分理解并及时采取适当的行动。良好的表达能力可以帮助他们建立信任，同时确保信息被正确地传达和理解。

9. 法律

在法律领域，清晰的表达能力是至关重要的。律师需要通过有效的表达来解释法律条款，一个好的表达方式可以建立客户的信任，确保他们得到正确的法律建议。

10. 家庭生活

在家庭生活中，良好的表达能力可以帮助家庭成员更好地沟通，建立更紧密的关系，并解决冲突。一场坦诚的对话可以解决误会，同时加强家庭成员之间的联系。

表达是人们与他人交流、建立关系、实现目标的重要手段。无论是在职场、社会还是个人生活中，清晰、诚实、有效的表达都能帮助我们更好地传达想法和感受，同时更好地了解他人的观点和需求。表达在生活的各个领域都扮演着至关重要的角色。无论是在职场、社会还是个人生活中，都应该注重培养自己的表达能力，以便更好地与他人进行有效的沟通，建立更紧密的联系。

【案例分析】

跨文化沟通中的表达

在一个国际化的公司中，项目经理李明负责一个跨部门的项目，其中涉及不同国家、不同文化背景的团队成员。这个项目对公司的长期成功至关重要，但一开始，团队成员之间存在着巨大的沟通障碍。

李明很快意识到，尽管所有人都说英语，但表达方式和理解上存在差异。一些非英语国家的团队成员在表达自己的观点时显得犹豫和紧张，这导致他们在会议上的参与度很低。此外，不同文化对某些表达方式有着不同的理解，一些看似无害的话语可能会被误解为冒犯或不尊重。

为了解决这些问题，李明采取了一系列措施。首先，他组织了一次沟通培训，强调了准确、清晰表达的重要性。他鼓励团队成员大胆说出自己的想法，同时学会倾听和理解他人的观点。

此外，李明还引入了一些工具和技巧来促进有效的沟通。例如，他要求每个人在发言前先总结自己的观点，以帮助其他人更好地理解。他还向大家传达了一些非语言沟通的技巧，如肢体语言和面部表情，以增强表达的效果。

为了更好地理解和尊重不同的文化背景，李明还组织了一些文化敏感性培训。通过这些培训，团队成员学习了如何适应不同的沟通风格和习惯，以及如何避免因文化差异而产生的误解。通过这些努力，团队成员之间的沟通得到了显著改善。项目的进展也变得更为顺利，团队合作更为默契。最终，这个项目取得了巨大的成功，为公司在市场上赢得了重要的竞争优势。

【分析】这个案例充分展示了正确表达在跨文化沟通中的重要性。通过理解、尊重和适应不同的文化背景，以及学习和实践有效的沟通技巧，我们可以打破障碍，建立真正的连接，实现有效、高效的沟通。

第三节　沟通与表达的类型

一、沟通的类型

根据不同的标准可将沟通划分为不同的类型,主要有以下几种:

(一) 有效沟通、无效沟通

根据沟通的效果,可将沟通分为有效沟通和无效沟通。

有效沟通是指成功把某一信息传递给沟通对象,沟通对象能够做出预期回应的过程。有效沟通的关键在于做到共情、愿意分享话语权,并使用恰当的沟通礼仪,如有意识地努力传递清晰、直接的信息,认真倾听,即使出现争执仍保持礼貌和克制等。此外,轮流发言、不打断别人、诚恳回应等也是实现有效沟通的重要因素。

无效沟通是指未能成功地把某一信息传递给沟通对象,或沟通对象未能正确理解信息的沟通。无效沟通可能导致误解、冲突和不满,甚至可能导致沟通双方之间的关系破裂。造成无效沟通的原因可能包括信息表达不清、信息传递方式不当、信息接收者理解能力不足、外部干扰等。为了提高沟通效率,应该尽可能地减少无效沟通,通过明确目标、清晰表达、选择合适的沟通方式等手段实现有效沟通。

【案例思考一】

无效沟通的危害

张先生是一位优秀的销售人员,但他的沟通能力却常常受到质疑。在一次重要的商务谈判中,由于他没有清晰地表达出产品的优势和特点,导致客户对产品的理解不够深入,最终失去了订单。

【思考】 请分析张先生在沟通中出现了哪些问题,并提出改进建议。

【案例思考二】

有效沟通的方式

李女士是一位新任经理,为了更好地了解团队成员的情况,她经常与员工进行一对一的沟通。在沟通过程中,她不仅认真倾听员工的想法和意见,还积极反馈自己的看法和建议。通过这种方式,她成功地拉近了与员工的距离,提高了团队的凝聚力和工作效率。

【思考】 请分析李女士的沟通技巧对她的管理成功起到了哪些作用。

(二) 上行沟通、平行沟通、下行沟通

根据沟通的对象,沟通可分为上行沟通、平行沟通、下行沟通。

上行沟通是指下级向上级反映情况，提出建议、意见、诉求等，它可以帮助上级了解下层情况以及存在的问题等，以作出符合实际情况的决策，推进工作的顺利进行。

平行沟通是指组织或群体中各平行机构之间的交流，员工在工作中的交互交谈等，它可以保证部门间信息的及时同步，做到相互配合和支持，减少矛盾和冲突，有利于组织或群体间各种关系的平衡和稳定。

下行沟通是指上级将工作任务、目标、规章制度等传达给下级的过程，它可以增强下级员工的目标明确性，增强其责任感和组织归属感，组织协调各层次的活动，加强各级间的有效协作。

【案例思考一】

上行沟通的技巧

小王是一位基层员工，他的直接上级对工作质量要求很高，经常对下属进行严厉的批评。小王在工作中遇到了一些问题，他尝试与上级进行沟通，但上级并没有给他合理的解决方案。小王在向上级表达自己的想法和意见时，采用了积极的态度和建设性的语言，但最终仍然没有得到支持。

【思考】请分析小王在向上沟通中出现了哪些问题，并提出改进建议。

【案例思考二】

平行沟通的作用

某公司近期推出了一款新产品，需要协调多个部门共同推广。市场部、销售部、产品部和技术部是主要的参与部门。由于这款产品比较复杂，涉及多个技术领域，所以技术部成为主导部门。技术部负责人张经理在接到任务后，立即召集团队成员开会，对产品进行深入分析，确定了推广的技术方案和重点。同时，他意识到与其他部门的沟通协作至关重要，因此他主动联系了市场部、销售部和产品部的负责人，共同商讨推广计划。

在首次跨部门沟通会议上，张经理详细介绍了产品的技术特点、市场需求和推广方案。其他部门的负责人也分享了他们的看法和建议。由于各部门对产品的理解不同，会议上出现了一些分歧和争议。市场部建议加强品牌宣传，销售部关注定价策略，而产品部则关注产品的持续改进。

面对这些分歧，张经理采取了开放的态度，鼓励大家发表意见，同时他积极协调，尝试找到一个平衡点。经过多次沟通和调整，各部门最终达成了一致意见，制定了详细的推广计划。在这个案例中，技术部负责人张经理采取了积极主动的沟通方式，与其他部门建立起了有效的平行沟通机制。他通过召开跨部门会议来分享产品信息，倾听各方意见，及时解决问题，最终促成了计划的顺利实施。

【思考】请分析张经理是怎样运用平行沟通解决问题的，从中可以得到哪些启示？

【案例思考三】

下行沟通的关键

某公司部门经理要求下属员工在规定时间内完成一项任务,但员工并没有按照经理的要求去做。经理在下属员工面前发了脾气,并威胁要惩罚他们。下属员工虽然表面上接受了经理的批评,但内心却产生了反感和抵触情绪。

> 【思考】请分析这位经理向下沟通时出现了哪些问题,并提出改进建议。

(三) 会议沟通、口头沟通、书面沟通、团队沟通

根据沟通的方式,沟通可分为会议沟通、口头沟通、书面沟通、团队沟通等。

会议沟通是指组织中通过定期或不定期的会议,进行信息交流、协调工作、解决问题等沟通方式。

口头沟通是指通过口头表达、对话、讨论等方式进行信息交流和沟通的方式。

书面沟通是指通过文字、图表、邮件等方式进行信息交流和沟通的方式。

团队沟通是指组织中团队成员之间进行的沟通活动,旨在促进团队协作、任务协调和达成共识等。

【案例思考】

多种多样的沟通方式

某大型跨国公司(ABC 公司)近期面临一项重要的项目决策,涉及多个部门和多方利益相关者。为了确保决策的正确性和顺利实施,公司决定采用多种沟通方式,加强信息交流与合作。

ABC 公司首先组织了一个面对面会议,邀请项目相关的各部门负责人参加。会议上,各部门负责人就各自的任务、资源和需求进行了深入讨论,初步形成了项目实施方案。在面对面会议的基础上,公司要求各部门撰写详细的项目计划书,包括预期目标、时间表、预算等,并提交给决策层。书面报告有助于决策层全面了解项目情况。

在项目实施过程中,ABC 公司通过电子邮件定期更新进度,提醒相关部门和人员关注变化。这确保了信息的及时传递和问题的快速解决。当遇到需要紧急讨论的问题时,ABC 公司会组织电话会议。这种实时交流方式能够迅速解决争议,达成共识。

为了更好地与外部利益相关者沟通,ABC 公司在社交媒体上发布项目信息,并在在线论坛上邀请客户、合作伙伴和专家参与讨论,收集他们的反馈和建议。ABC 公司认识到项目成功的关键在于人员能力。因此,公司通过内部培训、研讨会和在线课程等方式,提高员工的专业技能和项目执行力。在项目实施过程中,ABC 公司不断收集各方反馈,对计划进行必要的调整。这确保了项目的顺利进行和各方利益的均衡。

综合运用多种沟通方式是确保项目顺利进行的关键。在面对复杂多变的环境时,企业应灵活运用不同的沟通工具和方法,以满足不同利益相关者的需求,提高决策效率和执行力。同时,不断反馈和调整也是确保项目成功的必要条件。

【思考】在这个案例中，ABC公司综合运用了哪些沟通方式？

（四）危机沟通、跨文化沟通

根据沟通的情境，沟通可分为危机沟通、跨文化沟通等。

危机沟通是指在危机发生时，组织或个人为了缓解危机、减少损失、维护形象等目的而采取的一系列沟通措施。危机沟通需要迅速、准确、有效地传递信息，安抚公众情绪，维护组织形象等，因此需要采取多种沟通手段和方式，如新闻发布会、媒体沟通、内部沟通等。

跨文化沟通是指不同文化背景的人们之间的沟通。由于文化差异的存在，人们在语言、价值观、信仰、行为方式等方面可能存在很大的差异，这给沟通带来了挑战。为了实现有效的跨文化沟通，需要了解和尊重不同文化背景，掌握跨文化沟通的技巧和方法，如语言翻译、文化解释、非语言沟通等。

【案例思考一】

重要的危机沟通

某公司在面临一场严重的危机时，由于未能及时、透明地与公众和利益相关者沟通，导致公司声誉受到严重损害。在危机发生后，公司才开始与相关方面进行沟通，但为时已晚。通过这次危机，公司认识到危机沟通的重要性，并建立了完善的危机沟通机制，以确保类似事件不再发生。

【思考】请分析危机沟通的重要性，并提出加强危机沟通的有效措施。

【案例思考二】

有效的跨文化沟通

一家中国公司与一家非洲合作公司共同开展一项业务，由于两国文化背景和价值观念的不同，双方在合作过程中出现了很多分歧和矛盾。为了解决这些问题，双方决定进行一次跨文化沟通。在沟通过程中，双方不仅坦诚地表达了自己的观点和想法，还积极地了解对方的文化和价值观。通过相互协商和合作，双方最终成功地解决了分歧和矛盾，业务也得以顺利开展。

【思考】请分析跨文化沟通的重要性以及在沟通过程中需要注意的事项。

二、表达的类型

"表达"的类型有很多种，以下是一些常见的表达类型：

（一）书面表达

书面表达是使用语言文字将思维活动转化为可见的形式。如职场文书写作，包括求职简历、调研报告、邀请函、策划书、竞聘与述职报告等,都是把想要表达的思想以文字的形式呈现出来。具体来说,一份调研报告格式如下:

1. 标题

(1) 调研报告的标题应简明扼要,能够准确反映调研的主题和目的。标题应避免使用过多的专业术语,使非专业读者也能理解报告的内容。

(2) 报告的副标题可用来提供更多关于调研的信息,如研究的时间、地点、调研的对象等。

(3) 报告的编号和作者姓名应写在标题页的底部。

2. 目录

(1) 目录应列出报告中的各个部分,包括各章节以及各个章节中的小节。

(2) 目录还应列出所有的图表、附录和参考文献。

3. 摘要

(1) 摘要是对调研报告内容的简短总结,应简洁明了地概括报告的主要发现和结论。

(2) 摘要应避免引用数据和方法的详细描述,这些应在正文中详细阐述。

4. 正文

(1) 正文应详细阐述调研的目的、方法、结果和结论。这一部分应包括数据的收集和分析,以及对结果的讨论和解释。

(2) 正文应根据需要分为若干章节,章节之间应有逻辑关系,以便读者理解调研的全貌。

(3) 正文中的段落应有明确的主题句,以帮助读者理解作者的思路。

5. 参考文献

(1) 参考文献是报告中引用的各篇文献的汇总,应按照规定的格式进行编排。

(2) 参考文献应包括报告中引用的所有文献,无论是直接引用还是间接引用。

6. 附录

(1) 附录是报告中一些重要的额外信息的汇总,如调研问卷、数据的详细分析结果。

(2) 如果附录内容较多或较为复杂,应提供相应的索引或说明,以便读者查找和使用。

(二) 口语表达

口语表达是指以话语、音调等为媒介,通过言谈和对话的方式传递信息,进行人与人之间交流的活动。它是以口头形式使用语言,包括日常对话、朗读、朗诵、演讲、辩论、谈判、采访等。口语表达不仅是传递信息的过程,还是一种社交行为,需要互动、沟通和反馈。良好的口语表达需要清晰、准确、有逻辑的语言表达,同时也需要具备良好的语言组织能力、思维能力和情感控制能力。

(三) 视觉表达

视觉表达是指使用图像、符号、颜色、线条等视觉元素来传达某种情感或概念。例如,海报设计、品牌标识。

(四) 音乐表达

音乐表达是指通过声音、节奏、旋律等音乐元素来表达情感和思想。例如,创作一首歌曲或演奏一首乐曲。

(五) 态势语言表达

态势语言表达是指通过身体动作、面部表情、手势等身体语言来传达情感和意图。例如,演讲时的表情语、手势语。

(六) 绘画表达

绘画表达是指使用颜料、画笔等工具在画布上创作出可视的图像,表达个人情感和观念。例如,素描、油画。

(七) 逻辑表达

逻辑表达是指通过推理、论证等方式,将思维过程以清晰、有逻辑的方式呈现出来。例如,撰写一篇逻辑严密的论文或报告。

(八) 情感表达

情感表达是指通过言语、行为等方式,将自己的情感和感受传达给他人。例如,向朋友倾诉心事、表达感激之情。

以上是一些常见的表达类型,日常生活中还有很多其他的表达方式,可以根据不同的情境和需求选择适合的表达方式来传达信息、情感和思想。在当今信息时代,单一的表达方式往往难以满足人们的认知需求。为了更全面、深入地传达信息,需要综合运用多种表达方式。

【案例思考】

与时俱进的表达方式

某非政府组织为了提高公众对全球变暖问题的关注度,制作了一部名为"地球的温度"的公益广告。广告开头以一个家庭的经历为背景,讲述了一对父母为孩子讲述祖辈年代地球温度的故事。随着故事的展开,数据逐步呈现,揭示了近几十年来地球温度的上升趋势和影响。通过故事叙述与数据呈现的结合,广告成功地唤起了观众的情感共鸣,并传递了关于全球变暖的重要信息。

某出版社为了推广一本关于气候变化的科普书籍,设计了一本精美的宣传册。宣传册中,每页都配有一幅震撼人心的图片,如冰川融化、森林火灾等,同时配有简短的文字说明。这种图片与文字的结合使宣传册更具视觉冲击力,激发了读者对气候变化问题的关注和兴趣。此外,宣传册还采用了对比手法,展示了气候变化前后的景象,使读者更加直观地认识到气候变化的严重性。

某公司在发布新产品时,制作了一段精美的产品宣传视频。视频中,优美的背景音乐和生动的画面相互交织,展示了产品的独特功能和设计理念。同时,通过专业配音的旁白,详细介绍了产品的特点和使用方法。这种声音与影像的结合使产品宣传更具感染力,激发了观众的兴趣和购买欲望。同时,视频还运用了动画和特效等视觉元素,增强了视觉效果和观感体验。

某研究机构发布了一份关于全球能源消费的报告。为了更直观地呈现数据,报告中使用了大量的图表,如柱状图、折线图和饼图等。这些图表详细展示了全球能源消费的历史数据、现状和发展趋势。通过表格与图形的结合,报告更加易于理解和分析,为读者提供了更全面的视角。此外,报告还采用了对比手法,将不同国家和地区的能源消费数据进行比较,帮助读者更好地了解全球能源消费格局。

【思考】以上案例中综合运用了哪些表达方式?

第四节 沟通与表达的障碍

一、沟通的障碍

（一）沟通障碍因素

在日常生活和工作中，影响沟通效果的障碍主要有以下几个方面：

1. 认知因素

认知因素包括对自己的认知、对他人的认知和对交往本身的认知。这些认知会影响人际交往中的自我表现和对他人的理解。

2. 情绪因素

情绪因素在人际交往中起着重要作用。适当的情绪表达是建立良好关系的基础，而过度的情绪因素则可能妨碍有效的沟通。

3. 人格因素

不良的人格因素，如虚伪、自私、不尊重他人等，可能会影响他人对自己的评价和感受，从而影响人际交往。

4. 能力因素

人际交往能力的欠缺可能阻碍有效沟通。对于一些人来说，不知道如何关心他人、如何赞美他人、如何调解矛盾等问题，都可能成为沟通的障碍。

5. 语言因素

语言是沟通的基础。语义不明确、语构不当或者语言使用不符合自身身份等都可能造成沟通障碍。

6. 习俗因素

不同的文化习俗可能导致沟通的误解或障碍，尤其是当交往双方来自不同的文化背景时比较容易出现沟通障碍。

7. 角色因素

人们在不同的社会角色中可能会有不同的行为模式和观念，这可能导致沟通不畅。

8. 心理因素

心理障碍或缺陷可能影响人际交往中的沟通，例如，自卑、猜疑、报复等心理状态。

为了提高人际交往的效果，需要克服这些障碍，采取有效的沟通策略和方法，如做到清晰表达、准确解释、尊重文化差异、控制情绪、选择合适的沟通渠道和方式等。同时，还需要注意沟通的及时性、准确性和有效性，以实现高效的沟通。

（二）克服沟通障碍的方法

1. 明确目标

明确目标是指在沟通之前，明确沟通的目标和主题，以及想要达到的效果。这有助于集中注意力，避免偏离主题或浪费时间。

2. 清晰表达

清晰表达是指使用简单、明了的语言，避免使用模糊或含糊不清的词汇。注意语速和语调,确保信息能够被正确理解。

3. 倾听对方

倾听对方是指沟通不仅仅是说话,更重要的是倾听对方的意见和反馈。确保给予对方足够的时间和空间来表达自己的观点,同时也要注意倾听的技巧,如积极回应、不打断对方等。

4. 确认理解

确认理解是指在沟通过程中,不时询问对方是否理解自己的意思,或者让对方用自己的话复述一下。这有助于确保双方对信息的理解是一致的。

5. 避免情绪化

情绪化可能会导致沟通变得不理性,影响信息的传递和理解。尽量避免情绪化的表达,保持冷静和理性。

6. 反馈与调整

在沟通过程中,根据对方的反馈和表现,适时调整自己的表达方式和语气。同时也要给予对方积极的反馈,鼓励对方表达自己的观点和想法。

7. 掌握非语言沟通技巧

非语言沟通如肢体语言、面部表情、目光接触等,这些都能够辅助语言传递信息,增强沟通效果。注意自己的身体语言和面部表情,确保它们与自己所表达的信息一致。

8. 寻求共同点

在沟通中寻找双方的共同点,如共同的兴趣、经历或观点等。这有助于建立信任和共鸣,促进双方的沟通和理解。

9. 不断练习

沟通是一个需要不断练习和改进的技能。通过不断的实践和反思,逐渐提高自己的沟通能力,克服沟通障碍。

总之,克服沟通障碍需要双方共同努力,相互理解。通过明确目标、清晰表达、倾听对方、确认理解、避免情绪化、反馈与调整、掌握非语言沟通技巧、寻求共同点和不断练习等方法,可以有效地提高沟通能力,实现高效沟通。

【案例分析】

沟通的障碍

在一家大型跨国公司中,有两个部门——销售部和生产部——长期以来一直存在沟通问题。销售部经常抱怨生产部无法满足客户的需求,而生产部则认为销售部对客户的期望过于宽松,导致生产压力增大。

> 【分析】首先,梳理这个案例中的沟通障碍。
> 销售部和生产部之间的沟通障碍主要体现在以下几个方面:
> 语言和语义理解:两个部门使用不同的"语言"和"词汇"。销售部关注的是客户的需求和满意度,而生产部关注的是产品质量和生产效率。由于缺乏共同的语言基础,双方在交流时往往难以理解对方的真实意图。

> 目标和期望不一致：销售部的目标是满足客户需求，而生产部的目标是高效、低成本地生产产品。由于这两个目标有时会发生冲突，导致双方在决策时难以达成一致。
>
> 信任缺失：由于长期沟通不畅，销售部和生产部之间缺乏信任。销售部认为生产部不重视客户需求，而生产部则认为销售部为了业绩而牺牲产品质量。这种不信任进一步加剧了沟通障碍。
>
> 为了解决这些沟通障碍，可以采取以下措施：
>
> 建立共同语言：为了确保双方能够准确理解对方的意图，销售部和生产部需要共同制订一套明确的术语和沟通标准。这可以通过定期召开跨部门会议、制定沟通指南等方式实现。
>
> 明确目标和期望：公司高层应明确销售部和生产部的目标和期望，并确保双方对此达成共识。例如，制定明确的业绩考核标准，鼓励双方在满足客户需求的同时提高生产效率。
>
> 建立信任关系：为了重建信任，销售部和生产部需要加强互动，分享信息，共同解决问题。例如，设立跨部门小组，由双方代表共同参与，以促进信息共享和相互理解。
>
> 反馈与改进：定期评估沟通效果，收集各方反馈，发现问题及时调整。例如，通过满意度调查、员工访谈等方式收集意见，不断优化沟通机制。

二、表达的障碍

表达的障碍是指个体在传递信息、表达思想和情感等方面的障碍，通常是由于语言、听力、认知、情感等方面的障碍所引起。表达的障碍可以表现为口语表达不清、听力理解困难、语言使用不当、表达技巧缺乏等方面。这些障碍可能导致个体无法正确表达自己的想法和情感，影响沟通效果。

（一）影响表达的因素

1. 语言能力

语言能力是影响表达最直接的因素。如果一个人缺乏语言知识或表达能力，那么他们可能无法清晰地表达自己的想法。

2. 文化背景

文化背景可以影响一个人的表达方式。不同的文化背景可能会使人们对某些事物有不同的看法和表达方式。

3. 情绪状态

情绪状态也可能影响表达。例如，当一个人感到紧张或焦虑时，他们可能会无法清晰地表达自己的想法。

4. 听众

听众的背景和知识可能影响表达。例如，当一个人向具有不同背景的人解释某个概念时，可能需要采用不同的方式和词汇来确保他们能够理解。

5. 语境

语境是指语言使用的环境。在不同的语境下，同一种表达可能会有不同的含义。因此，在特定的语境下,表达时需要考虑使用合适的语言和词汇。

6. 知识储备

一个人的知识储备会影响他的表达能力。如果一个人对某个话题或领域的知识不够了解,那么他可能无法用合适的语言和词汇来表达自己的想法。

7. 语言障碍

一些人可能因为语言障碍而难以表达自己的想法,例如,口吃、语言失用症等。这些障碍会影响他们的语言表达和理解能力。

(二) 克服表达障碍的方法

1. 练习口语

可以通过朗读、复述、背诵等方式来提高口语表达能力,提高口语表达能力是克服表达障碍的一种有效方法。

2. 控制情绪

有时候,表达障碍可能源于紧张或焦虑,可以通过深呼吸、放松身体等方法来控制情绪。

3. 增强自信心

自信心不足会影响表达能力的表现,可以通过肯定自己的成就、自我肯定等方式来增强自信心。

4. 学习沟通技巧

掌握有效的沟通技巧可以帮助更好地表达自己的想法。例如,学习如何开始和结束对话、如何提问和回答问题等。

5. 寻求帮助

如果尝试了上述方法仍然无法克服表达障碍,可以寻求专业人士的帮助,如心理咨询师或语言治疗师等。

总之,为了克服表达的障碍,个体需要进行口语训练、听力训练、认知训练等,提高自己的语言表达能力。此外,个体还需要学习正确的语言使用技巧,如语法、词汇、语音等,以及沟通技巧,如倾听、提问、表达等。同时,家庭和社会也需要为个体提供支持和帮助,鼓励他们积极参与社交活动,提高自己的社交能力。

【案例分析】

表达的障碍

李先生是一位高级工程师,他工作努力,技术精湛,但他的职业发展却受到了阻碍。尽管他在技术方面表现出色,但他的表达能力和沟通技巧却一直是他升职加薪的障碍。他经常在会议上无法清晰地表达自己的观点,导致其他人对他的能力产生怀疑。

> 【分析】李先生的问题在于他的表达障碍。他可以很好地理解技术问题,但当他试图向其他人解释或与他人沟通时,他总是无法清晰地表达自己的观点。他的表达方式不仅含糊不清,而且经常使用过于专业的术语,使得其他人很难理解他的意思。
>
> 为了解决这个问题,建议李先生采取以下策略:

1. 简化语言：避免使用过于专业的术语，尽可能用简单易懂的语言来表达自己的观点。这不仅可以提高沟通效率，还能让更多非专业人士理解他的想法。

2. 结构化表达：在发言前，先整理好自己的思路，明确要点。可以尝试使用逻辑框架或思维导图来帮助自己组织思路。这样可以让他的表达更有条理，更易于理解。

3. 多练习：通过模拟会议、角色扮演等方式，多进行口头表达练习。这可以帮助他提高自信心，并逐渐克服表达障碍。

4. 反馈与改进：请他人对自己的表达提出意见和建议。这样可以帮助他更好地了解自己的不足，并有针对性地改进。

李先生开始尝试以上策略，他先从简化语言入手，尽量避免使用专业术语。在每次会议前，他都会花时间整理思路，明确要点。此外，他还主动参与角色扮演活动，通过模拟场景进行口头表达练习。同时，他也请同事和朋友对自己的表达提出意见和建议。

经过一段时间的努力，李先生的表达能力有了明显的提高。他在会议上的发言变得更加清晰、有条理，其他人也更容易理解他的观点。他的沟通技巧得到了同事和上级的认可，他的职业发展也开始有了新的突破。

表达障碍是很多人在工作和生活中都会遇到的问题。通过明确问题、制定策略、执行计划并持续改进，我们可以有效地提高自己的表达能力。对于李先生来说，他的努力不仅提高了自己的表达能力，还为他打开了新的职业发展机会。这个案例告知，只要有决心和行动，克服表达障碍是完全有可能的。

本章小结

1. 在日常生活和工作中，沟通与表达是一项至关重要的技能。无论是在个人关系还是职业生涯中，有效的沟通与表达都能带来积极的影响。

2. 有效的沟通有助于解决问题。通过充分讨论和交换意见，人们能够找到问题的根源和解决方案。此外，良好的沟通还能促使人们更加积极地参与问题解决的过程，提高解决问题的效率。

3. 清晰的表达和有效的沟通有助于提高工作效率。在工作中，如果能够迅速、准确地传达信息，就能减少误解和不必要的工作，从而更好地实现个人价值，提高工作效率。

思考练习

1. 假设你是一名销售人员，你需要向客户推销一款新产品。请写下你要讲述的内容，并尝试用清晰、简洁的语言来表达。然后，请一位朋友或同事扮演客户，听你解释并给出反馈。

2. 在与他人交流时，提问是一种有效的沟通方式。请尝试提出一些问题，以了解他人的观点和感受。请注意，你的问题应该尊重他人，避免过于直接或冒犯他人。

3. 非语言沟通在人际交往中也非常重要。请练习通过表情、姿势和语气来表达你的情感和意图。请一位朋友或同事观察你的表现,并给出反馈。

4. 有效的沟通不仅仅是表达,还包括倾听。请找一个话题,和一个同学进行讨论。请注意,在倾听别人说话时应该尊重他人,避免打断或提前做出结论。

5. 在处理冲突时,沟通是非常重要的。请设想一个常见的冲突场景(例如,你和你的室友对如何清洁房子有不同的看法),并尝试通过有效的沟通来解决冲突。请一位同学扮演另一方,并给出反馈。

6. 在一个初创科技公司,有一位技术专家李明,他的技术能力非常强,但在与团队成员沟通时常常出现问题。他经常使用过于专业的术语,使得其他非技术人员很难理解。同时,他在表达自己的观点时,过于直接,经常伤害到别人的感情。这使得他在团队中的影响力大打折扣。请分析李明在沟通表达中存在的问题,提出相应的解决方案,制订实施计划。

推荐阅读

1.《说话的艺术》　　作者:[美]戴尔·卡耐基

这本经典书籍提供了许多关于公众演讲和人际沟通的实用技巧和建议,帮助你更好地表达自己的想法和观点,同时与他人建立良好的关系。

2.《情商:为什么情商比智商更重要》　　作者:[美]丹尼尔·戈尔曼

这本书介绍了情商对个人成功的重要性,包括自我意识、自我管理、社会意识、人际关系管理等方面的能力。这些能力对于有效的沟通表达至关重要。

3.《刻意练习:如何从新手到大师》　　作者:[美]安德斯·艾利克森、罗伯特·普尔

这本书介绍了如何通过持续的刻意练习来提高技能和能力。对于想要提高沟通表达技巧的人来说,这本书提供了一些实用的方法和建议。

第二章　有效沟通的方法

【本章提要】

本章主要介绍有效沟通的方法,包括:学会倾听、学会赞美、适度批评、学会拒绝。这些方法能帮助人们克服沟通障碍,改善人际关系,提高工作效率。因此,应该灵活掌握有效的方法,提高沟通效果。

【学习目标】

1. 了解倾听在沟通中的重要性,掌握倾听的技巧,提高倾听的能力。
2. 学会使用赞美的语言艺术。
3. 学会适度批评的方法。
4. 学会选择合适的方式拒绝。

【导入案例】

儿子的心声

爸爸正在看报,儿子走进来说:"嗨,爸爸,我能和你谈谈吗?"爸爸的眼睛并没有离开报纸,说:"当然可以,谈什么?"

儿子先谈学校,他说:"我毕业学分不够,需要参加暑期学习。"爸爸很显然没有在听,回答说:"那很好。"

儿子第二次尝试引起爸爸的注意力。他说:"爸爸,我想我要退学了。我不想去任何地方。"

爸爸依然在看报纸,咕哝道:"嗯,为什么呢?"

最后,儿子说:"喂,今天我要第一次旅行。"

爸爸回答:"好的。只要你认为是最好的。"

儿子走了,妈妈进来了。她问丈夫:"儿子说了些什么?"

爸爸回答说:"噢,没什么要紧的。"

儿子走后给父母留下了一张纸条:"如果有人问起你我在哪里,告诉他们我出去找有时间的人了,因为我有一大堆要谈的事情。"

> **思考：** 对儿子来说,他多么需要爸爸的倾听!反观本例的爸爸真的在倾听吗?是心不在焉地随意听,还是心无旁骛地倾听?

第一节　学会倾听

倾听是有效沟通的重要组成部分,旨在实现思想一致和情感畅通。倾听是最基本的语言技能,是我们最常用的口头沟通形式,是达成沟通意图、取得共识的重要手段。有效倾听在生活中扮演着至关重要的角色,而当你真正学会倾听,就会发现,爱其实就在你身边。

一、倾听的含义

倾听,从人际沟通的角度来说,是弄懂别人所传达的信息的过程。倾听是指倾听者通过视听器官接收信息,通过大脑的思维处理信息,从而达到理解对方思想和感情的全过程。在这一过程中要用耳倾听,用眼观察,换位思考,正确理解信息,做出适当的反馈。

二、倾听的作用

英国管理学家L.威尔德说:"人际沟通始于聆听,终于回答。"戴尔·卡耐基认为,在沟通的各项能力中,最重要的莫过于倾听的能力。倾听作为有效沟通的重要组成部分,在每个人的学习、工作和生活中扮演着至关重要的角色。

(一) 倾听有利于促进感情,增进关系

1. 有效倾听能加强社会关系网

在一项大学生沟通的试验中,心理学家克里斯·克莱克发现,那些自己说话时间占了80%而倾听只有20%的人最不受人们欢迎。心理学家朱丽·罗格曾谈到倾听带来的必然效果:"建立良好的人际关系的要点是倾听、倾听还是倾听。如果你想拥有一位终身的朋友,倾听,真正地互相倾听,就能将两个人永远地联系在一起。"

2. 有效倾听能改善家庭关系

"你能体会我的感受吗?""你能不能换位思考一下我的处境?"当家庭某一成员发出这些恳求时,最好的办法就是倾听并分享他的恐惧、伤害、疑问观点及他可能倾诉的一切。当他发现他的话、想法和感受被家人真正倾听,并试图与他沟通时,他就能感到好受些,因为他会感觉到被承认、被接受、被理解、被重视、被爱,这会增强他的自信心和生活的幸福感,他的家庭关系自然是和谐亲密的。这也非常恰当地诠释了拉尔夫·G.尼克尔斯的观点——人类最基本的需求就是了解和被了解。

【案例分析】

爱她就用心倾听她

一个女人失去了她的配偶。白天,她在孩子们面前把自己打扮得漂漂亮亮的。孩子们上

班后,她积极参加社区活动。只是到了晚上,她难过得想哭,睡眠不好,于是在孩子的建议下去看了心理医生。

心理医生针对这位女士的情况指出,她白天能积极参加社区活动,是非常好的行为,说明她一直通过积极的生活方式适应新生活。而在孩子面前遮遮掩掩,就是怕孩子担心自己,不想影响和耽误孩子的工作。晚上一个人睡不好,哭泣,是一种思念和孤独无助的表现。建议这位女士短期内可以用药物改善失眠,但这些药物不能解决长期的问题。最好的方法是,孩子多花点时间和她在一起,倾听她的心声,从而减少她的孤独感。

对于丧偶的老人,心理科医生指出,虽然丧偶老人身边的亲朋好友希望能帮助老人减轻丧偶的痛苦。但陪伴孤寡老人时,不要表达太多自己的观点,也不要表达太多的悲伤或同情。相反,要做一个好的倾听者,要把自己放在老人的立场上去看待和感受事物,从语言和行为上尊重老人,认真倾听老人的心声,让老人感到被理解和接受,使他们感到自己并不孤单。这将是对孤寡老人最大的支持。虽然他们的老伴已经走了,但是他们身边还有很多关心和支持他们的人,这就是他们坚强起来的理由。

【分析】由此可见,倾听虽然不是药,却比药还管用,虽然不能把丧偶老人的老伴从死神手里抢回来,却可以为其撑起一片天,能够产生一股力量,让丧偶老人不会感到人生的悲凉,进而重新鼓起生活的勇气。

在"世界孤独症日",很多机构会组织活动来关爱那些孤独症患者,而最好的关爱方式就是用心倾听这些患者的心声。在倾听中会发现这些孤独症患者都有一个非常丰富的内心世界,他们十分聪明,极具想象力,只是缺少欣赏的目光和对他们心灵的关爱。所以,这些志愿者会组织一些有针对性的活动,走近这些患者,近距离倾听患者的心声,传递爱与温暖,让他们感受到心有灵犀的亲切感,打开心扉,让阳光透进紧闭的心门,温暖内心的每一个角落。

(二)倾听有利于充分地获取信息

有效的倾听者因获得更多的信息而受益,这就是为什么他们在别人都没看到隐藏的问题和机会时就拿好了主意。倾听是获取信息最直接最有效的途径,积极主动地倾听能帮助管理者尽可能多地获取信息,进而科学决策。成功人士大多善于倾听他人。一家大公司的总经理,在任职初期,对公司的独特性知道得很少。当有下属需要他帮助时,他却无法告诉下属什么。庆幸的是,这位总经理深谙倾听的技巧,所以不论下属问他什么,他总是回答:"你认为该怎么做呢?"通常,这么一问,下属就会提出各种方法。在倾听下属说话过程中,他了解到很多情况,然后依据自己的经验,帮助他们做出正确的选择,最后下属们总是满意地离去,心里还对这位刚上任的总经理赞叹不已。《资治通鉴》曾经记载唐太宗问宰相魏徵:"人主何为而明,何为而暗?"魏徵说:"兼听则明,偏信则暗。"这句话道出了倾听对于领导者明白事情的真相、做出科学决策的重要性。

(三)倾听有利于提升企业的经营水平

松下幸之助是日本著名跨国公司"松下电器"的创始人,被人称为"经营之神"。他出生在日本一个贫穷的家庭里,只受过4年小学教育,1989年逝世时,却留下了15亿多美元的遗产。松下幸之助为人谦和,有人曾向他请教经营的诀窍,他说:"首先要细心倾听他人的意见。"由此可见,松下先生的经营智慧就蕴藏在这四个字中:善于倾听。

此外,有效倾听还能提升业绩、提高雇员满意度、增强人的自信心、增加人的兴趣,提升人的幸福指数。

三、无效倾听的类型

想一想,你是否存在以下情况?
(1)你听到另一个人在讲话,却没有留心关注他;
(2)你专注地听了某条信息,但是转眼又忘了;
(3)你关注且记住了某条信息,但没有准确理解它;
(4)你理解了某条信息,但没有及时有效地将你的理解传达给信息的发送者。

以上就是倾听失败的表现。一些先进的公司因为认识到无效倾听造成的代价,所以在努力消除一个问题,那就是"你真正在倾听吗"?他们意识到从高级主管到工人都需要有效倾听,于是,他们为职员提供了倾听教育以提高雇员的倾听技巧,他们认为:

成功交流的最重要的因素不仅在于良好的语言运用能力、良好的说话能力,或陈述自己观点的能力,而且关键在于倾听他人观点的能力。想要成为优秀的倾听者第一步就是确定自己是否属于无效倾听者,了解无效倾听的类型并克服它。

(一)假装式倾听

假装式倾听是指表面上好像在倾听,眼睛也看着你,有时还会点头附和,实际上一句话也没听进心里去。

(二)自恋式倾听

自恋式倾听是指这样的人在别人说话时,总是会把话题转移到自己身上,沟通自己感兴趣的领域。这种沟通容易破坏彼此之间的关系。

(三)选择性倾听

选择性倾听是指在沟通过程中,人们只选择听见自己在意的,没兴趣的则选择不听。

(四)隔绝性倾听

隔绝性倾听是指无论你说什么,无论你多热情,倾听者就是不想听,不想沟通,即使是他自己的事,他也是随便应付。

(五)防卫性倾听

防卫性倾听者比较缺乏安全感,太过敏感,认为别人的话都是在攻击自己,与人沟通总觉得对方要挑自己的毛病。

(六)迟钝性倾听

迟钝性倾听者无法领会说话者的全部信息,导致沟通的效果只知其一不知其二。对很多言语信息和体态语不留意,只会从字面上理解,听不出来"话里有话"。

四、有效倾听的要素

倾听不只是听到,事实上,倾听的过程包括五个要素:听到、专注、理解、记忆和反馈。

(一)听到

听是倾听的生理维度,在沟通的过程中,耳朵接收到的所有的声音。听到的过程会受到噪声等因素的影响。

(二) 专注

专注是一个心理过程，是知觉选择过程的一部分，是倾听的过程中将注意力集中在重要的信息上的表现。

(三) 理解

理解是指对听到的声音进行信息解读，以捕捉诉说者的思想或情感。值得指出的是，受知识、背景、经验等因素的影响，倾听者对所感知的信息赋予特定意义很可能会导致其理解的信息与信息本身的含义出现差异。

(四) 记忆

记忆是记住信息的能力。倾听者将听到并理解到的信息储存到记忆库中。

(五) 反馈

倾听者对理解并记住的信息做出积极反馈。沟通在本质上是交流的，倾听者在接收信息的同时，也在发送信息，反馈是良好倾听中极为重要的一部分。

五、有效倾听的方法

倾听与"说"和"表达"在沟通的形式中有着同样重要的作用，良好的倾听是"说"清楚的基础，但真正的倾听不只是点头和注视那么简单，而应该有一定的技巧和策略，必须学习和掌握有效倾听的技巧，提高倾听的能力。

(一) 恰当运用态势语，给予正面鼓励

在沟通的过程中应当积极运用态势语，从肯定和鼓励对方的立场去倾听。倾听时，应该热情，微笑点头表示对于对方的认可、鼓励和尊重，以激发讲话者的自信心并形成良好的合作关系。同时，注视对方的眼睛，促进双方的目光交流。身体自然前倾、运用鼓励的手势等表达自己认真倾听的态度，激发对方沟通的兴致。

(二) 专注倾听，换位思考

繁体的"聽"字，它是由"耳、王、十目、一心"四部分组成，所以，"聽"整个字的本意就是要以耳为主、眼神交流、全神贯注、用心领悟，因此在沟通的过程中除了恰当运用态势语，应当从内心认识到倾听的重要性，做到换位思考，以充分理解对方。

1. 设身处地、运用同理心

设身处地站在说话者的立场和角度看问题，努力领会对方所说的题中之义和要传达的情绪与感受。如果无法准确判断他的情感，可直接询问："那么，您感受如何？"当真正理解对方当时的情绪后，应该对对方给予肯定和认同："那的确很让人生气""真是太不应该了"等，让对方感觉体会到了他的感受并与他产生共鸣。

【案例分析】

焦小姐的沟通困惑

焦小姐的朋友给她发了条短信，问她方便不方便，想和她聊会儿。焦小姐说没问题，结果，电话一接通，焦小姐就听到对方哭了，然后对方说出了自己的经历。焦小姐知道朋友心情不好，但那一刻她不知道如何更好地安慰她。只能帮她转移注意力，问她现在在哪里，有没有吃晚饭。结果，她的朋友挂断了电话，过了一会儿给她发了条短信，说："那一刻，我以为你不懂

我,从你那里得不到我想要的安慰。"通过这件事情,焦小姐发现自己不能很好地理解别人的情绪,她知道对方很伤心,但不理解她为什么这么伤心,也不能给对方安慰,所以觉得有点无所适从。

> 【分析】相信案例中焦小姐的体验,很多人都曾经有过。朋友找自己来倾诉,但是自己却无法很好地与其沟通,安慰和帮助对方,不仅对方会认为沟通很糟糕,自己也会有一种挫败感。事实上,每个人看问题的角度都不一样。在倾听中,如果你愿意了解别人的心情,应该学会从别人的角度看待问题,与对方共情,这才是真正的有同理心。当朋友来找我们谈话时,我们当然希望能给对方一些安慰,这不仅会增强彼此的信任感,也会给我们一个呈现自我价值的机会。在倾听中只有懂得换位思考,才能更好地为对方解决问题,出谋划策。

2. 专注倾听,先接受再反馈

不多说,专注倾听。先接受说话者所说的内容,不轻率地过早做出主观臆断,如果对方一直夸夸其谈,更忌总是打断对方,要学会捕捉讲话重点,待你真正理解对方的所有意思后,再去给予对方正确的反馈。

(三) 及时反馈,提供支持性回应

试着想一想你心中某个善于倾听的人,你为什么会选择这个人?很可能是因为他在你说话时所使用的及时反馈的方式——当你说话时和你有眼神交流,而且不时点头示意,当你说到很重要的事情时保持专注,当你说到某些不可思议的事情时发出感叹,当你请教他时则给你提供另一种观点或忠告。

在沟通过程中还要学会给对方及时的、支持性的倾听回应。大量研究表明,在困境中无论男女都偏爱和想要收到支持的、赞同的信息。支持性回应就是听者表明自己和说话者的立场一致。有学者说支持就是"表达关心、关注、情感和兴趣,尤其是在对方感到压力和沮丧之时"。支持性回应有几种类型:

(1) 同理心,如"我可以理解你为什么会这么沮丧"。
(2) 同意,如"你说得对,这个事儿对你很不公平"。
(3) 提供协助,如"如果你需要我的话,我就在这里"。
(4) 赞美,如"你很好,如果对方意识不到这一点,那是他人的问题"。
(5) 恢复信心,如"最糟糕的情况已经过去了,从现在开始一切都会好转的"。

第二节　学 会 赞 美

一、赞美的含义

赞美就是颂扬、称赞,是发自内心地对于自身所支持的真、善、美的事物表示肯定与欣赏。从心理学角度,赞美是一种容易引起对方好感的人际沟通形式,也是一种有效的沟通技巧,能

有效地缩短人与人之间的心理距离。著名思想家爱默生说:"凡是我所遇见的人,都在某些方面比我强。在这些方面,我应该向他们学习。"学会欣赏和赞美别人,是一种气度,一种智慧,一种境界。

二、赞美的作用

(一)赞美能满足人的心理需求,给人信心

每个人都渴望被赞美,这在心理学意义上源于人渴望被认可、被尊重的精神需求,需求一旦被满足,人就会充满自信和动力。赞美直接影响人际关系,在人际沟通中遵循"3A"原则:Accept(接受)、Appreciate(欣赏)和Admire(赞美),适当地赞美别人,使人心情愉悦,迅速拉近人与人之间的距离,只有真诚地赞美别人、尊重别人,才会得到别人的尊重。

【案例分析】

施瓦伯成功的秘密

"钢铁大王"安德鲁·卡内基为什么付给施瓦伯一天3000多美元的薪水呢?是因为施瓦伯是个天才吗?不。是因为他所掌握的钢铁制造知识比别人更多吗?也不是。施瓦伯曾告诉过"我",在他手下做事的许多人比他在这方面知道得更多,他之所以能获得这么高的薪水,主要是他出色的为人处世的本领。

"我"问他是如何与人相处的,他亲口说出了自己的秘诀。"我"认为,应该将这些话镌刻在传之久远的铜牌上,悬挂在全国的每个家庭、学校、商店以及办公室中;这些话每个儿童都应该背下来,这将更有利于他们的成长。施瓦伯说:"我最大的资本,就是鼓动、激发职工的热情的能力。而充分发挥一个人才能的方法,正是赞赏和鼓励。""在这个世界上,批评最容易扼杀一个人的雄心壮志。我从来不去批评任何人;相反,我认为应从工作方面多给人激励。所以我更加乐于称赞,而不喜欢挑剔。如果说我有什么偏好的话,那就是由衷地赞美对方。"

这就是施瓦伯的做法。但一般的人又是如何做的呢?与施瓦伯正好相反,如果他们不喜欢某件事,就会竭力挑剔它的毛病;而如果他们真的喜欢它,也会闭口不谈,就好像它完美得无可挑剔一般。

"我这一辈子交际很广,见过世界上许多著名人物,"施瓦伯说,"我发现所有的人,无论这个人如何伟大,地位如何高贵,当他在得到赞许的情况下工作时,总比被批评时工作更出色,成就也更大。"

【分析】施瓦伯所说的也正是"钢铁大王"安德鲁·卡内基创造出惊人成就的一个重要的原因。卡内基不仅仅在非公开场合,而且还在许多公开场合称赞他的雇员,甚至在他的墓碑上也没有忘了称赞他的雇员。他给自己写的碑文是:"长眠于此处的,是一个知道如何和比他自己更聪明的人相处的人。"通过此案例可以看出赞美的重要性,那么你认为"钢铁大王"安德鲁·卡内基为什么付给施瓦伯一天3000多美元的薪水呢?如何真诚地赞美对方呢?

(二)赞美能催人奋进,使人成功

美国《幸福》杂志下属名人研究会的研究结果表明:从很大程度上讲,学会赞美他人是事

业成功的阶梯。真诚的、发自内心的赞美可以增进你的人际关系,使你在事业的道路上畅通无阻。从一定意义上讲,赞美是一种有效的感情投资,当然有付出就会有回报。赞美领导,能使领导心情愉悦,对你越发重视;赞美同事,能够增进感情,增强团队精神,在合作中更加愉快;赞美下属,能使你赢得下属的敬重,激发其工作热情,更好地协助自己在事业上的发展;赞美自己的生意伙伴则会赢得更多的合作机会,从而获取更多的利润。如果你学会了赞美别人,你就拥有了开启成功之门的钥匙。

【案例分析】

赞美的力量

美国第40任总统里根,出生于美国的平民家庭,先后从事过多项职业,60年代中期开始弃商从政,1980年当选为美国总统,他被认为是美国历史上最杰出的总统之一。里根在78岁生日时对记者说:"在我14岁的时候,我的母亲对我说,千万别忘了发现别人的长处,多说别人的好话。从此以后,我牢记这句话,甚至在梦里也不忘赞美别人。可以说是我的母亲塑造了我的一生。"

爱默生对惠特曼的影响是世人皆知、有目共睹的。1855年《草叶集》第一版出版后,遭到批评家们的广泛批评和指责,而爱默生大加赞扬:"对《草叶集》这份美好礼物的价值我绝不能视而不见,我觉得它是美国有史以来,最不同凡响的礼物,它充满了机智与智慧。读这本诗集我感到十分高兴,就像一种伟大的力量使我们高兴一样……《草叶集》正是我们所需要的。我为您的自由和勇敢的思想而高兴……我祝贺你开始一项伟大的事业。"

> 【分析】正是母亲的鼓励和学会赞美他人的嘱托塑造了里根总统的成功;正是爱默生给予的鼓励和鞭策,使得惠特曼的诗歌开始在美国诗坛引起讨论,使自由体诗在美国文坛独树一帜。这些案例证明了一点:赞美在一个人成长的道路上,起到了至关重要的作用,学会赞美他人是你走上成功的阶梯。

三、赞美的方法

(一)赞美要真诚

孔子说:"巧言令色,鲜矣仁。"花言巧语历来是不被称道的,因此,赞美要真诚,要发自内心,要实事求是。戴尔·卡耐基曾说过赞美和恭维的区别:一个是真诚,一个不是真诚;一个出自内心,一个出自牙缝;一个是对对方的尊重与佩服,一个是向对方阿谀奉承。如果言不由衷,畏于权贵,叫"拍马屁"。同时,在赞美别人时,要做到"四忌":忌夸大,忌愚忠,忌敷衍,忌讽刺。

(二)赞美要具体

赞美要具体,如外在的五官长相、穿着打扮和内在的性格、气质、学历、经验、气量、心胸、兴趣爱好、工作能力等。如:与其赞美别人"您穿上这条裙子真漂亮!"不如赞扬她"这裙子穿在您身上,身段更迷人了!"与其赞美一个人演讲很棒,不如赞扬他:"你的演讲非常有思想性,特别是那句……"与其赞美别人"你的发型不错",不如赞扬:"你的发型真好,让你年轻了十多岁。"

赞美越具体,说明你对对方越了解,从而拉近了彼此之间的关系。

克莱斯勒公司为美国前总统罗斯福制造了一辆汽车,因为他下肢瘫痪,不能使用普通的小汽车,工程师把汽车送到了白宫,总统当着朋友和同事们的面夸奖:"我真感谢你们花费时间和精力研制了这辆车,这是件了不起的事。"总统接着欣赏了散热器、特制后视镜、钟、车灯等,换句话说,他注意并提到了每一个细节,他知道工人为这些细节花费了不少心思。总统还坚持让他的夫人、劳工部长和他的秘书注意这些装置。

这种具体化的赞美让人感觉到了真心实意。因此,赞美话一定要切合实际,言之有物。

【案例分析】

周恩来的赞美艺术

1971年7月29日,基辛格率代表团秘密访华,进行打破中美中断20多年外交僵局的谈判。来华前,尼克松总统曾不止一次为他们设想这次会谈的情形,以为中方会大拍桌子叫喊"打倒美帝国主义",勒令他们退出台湾,滚出东南亚。为此基辛格一行人心理非常紧张。

但事实出乎他们的意料。周恩来总理在钓鱼台国宾馆亲切会见了他们。周恩来总理微笑着握着基辛格的手,友好地说:"这是中美两国高级官员二十几年来第一次握手。"当基辛格把随行人员一一介绍给周恩来总理时,他的赞美更出乎他们的意料。他握住霍尔德里奇的手说:"我知道,你会讲北京话,还会讲广东话。广东话连我都讲不好。你是在香港学的吧!"又对斯迈泽说:"我读过你在《外交季刊》上发表的关于日本的论文,希望你也写一篇关于中国的。"最后他握住洛德的手,"小伙子,好年轻,我们该是半个亲戚,我知道你的妻子是中国人,在写小说。我愿意读到她的书,欢迎她回来访问。"

【分析】周总理简短的欢迎词里蕴含了高超的赞美技巧。他认识到基辛格一行人的紧张心情,在严肃的外交场合,他有意淡化了政治角色,而是抓住细微之处,拉家常似的,对其语言才能、论文、家庭成员进行了一番巧妙的赞美。称赞得既亲切又得体,缓解了对方的紧张情绪,使基辛格一行人对中国的领导人顿生敬意,认识到中国人民的友好态度。周恩来总理能做到这一点,是事前细心准备的结果。他先对基辛格一行人的工作、生活资料做了一定的了解,准确地找出他们在外交场合一般不为人所提及的细小之处。同时,周恩来总理也对他们来华心理做了大致分析,才会有外交场合亲切的言辞和出色的表现。

(三)赞美要找到独特的闪光点

斯瓦伯曾说:"世界上最易抹杀一个人志向的,就是上司的批评。我向来不批评任何人,我急于称赞,迟于找错。"需要用心去发现他人身上的闪光点,并加以赞美。

1. 赞美要富有新意

不要停留在众所周知的优点上,要去挖掘他人身上一些鲜为人知的优点,表现出独特眼光,让他人得到一些新的肯定。爱因斯坦曾这样说过,赞美他思维能力强、有创新精神,他一点都不激动,作为科学家,这类话他听腻了,但如果谁赞美他小提琴拉得棒,他一定会兴高采烈。所以,赞美一个普通的人,可以赞美他努力了许多时间而无人注意的工作,尤其是他足以自慰的工作或本领。但对于一位名人,却要欣赏他那些不大为别人所知的,但是他自己所得意的事情。

一位青年去拜访一位大学教授,因初次相见,彼此有些不自然。他猛地想起这位教授在业余十分喜欢收集火花,便说:"王教授,我听说您在著书立说之余还一直精心地收集火花,这确实是件有特殊意义的好事。它使我扭转了教授学者都是戴着近视眼镜的学究印象。今天我才知道,教授学者也是爱好广泛的人!"王教授听后,心里很是欣喜,对这位青年的细心与理解十分感激,很快就与青年谈得很投机。

赞美对方最倾心而别人却并不以为然的事,是赞美中最能博取好感也最不易做到的一点。因为你必须在赞美前了解和熟知对方所最倾心的事情,这就需要细心观察和认真调查。

2. 从细节上发现别人的用心之处

生活中,很多人为了初次见面给别人留下好的印象,格外注意细节,如得体的穿着、漂亮的发型、精心挑选的见面礼物,这些细节足以见得对与人见面的重视,应该善于从这些细节中捕捉别人的用心之处,并给予衷心的赞美。

法国总统戴高乐在 1960 年访问美国时,尼克松为他举行了宴会,尼克松夫人费了很大的心思布置了一个鲜花展台,在一张马蹄形的桌子中央,用鲜艳夺目的热带鲜花衬托了一个精致的喷泉。戴高乐将军一眼就看出这是主人为欢迎他而精心制作的,不禁赞不绝口:"女主人真是用心,这一定花了很多时间来进行漂亮、雅致的计划与布置。"尼克松夫人听后,喜悦之情溢于言表。

(四)"赞美小贴士"

1. 多在背后赞美他人

曹雪芹在《红楼梦》里写了这样一段话:史湘云、薛宝钗劝贾宝玉去做官,贾宝玉大为反感,对着史湘云和薛宝钗赞美林黛玉说:"林姑娘从来没有说过这些混账话!要是她说这些混账话,我早和她生分了。"凑巧这时黛玉正来到窗外,无意中听到贾宝玉说自己的好话,不觉又惊又喜,又悲又叹。结果宝、黛两人互诉心声,感情大增。因为在林黛玉看来,宝玉在湘云、宝钗、自己三人中只赞美自己,而且不知道自己会听到,这种话才是难得的。因此,多在他人面前说一个人的好话,是促使双方关系融洽的最有效的方法,假如有一位陌生人对你说:"某某朋友经常对我说,你是位很了不起的人!"相信你感动的心情会油然而生。要想让对方感到愉悦,就更应该采取这种在背后说人好话的策略。因为这种赞美不仅使对方愉悦,更让其感受到情感的真实。

2. 爱她,用心赞美她

卡耐基的忠告是:一个会说话的人要比相貌或者其他方面的才能重要得多,这是家庭和睦、人际关系和谐应该具备的一项非常重要的能力。

洛杉矶家庭关系研究所所长保罗·鲍比罗曾说过这样的话:"大多数男子在寻找对象的时候,不是找一位能干的高级职员,而是想找一位既迷人又可以满足他的虚荣心,并使他感觉超人一等的人。所以,某位公司或机构的女主管可能会有人来邀请她吃饭,但也只有一次。她很可能会把她在大学所学的《现代哲学主要思潮》拿出来作为话题,甚至还要坚持付自己那份餐费。可是结果呢? 从此以后,她就只能一个人吃饭了。相反,那些没有上过大学的打字员小姐却大不相同。当她被人邀请共进午餐的时候,她会用热情的眼光注视着她身边的男子,话语中带着无限深情:'能不能把你的情况多告诉我一些?'结果这个男人会告诉别人'她并不是很漂亮,但我从来都没有遇到比她更会说话的人'。"

3. 赞美要因人而异

每个人在生活中都扮演了多重角色,角色关系不同,说话方式不同,赞美的方式也不同。对朋友可以真心诚意地夸他,对领导要含蓄适度地赞美,否则会被认为是"拍马屁",对爱人要甜言蜜语地称赞,对长辈要恭恭敬敬地赞美,对小孩可以和蔼可亲地夸奖他。

1889年,清朝任命张之洞为湖北总督。新任伊始,适逢新春佳节,抚军谭继洵为了讨好张之洞,设宴招待张之洞,不料席间谭继洵与张之洞因长江的宽度争论不休。谭继洵说五里三,张之洞认为是七里三,两人各持己见,互不相让。眼见气氛紧张,席间谁也不敢出来相劝。这时列末座的江夏知事陈树屏说:"水涨七里三,水落五里三,制台、中丞说得都对。"

这句话给两人解了围,双方都抚掌大笑,并赏了陈树屏20锭大银子。陈树屏巧妙且得体的言辞,既解了围又使双方都有面子。这种赞赏就充分考虑了听者的心理和当时的境况。

赞美要因人而异,还需要考虑其他因素,如:听话者的性别、年龄、个性特征、文化知识水平、心境等,因此,在夸赞别人时,要学会察言观色,因人而异。

第三节 适 度 批 评

一、批评的含义

批评有两种含义,一是指对事物加以分析比较,评定其是非优劣;二是可解释为指出所认为的缺点和错误并提出意见,相对于直接式的、暴风骤雨式的批评,在人际沟通中更多地应该选择适度批评,即确定批评的力度,把握批评的时机,以和风细雨式的、潜移默化式的方式,使其发挥事半功倍的效果。

二、批评的作用

批评既是一种重要的激励方式,也是一种有效的沟通信号,它是一门关乎时机、场合、方式选择的艺术。批评可以促使人认识自己的缺点,激励人成长和进步。恩格斯说:"无论从哪方面学习,都不如从自己所犯错误的后果中学习来得快。"

任正非说,我们要时刻保持清醒的头脑,具有危机意识与自我批评精神,为此,他在华为的网站设立心声社区,即"华为的罗马广场",任何人都可以注册账号,在上面匿名留言建议、吐槽。面对刺耳的声音,任正非反而觉得很高兴,他说:"要感谢批评我们的人!他们不拿华为的工资和奖金,还批评我们,是帮助我们进步。"可以说,华为的成长与进步在很大程度上得益于批评与自我批评。

【案例思考】

不被接受的批评

有一个非常爱好摄影的年轻人,拿了一叠他自己的摄影作品去拜访一位摄影家,请他批评。这位摄影家,很欣赏年轻人的勇气,就把他的作品仔仔细细看了一遍,并且还很热心地告诉他哪一张曝光时间长了一些,哪一张光圈小了一些,哪一张取景需要变换角度……当这位摄影家正在"指正"的时候,这个年轻人总是找一番理由来为自己辩护。不是说取景时找不到合适的位置,就是说当时天气不佳等等,如此啰唆了半天。当那个摄影爱好者走了以后,摄影家觉得又好气又好笑。他说:"我真傻,何必说那么多的话呢。"其实这种结果是完全能想象得到的,现在有些青年人确实不愿意虚心接受批评。

> **【思考】**英国学者帕金森说:"即使在私下,不破坏和谐融洽气氛与亲密合作的批评都是很难做到的。"批评确实是件很难掌握的事情,选择哪种适度的批评方式,才能既让对方认识到错误的危害性,又做到不伤害对方自尊,使对方能够欣然接受呢?

三、适度批评的方法

在人际交往中,除了要学会赞美,还要掌握批评的艺术。著名教育家马卡连柯说:"批评不仅是一种手段,更应是一种艺术,一种智慧。"在批评时,要本着关爱对方、促进对方成长的原则,选择恰当的时机,在赞美中批评,在关心中批评,灵活运用间接批评艺术,进行适度批评,相信会达到"忠言'顺'耳利于行"的效果。

间接批评,是指不直接指出对方的错误,而是通过其他途径,用比较谦和的态度、委婉的语言,让对方认识和改正错误。间接批评更加讲究方式方法,更容易被接受,更能激发出被批评者强大的改过动力,收到比声色俱厉的直接批评更好的效果。

(一)在关心中批评

批评可以分为善意和恶意两种,善意的批评是一种出自内心的怜悯忧虑和期待,目的是纠正被批评者的错误,防止这种错误愈演愈烈,致使犯错者最终无法自拔;反之,恶意的批评则是一种幸灾乐祸式的落井下石,其目的就是通过打击、辱骂对方,使之产生自己已经无可救药的幻觉,从而自暴自弃。我们所倡导的批评的艺术是以善意的批评为根本,是在关心关怀中进行批评。

在这一方面的模范首推孔子,"仁"是孔子教育思想的核心,关爱是孔子对门下弟子施以教学批评的情感起点,是其"仁"思想在教育教学中的具体显现,孔子批评弟子的教育过程中便饱含着浓浓的关爱。比如《孔子家语·致思》中,子路在蒲地做地方长官时,率领当地百姓修建沟渠来防备水患,看到百姓们劳动辛苦,善良的子路就发给每人一篮食物和一壶水。孔子听闻,则急忙地叫子贡去阻止子路这么做,子路感到生气与委屈,跑来找孔子理论,又招致孔子的反诘:"汝以民为饿也,何不白于君,发仓廪以赈之?"其实子路擅自与民箪食壶浆,虽彰显了自己的品德高尚,但暴露了国君对百姓的不恩惠。孔子批评、阻止子路,正是出于害怕子路因此被治罪的担忧。又如《孔子家语·辩乐解》中,子路喜欢弹奏粗俗、有亡国之意的琴乐,孔子听到后直言:"甚矣!由之不才也。"因为子路不注重先王之制,却喜欢弹奏亡国之音,很容易招来杀身之祸,孔子批评他,也是出于对子路生命安危的担忧和关爱。

(二)在赞美中批评

教育家陈鹤琴说:"无论什么人,受激励而改过,是很容易的,受责骂而改过,是大不容易的,而小孩子尤其喜欢听好话,不喜欢听恶言。"每个人天生都渴望得到别人的赞美,这是人性使然,因而在赞美之中进行批评,则更容易使人接受,进而有效地达成批评的效果。

【案例分析一】

晏子进谏

在这一方面,晏子进谏的故事值得学习。一天,齐景公不务政事而出去"掏小鸟"玩乐,晏子听说后立即入宫劝谏。景公一见晏子,以为要受到严厉的指责,担心得汗都流了出来。晏子就问景公:为什么出汗了呢?景公说:刚才我去看小鸟,见小鸟十分瘦弱,于是就回来了。晏子本想批评景公不该荒废朝政而去掏鸟,但他思考了一会儿,却赞扬起景公来:国君您具备圣王之道了,景公一愣。晏子接着分析道:国君去看小鸟,小鸟弱,所以回来了,这就是爱护弱者啊!国君对禽兽尚且如此仁爱,何况是人呢,这不就是圣人之道吗?一席话,说得景公既惭愧又心热,从此再也不做掏鸟的事了。

【分析】在这次劝谏中,晏子避而不谈对方的问题,只讲好的一面,表面上是在表扬,其实暗含着批评,具体来讲,就是从对方的错误行为中找出值得肯定的地方对其大加褒扬,使积极面得到强化,消极面受到抑制,从而实现错误向正确的转化。运用这种方法,首先,要善于瑕中找瑜;其次,要善于抑扬结合,在表扬对方好的方面时,要反衬出其错误的一面,使之明白,尽管你没用批评的言语,但富含批评的意思;再次,用语要适当,即讲话要发自内心、真诚,而不能让其感觉被嘲讽,以免产生负效应。

【案例分析二】

"四块糖"的故事

我国著名教育家陶行知先生任育才小学校长时,发生过一件事情。一天,陶行知先生无意中看到学生王友用泥块砸同学,就迅速将其制止,并要求他放学后到校长办公室一趟。放学后,陶行知处理完手边的事情后赶到办公室时,看到王友早就等候在门口。陶行知把他领进屋,很客气地让他坐下,没有立即批评他,却出人意料地从口袋里掏出一块糖递给他:"这是奖励你的,因为你遵守时间并且比我先到。"接着又掏出一块糖给他:"这也是奖励你的,我不让你打同学,你就立即住手,说明你很尊重我,并且也听师长的话,是个好学生。"待王友迟疑地接过糖,陶行知又说:"你是个有正义感的孩子,你打同学也不是无缘无故的,是因为他们欺负女同学,你看不过去,才出手打人。"说完陶行知又给了他第三块糖。王友再也忍不住了,边哭边说:"校长,我错了,你批评我吧,我不该打同学,我不能接受你的奖励。"陶行知笑了,又拿出第四块糖:"你已经承认了错误,再奖励一块。我们的谈话结束了,你可以走了。"

【分析】在这则案例中,陶行知完美地将表扬和批评相结合,在赞美中展开批评,使学生幡然悔悟。这种方法其实也是"三明治策略"——夹在两大赞美中的小批评。对此,玛丽·凯在《谈人的管理》一书中阐释道"不要光批评而不赞美。这是我严格遵守的一个原则。不管你要批评的是什么都要找出对方的长处来赞美,批评前和批评后都这么做。"

（三）暗示法

用言语、手势、表情等使人领悟到错误或缺点，及时结束某种意见或者停止做某件事情称为暗示效用。在生活中，有时候，因被批评对象身份的特殊性，不便进行直接批评，可以采用暗示法，在不伤害被批评者自尊心的前提下，使其自我感悟，自纠错误。巧妙暗示是使被批评者乐意接受的方法之一，不仅不会招来对方的抵触情绪，还会迎来对方的爱戴。

【案例分析】

张咏的批评艺术

宋代寇准官至宰相，才华横溢，只是有一项缺点，就是不爱学习。张咏，是寇准的至交好友，对于其缺点想进行劝诫，但是又碍着宰相的面子，不便直接进行批评。张咏担心若是批评轻了就无法引起寇准思想上的触动，但是如果批评重了，又怕寇准无法接受，传出去还有损寇准的宰相形象，所以决定采取暗示的批评方式。一次，寇准和张咏二人恰巧在陕西相会，寇准设宴招待张咏。就在二人分别的时候，寇准向张咏询问对于自己的意见和建议。张咏沉吟片刻，慢条斯理地说：“《汉书·霍光传》不可不读。"然后告别而去。寇准回府就找出《汉书·霍光传》仔细阅读，当年霍光任大司马，大将军，手握大权，与寇准的地位相近。同时霍光不学无术，不明事理，居功自傲，也与寇准有近似之处。霍光因其不学无术，酿成祸害，最后导致家族败灭。当寇准读到"光不学无术，闇于大理"时，才恍然大悟，明白了张咏的用意，并且大声感慨地说："这就是张咏让我看的地方啊！"

【分析】在这则案例中，张咏之意是劝诫寇准多读书，明白天下兴衰的道理，以免重蹈覆辙，这批评其实非常尖锐，张咏就是碍着宰相的面子，不便直接进行批评，又担心批评重了寇准无法接受，才采取暗示的批评方式，委婉曲折，以古喻今，借偶然的机会提到和宰相身份相似但因不学无术酿成祸害的霍光，使寇准幡然醒悟，愉快地接受了批评，这就是张咏暗示批评艺术的妙处。

对比暗示即通过比较的话语体系来表达自己的不认同，暗示对方去认识自己的过错，或以自己作比，婉转地批评对方的过错。如《论语·子路》载樊迟请学稼和为圃，孔子就只回答说"吾不如老农""吾不如老圃"，以自己农学技能方面不如老农老圃作比，实则在委婉地批评樊迟志向不足、舍本逐末的倾向。如《论语·公冶长》载，当看到宰予白天睡大觉，不用功读书，孔子则以"朽木不可雕""粪土之墙不可圬"的比喻，表达对宰予这一行为的不满和批评。

（四）旁敲侧击

"旁敲侧击，启发自省"，是指通过谈及与对方错误紧密相关的事物，促使对方对自己的错误加以警觉、反思，进而觉醒和改正的方法。这种间接批评的方法，没有批评的语言，总是给被批评者留有台阶，因而既能避免直接批评所造成的难堪，又能点到其错误所在，从而使其易于接受，并积极地进行思考、改过。

【案例分析】

晏子劝谏

齐景公曾经非常暴虐地滥用髌足即砍掉人的脚的刑罚,晏子总想劝止景公,但他没有直接进行劝谏,而是借和景公的一次谈话成功实施了劝谏。景公问他:"市场上什么东西最贵,什么东西最便宜?"晏子回答说:"假脚最贵,鞋子最便宜。"这一妙答,使景公立即醒悟过来,他明白了没脚的人太多,导致假脚价格暴涨,鞋价猛跌,引起了老百姓的痛苦怨恨,后果非常严重。晏子一席话令景公幡然醒悟,他自省自纠,从此便不再滥用这种刑罚了。

【分析】在这次劝谏中,晏子首先选择恰当的与被批评者的错误有直接联系的敲击物即"假脚"和"鞋子",一提起它们,就让齐景公联想到自己滥用过髌足刑罚的错误,意识到假脚价格暴涨,鞋价猛跌,给老百姓带来的痛苦,从此醒悟便不再滥用这种刑罚了。使用此方法要注意掌握适当的敲击度,即要点到为止,只要对方能认识并反省错误,就要及时结束话题,如果语气过重,持续时间过长,就容易使被批评者产生抵触和厌烦情绪,往往难以达到预期目的。

(五)先扬后激

在沟通的过程中,面对狂躁或震怒的人,可采用先扬后激的批评策略,先给予赞美、表扬,待对方紧张情绪消除,再和颜悦色地说几句批评的话,甜中带辣,使对方心悦诚服,可以达到意想不到的批评效果。

【案例分析】

长孙皇后的妙计

有一天,李世民早朝完后回到家中,满脸怒气,狠狠地说:"有机会非杀掉这个乡下佬不可!"长孙皇后听后,顿生疑虑,连忙问他要杀掉谁,李世民说:"魏徵,他常常当着那么多大臣的面批评我,不留一点情面,使得我下不了台!"长孙皇后听到李世民的解释以后非常高兴,赶忙穿上参加大典的时候才穿的衣服,站在屋子中央,向皇上道喜。李世民见状,十分惊讶,于是问道:"你这是干什么?"长孙皇后微笑着回答:"我听人说,君主英明,臣就正直。现在魏徵如此正直,正是说明陛下英明啊!我岂敢不祝贺呢!"李世民听后恍然大悟,转怒为喜。

【分析】在这则故事中,长孙皇后知道如果直劝,正在气头上的李世民不仅不会听劝,相反很有可能会被激怒,于是她巧妙地运用了"先扬后激"的批评谋略。先运用夸张的手法,顺着李世民的心理,用大礼祝贺的形式引起李世民求解的好奇心,为自己说理赢得了机会。接着她运用赞颂的语言,指出"君主英名,臣就正直"的常规道理,而魏徵敢于直面纳谏,反推得出"臣正直,陛下必然英名"的结论,使李世民不得不接受这一结论并反思自己,豁然开朗,消除了杀掉魏徵的念头。唐朝之所以有这样的盛世,离不开李世民这位明理聪慧的贤内助。

对于处于狂躁或者震怒之中,因一时意气用事犯了错误的人,要想帮助其改正错误,达到批评的目的,不妨学一学长孙皇后"先扬后激"的谋略。

第四节　学会拒绝

一、拒绝的含义

拒绝,作为交际名词,简单来讲,就是回绝别人的要求,这种要求可能是他人的建议、意见或批评,也可能是他人的恩惠或赠予的礼品等。拒绝,既是一个动作,也是一种态度。

【案例思考】

罗斯福的婉拒

美国总统富兰克林·罗斯福在就任总统之前,曾在海军部担任要职。有一次,他的一位好朋友向他打听海军在加勒比海一个小岛上建立潜艇基地的计划。罗斯福神秘地向四周看了看,压低声音问道:"你能保密吗?""当然能。""那么,我也能。"他的朋友明白了罗斯福的意思,就不再打听了。

> 【思考】在此案例中,富兰克林·罗斯福非常巧妙而委婉地拒绝了好朋友的请求。拒绝是一门艺术,那么,在人际交往中,应该选择什么样的拒绝方式,才能既不伤害对方的自尊,也不让自己为难呢?

二、拒绝的方式

在人际交往中,总会有一些拒绝与被拒绝的事情发生,而心理学告知当一个人明确拒绝时,他的整个身心都会处于紧张的状态,被拒绝的一方更会因此产生紧张和不愉快的情绪。然而,对于无法予以承诺或不合理要求的事,要坚持拒绝,但需要把握一个"度"。拒绝别人是一门艺术,应该在认真倾听对方诉求的基础上,选择合适的方式拒绝,阐明充分的理由来拒绝,多一些人性关怀的拒绝。

(一)直接拒绝法

对于一些违反原则或直接损害公众利益以及自己无法承诺的无理要求,应该直截了当地予以拒绝,当场讲明,但是一定要注意言辞、避免态度生硬、说话难听。需注意的是对对方提出的要求,若觉得行不通,要第一时间反馈给对方,切勿拖延,以免造成误解。当然,沟通的高手在第一时间表明立场后,还会马上给出理由,给对方一个台阶下。例如,一位上司要给下属介绍对象,下属直截了当拒绝了他:"谢谢您总想着我。实在抱歉,这件事让您失望了。我现在还不具备结婚的条件,我想等事业稳定以后,有了一定的经济基础再谈婚事。"

(二)婉言拒绝法

婉言拒绝是指用温和曲折的语言,去表达拒绝的本意,作为一门艺术,其奥妙就在"委婉",即既要表达拒绝又不使相邀者为难、下不了台或不高兴。与直接拒绝相比,它顾全了被拒绝者的尊严,所以更容易被接受。在表达时,可以先顺着对方的请求,在对对方表示同情、理解的基础上,用委婉的语言巧妙拒绝,使对方放弃不合理的请求,达成拒人于无形之中的效果。

中唐以后,藩镇割据,藩镇高官用各种手段勾结文人和拉拢中央官吏。李师道是当时藩镇之一的平卢淄青节度使,又被冠以检校司空、同中书门下平章事的头衔,其势炙手可热。一些不得志的文人和官吏往往去依附他,张籍却不为所动,以一首乐府诗《节妇吟寄东平李司空师道》回绝了李师道的收买:"君知妾有夫,赠妾双明珠。感君缠绵意,系在红罗襦。妾家高楼连苑起,良人执戟明光里。知君用心如日月,事夫誓拟同生死。还君明珠双泪垂,恨不相逢未嫁时。"该诗在字面上描写了一位忠于丈夫的妻子,经过思想斗争后拒绝了一位多情男子,守住了妇道;在喻义上,表达了作者忠于朝廷、不被藩镇高官拉拢、收买的决心。张籍以比兴手法委婉地表明拒绝的态度,使得对方主动放弃了不合理的请求。

(三)另指出路法

虽然拒绝了对方,但可以根据他的情况提出有效的建议或替代方案,以获得对方的谅解,甚至找到更合适的支持,反而事半功倍,对方一样会感激你。例如,三国时刘备器重徐庶的才能,希望他能留下长期任职,徐庶为了母亲的原因谢绝了刘备的好意,临走时给刘备推荐了足智多谋的诸葛亮。刘备不但没有一丝不快,反而把徐庶视为挚友。

(四)回避拒绝法

回避拒绝是指避实就虚,对方不说"是",也不说"否",只是搁置此事,转而议论其他事情。遇上他人过分的要求或难答的问题时,可使用回避拒绝法。如:有一年,一个人想要邀请庄子去做官,并不断强调当官如何好。谁知庄子听完后,却这样说道:"你看到太庙里那些乌龟了吗?在他们还没有成为贡品之时,整天吃着最好的饲料,这是其他禽兽比不了的。但是到了太庙,它们立刻被宰杀,再看看其他乌龟,还在河边悠然曳尾呢!"那个人听罢也哈哈大笑起来。庄子的拒绝,既幽默风趣,又非常委婉,从此那人便不再勉强。

(五)自顾诉苦法

当别人以暗示的方式先试探你的态度,继而委婉地向你提出要求,你又无法满足时,要拒绝对方,最好的办法就是将计就计,即故意装作听不出对方话中玄机,同时针对其要求,诉说自己的难处。这样,对方会觉得与你"同病相怜",甚至比他的境遇更糟,自然也就作罢了。

小姜和小毛是老乡,他们都在城里打工。这天,他们找到同一个村、同样在城里打工的小常,诉说打工的艰难,说既租不到合适的房子,也住不起店。小常明白,这两个人是想要在自己这里借宿。他听完,说:"是啊,城里不比咱们村里,真的是一寸土一寸金。你看,虽然我买了这两室一厅,但孩子马上就上小学了,我爹娘也跟着我在这儿,估计孩子马上要睡沙发了。哎,你们来看我,我很感激,咱们啥也不说了,好好喝几杯酒!"听到同乡这样说,小姜和小毛也不好再说什么,吃了一顿饭后知趣地离开了。

本章小结

1. 倾听是有效沟通的重要组成部分,是最普遍却最容易被人忽视的沟通艺术,有效倾听包括五个要素：听到、专注、理解、记忆和反馈，掌握有效倾听的技巧，提高倾听的能力，使心不在焉的听转化为心无旁骛的听，当你真正学会倾听，爱就在你身边。

2. 赞美是一种容易引起对方好感的人际沟通形式，也是一种有效的沟通技巧，它能满足人的心理需求，缩短人与人之间的心理距离，给人信心，催人奋进，使人成功。赞美要真诚，要具体，要找到独特的闪光点，要因人而异。

3. 在人际交往中，要掌握批评的艺术。在批评时，要本着关爱对方、促进对方成长的原则，选择恰当的时机，在赞美中批评，在关心中批评，巧妙选择暗示、旁敲侧击、先扬后激等间接批评的方法，进行适度批评，相信会达到"忠言'顺'耳利于行"的效果。

4. 生活中，总会有一些拒绝与被拒绝的事情发生，对于无法予以承诺或要求不合理的事，要坚持拒绝，本节主要列举了直接拒绝法、婉言拒绝法、另指出路法、回避拒绝法、自顾诉苦法，选择合适的方式拒绝，阐明充分的理由，多一些人性的关怀，既能满足自己的心愿，也能实现人际关系的和谐。

思考练习

1. 练习：按照保罗·瓦茨拉维克积极倾听的"三层面理论"进行训练。

规则：按照这三个层面，A 说一句自己的感受，B 在事务层面理解对方，C 在情感层面理解对方，D 在行动层面做出回应。

A 说："我今天早上睡过了，要迟到了。"
B 接："你今天早上不能准时去上学了。"
C 接："你对于自己睡过了头这件事感到紧张。"
D 接："要不要我帮你向老师解释一下这件事？"
A 说："我课堂上老是走神，结果男朋友把我甩了。"
B 接："因为你走神，你现在没有男朋友了。"
C 接："没有了男朋友，你心里很难过吧？"
D 接："你振作起来，好好学习，我会帮你再介绍一个的。"
A 说："我这次数学考试又挂科了。"
B 接："你这次数学考试不到 60 分。"
C 接："考试不及格，你感觉很沮丧。"
D 接："回头我帮你补补数学。"

2. 案例分析一

不愉快的晚餐

寒假某一天，妈妈把菜端上来，叫我们吃饭，我在玩手机没有立刻回应她，爸爸在对着电脑工作，也没有及时回应。

坐下，刚吃第一口，爸爸就说："这个不好，不要这样煮……"

妈妈的脸一下阴沉了，没说话。爸爸还在继续进行评价，并没有注意到妈妈的脸色。

半晌，妈妈说："以后你们想吃什么自己弄，好吗？"

爸爸咧着嘴,朝我使了个眼色。

我对他皱了皱眉。

妈妈又补了一句:"自己弄自己的份儿,多好啊。"

等妈妈去厨房的时候,爸爸小声对我说:"确实不太好吃啊,你妈妈就是听不进去意见。"

我想对他说:爸你也看一下气氛啊,妈妈辛苦了半天,得到的没有夸赞,只有不足。但我没有说。

最后,那顿午餐在尴尬和沉默中度过,谁心里都不太舒服。

> **思考**:分析案例,总结这顿饭吃得不愉快的原因,假设一切可以重来,如何运用赞美的艺术,避免矛盾的产生,提升沟通的效果呢?

3. 案例分析二

晏子的批评艺术

有一次,有个人不小心得罪了齐景公,齐景公气急败坏,决定将其残酷地处死,同时还下令,如果有人敢谏阻,便要同样被处死。面对这种情况,大臣们面面相觑,不知如何是好。这时,只见晏子气势汹汹地把袖子一卷,举起刀,揪住那人的头发,似乎要亲自动手给景公出气。对此,景公非常满意。正当此时,晏子却慢慢地仰起头来问了一句话,就把余怒未消的景公暗暗地引到了正道上来。他问:"国君啊,我看了半天,实在没法下手呀。好像历史上记载的圣王等要处死他人时,没有说明应该先砍哪一处。请问我应该先从哪里砍起,才能做到像圣王一样好呢?"齐景公听了,立刻意识到自己如果要做一个明君,不可以如此残酷地滥杀无辜,于是赶紧对晏子说:"好了好了,放掉他,我错了!"

> **思考**:纵观晏子的整个劝谏过程,分析其运用了怎样的批评艺术,竟收到如此奇效?

4. 练习:假设你有一个亲戚转行卖保险了,他要给你推销保险,请问你怎么拒绝?

A."你给我介绍介绍,我再想想。"

B."我特别重视保险,所以已经配置得比较齐全,短期内不想增加新的了。但是我挺愿意了解保险产品的,你不是刚干这行嘛,现在咱俩了解的情况差不多,你再干一年,到时候你给我当老师。"

> **分析**:在这个场景中,很多人会觉得"哎呀,是亲戚,人家转行刚开张,也不容易,咋拒绝呢",从而陷入拖泥带水的状态里。最常见的错误做法就是 A 选项这样,不想买,但又不好拒绝,最后两个人在那儿瞎耗时间。对这位卖保险的亲戚来说,拜访客户也挺花时间的,你又不买,在那了解半天,对方就少拜访了另外一个客户。但你可能会问:"按照 B 选项答复的,万一一年后亲戚真的来找我怎么办?"要意识到,拒绝是一种能力,不是一个套路;不是用过一次就不管用了。如果一年后你还是没有买保险的需求,当然可以坦率地拒绝。

推荐阅读

1.《卡耐基沟通艺术与人际关系》　　作者：[美]戴尔·卡耐基

这本书是卡耐基的经典励志作品之一,主要包括完美沟通的要则：人际沟通必须掌握的基本技巧、如何让他人喜欢并乐意帮助你、如何让他人赞同你的想法等内容,只要不断研读,相信你也可以发掘自己的无穷潜力,创造辉煌的人生。

2.《沟通的艺术：看入人里,看出人外》　　作者：[美]罗纳德·B.阿德勒、[美]拉塞尔·F.普罗科特

作者投注了多年的专业经验,将本书打造成为有关人际关系理论与实践的最佳读本。该书兼具深入性、广泛性与完整性,特别针对性别与文化观点进行了贯穿全书的探讨。

3.《倾听的艺术》　　作者：[美]安德鲁·D.沃尔文、[美]卡罗琳·格温·科克利

这本书语言简洁,以提高读者的倾听能力为目的,综合运用传播学、心理学、教育学和社会学的诸多知识,引用了大量实例,让我们从理论到实践领略到倾听的艺术,理解有效倾听在个人的学业和职业生涯中发挥的重要作用,进而提高倾听能力。

4.《批评的艺术》　　作者：黄静、郑昳

本书让批评成为一门艺术,对批评换一种方式思考,运用丰富的案例,从批评对象、时机、场合和方式的选择等方面,阐释批评既是一种重要的激励方式,又是一种有效的沟通信号,对批评艺术的巧妙运用使领导变得事半功倍。

5.《沟通的方法》　　作者：脱不花

作为一名职业的沟通者,作者脱不花在书中捧出了自己的沟通心法,倾力传授和示范,如何通过沟通在社会上解决问题、求得帮助、整合资源、洞察人心。读完这本书,回到现实中后,你会发现听懂别人的弦外之音不是难事；你会发现原本那些无法破解、下意识躲避的难题,都有了解决答案。

6.《学会拒绝》　　作者：闫寒

该书案例丰富、语言通俗易懂,主要讲述了拒绝他人的方法及理由,如何正确处理人际关系,改变习惯性思维,冷静分析。找出拒绝他人的理由,找出拒绝他人的方法,改变你一贯接受他人的习惯性思维,指引你和谐地处理人际关系,让你在是非面前,严肃对待、理智应对。

第三章　不同对象的有效沟通

【本章提要】

沟通是人际互动的核心,它涉及日常生活中的方方面面。无论是职场中的团队协作,还是家庭中的日常交流,沟通都发挥着至关重要的作用。然而,沟通并非简单的信息传递,而是需要针对不同对象采取不同的策略。本章将探讨如何与不同对象进行有效沟通,以便更好地理解和满足对方的需求,从而达到更好的沟通效果。

【学习目标】

1. 了解沟通对象是实现有效沟通的关键。通过深入了解对方的背景、性格、需求及价值观,学生可以明确如何更好地与不同的沟通对象进行交流和合作,从而实现共同的目标。

2. 针对不同对象要采用不同的沟通策略,关键在于理解每个对象的特性、需求和期望,从而调整沟通方式,达到更好的交流效果。

3. 掌握与不同对象沟通的技巧和方法。学生通过学习与不同对象沟通的策略,培养和提升自身敏锐的观察力和灵活的应变力,同时学习调整和完善沟通方式,以期建立良好的人际关系,提升工作效率,推动个人和团队的发展。

4. 分析人际沟通的障碍及应对的重要性。通过提升语言能力、控制情绪以及拓宽认知视野等方法,学生可以不断提升自己的沟通能力,与他人建立更加良好的关系。

【导入案例】

团队的有效沟通

某科技公司的一个软件开发团队,由项目经理小李和五名开发人员组成。团队面临着一项紧急任务,需要在两周内完成一个重要的软件更新。然而,在项目进行的过程中,团队成员之间出现了沟通不畅的问题,导致进度受阻。

在项目初期,小李并没有明确每个成员的具体任务和责任,导致大家对一些关键任务的理解存在偏差。此外,团队成员之间缺乏有效的沟通渠道,往往只能通过电子邮件或即时通信工具进行简单的信息交流,缺乏面对面的讨论和协作。

为了改善沟通状况,小李采取了一系列措施。首先,他组织了一次团队会议,明确了每个人的任务和职责,并鼓励大家提出自己的意见和建议。通过会议,团队成员之间建立了更加明确的工作关系和信任基础。其次,小李推动建立了定期的团队沟通机制,包括每周一次的团队例会和每天的日报。在这些会议上,每个成员都可以分享自己的工作进展、遇到的问题和需要支持的地方。这样的沟通机制不仅提高了信息的透明度,还有助于及时发现问题并共同解决。最后,小李还鼓励团队成员使用协作工具进行工作,如共享文档、在线讨论区和项目管理软件等。这些工具使得团队成员可以更加便捷地共享信息和协作完成任务。

通过改善沟通状况,该软件开发团队成功地完成了紧急任务,并在后续的项目中保持了高效的沟通状态。团队成员之间的合作更加默契,项目进度得到了有效控制,项目的质量和客户满意度也得到了显著提升。

思考: 对于项目经理小李来说,他采取了哪些措施实现了职场团队的有效沟通?促成项目成功的重要因素有哪些?

第一节 与领导的有效沟通

与领导有效沟通,是职场中每个员工都应掌握的重要技能。它不仅关系到个人职业发展的顺利与否,更直接影响团队的凝聚力和整体效率高低。在有效沟通的基础上,可以更好地了解领导的期望和需求,从而有针对性地提升自己的工作能力和表现。

一、与领导建立和谐关系

与领导建立和谐关系对于职场成功至关重要。良好的上下级关系能提高工作效率,促进个人职业发展。实现和谐关系的关键在于良好的沟通和尊重,员工应主动沟通、执行指示,并尊重领导决策。保持积极心态和谦虚态度同样重要,以此赢得领导信任和支持。总之,与领导建立和谐关系是个人职业发展的关键一环。

(一)全面了解领导

领导是现代社会中不可或缺的角色,在各个领域都发挥着重要作用。无论是政治、经济、教育还是其他领域,领导都是推动团队向前发展的关键因素。因此,全面了解领导对于个人和组织来说都至关重要。

1. 明确领导的定义和角色

领导并不仅仅是指挥和管理团队的人,更是团队的引领者和榜样。领导应该具备战略眼光和创新能力,能够制定清晰的目标和计划,并带领团队朝着目标前进。同时,领导还需要具备沟通和协调能力,能够有效地解决团队内部和外部的冲突和问题。领导并非完美无缺的。在实际工作中,领导也会面临各种挑战和困难。例如,他们可能会遇到团队成员的不合作、资源不足、竞争压力等问题。在这种情况下,领导需要冷静应对,采取有效的措施解决问题,并带领团队走出困境。

2. 了解领导的个人特质和能力

优秀的领导通常具备坚定的意志、自信、决断力、沟通能力等特质。此外,他们还需要具备专业知识和技能,能够准确地把握市场变化和行业趋势,为团队提供正确的方向。

在现代职场中,领导者的性格和情绪对于团队的凝聚力和工作效率有着至关重要的影响。通过下述具体的案例,可以更深入地了解领导性格和情绪的重要性,以及它们如何在实际工作中发挥作用。

首先,来看一个积极领导的案例。某公司的 CEO 李总,以其乐观、自信、富有激情的领导风格而闻名。他总是能够在团队中营造出积极向上的氛围,鼓励员工勇于尝试和创新。当公司面临困境时,李总不仅能够保持冷静,还能迅速调整策略,带领团队共渡难关。这种积极的领导风格不仅激发了员工的士气,还使公司在竞争激烈的市场中脱颖而出。

与李总形成鲜明对比的是另一位领导者,张经理。他性格内向,不善言辞,往往在处理问题时缺乏决断力。在面对困难时,张经理常常表现出焦虑和不安,这种情绪很快传染给了整个团队,导致团队士气低落,工作效率下降。由于缺乏有效的沟通和协调,团队内部出现了很多矛盾和摩擦,严重影响了项目的进展。

通过这两个案例,可以清晰地看到领导性格和情绪对于团队的影响。积极、自信的领导者能够激发团队的士气和创造力,帮助团队在面对困难时迅速调整状态,取得更好的业绩。相反,消极、焦虑的领导者则可能给团队带来负面影响,导致团队士气低落,工作效率下降。

为了成为一名优秀的领导者,需要不断提升自己的性格修养和情绪管理能力。首先,领导者应该积极培养自己的自信心和决断力,在面对困难时能够保持冷静和理智。其次,领导者应该注重与团队成员的沟通和协调,建立良好的人际关系,营造积极向上的团队氛围。最后,领导者还应该学会关注团队成员的情绪和需求,及时给予关心和支持,激发团队成员的积极性和创造力。

总之,领导者的性格和情绪对于团队的凝聚力和工作效率有着重要的影响。通过了解和掌握领导性格和情绪的相关知识,可以更好地理解和应对职场中的各种挑战,成为一名优秀的领导者。

3. 了解领导与团队关系建设

领导需要与团队成员建立良好的关系,了解他们的需求和期望,并根据他们的特点进行合理的任务分配。同时,领导还需要关注团队成员的成长和发展,为他们提供培训和晋升机会,激发他们的潜力和创造力。

领导与团队之间的关系是组织成功的关键因素之一。一个优秀的领导者能够有效地激发团队成员的潜力,推动他们朝着共同的目标努力。

【案例分析】

创新科技公司的成功转型

创新科技公司是一家在行业内颇具影响力的企业,但近年来面临着市场竞争加剧和业绩下滑的困境。为了扭转局面,公司决定进行战略转型,并聘请了一位新任 CEO。这位新任 CEO 非常注重与团队的关系建设。他积极倾听员工的意见和建议,鼓励他们提出创新性的想法。他相信团队的力量,鼓励团队成员相互合作,共同解决问题。在他的领导下,创新科技公司逐渐走出了困境,实现了成功转型。

医疗团队的卓越表现

某大型医院的手术室团队以卓越的医疗技术和高效的团队协作而闻名。这个团队的成功得益于他们的领导者——一位经验丰富的主任医师。这位主任医师非常注重团队成员的个人成长和职业发展。他定期组织培训和研讨会，帮助团队成员提升技能水平。同时，他也非常关心团队成员的生活和工作状态，经常与他们交流谈心，解决他们的困惑和问题。在他的带领下，手术室团队在医疗领域取得了卓越的业绩。

传统企业的转型挑战

一家传统的制造企业面临着市场变革和技术创新的挑战。尽管公司意识到需要转型以适应新的市场环境，但团队内部存在着许多阻力和困难。公司聘请了一位新的总经理来推动转型。然而，这位总经理在领导风格上存在问题。他过于强调个人的权威和控制力，忽略了团队成员的意见和建议。他没有建立起与团队之间的信任和合作关系，导致团队成员对转型缺乏积极性和参与度。最终，转型计划未能取得预期的效果，公司陷入了更加困难的境地。

【分析】以上三个案例展示了领导与团队关系在不同情境下的影响。在创新科技公司的案例中，新任CEO通过倾听和信任团队成员，激发了团队的创造力和合作精神，从而实现了公司的成功转型。这表明领导者应该注重与团队建立互信关系，激发团队成员的积极性和创造力。在医疗团队的案例中，主任医师通过关心团队成员的个人成长和职业发展，建立了强大的团队凝聚力和协作精神。他的领导风格体现了对团队成员的尊重和信任，从而激发了团队成员的最大潜能。这表明领导者应该关注团队成员的需求和发展，为他们提供支持和帮助，以促进团队的卓越表现。然而，在传统企业的转型挑战案例中，总经理的领导风格存在问题。他过于强调个人的权威和控制力，忽略了团队成员的意见和建议。这导致了团队成员对转型计划的抵触和消极态度，最终未能实现转型目标。这表明领导者应该避免过度控制，而是应该与团队成员建立合作关系，共同推动组织变革和发展。

综上所述，领导与团队关系对于组织的成功至关重要。领导者应该注重与团队建立互信关系，激发团队成员的积极性和创造力，同时关注团队成员的需求和发展。只有这样，才能推动团队朝着共同的目标努力，实现组织的成功和卓越。

4. 了解领导的组织文化和社会责任担当

领导需要塑造积极向上的组织文化，营造良好的工作氛围，提高团队成员的归属感和凝聚力。同时，领导还需要关注企业的社会责任和可持续发展，推动组织与社会、环境的和谐共生。

【案例分析】

企业领导的社会责任

在中国企业家中，娃哈哈的创始人宗庆后无疑是一个颇具影响力和传奇色彩的人物。他不仅以独特的商业智慧和不懈的努力，将娃哈哈打造成为中国饮料行业的佼佼者，更以其强烈的社会责任感,赢得了社会的广泛认可和尊重。

宗庆后的社会责任感体现在多个方面。首先,他始终坚持以消费者为中心的经营理念,注重产品质量和食品安全。娃哈哈在业界以严格的质量管理著称,其产品在市场上享有良好的口碑。宗庆后深知,企业的成功离不开消费者的信任和支持,因此他始终将消费者的利益放在首位,致力于为消费者提供安全、健康、美味的饮品。

其次,宗庆后非常注重企业的社会责任,积极参与公益事业。多年来,娃哈哈在扶贫、教育、环保等领域投入了大量资金和资源。例如,娃哈哈设立了"娃哈哈慈善基金会",用于资助贫困地区的儿童教育、医疗救助等公益事业。此外,娃哈哈还积极参与环保活动,推动绿色生产,努力减少对环境的影响。

宗庆后还非常关注企业的可持续发展。他深知,企业的长远发展离不开社会的和谐稳定。因此,他致力于推动企业与社会的共同发展,倡导"共享发展成果"的理念。他强调,企业应该积极履行社会责任,为社会的繁荣稳定作出贡献。

总之,娃哈哈老总宗庆后的社会责任感体现在多个方面,无论是注重产品质量、积极参与公益事业,还是关注企业的可持续发展,都展现了他对社会的深厚情感和责任担当。他的这种精神不仅为娃哈哈赢得了广泛的社会赞誉,也为其他企业家树立了榜样。在宗庆后的带领下,娃哈哈不仅成为了一家成功的企业,更成为了一个具有社会责任感的企业。

【分析】娃哈哈老总宗庆后的社会责任感不仅体现在企业的经营活动中,还贯穿于他的个人生活中。他始终秉持着"感恩社会、回报社会"的信念,以身作则,践行社会责任。他深知,作为企业家,不仅要追求经济效益,更要关注社会效益,为社会的繁荣稳定贡献自己的力量。

在宗庆后的引领下,娃哈哈的企业文化建设也充分体现了社会责任感。娃哈哈倡导"以人为本、诚信务实、团结协作、创新发展"的核心价值观,强调企业与员工、消费者、社会之间的和谐共生。这种企业文化不仅为娃哈哈的发展提供了强大的精神动力,也为推动中国企业的社会责任建设树立了典范。

此外,宗庆后还积极参与国际交流与合作,推动中国企业的国际化进程。他深知,中国企业要走向世界,不仅要有过硬的产品质量和技术实力,更要有良好的国际形象和声誉。因此,他始终坚持以开放的心态和积极的姿态,与国际同行开展交流与合作,为中国企业的国际化发展贡献力量。

综上所述,全面了解领导需要从多个角度入手,包括领导的个人特质、能力、与团队关系以及组织文化和社会责任等方面。只有深入了解领导的各个方面,我们才能更好地认识领导的角色和价值,为组织和个人的发展做出正确的决策和行动。

(二)与领导相处的基本原则

在职场中,与领导的相处关系对于个人的职业发展至关重要。一个和谐的上下级关系不仅能够提升工作效率,还能够为个人的职业道路铺设坚实的基石。那么,如何与领导建立良好的相处关系呢?可以参考以下一些基本原则。

1. 尊重是建立良好关系的基础

尊重领导的决策,即使有不同的意见或看法,也要在适当的时机以建设性的方式提出。同时,尊重领导的隐私和个人空间,避免在非工作场合打扰或干涉领导的私事。

2. 忠诚是职场中不可或缺的品质

忠诚于组织、忠诚于领导,意味着您愿意为团队和组织的利益而努力工作。在工作中,积极承担责任,主动解决问题,为领导分担压力,这些都是体现忠诚的具体表现。

3. 沟通是维系良好关系的关键

与领导保持畅通、有效的沟通,及时反馈工作进展,汇报遇到的问题,寻求领导的建议和支持。同时,也要学会倾听领导的意见和建议,从中汲取智慧和经验,不断提升自己的能力和素质。

4. 保持谦逊和低调

在工作中,不要过分炫耀自己的成绩和能力,而是要学会谦逊地与他人合作,共同为公司的发展贡献力量。同时,保持低调,避免在同事间传播不实之词或参与负面议论,以免给领导带来不必要的麻烦。

5. 诚信和勇于担责

在与领导相处时,要诚实守信,言行一致。在工作中,严格遵守公司的规章制度和职业道德,不牟取私利,不损害公司和领导的利益。同时,在遇到困难或挑战时,要勇于承担责任,不推诿、不逃避,以诚信赢得领导的信任和尊重。

总之,与领导上司相处需要遵循尊重、忠诚、谦逊、低调和诚信等基本原则。遵循这些原则,不仅能够与领导建立良好的关系,还能够提升自己的职业素养和能力,为个人的职业发展奠定坚实的基础。同时,这些原则有助于营造一个和谐、积极向上的职场氛围,推动公司和团队不断向前发展。当然,这些原则并不是一成不变的,随着职场环境和个人经历的变化,可能需要适时调整自己的相处策略。但无论如何,始终保持一颗真诚、敬业的心,以积极的态度去面对工作中的挑战和机遇,就一定能够与领导上司建立起一段长久而美好的合作关系。

二、与领导沟通的艺术

在职场中,沟通是一门艺术,而与领导的有效沟通则是这门艺术中的高峰。它不仅是职场成功的关键,更是个人成长和团队协同的基石。掌握好与领导沟通的技巧,不仅能够使我们的工作更加顺畅,还能够为个人的职业生涯铺平道路。

(一)与领导沟通的重要性

与领导的有效沟通是职场中不可或缺的一部分。首先,通过沟通,能够更好地理解公司的战略目标和领导的期望。这种理解可以明确工作方向,把握工作重点,从而更加高效地完成任务。其次,与领导的沟通还能够及时反馈工作的进展和遇到的困难。领导的指导和支持对于解决问题、克服困难至关重要。最后,有效的沟通还能够增进领导的信任和理解。有可能提供更多的机会和资源,推动职业发展。

(二)与领导沟通的常见障碍

在职场中,与领导沟通的重要性不言而喻。良好的沟通不仅能使工作任务得以高效完成,还能提升彼此的工作满意度。然而在实际工作中,与领导沟通往往存在着诸多障碍,这些障碍可能会影响到团队的凝聚力和整体工作效率。

1. 角色认知差异

在与领导沟通的过程中,角色认知差异是一个不容忽视的障碍。领导作为团队的决策者和组织者,肩负着指导、支持和激励员工的重任。而员工在沟通中,有时会误认为领导过于权威、独断专行，从而对领导产生误解和抵触情绪。为消除这一障碍，员工应正确认识领导的角色定位，理解领导的工作压力和困难，尊重领导的权威，同时领导也应关注员工的需求，加强与员工的互动，以拉近彼此间的距离。

2. 信息传递不畅

在沟通过程中，信息传递不畅也是一个常见的问题。领导往往因为工作繁忙，无法对每个员工的具体工作进行详细了解。而员工在汇报工作时，可能因为表述不清、重点不明等原因，导致领导对工作进展的了解产生偏差。为解决这一问题，员工应提高自己的沟通能力，简洁明了地汇报工作，抓住重点，同时领导也应给予足够的关注，耐心倾听员工的汇报，确保信息的准确性。

3. 沟通方式不当

沟通方式不当可能导致沟通效果大打折扣。例如，在沟通工作问题时，员工可能会因为情绪激动、言辞激烈而使领导产生反感。而领导在批评员工时，如果语气生硬、态度冷漠，也会使员工产生抵触情绪。为改善沟通方式，员工应学会控制自己的情绪，以平和、尊重的态度与领导沟通。同时，领导也应注重沟通技巧，运用同理心，站在员工的角度考虑问题，以达到更好的沟通效果。

4. 信任度不足

信任是沟通的基石。在与领导沟通的过程中，如果双方信任度不足，很容易产生猜忌和防范心理。为增进信任，员工应诚实守信，勇于承担责任，遵守团队纪律。而领导则应公正公平，关心员工，给予员工足够的尊重和支持。通过建立良好的信任关系，为高效沟通创造有利条件。

总之，与领导沟通的障碍存在于多个方面，要想克服这些障碍，员工应正确认识领导角色，提高沟通能力，选择合适的沟通方式，并努力增进双方之间的信任。同时，领导也应关注员工的需求，加强与员工的互动，提升团队的凝聚力。只有这样，才能实现顺畅、高效的沟通，为团队和个人的发展奠定坚实基础。

（三）与领导沟通的原则

在职场中，与领导的沟通是一项至关重要的技能。有效的沟通不仅能够确保工作的顺利进行，还能够为个人的职业发展铺设坚实的基石。要想在与领导的沟通中取得理想的效果，需要遵循一些基本的原则，并努力将这些原则融入日常的交流中。

首先，明确沟通目的是建立有效沟通的首要前提。在与领导沟通之前，需要深入思考沟通的目的和期望的结果。这有助于更加清晰地表达观点，避免在沟通中迷失方向或陷入无效交流。例如，如果希望领导批准一个项目，那么应该充分准备，从项目的背景、意义、可行性以及预期成果等多个方面进行详细的陈述。通过全面而深入的沟通，可以增加领导对项目的了解和认可，从而更有可能获得批准。

其次，尊重领导意见是建立良好工作关系的关键。领导在公司中扮演着决策者的角色，他们拥有丰富的经验和独到的见解。在与领导沟通时，应该保持谦虚和尊重的态度，认真倾听领导的意见和建议。即使对领导的某些观点持有不同看法，也应该以开放的心态进行讨论，寻求共识和妥协。通过尊重和理解领导的意见，可以建立良好的工作关系，促进团队的和谐合作。

再次，选择合适的沟通方式和时机也是与领导沟通的重要原则。不同的领导有不同的个性和偏好，需要根据领导的性格和喜好选择合适的沟通方式。有些人可能更喜欢面对面的交流，而另一些人则更偏爱通过电子邮件或电话进行沟通。此外，还要根据领导的日程安排和工作时间选择合适的沟通时机。只有在领导有足够的时间和精力关注议题时，才能更有效地传达信息并达成共识。

除了选择合适的沟通方式和时机外,保持积极的心态和语气也是与领导沟通的关键因素。在与领导交流时,应该以积极、乐观的态度面对问题,用建设性的语气表达观点。这有助于营造和谐的沟通氛围,增加领导的信任和支持。同时,还要学会控制情绪,避免在沟通中表现出过激或消极的态度。只有保持冷静和理智,才能更好地与领导进行深入的交流和探讨。

最后,及时反馈和跟进是确保沟通效果的重要环节。在与领导沟通后,应该及时将沟通结果整理成文字形式,发送给领导进行确认。这有助于确保双方对沟通内容有明确的了解。此外,还要对沟通结果进行跟进,确保领导能够按照约定进行执行。如有需要,还可以定期向领导汇报工作进展,以保持沟通的连续性和有效性。通过及时反馈和跟进,可以确保沟通的成果得到落实和巩固,为团队的成功和个人的发展奠定坚实的基础。

综上所述,与领导沟通的原则包括明确沟通目的、尊重领导意见、选择合适的沟通方式和时机、保持积极的心态和语气以及及时反馈和跟进。这些原则不仅有助于与领导建立和谐、高效的工作关系,还能够促进个人的职业发展和团队的成功。因此,应该在实践中不断学习和应用这些原则,努力提高自己的沟通能力,为公司和个人的发展做出更大的贡献。

(四)与领导沟通的要点

下属在与上级领导沟通之前,首先对所要汇报的事物进行充分分析,做好准备工作。其次,根据领导的沟通思维选择既可以让领导接受又能凸显自己专业性的沟通方式,以促进沟通。最后,在请示与汇报时,把握建议的分寸和尺度,说话大方得体,逻辑清晰缜密。处理好下属与领导的关系,应注意以下几点:

1. **沟通前**。下属要先了解领导的态度与想法,分析领导预期结果,结合领导的做事风格,思考合适的沟通方式。
2. **沟通时**。下属应态度平和,逻辑清晰,提出问题的同时也能准备解决方案,让领导看到你是有备而来。

【案例分析】

刘陶、陈耽谏灵帝

汉灵帝时期,十常侍以权谋私,作威作福,卖官鬻爵,百姓不堪其苦,但汉灵帝浑然不觉。此时,整顿削弱十常侍之权已经箭在弦上,谏臣提醒汉灵帝十常侍欺君罔上,救国家于危难之中已是必然之事。谏议大夫刘陶却径直到皇帝面前大恸,在十常侍和各宫人面前直言国家危难,斥皇帝只顾与阉宦共饮却无视十常侍作乱,对百姓苦难毫无所动。而另一位谏臣司徒陈耽也未能吸取前人教训,直言皇帝待十常侍如亲生父母,并以头撞阶逼迫皇帝,最终二人双双入狱,是夜即死于十常侍之手。

【分析】对于君臣关系来说,皇帝在臣子面前的威仪不容有失,双方始终处于上下级关系,而刘陶径直到皇帝面前大恸,罔顾灵帝帝王威严,直言十常侍作乱,祸害百姓,不仅拂了皇帝面子,毫无证据的陈词也会显得苍白无力,最后获"毁谤近臣,冒渎朕躬"之罪。不论是刘陶还是司徒陈耽,进谏时都忽略了进谏态度的问题,只顾言其要害却忽略统治者态度及其他因素,进谏必然会以失败告终。

下属在与上级进行沟通时，首先要做的便是态度上保持谦虚，以一种领导愿意接受、乐于听取的方式来劝说，这也是进行下一步沟通的前提。尽管现代社会下属和领导的关系已经不再是依附关系，但是仍然属于上下级关系，与上级说话时注意措辞严谨与态度谦虚，维护好上级的权威，这些也和下属获得领导信任有着莫大的关系。

优秀的下属绝不会逾越身份差别，态度蛮横，让上级下不来台。《三国演义》中人尽皆知的军师诸葛亮，在刘禅在位期间一直谦逊有礼，从未有过言辞激烈之时，尽管辅佐对象刘禅昏庸无能，诸葛亮一直循循善诱，呕心沥血。诸葛亮著名的谏书《出师表》，其中言辞恳切，谦逊自持，比如"先帝不以臣卑鄙，猥自枉屈，三顾臣于草庐之中，咨臣以当世之事，由是感激，遂许先帝以驱驰"一言，就把诸葛亮的谦逊，对先帝刘备的尊敬展现得淋漓尽致。

学会明确领导需求，提要钩玄、纲举目张。其出发点是抓住需求的目的性，在上行沟通中能够精准抓住领导需求，说话简明扼要的。下属与上级沟通时常常因为畏惧而词不达意，想要掌握与上级沟通的"正确姿势"下属应端正认知、修正方法、调整心理、保持尊重、充分准备，以正确的态度把控实现积极的交流互动。

下属应懂得在所处之地察言观色，观察领导的神态举动以捕捉有效信息。察言观色、审时度势实际上是要求有细致的洞察力。在当代企业内部，下属应懂得在不同场合根据领导言行举止进行恰当的回复和行动，以得到领导认可，同时也让其他同事对你交口称誉。

与领导沟通时要把控尺度，分寸掌握不到位易造成"危险沟通"。想要进行积极的上行沟通，以维护领导的利益为切入点，抓住领导的心理需求，把握和领导沟通的技巧方式是沟通顺利的关键因素。只有充分了解领导可接受的进言范围，沟通时得休便休进退有度，才能获得满意的沟通结果，达到沟通预期。

【案例分析】

李儒谏董卓

中平六年（189年），董卓在入主洛阳后"灭国弑君，秽乱宫禁，残害生灵"，百姓苦不堪言，十八路诸侯联合起来共同讨伐董卓，此时的情况已经十分危急，面对大将吕布的惨败，董卓不惜将自己的女儿许配给孙坚之子来拉拢孙坚，但仍被孙坚拒绝。而此时各诸侯马上就要攻破虎牢关到达洛阳城了，如果不转移阵地，那董卓一家可能都要丧命了。所以此时谏臣李儒提出不若"引兵回洛阳，迁帝于长安"时，董卓自然大喜。

【分析】当上级作出明显不合理的决策时，尤其是涉及重大问题时，作为下级执行者应该更加谨慎应对，从领导处境的角度出发思考问题，追本溯源，搞清楚问题的根本。所以反观"董卓迁都长安"这个事件中司徒杨彪、太尉黄琬和尚书周毖等人，他们一致认为董卓无故迁都，会使百姓惊动，且长安凋敝，很难安定。尽管所言非虚，但他们却忽略了一个重要条件，就是身为领导董卓的处境。对于董卓来说，目前的主要矛盾显然是保命，杨彪所言的问题，对彼时的董卓而言都是次要的。而周毖在杨彪等人进谏失败后，仍坚持劝阻已经上车的董卓放弃迁都，必然会惹怒董卓，以至于董卓随便找了个理由便将其斩首。

（五）与领导沟通的技巧

在现代组织环境中，与领导有效沟通是每个员工必备的技能。无论是基层员工还是中层管理者，与领导的沟通效果都会直接影响工作表现和职业发展。因此，不断改进与领导沟通的方式和技巧显得尤为重要。可以尝试从以下几个方面探讨如何改进与领导沟通，以提高沟通效率，促进工作顺利进行。

1. 了解领导的需求和期望

在与领导沟通之前，首先要了解领导的工作风格、需求和期望。每个领导都有自己的管理理念和沟通方式，了解这些信息有助于更好地适应领导的沟通需求，提高沟通效果。此外，了解领导的工作重点和优先级，可以使你在沟通时更有针对性，避免不必要的沟通浪费。

2. 做好沟通前的准备

在与领导沟通前，要做好充分的准备。梳理好沟通内容，明确沟通目的，确保在沟通时能够清晰、准确地表达自己的观点。同时，要预判领导可能会提出的问题，并准备好相应的回答。这样可以在沟通时表现出自信和专业，增强领导对你的信任。

3. 选择合适的沟通方式

不同的沟通方式适用于不同的场景。了解领导喜欢的沟通方式，如电话、邮件、面对面沟通等，并根据沟通内容选择合适的沟通方式。同时，要注意遵循领导的时间安排，避免在不合适的时间进行沟通。如有需要，可以提前与领导预约沟通时间，以确保沟通效果。

4. 倾听领导的意见并适时提问

在与领导沟通时，要学会倾听领导的意见。尊重领导的权威，对领导的意见和建议要保持开放的心态。在倾听领导意见的过程中，不仅要听懂领导的意思，还要注意观察领导的情绪变化，以便在沟通中作出适当的调整。同时注重倾听领导观点的同时，应适当提出问题以确保对方理解你的立场。要明确沟通是积极参与对话，而不是仅仅传递信息。

5. 主动反馈工作进展

在工作中，要主动向领导反馈工作进展，让领导了解你的工作状态和成果。定期向领导汇报工作，可以让领导对你的工作更加放心，有利于建立良好的信任关系。同时，主动反馈问题，寻求领导的指导和帮助，有助于提高自己的工作能力。

6. 持续学习与实践

改进与领导沟通的能力不是一蹴而就的，需要不断地学习和实践。可以通过阅读沟通技巧的相关书籍、参加培训课程等方式，提高自己的沟通能力。在实际工作中，要勇于尝试新的沟通方法，不断总结经验，形成适合自己的沟通风格。

总之，与领导有效沟通是一项重要的任务，需要付出持续的努力。通过了解领导的需求、做好沟通准备、选择合适的沟通方式、倾听领导的意见、主动反馈工作进展以及持续学习与实践，可以不断提高与领导的沟通效果，为自己的职业发展奠定坚实的基础。

（六）与领导沟通的策略

在职场中，与领导的沟通不仅是一门艺术，更是通往成功之路的关键。有效地与领导交流，不仅能够推动工作的顺利进行，还能够展现出自己的专业能力和个人魅力。那么，如何与领导进行有效沟通呢？以下是一些策略和建议，有助于与领导建立更好的关系，提升工作效率和职业发展。

1. 明确并聚焦沟通目的

在与领导沟通之前，首先要清晰地明确你的沟通目的。是为了汇报工作进展、寻求指导建议，还是为了解决某个具体的问题？明确的目的能够帮助你把握重点，避免在沟通过程中偏离主题。例如,当你要汇报工作进展时,可以准备一份翔实而精练的工作报告,明确列出已完成的任务、当前的进度以及未来的计划。这样的报告不仅能让领导对你的工作有一个全面的了解,还能为你接下来的工作提供有力的支持。

【案例分析】

定期会议的安排

设立固定会议,首先明确会议议程,在每次会议前,明确会议的议程和主题。这有助于确保会议高效,并让参与者提前做好准备。其次要确保在会上分享的是重要信息,在定期会议上分享重要的项目进展、决策和公司动态。确保所有团队成员都了解关键信息,以避免信息滞后和不一致。提供机会讨论,除了传递信息外,确保会议提供讨论的机会。这可以促进团队成员之间的互动,激发新的想法,并解决可能出现的问题。其次要注意会议的灵活性,虽然定期会议是重要的沟通机制,但有时可能需要额外的会议来应对紧急情况或重要决策。同时会中要善于利用技术工具,如果团队分布在不同的地理位置,可以利用在线会议工具或团队协作平台进行线上会议。这有助于确保所有成员都能参与到沟通中。最后要注重接受反馈的重要性,在定期会议上,鼓励团队成员提供反馈,以改进沟通和会议的效果。确保每个人都有机会分享他们的想法和观点。同时一定要及时更新文件和文档,在会议之外,确保有一个中心化的位置存储重要的文件和文档,供团队成员随时查阅。这有助于保持信息的一致性和可访问性。会议结束后务必制定和执行行动计划,确定每个团队成员的责任和截止日期。这有助于推动项目的进行,确保团队对下一步的方向有清晰的了解。

通过建立定期的沟通机制,团队能够更好地协同工作,解决问题,确保信息的流通畅通,从而提高整个团队的工作效率。

> 【分析】建立定期的沟通机制是确保信息流畅、及时传递的关键一环。设立定期的会议或更新文档,以确保有固定的时间用于沟通,这有助于避免信息滞后和提供机会讨论重要事项。定期召开会议,目的在于确保所有团队成员都有机会参与和分享信息,可以是每周、每月或每季度的例行会议,这取决于团队的需求和规模。

2. 深入了解领导的沟通风格

领导的沟通风格往往因人而异,有的领导喜欢直接明了,有的则更注重细节和情感交流。在与领导沟通前,你需要通过观察和交流,尽可能地了解他们的沟通风格。这种了解不仅可以帮助你更好地适应领导的沟通方式,还能让你在与领导的沟通中更加游刃有余。例如,如果领导是一个注重细节的人,那么你可以在沟通中多提供一些具体的数据和事实,以满足他对细节信息的需求。

在组织中,领导的沟通风格对于团队氛围、工作效率和员工满意度具有重要影响。不同的领导因其个性、经验和管理理念的不同,展现出各式各样的沟通风格。下面探讨几种常见的领导沟通风格,并分析它们对团队的影响。

(1)权威型沟通风格。权威型领导通常以自我为中心,强调命令和控制。他们通常以强势的姿态出现,决策时不容置疑,要求下属无条件服从。这种沟通风格在短期内可能带来高效率,但长期而言,可能导致员工士气低落,缺乏创新精神和自主权。例如,一个工程项目经理在项目中采用权威型沟通风格,尽管项目按时完成,但团队成员普遍感到压力巨大,缺乏归属感。

(2)民主型沟通风格。民主型领导注重团队参与和协作,鼓励员工提出意见和建议。他们倾向于与下属平等交流,共同决策。这种沟通风格有助于激发员工的创造力和积极性,提高团队凝聚力。例如,一个产品经理在产品开发过程中采用民主型沟通风格,团队成员积极参与讨论,提出了许多有价值的建议,最终产品获得了市场的广泛认可。然而,民主型领导也可能面临决策效率低下的问题。

(3)教练型沟通风格。教练型领导关注员工的成长和发展,通过指导和支持帮助员工实现个人和团队目标。他们善于倾听和提问,引导员工思考和解决问题。这种沟通风格有助于培养员工的自我管理能力,提高团队的整体素质。然而,教练型领导需要投入大量时间和精力来关注员工的成长,可能面临工作负担过重的问题。例如,一个销售团队的领导采用教练型沟通风格,定期与团队成员沟通,提供销售技巧和客户关系管理方面的指导,团队成员的销售业绩逐渐提升。

(4)关系型沟通风格。关系型领导注重人际关系的建立和维护,擅长与员工建立信任和共享价值观。他们善于通过情感共鸣来增强团队凝聚力,促进员工之间的合作。这种沟通风格有助于营造和谐的工作氛围,提高员工的满意度和忠诚度。然而,过于强调人际关系可能导致工作效率降低,甚至产生"人情世故"代替制度管理的现象。例如,一个人力资源部门的领导采用关系型沟通风格,与员工建立了良好的关系,但在处理员工绩效问题时,由于顾及人际关系,往往难以做出公正决策。

综上所述,不同领导的沟通风格各有利弊。在实际工作中,领导应根据团队特点、工作需求和个人偏好选择合适的沟通风格。同时,领导也应关注自身沟通风格的不足,努力改进和提高,以更好地促进团队的发展和成功。

为了更有效地运用不同的沟通风格,领导需要具备一定的沟通技巧和意识。首先,领导需要善于倾听,理解员工的需求和想法。其次,领导需要掌握有效的沟通技巧,如清晰表达、适当反馈和积极倾听等。此外,领导还需要具备跨文化沟通的能力,以适应不同背景和文化的员工。在实践中,领导应根据具体情况灵活运用不同的沟通风格。例如,在紧急情况下,权威型沟通风格可能更有助于迅速做出决策;而在需要激发团队创新时,民主型沟通风格可能更为合适。同时,领导还需要关注员工的反馈和需求,不断调整沟通风格以满足团队的发展需求。

总之,领导的沟通风格对团队氛围、工作效率和员工满意度具有重要影响。领导应根据实际情况选择合适的沟通风格,并不断提高自身的沟通技巧和能力,以更好地促进团队的发展和成功。

3. 选择合适的时间和地点

选择合适的时间和地点进行沟通也是非常重要的。尽量避免在领导忙碌或心情不佳的时候进行沟通,这样可能会让你的沟通效果大打折扣。相反,选择一个领导相对轻松、心情愉悦的时刻进行沟通,更有可能得到积极的回应。此外,还要注意选择合适的沟通地点,以确保沟通的私密性和效果。

在职场中,与领导的沟通是至关重要的。有效的沟通不仅能够提升工作效率,还有助于建立和维护良好的工作关系。那么,怎样选择合适的时间和地点与领导进行沟通呢?

(1)选择合适的沟通时间至关重要。一般来说,领导的工作日程较为繁忙,因此,应尽量避免在他们特别忙碌的时候与他们沟通。例如,在周一的早晨,领导可能正在处理上周的工作总结和本周的计划,此时与他们沟通可能会打扰到他们的工作节奏。相反,可以选择在周三或周四的下午,当领导的工作可能相对较为轻松时,与他们进行沟通。

(2)了解领导的个人习惯和喜好是选择沟通时间的关键。如果领导喜欢在早晨进行工作规划,那么早晨可能是一个较好的沟通时间。而如果领导喜欢在晚上加班,那么晚上或许也是一个合适的时间。

(3)选择合适的沟通地点也同样重要。在办公室内,可以选择领导的办公室或会议室作为沟通地点。在这些地方,可以进行正式、严肃的沟通,讨论重要的工作事项。然而,如果沟通内容较为轻松或需要更加私密的环境,可以选择咖啡厅、休息室等场所。在这些地方,可以与领导进行轻松愉快的交流,增进彼此的了解和信任。

当然,在选择沟通地点时,还需要考虑到场所的安静程度和私密性。避免在嘈杂的环境中进行沟通,以免影响到沟通的效果。同时,也要确保沟通内容的私密性,避免在公共场合泄露敏感信息。

综上所述,与领导沟通的时间和地点选择需要综合考虑多种因素。需要了解领导的工作习惯和喜好,选择合适的沟通时间和地点。同时,还需要注意沟通环境的安静程度和私密性,以确保沟通效果的最大化。通过合理的沟通安排,可以与领导建立更加良好的工作关系,提升工作效率,促进个人职业发展。

4. 保持尊重、专业和礼貌

在与领导沟通的过程中,始终保持尊重、专业和礼貌是非常重要的。无论领导的观点是否与你一致,你都要保持冷静和客观,避免情绪化的表达。尊重领导的权威和地位,认真倾听他们的意见和建议,并表达感激之情。同时,还要注意使用恰当的语言和措辞,避免过于随意或过于生硬。这样的沟通方式不仅能够帮助你与领导建立更好的关系,还能提升你在团队中的形象。

【案例分析】

尊重领导,张弛有度

张先生,一个温文尔雅的项目经理,在一家大型跨国公司担任要职。近期,公司决定启动一个重量级的新项目,张先生被指定为项目经理,负责项目的整体规划和执行。为了确保项目能够顺利进行,张先生需要与公司的高层领导进行频繁而有效的沟通。然而,在与领导的沟通中,张先生总是感到一种无形的压力,使得他时常表现得紧张而不自在。这种情况不仅影响了他的沟通效果,也在一定程度上影响了项目的进展。

张先生在与领导沟通时,总是显得犹豫不决,缺乏自信。这种不自信的态度使得他在表达观点时显得吞吞吐吐,有时甚至词不达意。张先生在与领导沟通时,有时过于直接,有时又过于委婉。过于直接可能会让领导感到冒犯,而过于委婉则可能让领导误解他的真实意图。尽管张先生内心尊重领导,但在实际沟通中,他有时会因急于表达自己的想法而打断领导的发言,或者在听到领导的意见时表现出不屑一顾的态度。这种不够尊重的表现很容易让领导感到不满和失望。

【分析】为了改善与领导的沟通效果,张先生可以采取以下策略:

(1)提升个人信任度:张先生开始通过积极的自我暗示和肯定来增强自信心。在每次与领导沟通前,他都会对自己的观点和想法进行充分的准备和思考,以便能够自信地表达自己的看法。

(2)切实做到尊重领导:张先生最开始应注意倾听领导的发言,避免打断或插话。同时,他也应明确用更加尊重和关注的态度来听取领导的意见,即使他不同意对方的观点。

(3)选择合适的沟通方式:张先生可以根据不同的情况选择合适的沟通方式。在表达观点时,他应努力保持直接而得体的态度;在传达信息时,他可以采用清晰明了的语言,确保领导能够准确理解他的意图。

5. 清晰、有条理地表达观点

在与领导沟通时,清晰、有条理地表达自己的观点是非常重要的。首先,需要提前准备好要表达的内容,理清思路和逻辑。其次,在沟通过程中,要简洁明了地阐述自己的观点和想法,避免冗余和模糊的语言。同时,还可以使用一些具体的例子或数据来支撑自己的观点,以增强说服力。这样的沟通方式能够让领导更加清楚地了解你的想法和意图,从而更好地支持你的工作。

清晰而简洁的表达,是与领导或团队有效沟通的关键。首先应尽量避免使用过于专业或领域特定的术语,除非你确定对方能够理解。如果必须使用,尽量附带简要的解释。其次注意简化句子结构,即使用简单直接的句子结构,避免使用过多的从句和复杂的语法结构。这有助于提高信息的可理解性。在表达观点时,确保清晰地陈述主题。不要让信息在表达中变得模糊,集中在核心观点上。但也要注意避免冗长的叙述和多余的细节,保持言简意赅,集中在最重要的信息上,将核心信息放在前面。这有助于确保即使在有限时间内,对方也能获取到最重要的信息。在选择措辞和表达方式时,要考虑听众的背景和专业知识水平,确保你的表达方式适应听众的理解程度。最容易实现的办法是举例,通过使用具体的例子来说明抽象的概念,有助于使信息更具体、生动,更易于理解。同时需要注意语速和语调,控制语速不过快,以免听众难以跟上。注意语调,是为了使语言更具有吸引力和表达力。如果你使用文件或演示文稿(PPT)进行沟通,应精简内容,强调重要信息,以确保关键点不会被淹没在大量细节中。通过采用这些方法,你可以提高自己的表达清晰度,确保沟通的信息能够被对方准确理解。这对于有效沟通、减少误解以及推动项目的进行都具有重要作用。

6. 主动寻求反馈并持续改进

与领导沟通不仅是表达自己的想法和观点,还要主动寻求领导的反馈和建议。领导的反馈能够帮助你更好地了解自己的工作表现和需要改进的地方。在沟通过程中,你可以适时地向领导请教问题、寻求建议,或者请求对工作的评价。同时,也要根据领导的反馈和建议进行持续改进和调整,以提升自己的工作能力和职业素养。这样的沟通方式不仅能够促进你与领导之间的合作和默契度,还能为你的职业发展打下坚实的基础。

综上所述,与领导沟通需要掌握一定的策略和技巧。通过明确沟通目的、了解领导风格、选择合适的时间和地点、保持尊重和专业、清晰表达观点以及主动寻求反馈等方式,你能够更好地与领导进行交流和合作,提升工作效率和职业发展。希望这些建议能够为你与领导的沟通提供有益的参考和指导。

第二节　与同事的有效沟通

与同事有效沟通至关重要,能促进团队协作和合作,提高工作效率。建立信任是沟通基础,需以真诚、尊重和理解对待同事。明确沟通目标,清晰表达想法和需求,倾听对方意见。掌握沟通技巧,积极肯定回应。建立良好关系,参加团队活动、分享经验、互相帮助。通过这些方式,能更有效地与同事沟通,促进团队协作,提高工作效率。

一、认识同事关系

同事关系,作为职场中不可或缺的一部分,对于个人职业发展和工作环境的营造具有深远的影响。一个良好的同事关系能够促进团队合作,提高工作效率,同时也有助于个人职业成长。反之,不良的同事关系则可能引发冲突和矛盾,阻碍工作的顺利进行。因此,认识并处理好同事关系,对于每一个职场人士来说都至关重要。

首先,认识同事关系的本质是建立在相互尊重、理解和信任的基础上的。在职场中,每个人都有自己的职责和角色,而同事关系就是在此基础上形成的。尊重他人的工作成果,理解他人的工作难处,信任他人的专业能力,这些都是建立良好同事关系的基础。同时,我们还要学会欣赏他人的优点和长处,取长补短,共同进步。

其次,同事关系并非一成不变的,而是随着时间和环境的变化而不断调整的。在团队中,随着项目的推进和人员的变动,同事关系也会发生相应的变化。因此,需要时刻保持敏锐的洞察力,关注同事间的动态变化,及时调整自己的交往策略。同时,还要学会适应不同的团队文化和氛围,以更好地融入其中。

企业是一个由几人、几十人,乃至数千人组成的组织,企业项目的实施,需要各部门、各层次的员工协同去完成。然而每个员工都有不同的思维,每个员工对于企业发出的信息的理解也不相同,这就有可能会造成员工在工作时的个人目标与公司的整体目标相悖。而有效沟通就是使得沟通双方准确理解彼此所发出的信息。因此,有效沟通就显得如此重要,它会使得员工的个人目标与公司的整体目标相吻合,为企业的整体目标的推进增添动力,进而达到事半功倍的效果。只有通过全方位、多层次的有效沟通,才能使得企业高效运转,完成企业的目标和规划,顺利展开工作。而每一个员工在企业内部建立良好的同事关系对于工作环境的和谐和个人职业的发展都非常重要,所以更好地认识同事,建立积极和谐的工作关系,是促进团队协作和个人成功的重要因素。

(一) 注重同事关系的必要性

在职场中,同事关系的重要性不言而喻。一个团队内部的积极合作和顺畅沟通,能够更有效地完成任务,减少误解和冲突,提高工作效率,同时还能增强团队的凝聚力和创造力。因此,注重同事关系的维护和发展是每个职场人士都应该重视的问题。

首先,注重同事关系有助于建立良好的工作氛围。一个和谐的团队氛围能够激发成员的工作热情,提高工作效率。当同事之间相互尊重、理解和支持时,每个人都会感到被重视和认可,从而更加投入地工作。此外,良好的同事关系还能够减少工作中的摩擦和冲突,避免不必要的误解和纷争,让团队更加团结和高效。

其次,注重同事关系有助于提升个人的职业发展。在职场中,人际关系往往会对个人的职业发展和晋升产生重要影响。与同事建立良好的关系,不仅能够获得更多的合作机会和资源,还能够拓宽个人的职业网络,为未来的职业发展打下坚实基础。同时,良好的同事关系还能够增强个人的影响力和话语权,提高个人在职场中的竞争力。

此外,注重同事关系还能够促进团队的创新和创造力。一个充满活力和创造力的团队往往能够产生更多的创新思路和解决方案。当同事之间能够相互信任、支持和鼓励时,每个人都会更加敢于尝试和创新,从而推动团队不断向前发展。

(二)不同类型的同事

在职场中,会遇到形形色色的同事,他们各自拥有独特的性格、能力和工作风格。了解并适应这些不同类型的同事,对于提高工作效率和团队合作至关重要。首先要认识到,每个同事都是独一无二的个体,他们的行为方式和沟通风格可能截然不同。因此,在与同事互动时,需要保持开放和包容的心态,尊重彼此的差异。以下是几种常见的同事类型,分析它们的特点,可以更好地相处。

一种常见的同事类型是"领导型"。这类同事通常具备强烈的领导欲望和出色的组织能力,他们善于制定目标、分配任务和带领团队。与他们合作时,可以学习他们的管理技巧,同时也要注意在团队中发挥自己的作用,避免过于依赖他们的指导。

另一种类型是"思考型"。这类同事通常善于分析和解决问题,他们注重细节,擅长从多个角度思考问题。与他们交流时,可以向他们请教解决问题的方法,同时也要注意给予他们足够的时间和空间,以便他们能够全面思考并做出明智的决策。

还有一种类型是"执行型"。这类同事以高效执行为特点,他们注重结果,能够快速完成任务。与他们合作时,可以学习他们的效率意识,同时也要注意给予他们足够的支持和鼓励,以激发他们的工作热情。

除了以上几种类型,还有很多其他类型的同事,如"社交型""创新型"等。在与这些同事相处时,需要保持灵活和敏感,根据他们的特点调整自己的沟通方式和工作风格。

为了更好地与不同类型的同事相处,可以采取以下策略:首先,积极倾听同事的意见和建议,了解他们的需求和期望;其次,尊重彼此的差异,避免将自己的观点强加给他人;最后,寻求共同点,建立互信关系,以便更好地协作和完成任务。

总之,了解并适应不同类型的同事是职场成功的关键之一。通过深入了解他们的特点、优势和挑战,可以更好地与他们相处,发挥团队的整体优势,共同实现工作目标。在这个过程中,也将不断提升自己的沟通、协作和领导能力,为自己的职业生涯奠定坚实的基础。

(三)影响同事相处的因素

同事相处的品质和关系受到多方面因素的影响,包括文化因素、社会组织因素和个性因素等。文化因素主要指个人的文化背景、教育程度、知识经验等因素;社会组织因素主要指个人的社会地位、角色、年龄等因素;个性心理因素主要指认识水平、认知态度、兴趣爱好、性格特征、价值观等因素。由于每个个体在以上这些因素方面的差异而常常在职场中产生诸多人际交往的障碍,导致无法实现有效沟通。通过关注和处理这些因素,可以更好地促进同事相处关系,从而提高整个团队的工作效能和满意度。

1. 个性心理品质

一般情况下，性格决定了一个人的行为方式和与他人相处的模式。性格开朗、热情的人更容易与人建立良好的关系，而性格孤僻、内向的人则可能难以融入团队。修养水平的高低直接影响到同事之间的相处。具备高尚职业道德和道德品质的员工，能够尊重他人，关心同事，更容易获得他人的信任和尊重。因此良好的个性心理品质往往具有较强的人际吸引力，比较容易与人交往并建立亲密关系，反之则不然。对同事的观点、意见和工作贡献表示尊重，有助于建立积极的工作环境；当团队成员之间建立信任时，更容易分享信息、合作解决问题，并支持彼此的工作；对自己的工作和行为负责是建立信任和积极同事关系的关键，负责任的同事能够赢得他人的尊重和信任；情商高的同事更容易理解并应对他人的情感，使工作环境更加和谐，能够处理自己和他人的情绪，有助于避免不必要的冲突；一个人诚实、正直和守信用是建立强大同事关系的基础，团队成员都期望在同事中找到可信赖的伙伴。

2. 沟通能力与协作精神

每个人的能力不同，自身能力的差距是影响建立积极同事关系的决定性因素。良好的沟通能力有助于避免误解，提高工作效率，并促进团队的协作；任何工作环境中都可能出现冲突，但重要的是学会有效地解决问题，良好的冲突解决能力有助于避免紧张气氛，并促进团队的稳定和成熟。协作精神对于同事之间的和谐相处也至关重要。具备协作精神的员工能够放下个人利益，以团队大局为重，与同事共同推进工作进程。

3. 工作压力与职场竞争

团队文化对同事关系有深远的影响，一个鼓励合作、支持创新和提倡团队精神的文化，团队成员愿意共同努力，实现共同目标，这样就有助于培养积极的同事关系。高度的工作压力可能会影响同事之间的相处关系，理解并共同处理工作压力有助于保持团队的稳定性；当工作分配和期望明确时，可以避免不必要的误解和冲突，团队成员更容易协同合作；当团队成员对共同的目标和使命感兴趣时，他们更有可能积极合作，共同努力实现团队的愿景；在日益多元化的工作环境中，包容性是至关重要的。尊重和包容不同背景、观点和工作风格的同事，有助于促进和谐相处。

4. 企业文化与组织氛围

企业文化是影响同事相处的宏观因素。企业文化强调团队协作、尊重个人，有助于营造良好的工作氛围，促进同事之间的和谐相处。组织氛围对同事关系也具有重要影响。在一个充满正能量、公平公正的组织中，同事之间容易建立良好的关系，共同为实现组织目标而努力。

5. 领导风格与团队管理

领导风格对同事相处产生重要影响。具有亲和力、善于倾听、关注员工需求的领导，能够带领团队建立良好的同事关系。团队管理水平直接关系到同事之间的相处。高效的团队管理能够确保团队成员明确目标、协调分工、化解矛盾，实现共同成长。

二、与同事沟通的注意事项

人在一生中，除了与家人相处以外，与同事便是相处频率最高、时间最多的了。对于职场而言，如果以每个人每天工作 8 小时来计算的话，人们从参加工作到正式退休，差不多有三分之一的时间都在跟同事相处。因此，为了改善同事间的交际环境，促使交际融洽和谐，需懂得注意以下几个方面的内容：

(一)相互尊重

尊重是与同事建立良好沟通的基石。尊重同事的观点和意见,即使你不同意,也要以尊重的态度表达差异。这就需要在与同事沟通时,首先注意倾听对方,给予同事足够的注意力,确保理解他们的观点和需求。还应避免在对话中插嘴,充分理解对方的意见。其次要保持明确而直接的沟通。避免使用模糊的语言或行为,确保你的信息能够被同事准确理解。再次注意语气和表情对沟通的效果至关重要,要确保你的语气是友好的,面部表情要符合你所说的内容,避免过于强硬或过于婉转。

(二)保持距离

保持适当的空间距离是维系各项人际关系的行为准则,同事相处尤其需要注意这一点。大家因为思想观念、文化知识和性格脾气等方面的差异,必然会影响到自身的处世态度和交际方式。如果同事之间交往过密,有时相互的个性差异会发生碰撞,反而会引发周围人闲话议论,损害了彼此的关系。反观之,同事之间虽是事业的合作者,但却又是利益的竞争者,在名和利的面前,有些人往往会充当掣肘者。所以同事相处,既要密切配合,又要保持适当的交际距离,这样才能减少不必要的摩擦,使彼此少受伤害,有利于友情的发展和延续。

(三)换位思考

人际沟通的目标是解决问题,而不是制造冲突。与同事一起工作,要积极分享重要信息,确保团队成员都了解关键的工作和决策,透明的沟通有助于建立信任。针对困扰团队成员的问题去想解决的方式和办法,如果与同事意见出现了分歧或工作出了闪失,不应责备或批评他人而要及时从自身找原因,避免凡事从自我出发的单向思维。同时选择合适的时间和地点进行沟通,确保同事有足够的时间和心理准备来理解和回应。

(四)平等待人

在与同事的相处过程中,既要严于律己又要平等待人。同事当中,有在各方面条件都占有优势的佼佼者,也有身处劣势的平平者。就同事本身而言,有的人处世头脑比较敏捷机灵,有的人则比较木讷呆板,甚至在相貌上也有漂亮帅气和其貌不扬之分。无论同事的主、客观条件孰优孰劣,在与同事相处时,都一定要注意做到平等待人,尤其是在人格上要一视同仁。如果你在与同事相处中明显地表现出趋炎附势,甚至拉起小圈子,那么你势必会遭到"圈外"同事的反感,甚至憎恨。这样很可能就触发人际矛盾,在职场中埋下了隐患。另外,不论对待资历老的还是新入职的同事,都应一样尊重,主动友好地与人相处。同事家里有困难或急事,要及时关心,积极协助解决;不做挑拨离间、中伤打击同事的行为;不论与同事是否亲疏,都要注意分寸,交流时保持脑冷心热的状态,做到谨言慎行,切不可口无遮拦。

【案例分析】

做有"边界感"的同事

毕业于名校、专业成绩出众的李海刚到单位工作时,为了突出自己的能力,不仅能把自己的工作做好,还处处帮助同事。一开始,同事们还很喜欢他,可后来他发现同事们个个都疏远他,部门主管也时常习难他,这让他一头雾水。后来听到同事在背后的"议论",李海才发现,自己在他们眼里"锋芒毕露、争强好胜,看似帮助同事,实则在为自己的功劳簿上添功"。同事小陈说:"他这个人虽然没有害人之心,但太过于表现自己了,总把别人看成自己的竞争对手,而想方设法压倒别人,特别是有领导在场的时候他更这样。那次,我的电脑遇到了一个小问题,我叫钱姐帮忙,当钱姐正在帮我的时候,李海却跑过来抢了钱姐手里的工具修起了电脑,还说'这么简单的事都不会做,你真笨'。虽然电脑修好了,但我心里一点也不舒服,人家又没叫你来帮忙。"李海听了此话,心里一凉:我在他们眼里怎么就成了这种人呢!

> 【分析】同事之间由于经历、立场等方面的差异,对同一个问题,往往会产生不同的看法,引起一些争论,一不小心就容易伤和气。因此,与同事有意见分歧时,一是不要过分争论。客观上,人接受新观点需要一个过程,主观上往往还伴有"好面子""好争强夺胜"等心理,彼此之间谁也难服谁,此时如果过分争论,就容易激化矛盾而影响团结;二是不要一味"以和为贵"。即使涉及原则问题也不坚持、不争论,而是随波逐流,刻意掩盖矛盾。面对问题,特别是在发生分歧时要努力寻找共同点,争取求大同存小异。实在不能一致时,不妨冷处理,表明"我不能接受你们的观点,我保留我的意见",让争论淡化,又不失自己的立场。

三、与同事沟通的基本原则

与同事沟通是协作和工作效率的关键。在工作中无论是书面还是口头交流,都要时刻注意礼节和保持专业的沟通风格,这样有助于塑造良好的职业形象,维护和谐的工作关系。

(一)尊重彼此,增强信任

尊重是建立积极沟通关系的基础。对同事的观点、经验和意见表示尊重,即使你不同意也要以礼貌的方式表达。在与同事交流中,首先要做到及时传递相关信息避免信息滞后,确保同事在需要的时候能够获取所需的信息,这样有助于保持工作流畅;其次应保持沟通的透明性,尤其是分享重要的信息和决策时,应使用简洁明了的语言,避免模糊不清或含混的措辞。使用清晰而直接的表达才能确保你的信息易于理解,有助于建立和增强同事间的信任感,提高团队的合作效率;最后要特别注意,尊重同事的个人空间和隐私。在涉及敏感信息或个人问题时,采用谨慎的态度。

(二)有效倾听,寻求共鸣

在职场中,应给予每一位同事足够的注意力,确保自己可以真正理解他们的意见和需求,还有助于避免误解,增强彼此的认识和理解。了解不同同事的沟通风格,灵活地调整自己的沟通方式,以更好地与他们合作。在沟通的过程中,要注意强调彼此的共同点,比如共同的目标和利益。这样有助于减少分歧,增强团队的凝聚力。

(三)直面优先,积极真诚

在与同事交流的过程中,毕竟每个人的立场和理解不同,而涉及复杂或敏感问题时,仅通过电子邮件或微信等网络社交方式交流,虽然时效性高,但信息通过层层传播筛选,并且缺乏非语言语境,难免会出现失真的现象。因此工作中更倾向于面对面或电话沟通,以避免误解。而且在这个过程中不要过于假设你理解了同事的意图或感受。当有疑虑时,应及时询问,以确保双方对信息的理解一致。交流的过程中应积极接受并回应同事的反馈,确保他们感到被倾听和尊重,促进建设性的对话。使用积极的语言和态度,强调解决问题的方法而不是指责,积极的语言有助于维持良好的工作氛围。

【案例分析】

同事间可竞争,不可算计

罗敏到新单位工作时,原以为自己学历最高,能力最好,在工作中就时常表现出自满的情绪。有一天,部门主管给他分配了一个很简单的任务,可罗敏偏偏没能完成,后来求助于同事陈飞才顺利交差。为此,主管表扬了陈飞说:"虽然陈飞学历不高,但操作能力强,大家都应该向他学习……"就这么一句表扬,罗敏心里很不是滋味,在以后的工作中,他总想挑陈飞的刺,出他的丑。可陈飞总是很坦诚地向他学习,并不生气。结果,时间久了,罗敏给同事们留下了嫉妒心强的不好印象,也因此在后来的主管选拔中,罗敏败给了陈飞。罗敏叹气道:"嫉妒让我吃了不小的亏!"

> 【分析】许多同事平时一团和气,然而一旦遇到利益之争,就在背后互相谗言,或嫉妒心发作,说风凉话。这样既不光明正大,又于己于人都不利,因此对待升迁、功利要时刻保持一颗平常心。同事之间经常会出现一些磕磕碰碰,如果不及时妥善处理,就会形成大矛盾。俗话讲,冤家宜解不宜结。在与同事发生矛盾时,要主动忍让,从自身找原因,换位为他人多想想,避免矛盾激化。如果已经形成矛盾,自己又的确不对,要放下面子,学会道歉,以诚心感人。退一步海阔天空,如有一方主动打破僵局,就会发现彼此之间并没有什么大不了的隔阂。

四、与同事沟通的技巧

在日常工作中,与同事之间的有效沟通对于团队协作、任务执行和职场关系至关重要。掌握一些基本的沟通技巧,不仅可以提升工作效率,还能营造和谐的工作氛围。

(一)团队合作,积极分享

在工作中,保持积极乐观的态度,对工作充满热情。积极的态度能够感染他人,促进和谐氛围的建立。鼓励团队合作,愿意与同事协同工作,共同实现共同目标,这有助于建立更紧密的工作关系。与同事合作交流的过程中,要有格局意识,积极分享自己的经验和知识,帮助团队成员共同提升,这样积极分享信息才有助于与同事们建立相互信任和支持。在团队取得成功时,共同庆祝成就,这有助于强化团队凝聚力和合作精神。

(二)尊重他人,灵活应对

尊重同事的观点、意见和空间。避免批评和指责,尊重不同的工作风格和个人习惯。倾听同事的意见和想法,理解他们的角度。通过有效的倾听,你可以建立更深层次的沟通,避免误解。了解和尊重同事的个人差异,包括文化、性格、工作风格等。尊重多样性有助于创造更加包容和谐的团队。确保在会议和工作安排中尊重同事的时间,提前通知并协商好时间,避免造成不必要的打扰。

(三)处理冲突,承担责任

当出现冲突时,采用理性、冷静的态度进行处理。避免情绪化的反应,寻求妥善解决问题的方式。对自己的工作负责,确保任务按时完成。可靠的同事通常更容易获得他人的尊重和信任。

【案例分析】

玉帛变干戈

陆鹏是某公司销售部的一名员工，人比较随和，不喜争执，和同事的关系处得都比较好。突然间不知道为什么，同一部门的张力老是处处和他过不去，不仅在其他同事面前指桑骂槐针对陆鹏，而且与陆鹏一起合作的项目也是自己做得少，甚至还抢走了陆鹏好几个老客户。

起初陆鹏觉得大家既然都是同事，没什么大不了的，忍一忍就算了。但是转念一想张力如此嚣张又心有不甘，于是一赌气告到了部门经理那儿，可部门经理却把张力批评了一通。从此，陆鹏和张力就成为绝对冤家了。

【分析】陆鹏所遇到的事情是在工作中常常出现的一个问题。在一段时间里，同事张力对他的态度大有改变，这应该是让陆鹏有所警觉的，本应该留心是不是哪里出了问题了。但是，陆鹏只是一味地忍让，一直忍让不是一个好办法，更重要的应该是多沟通。陆鹏应该考虑是不是张力有了一些什么想法，有了一些误会，才让他对自己的态度变得这么恶劣，他应该及时和张力进行真诚的沟通，比如问问张力是不是自己什么地方做得不对，让他难堪了之类的。实际上任何一个人都不喜欢与人结怨的，也许他们之间的误会和矛盾在比较浅的时候就会消失了。但结果是，陆鹏到了忍不下去的时候，他选择了告状。其实，找上司来说明一些事情，不能说方法不对。关键是怎么处理。但是，在这里陆鹏、部门经理、张力三人犯了一个共同的错误，那就是没有坚持"对事不对人"，经理做事也过于草率，没有起到应有的调节作用，他的一番批评反而加剧了二人之间的矛盾。正确的做法是应该把双方产生误会、矛盾的疙瘩解开，秉着以事业为重，加强员工的沟通来处理这件事。

（四）明确分寸，与人协作

在纷繁复杂的社会交往中，人与人之间的协作关系显得尤为重要。无论是工作场合还是日常生活中，我们都需要学会明确分寸，与人协作。这不仅是一种社交技巧，更是一种生活智慧。明确分寸，意味着在与人交往时，能够准确把握自己的角色定位，明确自己的责任与义务。在工作中，需要了解自己的职责范围，不越权行事，也不推诿责任。同时，还需要尊重他人的权利与意见，不随意干涉他人的工作。这种分寸感，有助于维护团队的和谐稳定，提高工作效率。

【案例分析】

一个也不能少？

西游记团队中，假设唐僧是项目经理，孙悟空是技术核心，猪八戒、沙和尚和白龙马是普通团队成员。八戒，看似什么都没做，却是团队润滑剂；沙僧，任劳任怨，苦活累活都不嫌；白龙马，背负行囊，忠心护主。如果为节约人力成本需裁掉一人，你会裁掉谁呢？为什么？

【分析】五人的取经团队中，有远大目光和崇高理想的领导唐僧，有能力超群的业务开拓者孙悟空，有司机小白龙，耍宝卖乖的猪八戒和任劳任怨的沙和尚。有专家称，五个人的取经团队分别代表金木水火土，是五行的完美结合，五个人的团队循环相生，缺一不可。

(五)用语明确,清晰表达

在与同事日常交流中,尽量避免使用复杂的词汇或过于技术性的术语,确保自己的语言易于理解,简洁而明确的表达有助于避免对方误解。还有一种能有效避免误解或假设的表达方法,那就是提问。主动提问,可以确保你对同事的意图和需求有清晰的了解。而且通过提问,你还可以激发更深层次的对话。与同事对话过程中,注意多使用积极和肯定的语言,强调解决问题的方法而不是问题本身,肯定语言有助于保持积极的氛围。同时,在同事发言时要尊重对方的发言权,不能打断对方的话语,等待他们发言结束后再表达你的观点。除了有声语言表达,还要特别注意自身和同事的非语言信号,如姿势、表情和眼神,这些信号通常可以提供额外的信息,是有效沟通的重要元素,确保自己的身体语言传递出积极、专业和友好的信息,能帮助你更好地理解对方同事的感受和态度。

第三节 与下属的有效沟通

领导者理论认为,作为一个领导,无论如何掌控全局,都必须要与员工建立有效的沟通联系,和员工交流思想,并尽力为他们着想,赢得他们的支持。领导者的任务之一就是与员工进行沟通交流并了解他们的情感和诉求,进而将其与企业的整体规划和目标相结合,促进企业健康高效地发展。领导者与员工的有效沟通,有助于激发员工的工作激情,使得他们相信自己受到了尊重,从而增进他们对管理人员的理解,有助于促进企业做大做强,使得企业形成健康积极的沟通氛围,培养良好的团队精神,也为企业形成优秀的企业文化奠定了牢固的基础。

【案例分析】

与下属"对话"

张峰刚刚从海外名校 MBA 毕业,出任某大型企业的制造部门经理伊始就对制造部门开启了改革模式。他发现生产现场的数据很难及时反馈上来,于是就决定更新生产报表。借鉴跨国公司的生产报表,张峰设计了一份非常完美的生产报表,这样一份报表可以呈现出生产中的每一个细节。

之后的每天早上,所有的生产数据都会及时地放在张峰的桌子上,开始他很高兴,认为自己拿到了生产的第一手数据。可没过几天,制造部门就发生了一起重大的品质事故。张峰查遍了各份生产报表,发现上面根本没有反映出数据问题。他才恍然大悟,原来报表的数据都是员工随意填写上去的。

为了这件事情,张峰多次开会强调认真填写报表的重要性,但每次开完会,之后的开始几天效果明显,但过不了几天又返回了原来的懈怠状态。

【分析】张峰的困境是很多企业部门经理非常普遍的遭遇。现场的操作工人,很难理解张峰的目的,因为数据分析距离他们太遥远了。大多数工人只知道好好干活,拿工资养家糊口。不同的人,他们所处立场不同,考虑问题的角度不同。显然单纯的训话和开会强调,效果是不明显的。

> 站在工人的角度去理解,虽然张峰一再重申认真填写生产报表,可以有利于改善,但这距离工人们比较远,大多数人认为这和他们没有多少关系。张峰可将生产报表与业绩奖金挂钩,并要求干部经常检查,这样工人们就会明确认真填写报表的重要性了。在职场沟通中,不要简单地认为所有人都和自己的认识、看法、高度是一致的。对待不同的人,要采取不同的模式,要用听得懂的"语言"与别人沟通。

一、与下属沟通的原则

美国当代人际关系学家莱斯·布吉林经过多年的研究实践,总结出受人欢迎的三大秘诀,即接受(Accept)他人、赞同(Agree)他人、赏识(Appreciate)他人,简称"三A"法则。

这三大秘诀分别具有深刻的含义和作用。首先,接受他人是指要尊重每个人的个性和特点,不因为他们的行为或言语而对他们产生偏见。在接受他人的过程中,要保持开放的心态,尊重他人的观点和感受,努力理解他们的立场和处境。这样,才能与他人建立起真诚和谐的关系。

其次,赞同他人是指在沟通交流中,要学会支持和肯定他人。当赞同他人时,不仅认可他们的能力和价值,还给予他们信心和鼓励。赞同他人并不意味着盲目附和,而是在理解和尊重的基础上,对他人的想法和行为表示支持和认可。这种态度有助于增进人际关系,使人们更加愿意交往。

最后,赏识他人是指要发掘他人的优点和潜能,并对他们的成就和努力给予肯定。赏识他人不仅能激发他人的潜能,还能使他们感受到被重视和关爱。在赏识他人的过程中,要善于发现他人的闪光点,给予真诚的赞美和鼓励。这样,就能赢得他人的信任和喜爱。

实践"三A"法则并不意味着要迎合他人、失去自我,而是要在保持独立个性的同时,学会与他人和谐共处。在现实生活中,可以通过以下方式来运用"三A"法则:

(1)提高自己的修养和素质,以包容的心态对待他人,尊重他人的差异。
(2)在与他人交流时,要学会倾听,理解他人的需求和期望,给予关心和支持。
(3)学会适时地表达自己的观点和立场,与他人建立真诚、平等的关系。
(4)关注他人的优点和特长,给予真诚的赞美和鼓励,激发他们的潜能。
(5)在团队合作中,发挥自己的优势,为集体目标努力,共同成长。

通过以上方法,将"三A"法则融入日常生活,就能在人际交往中受到他人的欢迎和喜爱。同时,还要注意避免一些不良的习惯和行为,如批评、抱怨、指责等,以免影响人际关系。

总之,美国当代人际关系学家莱斯·布吉林的"三A"法则提供了一套有效的人际沟通方法。通过践行这一法则,将在人际交往中更加得心应手,与他人建立和谐、长久的关系。在现代社会,掌握这一秘诀无疑将对个人成长和事业发展产生深远的影响。

(一)尊重与理解

领导者与下属的相处,首先应以尊重和理解为基础。尊重每一个下属的人格和意见,是建立良好关系的关键。同时,理解下属在工作和生活中的困难和压力,也是领导者必须具备的品质。通过有效的沟通,及时了解下属的需求和问题,是实现这一原则的重要手段。

(二)公平与公正

公平和公正是组织中不可或缺的价值观念。领导者应该始终坚持公平、公正的原则,对待下属一视同仁，不偏袒任何一方。制定明确、公正的规章制度，让每一个下属都感受到公平的待遇，是领导者必须履行的职责。

（三）诚信与担当

诚信是领导者必须具备的品质。遵守承诺、言行一致，在下属面前树立起诚信的形象，是赢得信任和尊重的前提。同时，领导者也应该勇于承担责任，不推卸、不逃避。只有这样，下属才会敬重你，愿意与你共同面对问题和挑战。

（四）培养与激励

人才是组织的宝贵财富，培养下属是领导者的责任。提供学习和培训的机会，鼓励下属不断成长和创新，是提高团队整体素质的重要途径。同时，通过设定明确的工作目标和给予下属适当的激励，可以激发他们的工作热情和潜力。领导者应根据不同下属的需求和期望，采用多种激励手段，以满足他们的动力和积极性。

（五）团队协作与共同成长

团队协作是组织高效运作的关键。领导者应积极营造和谐、融洽的团队氛围，鼓励团队成员之间的合作与交流。通过组织团队活动、增进成员之间的了解和信任，提高团队的协作能力。同时，关注团队成员的个人成长和发展，满足他们的职业规划和发展需求，是实现团队整体成长和发展的关键。领导者应关注下属的职业发展，提供必要的支持和帮助，以促进个人和团队的共同成长。

总之，与下属相处的原则包括尊重与理解、公平与公正、诚信与担当、培养与激励以及团队协作与共同成长。遵循这些原则，有助于构建和谐的工作关系、提高团队效能以及实现企业和个人的共同发展。作为领导者，要始终铭记这些原则并将其付诸实践，从而打造一个高效、团结的团队，为组织的繁荣发展贡献力量。

二、与下属沟通的障碍因素

在组织管理中，有效的沟通是至关重要的。然而，不幸的是，许多领导者在与下属沟通时遇到了各种障碍。这些障碍不仅影响了信息的传递，还可能导致误解、挫败感和团队凝聚力的下降。以下是与下属沟通时常见的障碍表现及影响：

（一）语言和非语言障碍

语言障碍是沟通中最常见的问题之一。由于背景、教育和方言的差异，领导者和下属之间可能存在语言上的障碍。这种障碍可能导致信息在传递过程中失真或误解。例如，某些专业术语或行业俚语可能对某些下属来说是不熟悉的，从而导致他们无法准确理解领导者的意图。除了语言障碍外，非语言障碍也是常见的。身体语言、面部表情和音调等非语言信号在沟通中起着重要作用。然而，由于文化和个人差异，领导者和下属对这些非语言信号的理解可能存在差异。例如，一些微笑或手势在某些文化中可能表示友好，而在其他文化中可能被视为不尊重或挑衅。

（二）心理障碍

心理障碍是与下属沟通时另一个重要的障碍。领导者和下属之间的心理距离、信任问题和权力感差异都可能导致沟通障碍。例如，当领导者表现出高高在上或冷漠的态度时，下属可能会感到畏惧或疏远，从而不愿意分享想法或提出问题。此外，信任问题也可能导致下属对领导者的信息持怀疑态度，从而影响沟通效果。

（三）组织结构障碍

组织结构障碍是指由于组织内部的结构和层级关系导致的沟通障碍。例如，在大型组织中，信息可能需要经过多个层级才能到达基层员工。这种层级结构可能导致信息延迟、失真或误解。此外，不同部门之间的沟通也可能受到组织结构的影响，导致信息无法顺畅传递。

（四）文化背景障碍

文化背景障碍是指由于领导者和下属之间的文化差异导致的沟通障碍。不同文化对沟通方式、礼仪和期望都有不同的要求。例如，一些文化强调直接和坦率的沟通，而另一些文化则更注重委婉和尊重。当领导者未能适应下属的文化背景时，可能会导致沟通不畅或误解。

为了克服这些障碍，领导者需要采取一些措施。首先，领导者应该努力了解下属的语言和文化背景，以便更好地理解和适应他们的沟通方式。其次，领导者应该积极倾听下属的意见和反馈，以建立信任和亲近感。此外，领导者还可以采用一些沟通技巧，如清晰明确地表达信息、使用简单易懂的语言、避免使用威胁或攻击性的语言等。

总之，与下属沟通时存在的障碍是多方面的，包括语言和非语言障碍、心理障碍、组织结构障碍和文化背景障碍等。为了克服这些障碍，领导者需要积极采取措施，增强沟通效果，以促进团队凝聚力和组织目标的实现。

三、与下属沟通不畅的表现

在企业的日常运营中，良好的沟通是确保工作顺利进行的关键。然而，有时管理者可能会遇到与下属沟通不畅的情况，这不仅会影响工作效率，还可能导致员工士气低落、团队协作破裂，甚至对企业发展产生不利影响。因此，了解和识别与下属沟通不畅的表现至关重要。

（一）上下级之间的信息不对等

上级与下级之间的沟通是企业内部沟通中最为重要的一环，也是企业沟通中最容易造成产生沟通障碍的环节。上下级之间的信息不对等，不仅会造成下级的工作效率降低，而且还会增加不必要的行政及沟通成本，甚至会导致原目标的偏离。上下级信息不对等主要有两种情况：一是下情不能上达导致领导不能掌握各项工作的真实情况，二是上情不能下达导致企业一线人员不能了解政策意图。众所周知，下级向上级进行信息传递一般称为上行沟通。企业中的一线员工负责推进具体的各项任务和细分的目标，直接对行政中间阶层负责，往往对能深刻把握工作中的具体问题，对实际工作状况的了解是最为清楚的。如果有顺畅的上行沟通，企业一线员工的工作状况及工作问题能够清晰地被上级把握，对于进一步的科学决策大有裨益。然而，由于上行沟通处于相对的弱势地位，加之有些员工因为性格等原因和对于自身工作前途的担忧，面对上级总是如履薄冰，即使出现了困难，也不敢向上级汇报寻求帮助。以及有些员工认为自己做好本职工作即可，至于上报工作情况与否根本不重要，由此导致管理层对于工作的具体开展情况难以把握，从而导致沟通障碍愈发严重。而上级向下级进行信息传递一般称为下行沟通。在企业组织结构中，中层领导作为企业基层员工的指导者，同时又需要对上级分管领导负责，处于"上传下达"的重要位置。由于中层管理者负责具体的基层工作分工，对于基层资源配置和基层情况的收集具有无可比拟的优势。然而在工作中，有一些中层领导常常拒绝与员工沟通，并且千方百计地将自己分离开。一种情况是中层领导把自己和员工区别开，俯视员工；另一种情形就是中层领导盛气凌人，一言不合就训斥员工，根本不会关心员工。

畅通的上下级沟通有利于实现决策的科学化和民主化，有助于提高员工的工作积极性和归属感,有利于降低行政成本,增强企业的凝聚力,提升企业的市场竞争力。

(二)企业组织结构混乱

传统组织的特点,表现为层级结构。企业的所有者、管理者和员工组成一个金字塔式的形状。企业的最高管理者站在塔顶,发出的指令通过一级一级的管理者,最终传达到基层员工;基层员工的发出的信息通过一级一级的过滤,最后到达最高管理者;上级不能越级指挥,下级不能越级请示。而越是金字塔形状的管理结构,中间层级就越多,信息损耗就越大,越容易产生更多的信息噪音。信息噪音存在于信息传递的各个层级,会给沟通造成失误、损耗和失真。不仅如此,金字塔层级越多越容易造成非正式沟通渠道减少,而且越容易引起沟通漏斗效应。

简而言之,在实际的沟通过程中,人们受限于表达能力、理解能力等等因素,常常会出现沟通效果不理想的情况。如果一个人接收到的信息为100%,那么他所传递的信息为80%,但是对方接收到的信息为60%,能够准确理解的只有40%,最后付诸行动的只有20%。可想而知,企业组织沟通过程中的中间环节越多,对信息的损耗就越大,信息偏差会呈现指数增长。此外,在企业当中,员工向领导传达的问题往往避重就轻。经过多次的此类行为后,企业领导则不能获得真实的信息。由此可见传统的金字塔结构对信息的损耗对上会造成高层领导不了解事情全貌,对下则会造成政令不明。

(三)跨部门沟通渠道不畅

企业秘书担负着上情下达、下情上报的任务,在企业的日常运转中的作用也日渐突出。企业的各个职能部门以及各部门工作人员看待问题的角度和对问题的理解会有所偏差,只有进行充分的沟通与协调,企业各部门之间才能更好地相互配合,为企业的健康发展注入活力。秘书,能够辅助领导人员决策,也能够有效地协调上司领导下的各职能部门之间的关系,从而有效地保障公司各项活动的顺利展开。

由于企业存在各种各样的职能部门,各职能部门作为企业沟通的重要主体,其在沟通的过程中难免会产生各种各样的问题,进而产生跨部门的沟通障碍。企业跨部门沟通障碍主要受企业、部门领导和具体沟通主体三个因素的影响。企业中的各职能部门主要是按照一定的特质进行划分,而一旦进行某种需要多个部门协同处理的项目,就会造成经验差异与专业障碍,导致信息理解偏差,使得跨部门沟通受到影响。由于各部门的工作情况直接与部门领导的绩效相挂钩,因此从部门领导层面上来看,在工作过程中首先从本部门的利益出发的现象由此可见一斑。从沟通主体来看,由于各部门之间的差别较大,所以在沟通过程中很容易出现价值观冲突,还会在事情的判断、评价等方面存在这样那样的不同,进而会产生跨部门的沟通障碍。

(四)上下级角色的认知偏差

认知偏差是指人们在知觉自身、他人或外部环境时,由于受制于自身或情境的因素,知觉结果出现失真的现象。简言之,在沟通的过程中,信息接收者往往并不能准确无误地接收所有的信息。受限于不同的心理、社会、文化背景组合等因素,人们往往更倾向于选择他们想听或想看的信息,或者只愿意接受中听的,拒绝不中听的,同时还会对其进行无意识的加工,这就造成了沟通的障碍。此外员工的个人认知还会造成员工与公司理念不合、工作满意度不高等负面因素。

管理者作为企业的组织者和执行者,在日常工作中占据主导地位,常常在传统的思想与观念影响下认为自己应当与员工保持距离,以此维护自己的领导者的形象和权威。相应的,部分员工有着"上尊下卑"的观念态度,惧怕领导权威,缺乏信心,不敢与上司沟通,面对上司不敢讲真话。在与领导沟通交流时,基层员工常常会受限于自身的经历和经验,根据自身的兴趣、爱好和利益等因素对自身掌握的信息进行再次加工处理,按照自己的目的、经验、认知等传递信息,导致信息与客观实际不相符合。

在企业的日常工作中,经常有领导会发出模棱两可的指令,通过这种不够清晰明确的命令,上级就刻意掩盖自己授权不够彻底的事实。当下属收到这种信息的时,下属往往会因为自尊心或者压力的原因,不敢仔细询问来确认其具体准确的含义,因为问了就代表自己工作经验不足,会给领导留下不会办事的印象。同时,由于组织结构的原因,通常领导并不会越过中间管理阶层直接指挥基层员工,这就意味着此命令需要多次传递,当指令在传递的过程中,其往往也是闪烁其词,担心自己的理解错误,往往也是模糊表达。由此,一级一级往下传达,大家都假装听懂了,但是事实上,没有人真正地理解其准确含义。最终就会导致原本指令传得截然不同,从而影响整个企业的任务的完成。

四、与下属沟通的注意事项

英国管理学家维尔德说:"对于领导者而言,需要具备多种能力,但最基本的能力是有效沟通,沟通是管理的生命线。"建立积极、健康的与下属的关系,推动团队实现共同的目标,同时促进员工的发展和满意度,这是一个组织领导者的基本工作职能。

(一)建立良好的沟通渠道

保持开放、透明的沟通,确保下属清楚了解组织的目标、期望和工作计划。定期开展会议、工作讨论和个人对话。了解每个下属的个体差异,包括工作风格、学习方式和沟通偏好。适应不同的个性,以更好地支持他们的工作。对各级员工设立明晰的期望,确保他们理解自身的角色、责任和工作目标,明确的期望有助于防止职责混淆和提高工作效率。

(二)倾听并尊重意见

重视下属的观点和建议,鼓励他们分享意见。尊重下属观点有助于建立信任和增强工作关系。了解员工的工作和生活平衡,关心他们的福祉,提供支持和灵活性,有助于促进健康的工作环境。当企业内部出现人际冲突时,管理者应及时而冷静地处理。采用有效的解决问题方法,鼓励开放的对话,找到双方都能接受的解决方案。在团队发生变化时,如人员变动或任务调整,及时沟通并提供支持,帮助团队适应变革,保持稳定和团结。

(三)支持指导和激励认可

与下属建立合作关系,提供必要的支持和指导。鼓励他们提出问题,并积极回应他们的需求。给予下属适当的激励,认可他们的贡献。鼓励团队成员参与决策过程,让他们感到自己的工作是有价值的。了解下属的职业目标和发展需求,提供培训和发展机会。支持他们实现个人和职业的目标。提供发展机会,帮助下属提升他们的领导力技能。鼓励他们承担更多的责任,促进个人和团队的成长。对下属定期进行绩效评估,提供有针对性的反馈。确保评估是公正、客观的,帮助他们了解自己的发展方向。塑造积极特色的团队文化,鼓励协作和资源共享,促进团队成员之间的互助,创造共同成就的机会。

五、与下属沟通的策略

在企业管理中,与下属的有效沟通是领导者必须掌握的一项关键技能。有效的沟通不仅能够促进信息的准确传递,还能增强团队的凝聚力和执行力。与下属有效沟通的策略,可以帮助领导者更好地与下属建立良好关系,推动企业的发展。

在企业中,只有通过沟通,领导才能准确、及时地把握下属工作进展并提供支持和帮助,促使各项工作按照要求,及时、高质量地完成。在当代企业内,良好的下行沟通能够减少领导与下属之间的误会,促进信息的有效性。下行沟通之前,要充分了解下属工作及思想状况。如《孙子·谋攻篇》中所言,"知己知彼,百战不殆;不知彼而知己,一胜一负;不知彼,不知己,每战必殆"。沟通亦是如此,沟通前了解下属的性格和作风,选择行之有效的沟通方式,避免让下属产生压抑心理,确保在沟通的过程中交流愉快,氛围轻松,使得下属能够在沟通中所知必言。另外,在下行沟通中应允许下属职员积极发言,迸发解决问题新思路,鼓励下属职员勇于试错。

(一)尊重下属,平等交流

在下行沟通中,平等交流是对下属的尊重。只有建立在平等尊重的基础之上,察纳雅言,从谏如流,倾听下属的需求及困难,及时了解下属的工作状态及进度,才能使得沟通顺利进行。一个好的公司懂得如何让员工感受到被尊重,并使其充分发挥工作热忱,美国沃尔玛和日本佳能就做到了这一点。

沃尔玛公司总裁沃尔顿在讲到沃尔玛为何会在短时间内规模壮大时说:"如果你必须将沃尔玛管理体制浓缩成一种思想,那可能就是沟通。沟通才是沃尔玛制胜的关键法宝。"沃尔玛公司为提高所有员工的工作热情,会定期定时向所有沃尔玛店内所有正式员工和临时工公布该店营收情况,并鼓励员工们积极参与股东大会。更会在会议结束后,邀请员工到自家院子聚餐,享受美味佳肴的同时畅所欲言。佳能员工能够随时随地对工作畅所欲言,在食堂、宿舍、更衣室等地方设置专门的员工意见箱,员工有任何问题或建议,均可以畅所欲言。沃尔玛与佳能的公司理念不同,但都采用人性化的管理模式,突出尊重员工的核心。

沃尔玛和佳能打破了种族制度、国籍、语言方式、生活习惯、文化差异等歧视因素,保障所有员工的一致性和平等性,使得员工实现自我尊重和他人尊重。他们以真正实现长久地求同存异、齐心协力为目标,追求公司与员工携手与共、齐头并进,构建平等和谐的劳动关系。

不管是沃尔玛的沟通激励政策还是佳能的人性化需求,都体现了尊重员工的本质理念。佳能通过安置信息意见箱,让员工可以随时随地表达自我真实想法,提出自己认为所需优化之处,以不见面的方式满足了员工的交流沟通需求,更让员工自我感觉个人对工作的重要性,从而激发员工的工作积极性和责任感。在企业内部中,以平等为基础的交流会使得沟通的效率提高,且效率会体现在企业的管理领域,强调通过在企业内部构建平等交流的渠道和机制,可以大幅提高企业内部的信息沟通效率,以柔性化提高企业管理水平。若在企业内部中沟通存在缺憾,领导不尊重员工抑或对待员工不公平,则容易在工作中产生不必要的阻力,造成误会和矛盾。因此在一定程度上而言,优质的沟通是从源头上规避矛盾的发生,促进团队蒸蒸日上、势如破竹。

(二)以身作则,以诚相待

企业内部中,沟通双方难免产生误会和歧义,坦诚相待、引咎自责是规避问题的最好方法。对管理者而言,承认自己的问题和错误是一种勇气,更是消解误会的一剂良药。领导犯错也应学会认错道歉,以身作则让下属看到自己知错认错、敢作敢当的态度,以柔克刚,消除自己在下属心中刻板、独裁的顽固印象。领导意识到自己错误后抛开层级关系和面子,及时向下属认错,分析错因并进行自我反思,对下属解开心扉畅心沟通,才能实现下行沟通的价值,促进整个团队和谐发展。

(三) 知人善任,多元激励

为促进企业更好的发展,管理者应积极鼓励员工敢言敢当。合格的领导者必须具备强化担当、德才兼备、善用外脑、锐意改革等思想素质。这对当下的领导实践无疑具有一定的借鉴意义。领导者应鼓励员工积极进言,根据自己的实际工作情况提出公司优化建议,让员工面对问题时勇于提出问题解决方式,面对惩罚时勇于承担责任。只有领导懂得察纳雅言,员工敢勇当先,企业才能够朝着更加美好的方向发展。

此外,管理者应该制订多元激励模式,通过奖励机制引导员工发挥工作热情,为企业贡献更多的工作价值。美国联合航空公司曾提出"员工也是合伙人"的口号,其目的是提高员工的工作参与感。

1994年7月,美国联合航空公司实施了该项计划,员工用削减工资换取公司55%的股票和12个董事会议席中的3个。18个月以后,公司超越了所有竞争对手,83 000名员工的生产率上升,不满大大减少,公司股票价格上涨了1倍多。

员工是企业发展的主力军,只有增强员工参与度,聆听员工诉求,对员工执行多元化的鼓励机制,从根源上提高员工的工作主动性,才能为企业创造更高效益。

(四) 指令清晰,任务明确

在组织内部中,为减少管理失误,增强组织凝聚力和竞争力,最重要一条规则就是——指令清晰,任务明确。在《红楼梦》中,探春兴利除弊治理大观园,成为经典的艺术形象。探春把大观园承包给会花圃农事的下人,一石二鸟,既贴补家用,又惠及下人。探春"分权式改革"一系列的操作让人无不感叹她的指令清晰,魄力十足。她的大观园改革为贾府带来了显著成效,使贾府由原来的"消费型"向"生产消费型"转变。探春虽是代凤姐暂管大观园,但在改革过程中其干练果断、超前兴利思维不由让人心生赞叹。因此,在当代企业中,领导者向下属下达任务时应指令清晰、逻辑条理,使得员工明确自己的任务,以保工作顺利完成。

若要达到下行沟通的最佳成效,需从互相尊重的基础出发。做到尊重下属且不以领导的威严强迫下属听从自己的决定;学会倾听下属的真实想法,采纳诤言;表达对下属的认可,让下属感受企业的温度,鼓励下属为企业创造溢值;了解下属当前的工作状态,提供工作上的支持和帮助。

在企业内部中,同事之间,上下级之间,都需要经常进行沟通信息,这样才有利于信息传达的对称性,有利于团队的团结。而沟通之间必须要做到互相尊重,如果话到嘴边留半句,那还是达不到沟通的效果。沟通是一门艺术,管理者应该提升沟通能力,学习沟通技巧。学会体谅下属,尽可能在沟通的过程中规避沟通障碍,积极构建企业内部和谐的人际关系,增强组织内部凝聚力和竞争力,实现个人和企业的双赢。

【案例分析】

小奖赏,大激励

某公司的顶级奖品是一枚金子做的香蕉别针,这枚别针的设计源自一个动人的故事。

有一天，老板深为手下一位员工的杰出表现所感动，要当场予以奖励，但手头一时又什么都没有，情急之下，老板顺手从桌上摆着的一盘水果中摘下一根香蕉送给那位员工。没有想到，老板这个意外的小举动广受员工喜爱，致使公司专门设计打造了黄金质地的香蕉别针，并一举成为公司员工竞相争取的殊荣。

【分析】想想看，那根香蕉不仅代表了一种表扬，而且接受它的员工也不会有什么负担，真是一个绝妙的点子。人们一向比较看重了不起的成就，但是不要忘了每天频繁地发生在身边的一些小事，比如同事专业考试得了好成绩，比如同事一通电话后讲定了一单新合同，比如同事想出一个简单的方法解决困扰了大家许久的问题，你不能仅仅是赞赏心存，你的赞美与赞赏要让他人知道。这种让他人知道的方法有许多。亲口将你的赞美说出来，再送他一样小东西做奖品，这份奖赏无须刻意去找，它可以是一杯热茶，一枚水果，也可以是一叠从办公桌上顺手摸起的公司便笺。

第四节　与客户的有效沟通

企业为了扩大组织影响，增加产品或服务的销售，而需要不断地把有关产品和销售信息迅速地传递出去，同时也为了自身适应大环境的变化而与周围环境适时地保持信息交流。为此，企业需要制定一套行之有效的沟通方案，以便与外部进行有效沟通。

【案例分析】

客　户　至　上

阿里巴巴集团注重与客户的沟通，通过设立客服热线、在线客服等方式，为用户提供实时、高效的沟通服务。同时，阿里巴巴还充分利用大数据和人工智能技术，了解客户需求，为客户提供个性化服务。

苹果公司在与客户沟通方面堪称业界典范。苹果拥有一支专业的客服团队，通过电话、邮件等多种渠道，为用户提供技术支持和售后服务。此外，苹果还注重线下门店的沟通作用，为用户提供面对面的咨询和解决方案。

京东商城在客户沟通方面表现出色。除了提供常规的客服热线和在线客服外，京东还推出了"京享值"积分体系，鼓励用户参与互动和反馈。此外，京东还加强了与供应商的沟通，共同提升产品质量和售后服务。

【分析】企业与客户沟通是企业经营的重要环节。通过有效的沟通，企业可以更好地了解客户需求，提升客户满意度，从而实现自身的可持续发展。为此，企业应制定合理的沟通策略，注重沟通渠道、沟通效果和沟通礼仪，同时关注客户数据的收集和分析。此外，企业还可以借鉴业界优秀案例，不断提升自身与客户的沟通能力。

一、企业与客户沟通的作用

在当今商业环境中,企业与客户的沟通越来越显得至关重要。无论是产品销售、服务提供,还是品牌建设,有效的沟通都是企业成功的关键因素。

(一) 提升客户满意度

企业与客户之间的沟通,有助于了解客户的需求和期望,从而提供更加贴心的产品和服务。通过倾听客户的意见和建议,企业可以及时调整战略,优化产品设计,满足客户的实际需求。在沟通过程中,企业还能够展现其关心客户、真诚为客户解决问题的态度,从而提升客户的满意度。

(二) 增强品牌形象

企业与客户之间的良好沟通,有助于塑造企业的品牌形象。一个懂得倾听、关注客户需求、及时回应客户关切的企业,更容易在市场上树立良好的口碑。企业通过社交媒体、线上线下活动等渠道与客户互动,传播品牌价值观,提高品牌知名度和美誉度。

(三) 提高销售业绩

企业与客户的沟通,对于促进销售具有重要作用。通过与客户建立良好的关系,了解客户的需求和购买意愿,企业可以制定更加精准的销售策略,提高销售转化率。同时,优质的客户服务和企业形象,有助于吸引更多新客户,并促使现有客户产生复购行为,从而提高销售业绩。

(四) 降低企业风险

企业与客户的沟通,有助于及时发现潜在的问题和风险。在沟通过程中,企业可以了解客户对产品或服务的满意度、使用情况等,发现是否存在质量问题、安全隐患等。通过对客户反馈的分析,企业可以采取相应的措施,预防和化解风险,确保企业稳健发展。

(五) 促进企业内部协同

企业与客户的沟通,不仅涉及外部关系,还包括内部协同。通过与客户的沟通,企业可以了解各部门之间的协作状况,确保为客户提供优质的服务。内部沟通的加强,有助于提高员工的工作效率,降低企业运营成本,实现企业目标的一致性。

总之,企业与客户沟通的作用不容忽视。企业应重视与客户的互动,建立健全的沟通机制,不断提升沟通效果,以实现企业持续发展。同时,企业还需关注内部沟通,确保各部门之间的协同,为客户创造更好的体验。在激烈的市场竞争中,善于沟通的企业将更具竞争优势。

二、企业与客户沟通的策略

在当今商业环境中,企业与客户的沟通显得尤为重要。一方面,随着市场竞争的加剧,企业需要了解客户的需求和意见,以便调整经营策略,提高产品和服务质量;另一方面,良好的沟通有助于建立企业和客户之间的信任关系,提升客户满意度,从而促进企业的可持续发展。为了实现企业与客户有效的沟通,以下几点策略值得关注:

(一) 了解客户需求

企业应充分了解客户的需求和期望,为客户提供有针对性的解决方案。这需要企业收集和分析客户数据,如消费习惯、购买偏好等,以洞察客户心理。此外,企业还应关注行业动态和市场趋势,以便及时调整产品和服务策略。

（二）优化沟通渠道

企业应选择合适的沟通渠道，以提高沟通效率。传统的沟通渠道包括电话、邮件、短信等，而随着互联网的普及，社交媒体、在线客服等新兴渠道也逐渐成为企业与客户沟通的重要手段。企业可根据客户的喜好和需求，灵活运用多种沟通方式，确保信息传递的准确性和及时性。

（三）个性化沟通策略

企业应根据客户的特点和需求，制定个性化的沟通策略。例如，针对不同类型的客户，企业可以采用不同的沟通语气和内容；在节假日和重要活动期间，企业可以发送定制化的祝福和优惠信息，以提高客户的关注度和参与度。

（四）提升沟通效果

为了提高企业与客户沟通的效果，企业应关注沟通质量和沟通效率。一方面，企业要加强内部培训，提高员工的服务意识和沟通能力；另一方面，企业应建立高效的沟通机制，确保客户反馈的问题能够得到及时、有效的解决。

（五）注重沟通礼仪

在企业与客户的沟通过程中，礼仪至关重要。企业应教育员工遵循沟通礼仪，尊重客户，避免使用不当的语言和态度。同时，企业还应关注沟通的时机，避免在客户休息或工作时打扰。

三、企业与客户沟通的目的

随着现代社会经济的快速发展，企业与顾客之间的沟通日益成为企业成功的关键因素。在竞争激烈的市场环境下，有效地与顾客沟通，了解顾客需求，提供优质服务，提升顾客满意度，是企业生存和发展的基石。

（一）了解顾客需求

顾客是企业生存的根本，满足顾客需求是企业的使命。企业应通过市场调查、数据分析等手段，深入了解顾客的需求、喜好和消费习惯，以便为顾客提供更加精准、贴心的产品和服务。了解顾客需求还有助于企业及时调整战略方向，抓住市场机遇，提升竞争力。

（二）优化沟通渠道

随着科技的发展，沟通渠道日益多样化。企业应根据顾客的特点和需求，选择合适的沟通渠道，如电话、短信、邮件、社交媒体等。同时，企业还需注重沟通内容的个性化、差异化，以提高沟通效果。优化沟通渠道有助于提高顾客对企业的好感度和信任度，进而提升顾客满意度。

（三）提升服务质量

顾客满意度是衡量企业服务质量的重要指标。企业应从以下几个方面提升服务质量：

（1）培训员工：提高员工的业务能力和服务水平，使其具备解决顾客问题的能力。

（2）完善售后服务：设立专门的售后服务团队，确保顾客在使用产品或服务过程中遇到问题能得到及时解决。

（3）关注顾客体验：从顾客的角度出发，优化消费流程，提升顾客体验。

（四）建立良好的企业形象

企业形象是影响顾客选择的重要因素。企业应通过优质的产品、服务和文化传播，树立良好的企业形象。同时，企业还需承担社会责任，积极参与公益活动，提升企业的社会声誉。良好的企业形象有助于吸引更多顾客，提高市场份额。

（五）建立顾客关系管理系统

顾客关系管理系统（CRM）是一种有效管理顾客信息、提升顾客满意度的工具。企业通过CRM系统，可以对顾客数据进行整合和分析，实现顾客信息的实时共享，从而提高沟通效率。同时，CRM系统还可以帮助企业实现个性化营销，提升顾客满意度。

总之，企业与顾客的沟通是企业发展的关键环节。企业应关注顾客需求，优化沟通渠道，提升服务质量，建立良好的企业形象，并运用现代技术手段，不断探索与顾客沟通的新模式，以实现顾客满意度和企业竞争力的持续提升。在激烈的市场竞争中，只有不断改进与顾客的沟通方式，才能赢得顾客的信任和支持，实现企业的长远发展。

四、企业与股东的沟通

在现代商业的丛林中，企业与股东之间的沟通就像是一条生机勃勃的生命线，源源不断地输送着信任、合作与共赢的活力。这种沟通不仅仅是简单的信息传递，更是构建长期合作关系的基石。它要求企业在多个维度上，如信息披露的透明度、决策参与的有效性以及反馈机制的完善度等方面，都展现出高度的专业素养和诚信态度。

首先，信息披露是企业与股东沟通的核心内容。这要求企业不仅要定期向股东发布财务报告，展示公司的经济状况和业务成果，还要深入解读公司的战略规划、市场布局以及风险挑战等关键信息。这些信息应当以清晰、准确、全面的方式呈现，让股东能够全面了解公司的运营状况，进而做出明智的投资决策。同时，随着科技的不断进步，企业还应借助多元化的渠道和平台，如官方网站、社交媒体、投资者关系平台等，以实时、互动的方式与股东进行信息交流，满足不同股东的信息需求。

其次，决策参与是股东参与公司治理的重要体现。股东通过参加股东大会、行使投票权等方式，积极参与公司的重大决策过程。这不仅有助于保障股东的合法权益，更是推动公司民主决策、科学决策的重要力量。企业应高度重视股东的意见和建议，积极回应股东的关切和需求，确保公司的决策能够充分体现股东的意愿和利益。同时，企业还应建立健全的决策监督机制，确保决策过程的透明度和公正性，防止权力滥用和利益输送。

此外，建立有效的反馈机制对于企业与股东之间的沟通至关重要。企业应设立专门的渠道和平台，如在线调查、热线电话、电子邮件等，积极收集股东的反馈和建议。这些反馈和建议不仅可以帮助企业及时发现问题、改进工作，还能为企业提供宝贵的市场信息和客户需求。企业应定期对股东的反馈进行分析和总结，以便更好地了解股东的期望和需求，为未来的发展提供有力支持。同时，企业还应注重与股东的互动和沟通，对股东的关切给予及时回应，不断增强股东的归属感和忠诚度。

综上所述，企业与股东之间的沟通不仅是公司治理的重要组成部分，更是推动企业健康发展的重要动力。通过加强信息披露的透明度、促进决策参与的有效性以及建立完善的反馈机制等多方面的努力，企业可以与股东建立更加紧密、互信的合作关系，共同推动企业的持续发展。同时，企业还应不断提升自身的沟通能力和专业素养，以适应不断变化的市场环境和股东需求。只有这样，企业才能在激烈的市场竞争中保持领先地位，实现长期稳定的发展。

五、企业与上下游企业的沟通

在当今全球化、竞争激烈的商业环境中，企业与上下游企业之间的沟通显得尤为重要。这种沟通不仅仅是简单的信息传递，更是一种战略协同和共赢合作的体现。企业与上下游企业之间的顺畅沟通，可以确保供应链的稳定、高效运作，提高整个供应链的效率，降低运营成本，从而为企业创造更大的商业价值。

首先，企业与上游供应商之间的沟通至关重要。供应商是企业生产所需原材料和关键组件的提供者，其稳定性和可靠性直接关系到企业的生产效率和产品质量。因此，企业需要与供应商建立稳固的战略合作伙伴关系，通过定期的交流、分享需求和预期，确保原材料和组件的供应稳定可靠。这不仅有助于避免生产中断和延误，还能在供应紧张时期获得供应商的支持和协助，确保企业的生产不受影响。

同时，企业与上游供应商之间的沟通还能促进双方之间的信息透明和共享。企业可以向供应商提供销售数据、库存情况等信息，帮助供应商更好地预测市场需求和生产计划。供应商也可以根据企业的需求和反馈，改进产品质量、提高生产效率，从而实现双方的共赢。

其次，企业与下游分销商和最终消费者之间的沟通同样重要。分销商是企业产品进入市场的关键渠道，他们直接面对消费者，了解市场需求和消费者偏好。通过与分销商保持密切的沟通，企业可以及时了解市场需求的变化和消费者的反馈，从而快速调整生产策略和产品设计。

此外，与消费者的直接沟通也是企业获取一手市场信息和消费者需求的重要途径。企业可以通过市场调查、消费者访谈等方式，了解消费者的需求和期望，从而不断改进产品和服务，提升消费者满意度和忠诚度。这种以消费者为中心的沟通理念，不仅有助于提升企业的市场竞争力，还能为企业创造更多的商业机会和价值。

除了直接的商业利益外，企业与上下游企业之间的沟通还有助于建立长期的合作伙伴关系。通过共同解决问题、分享信息和经验，企业与上下游企业之间可以建立深厚的信任和共享的价值观。这种合作伙伴关系不仅能够提高供应链的稳定性、降低运营风险，还能为企业带来更多的商业机会和竞争优势。

然而，企业与上下游企业之间的沟通也面临一些挑战。不同的企业可能有不同的商业目标、管理风格和信息系统，这可能导致沟通障碍和误解。因此，企业需要采取积极措施来克服这些挑战。首先，企业需要建立统一的沟通标准和流程，通过明确沟通方式、数据格式和业务流程等细节，确保信息的准确传递和共享。其次，企业需要积极利用科技手段来提高沟通效率和质量。例如，通过采用先进的供应链管理软件和数据分析工具，企业可以实时追踪物料和产品的流动情况、预测市场需求变化、优化库存管理和生产计划等。

总之，企业与上下游企业之间的沟通是供应链管理的核心环节之一。通过建立稳固的战略合作伙伴关系、促进信息透明和共享、采用先进的科技手段等措施，企业可以加强与供应链伙伴的协作和沟通效率，从而实现共赢和可持续发展。这种全面、深入、细致的沟通策略将为企业创造更大的商业价值和社会价值。

六、企业与社区的沟通

在当今的商业环境中，企业与社区之间的沟通显得至关重要。有效的沟通不仅有助于企业树立良好的社会形象,还能为社区带来实际利益,促进双方的和谐共生。

(一)企业与社区沟通的重要性

(1)社会责任感:企业作为社会的一分子,应当积极履行社会责任,与社区建立良好的关系。通过与社区的沟通,企业可以了解社区的需求和期望,从而有针对性地开展公益活动,回馈社会。

(2)品牌形象:良好的社区沟通有助于塑造企业的正面形象,提高品牌知名度和美誉度。当企业积极参与社区建设、关心社区福祉时,社区居民会对企业产生信任感,从而更愿意支持企业的产品和服务。

(3)商业机会:通过与社区的沟通,企业可以发掘潜在的商业机会。社区内的需求、资源和人才都可能是企业发展的助力。通过深入了解社区,企业可以更好地满足市场需求,实现可持续发展。

(二)企业与社区沟通的方式

(1)公益活动:企业可以组织各类公益活动,如环保、教育、健康等领域,与社区建立紧密联系。通过参与公益活动,企业可以向社区展示其社会责任感和关爱之心,增强社区居民对企业的好感度。

(2)居民互动:企业可以通过举办座谈会、问卷调查等方式,与社区居民进行互动交流。这样可以让企业更直接地了解社区居民的需求和意见,为改进产品和服务提供依据。

(3)信息共享:企业可以通过官方网站、社交媒体等渠道,发布企业动态、产品信息以及与社区相关的新闻。这样可以让社区居民及时了解企业的最新发展,增强企业的透明度和公信力。

(三)企业与社区沟通面临的挑战

(1)文化差异:不同社区的文化背景和价值观可能存在差异,这可能导致企业在与社区沟通时产生误解和冲突。因此,企业需要充分了解并尊重社区的文化传统,避免因文化差异造成的沟通障碍。

(2)信息不对称:企业与社区之间可能存在信息不对称的现象,即企业了解的信息多于社区,而社区对企业的了解相对较少。这可能导致社区居民对企业的信任度降低。为了解决这一问题,企业需要主动公开信息,加强与社区的沟通互动,提高信息的透明度。

(3)资源分配不均:在某些情况下,企业可能面临资源分配不均的问题,导致无法充分满足社区的需求。这可能会引发社区居民的不满和抱怨。因此,企业需要合理规划资源分配,确保在满足自身发展的同时,也能为社区带来实际利益。

(四)对企业与社区沟通的建议

(1)建立长期合作机制:企业与社区应建立长期稳定的合作关系,共同推动社区发展。通过签订合作协议、设立联合委员会等方式,明确双方的权利和义务,确保合作的顺利进行。

(2)培养专业人才:企业应培养具备社区沟通能力的专业人才,负责与社区进行日常沟通和协调。这些人才应具备良好的沟通技巧、了解社区需求,并能在企业与社区之间搭建起有效的沟通桥梁。

(3)创新沟通方式:随着科技的发展,企业与社区之间的沟通方式在不断创新。例如,通过利用大数据、人工智能等技术手段,企业可以更准确地了解社区居民的需求和偏好,为提供更加个性化的产品和服务提供支持。此外,企业还可以通过虚拟现实、增强现实等技术手段,让社区居民更直观地了解企业的产品和服务,增强企业的品牌形象和吸引力。

总之,企业与社区之间的沟通是商业环境中不可或缺的一环。通过加强沟通互动、尊重文化差异、公开信息、合理分配资源等方式,企业可以与社区建立更加紧密、和谐的关系,实现双方的共同发展。同时,企业还需要不断创新沟通方式,以适应日益变化的市场环境和社区需求。

七、企业与新闻媒体的沟通

在当今社会,企业与新闻媒体之间的沟通显得尤为重要。有效的沟通不仅能够提升企业的品牌形象,还能为企业带来诸多商业机会。然而,沟通并非易事,需要双方共同努力,才能建立起良好的合作关系。

（一）企业与新闻媒体沟通的重要性

首先,沟通有助于提升企业的知名度。新闻媒体作为信息的传播者,具有广泛的影响力。通过与媒体的合作,企业可以将自身的理念、产品和服务传递给更多的人,从而扩大市场份额。

其次,沟通有助于树立企业的正面形象。媒体往往关注那些具有社会责任感、积极履行企业公民职责的企业。通过与媒体沟通,企业可以展示自己的良好形象,赢得社会的认可和尊重。

最后,沟通还有助于企业应对危机。在面临突发事件或负面舆论时,企业需要及时与媒体沟通,表明立场,澄清事实,防止谣言扩散,维护企业的声誉。

（二）企业与新闻媒体沟通的策略

1. 明确沟通目标

企业在与媒体沟通前,需要明确沟通的目标,如提升知名度、塑造品牌形象、应对危机等。这有助于企业在沟通过程中保持清晰的思路,确保沟通效果。

2. 选择合适的沟通渠道

根据沟通目标和媒体特点,企业需要选择合适的沟通渠道。例如,对于全国性的大型媒体,可以选择新闻发布会、专访等形式;对于地方媒体,可以通过组织地方活动、提供新闻线索等方式进行沟通。

3. 保持诚信原则

在与媒体沟通时,企业需要坦诚相待,提供真实、准确的信息。诚信是沟通的基础,只有真诚地面对媒体,才能赢得媒体的信任和支持。

（三）企业与新闻媒体沟通的实践

以某知名互联网公司为例,该公司非常重视与新闻媒体的沟通。他们定期举办新闻发布会,邀请媒体记者参加,分享公司的最新动态和成果。同时,他们还积极与媒体建立长期合作关系,为媒体提供独家新闻线索和深度报道。这种积极主动的沟通策略,不仅提升了该公司在媒体界的知名度,还为其带来了诸多商业合作机会。

此外,该公司在面临危机时,也表现出强烈的责任感和担当精神。他们及时与媒体沟通,公开道歉,承诺采取补救措施,最终赢得了社会的谅解和尊重。这一案例充分展示了企业与新闻媒体沟通的重要性以及沟通策略的实践价值。

企业与新闻媒体的沟通是一项复杂而重要的任务。通过明确沟通目标、选择合适的沟通渠道以及保持诚信原则等策略,企业可以建立起与新闻媒体的良好合作关系,提升自身的品牌形象和商业价值。同时,企业还需要在实践中不断总结经验教训,不断完善沟通策略,以适应不断变化的市场环境和媒体生态。

第五节　与亲友的有效沟通

在人际交往中,与亲友的有效沟通至关重要。沟通不仅仅是简单的信息传递,更是一种情感的交流和理解。有效的沟通能够增进彼此之间的了解,建立更紧密的关系,共同面对生活中的挑战和困难。

【案例分析】

同胞姐妹亦不同

小敏前些日子路过一家宠物店,看到宠物店中有一只小狗非常喜欢,经过一番讨价还价,把小狗买了下来带回了家。

晚上她给二姐打电话,告诉她自己买了一只小博美犬,二姐一听非常兴奋。

过了几天,小敏的大姐打电话来询问她最近的生活情况,小狗恰好在旁边叫了几声,大姐一听到有狗在叫,就紧张起来,不停地问狗狗是怎么来的?会不会咬人?有没有打预防针?

同样是对于一只狗的认知,同胞姐妹的反应却有如此大的差别。原来,小敏的二姐从小就喜欢狗,所以一听到妹妹养狗了,想必在她的脑海中肯定映现出一只特别可爱的小狗的形象;而小敏的大姐听说妹妹养狗了却首要关心狗是否会带来什么麻烦,想必那时她的脑海中会浮现出的肯定是一只"肮脏凶恶"的小狗形象。

> 【分析】其实同样的一件事物,不同的人对它的概念与理解的差别是非常大的。在日常的人际交往中,当你说出一句话来,你自己认为可能已经表达清楚了你的意思,但是不同的听众会有不同的反映,对你所说内容的理解可能是千差万别的,甚至可以理解为相反的意思,这将大大影响沟通的效率与效果。这就要求在我们进行日常沟通的时候,需要细心地去体会对方的感受,做到真正用"心"去交流。

一、与亲友沟通的原则

沟通是人际交往中至关重要的一环,尤其在与亲友的交往中,有效沟通更能增进彼此的感情,促进关系和谐。

(一)倾听至上

在与亲友交谈时,倾听比倾诉更重要。倾听他人的观点,尊重他们的感受,让对方感受到关心和关爱。当亲友向您倾诉烦恼时,您应该用心倾听,耐心给予安慰,让对方感受到您是值得信赖的。通过耐心倾听,您能够更好地了解对方的想法和情感,为进一步的交流打下基础。

(二)保持真诚

真诚是建立良好人际关系的重要基石。在与亲友交往中,应该坦诚面对自己的感受和想法,避免隐瞒和欺骗。同时,也要尊重对方的真诚,接受他们的不同观点和意见。通过真诚的交流,可以消除误解和偏见,建立起更加紧密的关系。

(三)情感共鸣

站在对方的立场上思考问题,努力地做到情感共鸣。当亲友遇到困难时,应该设身处地地理解对方的感受,给予关心和支持。同时,当他们分享喜悦时,应该一同庆祝和感受。通过情感共鸣,可以更好地理解对方,增强彼此之间的情感联系。

(四)把握分寸

沟通时要把握分寸,避免过度干涉对方的生活。尊重对方的隐私和独立性,避免过分打探对方的私事。同时,要注意自己的言行举止,避免造成不必要的误解和冲突。在给予建议时,应该尊重对方的自主权,不要强加自己的观点和意见。通过把握分寸,可以建立更加和谐的关系,避免产生不必要的矛盾和纷争。

(五)表达感激与关爱

及时表达对亲友的感激和关爱是维系良好关系的重要一环。应该珍惜彼此之间的感情联系,感谢他们在关键时刻的支持和关心。在日常生活中,可以通过电话问候、节日祝福、礼物赠送等方式来表达自己的感激和关爱。同时,也要关注对方的感受和需要,给予适当的帮助和支持。通过表达感激和关爱,可以进一步加深彼此之间的感情联系。

(六)增进了解

了解是建立良好关系的前提。应该通过交流和互动来增进对彼此的了解。在日常生活中,可以共同参与聚会、旅行等活动,增进彼此的了解和感情联系。同时,也可以通过共同的兴趣爱好来增强互动和交流。了解对方的喜好、习惯和性格等可以帮助更好地理解对方的行为和思维模式,从而更好地适应彼此。

(七)宽容与谅解

在人际关系中,难免会出现误会和矛盾。学会宽容和谅解是维系良好关系的重要品质。应该以平和的心态面对问题,尊重对方的差异和不同观点。在出现分歧和矛盾时,应该及时沟通、协商解决,避免产生更大的裂痕。通过宽容与谅解,可以建立起更加和谐的关系,共同度过生活中的风风雨雨。

(八)保持尊重

尊重是人际交往的基本原则之一。在与亲友交往中,应该尊重对方的观点和选择,即使不同意对方的看法也要保持礼貌和尊重。避免使用侮辱性和攻击性的言语来贬损对方的人格或尊严。通过保持尊重可以建立起更加平等和友好的关系,为进一步的交流打下坚实的基础。

二、亲友间常见的沟通障碍

沟通,是连接心灵的桥梁,是人际关系中的重要环节。然而,在日常生活中,不难发现,即使是亲密无间的亲友之间,也常常存在着沟通障碍。这些障碍不仅影响着彼此之间的感情,还可能导致误解和矛盾的产生。

沟通障碍的形成,往往不是单一的原因所致,而是多种因素相互作用的结果。主观臆断就是其中一个非常普遍的问题。人们往往根据自身的经验和判断,去揣测对方的行为和意图,从而产生误解。比如,当亲友在工作中遇到问题时,可能会主观地认为对方在向自己诉苦,而实际上对方可能只是需要一些鼓励和支持。

情感因素也是影响沟通的重要因素之一。在亲友交往中,情绪的波动往往会影响人们的判断力和表达能力。当情绪激动时,人们可能会说出一些言不由衷的话,或者对对方的言辞过于敏感,导致沟通无法顺利进行。

此外,文化差异也是导致沟通障碍的一个重要原因。由于成长环境、家庭背景等方面的不同,人们在价值观、思维方式、生活习惯等方面可能存在差异。这些差异可能会导致沟通中的误解和冲突。比如,在一些家庭中,父母可能更注重传统道德和规矩,而子女则可能更加注重个人自由和独立。在这种情况下,如果双方不能相互理解和尊重,就很容易产生矛盾。

三、与父母和亲戚相处的沟通之道

与父母和亲戚相处是每个人生活中不可或缺的一部分,而良好的沟通则是维系家庭关系的关键。在家庭交往中,需要关注彼此的需求,尊重传统文化和家庭美德,建立良好的沟通机制,化解矛盾,并不断创新家庭文化。

首先,了解彼此的需求是至关重要的。需要站在父母和亲戚的角度思考问题,关注他们的感受和需求。通过倾听他们的想法,可以更好地理解他们的立场和观点,从而给予关心和支持。同时,也要表达自己的感受和需求,避免误会和矛盾的产生。

其次,尊重传统文化和家庭美德是维系家庭关系的重要基石。在家庭交往中,需要遵循家庭礼仪,尊重长辈的意见和决定。同时,还要弘扬家庭美德,传递正能量,践行社会主义核心价值观,促进家庭和谐。这不仅能够加强家庭成员之间的感情纽带,还能提升家庭的幸福感和凝聚力。

另外,建立良好的沟通机制也是与父母和亲戚相处的重要策略。需要主动与家人交流,分享彼此的生活和情感。通过表达自己的想法和情感,可以化解误会,增进感情。同时,还要掌握一些沟通技巧,比如注意语气、表情和肢体语言等,以平衡各方关系,让沟通更加顺畅。

除此之外,化解矛盾也是维护家庭和睦的关键。在家庭交往中,难免会遇到各种矛盾和冲突。这时,需要学会宽容和理解,不要轻易指责对方。通过积极沟通和协商,可以找到解决问题的方法,避免矛盾激化。同时,还要寻求家庭外部的支持和帮助,共同化解矛盾,维护家庭和睦。

最后,与时俱进也是创新家庭文化的重要方式。随着社会的不断发展和进步,家庭生活的方式也在发生着变化。需要融入现代生活方式,丰富家庭生活的内容和形式。比如可以共同参加一些有趣的活动、旅行或者培养共同的兴趣爱好等方式来增进家庭成员之间的互动和理解。同时还要倡导文明健康的生活方式,提升家庭的幸福感和凝聚力。

四、与朋友相处的沟通之道

在与朋友相处的过程中,沟通无疑扮演着至关重要的角色。有效的沟通能像温暖的阳光一样,照亮友谊的道路,让彼此的心灵更加亲近;而若沟通不当,则可能像凛冽的寒风,冻结友谊的河流,使关系变得疏远。因此,掌握与朋友相处的沟通之道,是每一个珍视友谊的人的必修课。

首先,倾听是沟通的基石。它不仅是一种技巧,更是一种态度,一种对他人的尊重和关心。

案例分析:《曾国藩家书》(选读)

真正的倾听,不仅是耳朵的职责,更是心灵的投入。它需要抛开自己的成见和情绪,全心全意地关注对方的话语和感受。要用心体会朋友的喜怒哀乐,感受他们的情感波动,就像大海拥抱每一朵浪花一样。只有这样,才能真正理解朋友,为他们提供有力的支持。

其次,清晰地表达自己也同样重要。在友谊的舞台上,不仅要当一个好的听众,还要学会做一个自信的表达者。要学会用明确、简洁的语言表达自己的观点和感受,避免模棱两可和让人费解的措辞。同时,还要注意语气和表情的协调,让声音传递出友善和真诚的旋律。这样,朋友才能更好地理解我们,我们的友谊才能更加坚固。

再者,理解和尊重是友谊的灵魂。每个人都有自己的独特之处,有着与众不同的观点和选择。作为朋友,要学会尊重和接受这种差异,欣赏朋友们的独特之处。无论他们的观点有多么不同,都应理解并尊重他们的立场。因为真正的友谊正是建立在这种尊重和理解的基础之上。

沟通不仅仅是言语的交流,更是心灵的触摸。为了更好地与朋友沟通,需要掌握一些沟通技巧。选择合适的时间和地点进行对话,能让沟通更加顺畅;保持开放的心态,乐于接受朋友的建议和批评,不断进步;善于用问题引导对话,能更深入地了解朋友的内心世界;避免负面语言,多用鼓励和肯定的话语,能增强互动氛围;学会妥协和折中处理问题,能更好地协调彼此的意见,共同成长。

然而,友谊之路并非总是一帆风顺。冲突和误会就像路上的绊脚石,总是不期而至。面对这些问题时,要保持冷静和理性,用对话代替争吵,用理解代替指责。要勇于承认自己的错误,学会宽容和谅解他人。只有这样,才能在冲突中找到解决问题的方法,让友谊更加坚韧不摧。

最后,友谊需要双方的共同努力和维护。要时常关心朋友的生活和心情,分享彼此的喜怒哀乐。在忙碌的生活中,也要定期聚会、加强联系,让友谊之树常青。这样,友谊才能像美酒一样越陈越香,经得起时间的考验。

总之,与朋友相处的沟通之道需要我们用心去经营和维护。通过倾听、表达、理解和尊重,掌握沟通技巧,妥善处理冲突以及持续关爱彼此。

五、与同学相处的沟通之道

在校园生活中,与同学之间的交流与沟通显得尤为重要。为建立良好的人际关系并促进共同进步,需要遵循一定的沟通之道。

首先,倾听与理解是沟通的基础。在与同学交流时,要注重倾听对方的声音,努力理解对方的观点和情感。通过这种方式,可以更好地把握对方的真实想法,为进一步的沟通打下基础。

其次,清晰表达也是关键。在表达自己的观点时,要确保语言清晰、有条理,避免产生歧义。同时,要注意措辞的严谨性和专业性,以增强沟通效果。

再次,尊重与包容是相处的必要条件。每个人都有独特的个性和价值观,要学会尊重并接纳这些差异。通过展示出对他人观点的尊重,能够营造出一种包容开放的沟通氛围。

此外,合作与互助在同学关系中具有重要意义。在团队活动中,要充分发挥每个人的优势,共同完成任务。同时,当同学遇到困难时,应积极提供帮助和支持,以促进彼此的共同成长。

另外,诚信与责任是相处的基石。在交往中,要始终保持诚实守信,做到言行一致。同时,要对自己的行为负责,勇于承担责任,以树立良好的信誉和形象。

总之,遵循上述沟通之道,有助于与同学建立和谐的关系,共同度过愉快而难忘的校园时光。通过不断提升自身的沟通技巧和品质,将为未来的发展奠定坚实的基础。让我们共同努力,为校园生活增添更多美好的回忆!

本章小结

1. 在现代管理过程中,组织内部的各成员由于社会地位和社会角色的不同,上行沟通或下行沟通的单向沟通方式较为严肃呆板,往往会造成上下级信息不对等,交流不畅而心生隔阂,导致沟通管理障碍。因此,双方都必须采用双向沟通的方式来缓解和减少内部阻力,消除信息传递的不对称带来的对抗情绪。

2. 与单向沟通相比,双向沟通一方面提升了信息交流的准确性,另一方面还能激发增强员工参与管理的热情,有利于增强组织凝聚力和竞争力,保证各部门工作任务顺利开展。

3. 与不同对象进行有效沟通是一项重要而复杂的任务。需要深入了解沟通对象的特点和需求,针对不同对象采取不同的沟通策略。同时,还需要不断提升自己的沟通技巧和方法,以应对不同场合和对象的沟通需求。只有这样,才能更好地实现有效沟通,促进人际关系的和谐与发展。

思考练习

1. 在离家读书的日子里,你是如何保持跟父母及其他长辈联系的?主要通过哪些方式?

2. 遭遇生活或学习上的烦恼时,你会选择第一时间向父母倾诉吗?平时会向他们聊聊自己的心里话吗?

3. 你每次和父母交流都顺利吗?一旦发生了交流不畅或交流障碍时,你们都是如何处理的?面对这种情况,你有反思吗?

4. 请每位同学给你的一位家人写一封信,说说你的心里话,或与他(她)分享你的想法或探讨某些事情。注意:尽量用对方易于接受的语气和方式表达自己内心真实的想法,力求让家人可以充分了解你,感知你的成长。

5. 在各种人际关系中,很多人会被一个问题长期困扰,那就是如何赢得人心,如何让所接触的人喜欢自己。你有哪些好的建议或技巧?

6. 请结合具体工作场景,分别说出自己与领导或同事发生冲突的可能原因,并列举处理这些冲突的方法和策略。

7. 针对不同交际对象的沟通策略,谈谈怎样才能成为一个擅长表达的人。

8. 你准备竞聘所在公司某部门的某一岗位,请为自己打造一篇演讲提纲,并进行演讲。注意:演讲时长控制在10分钟以内为宜。

推荐阅读

1. 《沟通的本质》　　作者：[美]罗纳德·B.阿德勒

书中深入揭示了沟通的核心要素和技巧提供了宝贵的参考和指导。作者阿德勒以其丰富的心理学背景和深厚的研究功底，深入剖析了沟通的多重层面。他首先强调了沟通的重要性，指出良好的沟通能够增进人际关系，促进相互理解和合作。同时，他也指出了沟通中常见的误区和挑战，如信息传递的失真、情感交流的障碍等。为了更好地掌握沟通技巧，书中详细介绍了一系列实用的方法和策略，强调了倾听的重要性，指出倾听是理解他人的关键。在倾听的过程中，需要保持专注、耐心和理解，尽量站在对方的角度去思考问题。此外，阿德勒还介绍了如何运用语言和语调来传达自己的意图和情感，以及如何有效地处理冲突和分歧。

2. 《非暴力沟通》　　作者：[美]马歇尔·卢森堡

这是一部关于人际交往与沟通方式的经典之作。在书中，作者深入剖析了传统沟通方式中的暴力成分，并提出了非暴力沟通的理念和方法。他强调，非暴力沟通不仅是一种有效的沟通方式，更是一种尊重和理解他人的态度。通过运用非暴力沟通，可以更好地表达自己的想法和感受，同时也能更好地理解他人的立场和需求，从而建立更加和谐、亲密的人际关系。书中列举了大量的实例，并提供了丰富的案例分析和实证研究。通过这些例子，展示了非暴力沟通在实际应用中的效果和价值。同时，还详细解释了非暴力沟通的核心要素和技巧，包括如何倾听他人的声音、如何表达自己的想法和感受、如何提出请求和回应他人的反馈等。本书以简洁明了的语言，阐述了非暴力沟通的理念和方法，让读者能够轻松理解并付诸实践。同时，还提供了一些实用的工具和技巧，帮助大家更好地运用非暴力沟通，增强沟通效果。

第四章 会议沟通

【本章提要】

在现代职场中,会议是沟通、协作和决策的重要场所。一次高效的会议,不仅能够明确目标、解决问题,还能提升团队的凝聚力和工作效率。而会议沟通则是确保会议效果的关键环节。通过明确的会议目标与议程、充分的信息分享与展示、深入的讨论与决策、合理的任务分配与跟进,以及有效的沟通技巧和注意事项,可以大大提高会议的效率和质量,推动团队或组织的持续发展。

【学习目标】

1. 了解高效会议的沟通要素。通过明确目标、合理管理时间、加强互动和反馈、做好总结和行动计划,可以打造出更加高效、富有成果的会议环境。

2. 明确会议的准备要点与组织流程,选择合适的会议互动模式。根据会议的具体情况和需求,灵活运用各种互动形式,以打造更加生动、高效的会议体验。

3. 掌握会议发言的技巧。在发言时首先要学会倾听,其次要学会使用恰当的语气和语调,此外还要注意自己的身体语言。

4. 了解会议主持的控场技巧。营造良好的会议氛围需要主持人在灵活控场的基础上,注重倾听、引导和互动。只有这样,才能让会议变得更加高效、有序且富有成果。

【导入案例】

部门协调会

某公司正在筹备一个新产品发布会,团队成员来自不同的部门,包括研发、市场、销售等。为了确保发布会的顺利进行,团队成员决定召开一次会议进行沟通协调。在会议中,各个部门的成员都积极发言,分享自己的观点和建议。研发部门详细介绍了产品的技术特点和优势,市场部门则分析了目标受众的需求和竞争对手的情况,销售部门则提出了销售策略和推广渠道的建议。通过充分的讨论和沟通,团队成员最终达成了一致意见,制定了详细的发布会计划。

思考: 会议沟通的重要性体现在哪些方面?

第一节　会议沟通概述

会议中的有效沟通,不仅关乎信息的准确传递,更是团队协作与决策效率的基石。在会议进程中,不仅要确保信息的清晰明了,还要注重与会者之间的情感交流,让每一位参会者都能感受到自己的价值和被尊重。

一、会议沟通的类型

在现代职场中,会议沟通已经成为一种非常重要的工作方式,在组织内部和组织之间的交流中扮演着至关重要的角色。根据不同的会议目的、参与者和环境,会议沟通的类型和特点也有所不同。

(一)正式会议

正式会议通常具有明确的议程、时间表和参与者,并且通常在会议室或其他正式场合举行。正式会议的目的是讨论重要议题、做出决策和解决问题。正式会议通常具有以下特点:

(1) 议程明确:会议的议程会在会前通知给参与者,确保参与者对会议内容有所准备。
(2) 参与者角色明确:每个参与者都有明确的角色和职责,例如,发言人、记录员等。
(3) 氛围正式:会议通常在正式的场合举行,与会者穿着正式,气氛庄重。
(4) 决策性强:正式会议通常涉及重大决策或战略问题,需要进行充分的讨论和投票。

(二)非正式会议

非正式会议则相对较为灵活,没有固定的议程和时间,参与者在轻松的氛围中交流信息、分享观点和建议。非正式会议通常在咖啡厅、餐厅等休闲场所举行,能够促进更加自由的交流和创意的激发。非正式会议通常具有以下特点:

(1) 灵活性高:没有固定的议程和时间限制,可以根据需要调整内容和时间。
(2) 氛围轻松:会议环境通常比较轻松,与会者可以自由发言和交流。
(3) 创意性强:非正式会议鼓励与会者自由发表观点和建议,有利于激发创意和灵感。
(4) 社交性强:非正式会议提供了一个社交平台,促进了参与者之间的交流和互动。

(三)线上会议

线上会议利用网络和多媒体技术,实现了远程实时互动的沟通方式。线上会议能够突破地域限制,来自不同地点的参与者都能进行高效、便捷的沟通。线上会议通常具有以下特点:

(1) 远程互动:通过视频、音频等技术实现远程实时互动,节省了时间和空间成本。
(2) 高效率:线上会议通常不需要面对面交流,可以节省交通时间和成本。
(3) 多媒体支持:线上会议可以利用多种媒体形式进行展示和交流,例如,PPT、视频等。
(4) 便捷性:线上会议不受地域限制,只要有互联网连接就可以参与。

(四)一对一会议

一对一会议是两个参与者就特定主题或问题进行的深入沟通。这种会议形式有利于深入了解对方观点,提高沟通效果。一对一会议通常具有以下特点:

(1) 私密性强:一对一会议通常只涉及两个参与者,交流更加私密和保密。

（2）深入交流：一对一会议提供了一个平台，参与者可以深入探讨某个主题或问题。

（3）反馈及时：一对一会议可以及时反馈对方的意见和建议，促进沟通效果的提升。

（4）针对性强：一对一会议可以根据需要调整内容和重点，更加针对具体问题展开讨论和解决。

总之，不同类型的会议沟通各有其特点和适用场景。为了提高沟通效果和推动组织目标的实现，应结合实际情况选择合适的会议形式和场所，并灵活运用不同类型的会议沟通方式。

【案例分析】

会议沟通的多种类型

（1）决策型会议沟通，是指为了达成某项决策而进行的会议沟通。这种沟通类型的特点是目标明确、议题集中，通常涉及的问题较为复杂，需要集思广益，共同决策。例如，公司年度计划制定、产品开发方向确定等。

（2）汇报型会议沟通，是指为了向上级或相关部门汇报工作进展、成果或问题而进行的会议沟通。这种沟通类型的特点是单向性较强，主要目的是让上级或相关部门了解工作情况，同时也为听取其意见和建议提供机会。例如，部门月度工作总结汇报、项目进度汇报等。

（3）协调型会议沟通，是指为了解决部门之间、团队之间或员工之间的工作协调问题而进行的会议沟通。这种沟通类型的特点是参与人员多样，涉及的问题通常具有跨部门、跨团队的特点，需要通过协商达成共识。例如，跨部门合作项目协调会议、团队内部资源分配协调会议等。

【分析】会议沟通类型的多样性，不仅反映了人们对于信息分享、决策制定和问题解决的不同需求，也揭示了现代社会日益复杂和多元化的特点。在未来，随着科技的不断进步和社会的不断发展，我们有理由相信，会议的形式和内容将会更加丰富多样，为人类社会的进步与发展注入新的活力。

二、会议沟通的特点

（一）目的明确

会议沟通通常具有明确的目的，如决策、汇报或协调等。在会议开始前，通常会明确会议的主题、议程和预期目标，以确保会议能够高效地进行。

（二）参与人员多样

会议沟通涉及的人员通常具有多样性，包括决策者、汇报者、协调者、执行者等。这种多样性使得会议沟通更具挑战性，但同时也为解决问题提供了更广泛的思路和方案。

（三）交互性强

会议沟通是一种互动性很强的沟通方式。在会议中，参与者可以充分发表自己的意见和建议，进行深入的讨论和交流。这种交互性有助于增进彼此的了解和信任，促进合作和共赢。

（四）记录和跟进性强

会议沟通通常会有详细的记录和跟进计划。会议记录可以供参与者回顾和查阅，同时也是后续工作的参考依据。跟进计划则明确了各项任务的责任人、完成时间和具体要求,确保会议决策和意见得到有效落实。

总之,了解会议沟通的类型和特点有助于更加有效地进行会议沟通。在实际工作中,应该根据具体的沟通需求和场景选择合适的沟通类型,并充分利用会议沟通的特点提高沟通效率和质量。同时,要注意在会议沟通中保持良好的态度和沟通技巧,以建立和谐的工作氛围,促进团队合作。

三、会议沟通的作用

会议沟通,作为组织内部和跨组织间信息交流的重要手段,具有不可替代的作用。它不仅是决策制定的关键环节,也是团队协作的纽带,对于提高工作效率、促进组织发展具有深远影响。

(一)信息传递与交流

会议沟通是信息传递的重要途径,通过面对面的交流,参会者可以迅速了解会议主题、议题、决策及目标。在会议中,参与者可以就相关话题展开讨论,提出疑问和建议,确保信息的准确性和完整性。此外,会议沟通还有助于及时传递上级领导的指示和精神,确保组织目标的顺利实现。

(二)团队协作与凝聚力

会议沟通为团队成员提供了一个互动的平台,使成员在讨论问题时能够集思广益,共同寻求解决方案。通过会议,团队成员可以增进彼此间的了解,建立信任,形成良好的团队氛围。此外,会议还可以表彰优秀员工,激励他们为组织作出更大贡献。从而提高团队的凝聚力和战斗力。

(三)决策与执行力

会议沟通是组织决策的重要环节。在会议中,领导者和参会者可以就重大事项进行充分讨论,达成共识,为组织制定正确的发展战略。同时,会议沟通也有助于明确各部门和员工的工作职责,提高执行力。通过会议,组织可以确保决策的有效落实,为企业的快速发展奠定基础。

(四)解决问题与应对挑战

会议沟通使组织能够迅速应对外部环境的变化和挑战。在会议中,参会者可以就存在的问题展开讨论,寻求解决办法。此外,会议还可以邀请相关领域的专家和学者参与,为组织提供专业指导。通过会议沟通,组织能够及时调整战略方向,确保在激烈的市场竞争中立于不败之地。

(五)企业文化与价值观传承

会议沟通是企业文化建设和价值观传承的重要途径。通过会议,组织可以对企业文化进行宣传和解读,使员工深刻理解企业的价值观、发展理念和经营战略。此外,会议还可以就企业社会责任、员工福利等议题进行讨论,提高员工的归属感和认同感。

综上所述,会议沟通在组织管理中发挥着举足轻重的作用。为了提高会议沟通的效果,组织应当注重会议的筹备、组织和执行,确保会议目标的实现。同时,参会者也要积极参与,做好准备工作,充分表达自己的意见和建议。通过优化会议沟通,促进组织的可持续发展。

四、会议沟通促成团队协作

在现代社会,团队合作已经成为工作中不可或缺的一部分。一个高效的团队能够发挥出惊人的力量,推动事业不断发展。会议沟通作为团队协作的重要手段,能够促进团队成员之间的交流与互动,增进彼此的了解,提高团队的整体执行力。以下是会议沟通在团队协作中的重要作用:

(一)明确目标与任务

在团队协作过程中,会议沟通有助于明确团队的目标和任务,使每个团队成员都能够了解自己的职责和角色。通过会议,团队成员可以共同讨论、分析问题,制定解决方案,确保团队工作的高效推进。

(二)交流信息与经验

会议沟通为团队成员提供了一个信息共享的平台。在会议上,团队成员可以就工作中遇到的问题、经验教训等进行交流与探讨,从而提高工作效率,减少错误和重复劳动。

(三)解决问题与冲突

在团队协作过程中,矛盾和冲突难以避免。会议沟通为团队成员提供了一个平等、开放的沟通环境,有助于发现并解决问题。通过面对面的交流,团队成员可以更好地理解对方的观点,达成共识,化解矛盾。

(四)提高团队凝聚力

会议沟通有助于增强团队凝聚力。在会议上,团队成员可以共同分享成果、讨论问题,形成一种团结协作的氛围。这种氛围有助于提高团队成员的归属感和责任心,进而提升整个团队的凝聚力。

(五)培养团队精神

会议沟通是培养团队精神的重要途径。在会议中,团队成员相互倾听、尊重、支持,形成良好的沟通习惯。这种习惯的培养有助于团队成员形成共同的价值观,培养团队精神。

(六)领导力与决策能力培养

会议沟通为团队成员提供了一个锻炼领导力和决策能力的平台。在会议中,团队成员需要就问题进行讨论、分析,并作出决策。这种锻炼有助于团队成员不断提升自己的领导力和决策能力。

综上所述,会议沟通在团队协作中具有重要作用。为了提高团队协作效果,团队成员应充分利用会议沟通,不断提高自身的沟通技巧和协作能力,共同推动团队向既定目标前进。

五、会议组织

会议组织工作是确保会议顺利召开的重要环节,涉及筹备、进行和结束三个阶段。

在筹备阶段,首先要确定会议主题和目标,这有助于确保会议的方向和预期成果。接下来,制定详细且合理的会议议程至关重要,它决定了会议的流程和时间安排。选择合适的会议时间和地点同样关键,以确保参会人员能够按时参与且感到舒适。预算会议费用是为了确保会议的经济可行性,包括场地租赁、设备租赁、餐饮等费用。邀请合适的发言人和专家也是必要的,他们能够为会议增添价值。准备必要的会议资料和物资同样不能忽视,这包括投影设备、音响设备、座椅、笔、纸张等。通知参会人员需及时且明确,需要提供详细的会议信息。此外,安排住宿和交通需考虑周到,确保参会人员方便快捷地到达会场。签到和入场程序的设计应简单明了,避免混乱。会议现场的布置应考虑氛围和功能,如悬挂横幅、设置讲台、安排座椅等。

在会议进行阶段,签到和入场是首先要解决的问题,这有助于核实参会人员身份并记录出席情况。开幕致辞需简短而热烈,为会议定下基调。按照议程进行演讲和讨论是会议的核心环节,主持人需引导讨论方向,维持秩序。适当的互动环节可以增加会议趣味性,如提问、投票等。会议提问和解答环节能够为参会人员提供与专家交流的机会。中场休息和茶歇是必要的,让参会人员放松片刻。闭幕式上应有总结发言,概括会议成果和下一步计划。此外,还应对会议现场进行拍照或录像,以便于日后回顾和宣传。会议资料应及时整理和归档,方便查阅。

会议结束并不意味着一切就此结束。现场清理和设备归还考验着组织方的细心程度。费用结算应公开透明,防止任何形式的误解。满意度调查能够了解参会人员的真实感受,为下次会议提供改进方向。撰写会议总结报告有助于对会议成果进行系统梳理。而将会议成果推广和应用则能够实现会议的价值最大化。相关资料应妥善归档保存,为后续工作提供参考。对于参会人员提出的意见和建议,应积极跟进并付诸实践。最后,向所有参会人员表示感谢,并宣布下一次会议的计划,为未来工作做好铺垫。

通过上述三个阶段的精心策划和执行,一场成功的会议将得以实现。这不仅需要组织者具备高度的责任心和专业素养,还需投入大量的时间和精力。随着经验的积累和流程的优化,能够为参会人员提供更加优质的服务,助力各种会议目标的顺利达成。

第二节　会议沟通提升策略

在现代工作环境中,会议是团队协作、信息交流的重要形式。然而,如何提高会议沟通效率,确保会议成果最大化,一直是众多企业和团队面临的难题。

一、会议的多元化沟通手段

随着科技的飞速发展和全球化的推进,会议已不再局限于传统的面对面交流形式。现代会议已经演变成一种多元化的沟通方式,涵盖了各种线上和线下的沟通手段。这些多元化的沟通手段不仅丰富了会议的形式,还提高了会议的效率和参与度。本文将探讨会议的多元化沟通手段及在现代会议中的重要性。

(一)传统沟通手段

尽管现代科技为会议带来了许多新的沟通方式,但传统的面对面交流方式仍然具有不可替代的地位。在这种沟通方式中,与会者可以直接观察他人的面部表情、肢体语言和语气,从而更好地理解对方的意图和情感。此外,面对面的交流还有助于建立信任、加强合作和促进人际关系的发展。因此,在某些情况下,如需要深入讨论、协商或建立合作关系时,传统的面对面交流方式仍然是最佳选择。

(二)线上沟通手段

随着互联网技术的发展,线上沟通手段在会议中发挥着越来越重要的作用。以下是一些常见的线上沟通手段及特点：

（1）视频会议：视频会议是一种通过互联网技术实现的远程实时交流方式。与会者可以通过电脑、手机或专用视频会议设备参加会议，观看和发表视频、音频和文字信息。视频会议具有高度的灵活性和便利性，可以让与会者随时随地参加会议。此外，视频会议还可以降低会议成本、提高会议效率并减少环境压力。

（2）在线协作工具：在线协作工具是一种支持多人在线编辑和共享文档的工具，如Google Docs、Microsoft Teams等。这些工具可以让与会者在会议中实时编辑和分享文档，从而提高会议效率和协作效果。此外，在线协作工具还可以让与会者在会议结束后继续编辑和完善文档，确保会议成果得到充分利用。

（3）社交媒体和即时通信工具：社交媒体和即时通信工具如微信、微博、腾讯会议、Zoom、Slack等，可以让与会者在会议前后进行交流和讨论。这些工具具有高度的互动性和实时性，可以让与会者随时分享想法、提出问题和寻求帮助。此外，社交媒体和即时通信工具还可以帮助与会者建立和维护社交网络，促进信息的传播和共享。

（三）融合沟通手段

除了传统的面对面交流和线上沟通手段外，现代会议还常常采用融合沟通手段，即将多种沟通方式结合起来，以满足不同与会者的需求和提高会议效果。例如，一些会议会同时采用视频会议和在线协作工具，让与会者既可以实时交流又可以共同编辑文档。此外，一些会议还会利用社交媒体和即时通信工具进行会议前后的交流和讨论，以补充和拓展会议内容。

综上所述，会议的多元化沟通手段为现代会议带来了许多便利和优势。这些沟通手段不仅丰富了会议的形式和内容，还提高了会议的效率和参与度。然而，在实际应用中，需要根据会议的具体需求和与会者的特点选择合适的沟通手段，并充分发挥各种手段的优势。同时，还需要注意不同沟通手段之间的协调和配合，以确保会议能够顺利进行并取得预期成果。

二、会后跟进与反馈

在现代职场中，会议是不可或缺的一部分。无论是项目讨论、团队协作还是策略制定，会议都扮演着举足轻重的角色。然而，会议的效果并不仅仅取决于会议过程中的讨论和交流，更重要的是会后的跟进与反馈。

（一）会议反馈的内容

（1）会议纪要：整理会议记录，编写会议纪要，并将会议结果分发给与会者，以便与会者了解会议成果。

（2）参会者反馈：收集与会者对会议的反馈意见，了解他们对会议内容、组织和效果的评价，以便改进今后的会议。

（3）行动计划：根据会议讨论结果，制定具体的行动计划和时间表，确保会议目标的实现。

（4）跟踪执行：对会议确定的行动计划进行跟踪和监督，确保会议成果得以落实。

（5）总结经验：对会议过程和结果进行总结，提炼经验教训，为下一次会议提供借鉴。

通过以上五个方面的改进和优化，有望提高会议沟通的效果，促进组织内部的协同和高效运作。当然，会议沟通的提升是一个持续不断的过程，需要组织者和与会者共同努力，不断探索和创新。随着沟通技术的不断发展，新的沟通手段和方式将不断涌现，这将为会议沟通提供更多可能。

(二) 会后跟进与反馈的作用

首先,会后跟进与反馈有助于巩固会议成果。会议中,与会者往往能够碰撞出许多富有创意的想法和解决方案。然而,这些想法和方案如果不能得到及时有效的跟进,很容易就会随着时间的流逝而逐渐淡化,甚至被遗忘。因此,通过会后跟进,可以确保这些想法和方案得到具体的落实和执行,从而真正转化为实际的成果。

其次,会后跟进与反馈有助于提升团队协作效率。会议中的讨论和交流往往能够揭示出团队内部存在的问题和不足。通过会后反馈,团队成员可以更加清楚地了解自己在工作中的优势和不足,从而有针对性地改进和提升。同时,跟进过程中也能够及时发现和解决团队协作中出现的问题,减少不必要的误解和摩擦,提升团队的协作效率。

此外,会后跟进与反馈还能够增强团队成员的责任感和参与感。当团队成员知道自己的意见和建议得到了重视和回应,他们会更加积极地参与到团队的工作中,为团队的成功贡献更多的力量。这种正向的激励机制不仅能够提升团队的整体绩效,还能够增强团队成员的归属感和忠诚度。

(三) 会后跟进与反馈的策略

在实际工作中,要有效地进行会后跟进与反馈,可以采取以下措施:

(1) 明确跟进责任人和时间节点:会议结束后,应明确跟进责任人和具体的时间节点,确保跟进工作能够按时完成。

(2) 建立反馈机制:可以通过定期的汇报、邮件通信等方式建立反馈机制,确保团队成员能够及时了解跟进的进展和结果。

(3) 跟进过程中的沟通与协调:在跟进过程中,应保持与团队成员的密切沟通,及时发现和解决可能出现的问题。

(4) 对反馈结果进行总结和评估:在反馈周期结束后,应对反馈结果进行总结和评估,以便更好地指导下一步的工作。

综上所述,会后跟进与反馈在提升团队协作与效率方面发挥着举足轻重的作用。通过有效的跟进和反馈机制,可以巩固会议成果、提升团队协作效率、增强团队成员的责任感和参与感。因此,应该高度重视会后跟进与反馈工作,将其纳入日常工作的重要环节,为团队的成功和发展提供有力保障。

三、管理者的会议沟通策略

在现代企业中,会议作为日常管理工作中不可或缺的一部分,有效的沟通和交流对于提高工作效率和达成团队目标具有重要意义。作为一名管理者,掌握高效的会议沟通策略至关重要。

(一) 明确会议目的和议程

在进行会议沟通前,管理者需要明确会议的目的和议程。明确会议目的有助于参会人员更好地理解会议的重点,从而提高沟通效果。此外,合理规划会议议程,确保议题之间的逻辑性和连贯性,有助于会议的顺利进行。

(二) 提前通知与会者

提前通知与会者会议的时间、地点、主题和议程,让他们有足够的时间作好准备。通知的方式可以采用电子邮件、企业内部通知或电话等方式,确保信息传递的准确性。同时,提醒与会者会议的重要性,以便他们能够充分重视并参与会议。

(三) 控制会议时间和人数

会议时间过长或参会人数过多都可能导致沟通效果不佳。管理者应尽量控制会议时间在合理范围内,避免让参会者感到疲惫。此外,严格控制参会人数,只邀请与会议主题密切相关的人员,以提高会议的效率。

(四) 有效引导讨论和发言

会议过程中,管理者应充分发挥引导作用,确保讨论围绕会议主题进行。对于与会议主题无关的发言,要及时制止,避免会议跑题。同时,鼓励与会者积极参与讨论,充分表达自己的意见和建议。

(五) 做好会议记录和跟进

会议结束后,管理者要及时整理会议记录,总结会议内容和达成的共识。对于会议中确定的行动计划和任务,要明确责任人,确保任务的顺利完成。同时,对于会议中未解决的问题,要设立跟进机制,确保问题得到及时解决。

总之,管理者要想在会议沟通中取得良好的效果,需注重以上五个方面的策略。通过不断实践和调整,提高自身的会议沟通能力,为团队的发展奠定坚实基础。

四、员工参会发言策略

在竞争激烈的职场环境中,员工参会发言的重要性不言而喻。它不仅是一次展现个人才华的机会,更是影响整个团队表现的关键因素。为了在会议中游刃有余地表达自己的观点,员工需要掌握一套系统而有效的参会发言策略。

(一) 精心准备

在会议之前,充分准备是不可或缺的一环。首先,深入了解会议的主题和议题,确保您对讨论的核心问题有清晰的认识。这有助于您更好地理解其他参会者的发言,并有针对性地发表见解。同时,积极搜集相关资料和信息,使您的观点更具说服力。准备一篇发言稿,明确自己的观点,并通过多次练习提高表达的流畅度。

(二) 把握发言时机

在会议中,选择合适的发言时机至关重要。密切关注会议进程,留意其他参会者的发言,以便在合适的时机发表自己的观点。避免与他人重复话题,寻找独特的角度或补充性的内容,为讨论增添新的视角。此外,抓住机会主动提问,不仅可以引导讨论的方向,还能展现思考深度和专业素养。

(三) 展现语言技巧

发言时,良好的语言表达和情感沟通同等重要。运用简洁、准确的语言表达核心观点,避免冗长的叙述和无意义的口头禅。同时,注意语气的变化,以适当地传达情感,使发言更具感染力。此外,身体语言也是关键的一环。保持端正的坐姿和站姿,用眼神交流增强与听众的联系,同时适当运用手势以增强表达效果。

(四) 倾听与反馈

在会议中,倾听他人的意见同样重要。尊重他人的观点,给予充分的关注,以便更好地参与讨论或提出有见地的反馈。对于他人的发言,及时给予肯定或提出建设性的质疑或建议,这将有助于深化讨论并展现自己的思考能力。同时,注意避免盲目反驳或过度争辩,而应以理服人、以情动人。

(五) 总结与反思

会议结束后,进行及时的总结和反思是提升个人表现的关键环节。回顾自己在会议中的发言表现,分析哪些地方做得好、哪些地方有待改进。通过这样的反思和学习过程,不断调整和完善自己的参会发言策略。同时,持续学习也是不可或缺的一环。通过参加各类培训、阅读专业书籍和文章等方式提高自己的专业知识和沟通技巧,为未来的会议做好更充分的准备。

总之,员工参会发言策略是提升个人在职场中的形象和地位的重要途径。通过精心准备、把握发言时机、展现技巧、倾听与反馈以及总结与反思等方面的努力,将在会议中展现出最佳的自己,为团队的发展贡献更多智慧和力量。这一过程不仅有助于个人成长和职业发展,更是实现个人与团队共同成长的重要途径。

第三节　会议主持的技巧

会议主持是一项至关重要的任务,它要求主持人具备出色的沟通技巧、灵活的应变能力、扎实的专业知识,以及对会议目标的深刻理解。

一、会议主持人的职责

(一) 开场与氛围营造

会议主持人的开场表现直接影响着整个会议的氛围和参会者的心态。主持人应以热情洋溢、自信满满的态度登台,用亲切的话语向与会者致以问候,并简要介绍会议的目的和议程安排。同时,主持人还需注意调整自己的语速、语调和肢体语言,以确保与参会者之间建立起良好的互动和信任关系。例如,可以通过幽默风趣的开场白来缓解紧张氛围,让与会者在轻松愉悦的氛围中展开交流。

(二) 引导与掌控

会议主持人在会议过程中要起到引导和掌控的作用。首先,要确保会议按照预定的议程进行,及时提醒发言者控制发言时间,避免会议偏离主题。其次,要密切关注会议进展,及时发现和解决潜在的问题和冲突。例如,当发现与会者之间出现分歧时,主持人可以运用自己的专业知识和沟通技巧,及时调解矛盾,确保会议能够顺利进行。此外,主持人还要善于运用提问和回应等技巧,激发与会者的参与热情,引导大家深入讨论问题。

(三) 倾听与反馈

会议主持人需要具备良好的倾听能力,能够准确理解与会者的观点和需求。在会议过程中,主持人要时刻保持专注,认真倾听每位与会者的发言,并通过点头、微笑等肢体语言给予积极反馈。同时,主持人还要善于总结归纳与会者的观点,将大家的思想汇聚成共识,推动会议取得实质性成果。例如,当与会者提出建设性意见时,主持人可以及时肯定并鼓励其他与会者展开讨论,共同完善方案。

（四）结束与总结

会议主持人在会议结束时要做好总结工作，回顾会议的主要内容和取得的成果，同时感谢与会者的参与和支持。此外，主持人还可以提出下一步的行动计划和建议，为与会者指明方向。例如，可以建议与会者在会后继续深入交流，共同推进相关工作的落实。通过这样的总结与引导，有助于提升会议的实际效果和影响力。

综上所述，会议主持需要掌握多种技巧，包括开场与氛围营造、引导与掌控、倾听与反馈以及结束与总结等。通过不断学习和实践这些技巧，主持人可以更加自信地应对各种会议场景，为与会者创造一个高效、有序且富有成果的会议体验。

二、会议氛围的营造

在现代企业中，会议不仅是日常经营管理的重要手段，更是团队协作与沟通的重要平台。一个高效、和谐的会议氛围，不仅能显著提高团队协作与沟通效果，还能激发员工的积极性和创造力，推动企业快速发展。因此，掌握会议氛围的营造技巧，对于提升团队整体效能具有重要意义。

（一）会议氛围的内涵

会议氛围是指在会议过程中，与会者所感受到的心理环境，包括情绪、态度、信任、尊重等多个方面。一个良好的会议氛围应该是轻松、愉快、平等、开放的，能够让与会者在无拘无束的状态下发表意见、交流观点、分享经验。

（二）影响会议氛围的因素

（1）会议组织者：会议组织者的领导风格、沟通能力、组织技巧直接影响到会议的氛围。

（2）与会者：与会者的素质、心态、参与程度等因素也会对会议氛围产生影响。

（3）会议议题和议程：议题的重要性和紧迫性、议程的合理安排都会对会议氛围产生影响。

（4）会议环境：包括场地选择、布置、音响效果等，都会在一定程度上影响会议氛围。

（三）会议氛围的重要性

（1）提高会议效果：一个良好的会议氛围有助于与会者集中精力，充分表达自己的观点，从而提高会议的效果。在轻松、自由的氛围中，人们更容易产生灵感，发现问题的解决方案，推动项目的进展。

（2）增强团队凝聚力：会议氛围对于团队凝聚力的培养具有重要意义。在和谐、平等的氛围中，团队成员更容易建立起信任和尊重，形成共同的价值观，从而增强团队凝聚力。

（3）促进信息传递和沟通：良好的会议氛围有助于信息的准确传递和沟通。在轻松的氛围中，人们更容易倾听、理解他人的观点，也更容易表达自己的想法，从而减少信息误解和沟通障碍。

（4）提升决策效率：高效的会议氛围有助于提升决策效率。在充分讨论、集思广益的基础上，决策者可以更快地作出明智的选择，推动会议进程。

（四）营造良好会议氛围的策略

（1）明确会议目的和议程：确保会议有明确的议题和议程，避免无关紧要的讨论，提高会议效率。

（2）选择合适的会议形式：根据会议议题和参与人员，选择合适的会议形式和规模，如线上或线下、大型或小型等。

（3）做好会议准备工作：包括场地布置、资料准备、时间安排等，确保会议的顺利进行。

（4）尊重每位与会者：鼓励与会人员积极参与，尊重每个人的意见和建议，营造平等、开放的讨论氛围。

（5）建立有效的沟通机制：确保会议过程中的信息传递畅通，避免因信息不对称而产生的误解和矛盾。

会议氛围在会议效果、团队凝聚力、信息传递和决策效率等方面具有重要作用。组织者应该重视会议氛围的营造，通过优化会议流程、提高沟通效率等措施，努力打造一个高效、和谐的会议环境。这将有助于组织的发展，提高工作效率，实现团队目标。

为了提高团队协作、优化沟通效果、激发创新思维和增强决策效率，营造和谐的会议氛围至关重要。通过明确会议目的、做好会议筹备、鼓励发言等措施，可以创造出和谐、积极的会议氛围。在日常工作中，与会人员应共同努力，不断提升个人和团队的会议技巧，为团队和企业的快速发展奠定坚实基础。

三、会议主持人的控场技巧

在各种场合的会议中，一位优秀的会议主持人不仅需要具备良好的语言表达能力，还需要掌握一定的控场技巧。会议主持人的控场技巧关乎会议的顺利进行，更影响到参会者的体验。

（一）充分准备

（1）熟悉会议议程：在会议开始前，主持人需要对会议的议程进行详细了解，包括演讲嘉宾、议题、时间安排等，确保在会议过程中能够顺利进行。

（2）预估可能出现的问题：会议中可能会遇到各种突发情况，如设备故障、嘉宾迟到等。主持人需要提前预测这些问题，并准备好应对措施。

（3）资料准备：确保会议所需的各类资料、文件和设备准备齐全，如投影仪、音响设备等。

（二）灵活调整议程

（1）掌握时间：主持人需密切关注会议进程，确保每个议题都能充分讨论，同时避免拖延时间。对于超时的议题，可以采取缩短发言时间、改变发言顺序等方式进行调整。

（2）应对突发情况：如遇到嘉宾临时取消、议题无法进行等情况，主持人需要灵活调整议程，可以邀请其他嘉宾发言、临时增加议题或调整发言顺序等。

（三）与参会者互动

（1）调动氛围：会议过程中，主持人可以通过幽默、激励等手段，调动参会者的积极性，使其更加投入到会议中。

（2）鼓励发言：鼓励参会者积极发言。对于不敢发言的参会者，主持人可以给予鼓励和引导。

（3）关注参会者需求：在会议过程中，主持人要关注参会者的反应，及时调整会议节奏，满足参会者的需求。

（四）沟通协调

（1）搭建沟通桥梁：主持人要充分发挥桥梁作用，连接各方参会者，确保会议的顺畅进行。

（2）化解矛盾：会议中可能会出现意见分歧，主持人需要妥善处理矛盾，引导参会者理性表达观点。

（3）调动资源：主持人要善于调动各方资源，为会议的顺利进行提供支持。

（五）总结与反馈

（1）会议总结：会议结束后，主持人要对会议进行总结，概括会议成果和不足之处。

（2）收集反馈：主持人要主动收集参会者的意见和建议，以便不断提高自己的控场能力。

（3）改进措施：根据参会者的反馈，主持人要制定相应的改进措施，为下一次会议的顺利进行做好准备。

总之，作为一名优秀的会议主持人，需要具备充分的准备、灵活的议程调整、与参会者的互动、沟通协调以及总结与反馈等控场技巧。只有不断修炼这些基本功，才能在各种会议中游刃有余，使会议达到预期效果。

【案例思考】

没有新闻的新闻发布会

某工贸集团公司最近喜报频传：一是去年年底公司被网上评为省内50强名牌企业；二是王总经理于今年年初被评为"全国十大优秀企业家"，专程去北京人民大会堂领奖，照片上了省报；三是公司为解决下岗工人就业问题，新建了一个食品厂，其主打产品——包子销路甚好；四是一个科技改革项目获得了全省科研成果奖。

办公室胡主任认为公司有这么多喜事，不能无动于衷，于是说服总经理和其他领导，召开新闻发布会，借此大力宣传公司。

新闻发布会定在一个周五的早上，邀请了两家电视台和四家报社的记者，由胡主任主持，王总经理首先作了关于荣获优秀企业家称号的感想发言。接着是记者提问，记者显然对公司自认为的大事不感兴趣，没有人问有关问题，一时冷了场。后来有一个记者就包子提了问题，想知道为什么下岗职工的包子做得好。

胡主任认为不需要特别准备什么材料，所以发布会没有任何文字宣传资料。

新闻发布会结束后，按照与媒体的约定，公司的有关新闻应该出现在电视和报纸上。但结果只有一家电视台在一个"职工生活"栏目中简单地介绍：有这样一家由下岗工人组成的食品厂，包子做得好，实为解决下岗职工就业的一条新路子，电视画面上出现王总经理讲话的场景。而其他几家媒体都没有动静。

电视播出几天之后，王总经理的一个朋友打电话来，奇怪地问："老王，怎么你下岗卖包子啦？"

胡主任很气愤，打电话质问一家报纸为什么未作报道。报社的采编部主任说，你这个新闻发布会没有新闻啊！

【思考】1. 新闻发布会的筹备工作包括哪些内容？我们应如何做好会议主题的确定和宣传材料的准备工作？

2. 对于新闻发布会后出现的媒体"沉默"或不利报道应怎样对待？

3. 怎样根据企业新闻的特点选择合适的媒体和记者？与媒体打交道时需要注意什么？

第四节　会议的有效组织

一、会议组织的常见问题及对策

会议组织是一项烦琐且需要细致考虑的任务。无论是小型内部会议还是大型国际会议，都会面临一些常见问题。

在现代社会，会议作为企业、政府部门和各类组织的重要沟通方式，其组织成功与否直接关系到事务的推进和目标的实现。会议组织失败可能会导致计划拖延、资源浪费和团队士气低落等问题。为了更好地组织会议，有必要了解会议组织失败的常见原因，并探讨应对的策略。

（一）会议目标不明确

会议目标不明确是一个普遍存在的问题，它可能导致会议的效果不尽如人意，甚至浪费时间和资源。会议目标是会议的核心，明确了会议的目的、期望达到的成果以及参与者的行动方向。然而在实际工作中，会议目标不明确的情况屡见不鲜，这主要表现在以下几个方面：

1. 会议主题模糊

会议主题是会议的第一要素，明确了会议的主题，才能使参会者明确会议的重点。然而，在实际召开会议的过程中，有些会议的主题过于宽泛，缺乏针对性，导致参会者对会议内容难以把握，不能达到预期效果。因此，会议组织者在筹备阶段应充分思考会议主题，确保其具有针对性和实际意义。

2. 会议目标与实际工作脱节

会议目标是会议的灵魂，应当与实际工作紧密结合。然而，在某些情况下，会议目标与实际工作脱节，导致会议成果难以落地。这种现象往往是因为会议组织者对实际工作的了解不够深入，或者对会议目标的设定过于理想化。为了提高会议效果，会议组织者应充分了解实际情况，确保会议目标与实际工作相符。

3. 参会者对会议目标的认识不一致

会议目标的明确程度直接影响到参会者的参与程度和会议效果。在实际会议中，有时会出现参会者对会议目标认识不一致的情况，这主要是因为会议组织者在会议筹备阶段未能充分沟通和传达会议目标。为了解决这个问题，会议组织者需要加强沟通，确保所有参会者对会议目标有清晰的认识。

4. 会议成果无法量化

会议成果的量化是评估会议效果的重要手段。然而，在很多情况下，会议成果难以量化，导致会议效果评估缺乏客观依据。会议组织者应当注重会议成果的量化，通过设定具体指标，以便于会后评估和总结。

总之，会议目标不明确是影响会议效果的主要原因之一。为了提高会议质量，会议组织者应充分重视会议目标的明确性，确保会议主题、目标与实际工作紧密结合，加强沟通与传达，并将会议成果量化,从而达到预期效果。同时,参会者也应积极参与,提高自身的会议素养,共同为提高会议质量贡献力量。

(二)会议中缺乏有效的沟通和协调

会议组织过程中,沟通和协调至关重要。缺乏有效的沟通可能导致与会人员对会议内容一无所知,甚至出现误会和冲突。在许多工作场景中,会议被视为解决问题、讨论策略和促进团队协作的重要手段。然而,很多时候,会议并未达到预期的效果,其中一个关键原因就是会议中缺乏有效的沟通和协调。这种情况不仅浪费了宝贵的时间和资源,还可能对团队的工作效率和氛围产生负面影响。

首先,缺乏有效沟通的会议可能导致信息传递不准确或不完整。在会议中,参与者可能因为种种原因,如紧张、焦虑或对议题了解不足,而无法清晰地表达自己的观点或疑问。这样一来,其他参会者可能无法全面了解问题的实质,进而影响决策和后续的行动方案。

其次,协调不足的会议很难达成共识和行动计划。会议的目标之一是促使各方就关键问题达成共识,以便更好地推进工作。然而,在缺乏协调的会议中,由于各方可能过于关注自己的观点和利益,难以倾听他人的意见,从而导致争论和冲突。这种情况下,会议很难产生实质性的成果,反而可能加剧团队内部的分裂。

此外,缺乏有效沟通和协调的会议会导致浪费时间。会议的组织者和参与者都需要投入大量时间准备和参与会议。如果会议未能达到预期效果,就属于浪费了时间。长期如此,将对团队的工作产生负面影响,降低整体工作效率。

为了解决上述这些问题,会议的组织者和参与者需要采取一系列措施,确保会议中的沟通和协调更加有效。首先,会议组织者应确保议题明确、议程有序,为参会者提供充分的背景信息和资料。其次,参会者应积极参与讨论,勇于表达自己的观点和疑问,同时尊重他人的意见。此外,会议中应有明确的记录和总结,以便后续跟进和执行。

总之,会议中缺乏有效的沟通和协调是一个严重的问题,可能导致信息传递不准确、共识难以达成、时间浪费等问题。为了提高团队的工作效率和协作氛围,会议的组织者和参与者应当共同努力,确保会议达到预期的效果。通过采取一系列措施,如明确议题、积极参与讨论、做好记录和总结等,可以有效提升会议的质量和效率,为团队的工作带来积极影响。

(三)会议时间安排不合理

在现代企业的日常管理工作中,管理者经常会发现因为会议时间安排存在一定的问题而导致工作效率降低和团队成员产生不满的情况。为了更好地提高团队协作和会议效果,管理层可以对会议时间安排进行调整和优化。

1. 会议时间安排的现状与问题分析

会议时间过于集中:在一段时间内,会议安排过于紧密,导致团队成员无法专注完成手头的工作,从而影响了工作进度。

会议时间不确定:部分会议时间没有提前通知,团队成员难以做好时间安排。

会议时长失控:部分会议时间过长,导致与会人员疲劳,影响会议效果。

2. 会议时间安排的优化措施

合理分布会议时间:尽量避免在短时间内安排过多会议,给团队成员留出足够的时间处理工作和事务。

提前通知会议时间:对于有固定时间表的会议,应提前通知团队成员,让他们提前做好准备工作,提高会议效率。

控制会议时长:设定会议时长上限,确保会议高效、简洁地进行。在必要时,可以采用分阶段召开的方式,避免一次性完成所有讨论。

优化会议议程:会前充分准备,确保会议议题明确、目标清晰,合理安排议题讨论的次序。对于重复性、无关紧要的议题,予以取消或合并。

引入会议预约制度:团队成员可根据自身工作安排,提前预约会议时间。会议组织者根据预约情况,合理安排会议时间,避免冲突。

(四)会议场地和设施准备不足

在许多重要的场合,会议的顺利进行都离不开场地和设施的充分准备。然而,现实情况中,会议场地和设施准备不足的问题却时有发生,这无疑给会议的顺利进行带来了不小的挑战。为了解决这一问题,不仅需要从实际情况出发,分析会议场地和设施准备不足的具体表现,还要探究其产生的深层次原因,并提出一系列有效的解决措施。

会议场地和设施准备不足的表现形式多样,其中最为突出的是场地空间不足和设施不完善。当场地无法满足参会人员的需求时,会议的氛围和效果都会受到很大影响。同时,设施不完善同样会给参会人员带来极大的不便,例如,投影仪、音响设备等硬件设施或会议资料、文具等软件设施的不到位。此外,服务不到位也是不可忽视的一个方面,餐饮、住宿等后勤服务跟不上,会让参会人员感到不满和失望。

针对以上出现的会议场地和设施问题,会议组织者应深入探讨其产生的原因。首先,组织者对会议规模的估计失误是一个不可忽视的因素。由于未能提前准确预测参会人数,导致场地选择不当,从而引发一系列的问题。其次,筹备时间不足也是常见的原因。由于时间紧迫,筹备工作无法细致展开,导致会议设施的准备不足。此外,沟通协调不当也是一个重要原因。各部门之间缺乏有效沟通,导致信息传递不畅,影响会议筹备工作的顺利进行。

为了解决这些问题,可以提出一系列切实可行的措施:首先,提高筹备工作的效率是关键。通过提前规划会议场地和设施,确保充足的筹备时间,细致展开各项工作,可以有效地避免场地和设施准备不足的问题。其次,加强沟通协调是必不可少的环节。组织者要与各部门保持密切联系,确保信息畅通,以便及时调整筹备策略。同时,完善应急预案是必要的措施之一。针对可能出现的问题,提前制定应急预案,可以确保会议的顺利进行。此外,提升服务质量也是关键的一环。加强对参会人员的服务意识,提高服务质量,确保参会人员的生活和会议需求得到满足。

为了更好地解决会议场地和设施准备不足的问题,还需要注意以下几点。首先,要重视会议场地的选择。一个合适的场地是会议顺利进行的基石。在选择场地时,必须充分考虑参会人员的数量、活动需求等因素,确保场地能够满足会议的实际需求。其次,要加强设施的维护和更新工作。会议设施的正常运行是会议顺利进行的重要保障。因此,要定期对设施进行检查和维护,及时更新老旧设备,确保设施的性能和稳定性。此外,提高服务水平也是至关重要的。优质的服务能够提升参会人员的满意度和体验感。因此,要加强对服务人员的培训和管理,提高服务水平,为参会人员提供专业、周到的服务。最后,建立完善的反馈机制也是必不可少的环节。通过收集参会人员的反馈意见,及时了解存在的问题和不足之处,并采取有效措施进行改进和完善。只有这样,才能不断提升会议的整体水平和服务质量。

总之,解决会议场地和设施准备不足的问题需要从多个方面入手,包括提高筹备效率、加强沟通协调、完善应急预案、提升服务质量和建立反馈机制等。通过不断努力和完善相关措施,确保会议的顺利进行,为参会人员提供更好的体验和价值。

(五) 会议氛围不理想

会议氛围对会议效果具有重要影响。一个良好的会议氛围有助于与会人员敞开心扉、积极发言。会议氛围不理想,可能是由于多种原因导致的。会议的组织、议题的设置、与会人员的参与程度等方面,都可能是导致会议氛围不理想的原因。以下是对会议氛围不理想的详细分析:

1. 会议组织方面

会议目的不明确:会议组织者没有明确会议的目的和议程,导致与会人员对会议内容产生困惑,难以产生共鸣。

通知不到位:会议组织者没有提前通知与会人员会议的时间、地点、内容等信息,导致与会人员准备不足,影响会议效果。

参会人员不匹配:会议组织者没有充分考虑与会人员的专业背景、兴趣爱好等因素,导致与会人员对会议主题缺乏兴趣,进而影响会议氛围。

2. 会议议题方面

议题陈旧重复:会议议题缺乏新颖性,重复性较高,使得与会人员产生厌烦心理,影响会议氛围。

议题与实际工作脱节:会议议题与参会人员的实际工作内容不符,导致与会人员难以将会议内容与自身工作相结合,从而影响会议效果。

3. 与会人员参与程度方面

缺乏互动交流:会议过程中,组织者与参会人员之间、参会人员相互之间缺乏有效的互动交流,使得会议氛围显得沉闷。

发言积极性不高:与会人员在会议中发言积极性不高,可能导致会议氛围压抑,不利于信息的传递和沟通。

强制性参会:部分与会人员可能并非自愿参会,而是受到强制性的要求,从而导致他们对会议产生负面情绪,进一步影响会议氛围。

4. 改善和提升会议氛围的策略

(1) 明确会议目的:会议组织者应明确会议目的,合理设置议程,确保与会人员对会议内容有清晰的认识。

(2) 优化会议通知:提前通知与会人员会议时间、地点、内容等信息,以便与会人员做好充分的准备。

(3) 明确主题:确保与会人员对会议主题有兴趣。

(4) 创新议题:尽量避免议题陈旧重复,结合实际工作调整议题,提高议题的新颖性。

(5) 增强互动交流:会议过程中,组织者应主动与参会人员互动,鼓励与会人员之间进行交流,营造轻松愉快的会议氛围。

(6) 提高发言积极性:鼓励与会人员积极发言,表达自己的观点和意见,使会议成为信息交流和共享的平台。

(7) 尊重与会人员意愿:尽量避免强制性参会,尊重与会人员的选择,提高会议的自愿性。

通过以上措施，有望改善会议氛围，提高会议效果。总之，会议组织失败的原因多种多样，但只要会议组织者充分重视以上六个方面的问题，并采取相应的应对措施，就有望提高会议的成功率。同时，会议组织者还应不断总结经验，不断提高自己的组织能力，以更好地服务于组织和团队的发展。

二、会议有效组织的通用策略

在现代社会，会议作为信息交流、决策制定和协同工作的重要手段，已经成为各个领域不可或缺的一部分。然而，并非所有的会议都能达到预期的效果。如何组织一场有效会议，成为许多组织和企业关注的问题。

（一）明确会议目标

会议目标的明确是会议成功的关键。在组织会议之前，首先要弄清楚会议的目的、议题和预期成果。会议目标应该具体、明确，并与组织整体目标相结合。此外，还需评估会议对与会者的时间、精力和成本投入，确保与会人员能在有限的时间内达到会议目标。

（二）规划会议议程

会议议程是会议的灵魂，一个合理、紧凑的议程能够确保会议的高效进行。在规划议程时，应遵循以下原则：

（1）突出重点：议程中的议题应围绕会议目标展开，突出重点，避免无关紧要的内容。

（2）顺序合理：议题的排列要符合逻辑顺序，使得与会人员能够逐步深入地讨论和解决问题。

（3）时间分配合理：为每个议题分配适当的时间，避免议题过于紧凑或过于宽松，以确保会议的顺利进行。

（4）预留缓冲时间：在议程中预留一定的缓冲时间，以应对可能出现的突发情况，如议题讨论超时、议题需要调整等。

（三）选择合适的人员

与会人员的选择直接影响到会议的效果。在确定与会人员时，应考虑以下因素：

（1）与会人员的专业背景：确保与会人员具备讨论议题所需的专业知识和经验，以提高会议的质量和效率。

（2）与会人员的能力和职责：根据议题和会议目标，选择具备相应能力和职责的与会人员，以确保会议的顺利进行。

（3）与会人员的参与意愿：选择愿意积极参与会议、发表意见和建议的与会人员，以提高会议的互动性和参与度。

（四）营造良好的会议氛围

会议氛围对会议效果具有重要影响。为了营造一个积极的会议氛围，会议组织者应注意以下几点：

（1）尊重与会者：尊重与会者的意见和观点，鼓励他们积极参与讨论，表达自己的想法。

（2）保持开放和包容：会议组织者应保持开放和包容的态度，倾听不同意见，促进共识的达成。

（3）控制会议节奏：会议组织者应掌握会议节奏，避免议题过于烦琐或冗长，确保会议的高效进行。

（4）引导有效沟通：会议组织者应引导与会者进行有效沟通，促进信息传递和问题解决。

总之，组织有效会议需要充分考虑会议目标、议程规划、与会人员选择和会议氛围营造等多个方面。通过科学合理的组织和策划，可以使会议成为实现组织目标、提高工作效率的重要工具。同时，会议组织者也应不断总结经验，不断改进会议组织方法，以提高会议的质量和效果。

三、线上会议的有效组织

线上会议已经成为现代工作中不可或缺的一部分，相较于传统的面对面会议，线上会议节省了时间和空间成本，提高了沟通效率。然而，线上会议中也存在着诸如沟通不畅、效果不佳的问题。

（一）提前规划会议议程

为了使线上会议有序进行，会议组织者应在会前提前规划好会议议程，明确会议目的、讨论议题和预期成果。通过邮件或会议软件将会议议程提前分发给参会者，使他们在会议开始前对讨论内容有充分的了解和思考。

（二）选择合适的会议软件

目前市面上有许多会议软件可供选择，如腾讯会议、钉钉。选择适合自己团队的会议软件，确保音频、视频和共享屏幕等功能顺畅运行，有利于提高会议效果。此外，会议软件应具备录制功能，以便会后回顾和分享。

（三）会议时间的合理安排

线上会议的时间产应尽量避免高峰时段，以免因网络拥堵导致会议效果不佳。同时，考虑到时区差异，会议时间应尽量照顾到全球团队成员。此外，会议时间不宜过长，以保证参会者保持注意力。

（四）强化会议纪律

为了确保线上会议的顺利进行，会议组织者和参会者都应遵守会议纪律。会议开始前，提醒参会者关闭手机、调整好摄像头和麦克风，确保会议过程中无人打扰。会议过程中，避免无关人员入场，确保讨论内容的私密性。

（五）鼓励互动与参与

线上会议中，参会者可能会因为距离感而减少互动。会议组织者应通过设置问答环节、小组讨论等形式，鼓励参会者积极参与。此外，还可以采用投票、问卷调查等功能，收集参会者的意见和建议。

（六）会后跟进与总结

会议结束后，会议组织者应整理会议记录，将讨论成果和下一步行动计划分发给参会者。同时，对会议效果进行评估，收集参会者的反馈意见，以便调整下一次会议的计划。

总之，实现线上会议的有效沟通，需要从会议规划、软件选择、时间安排、纪律保障、参会互动性和会后总结等方面入手。只有做好这些准备工作，才能确保线上会议达到预期效果，为团队的工作发展提供支持。

本章小结

1. 会议沟通是组织内部或者跨组织间交流的重要形式，它涉及信息的传递、观点的交流、决策的制定等多个方面。

2. 会议沟通的主要内容包括会议目的和议程的明确、与会者的角色与责任分配、信息的传递与接收、观点的交流与讨论、决策的制定与落实、会议总结与反馈等方面。只有全面考虑这些方面，才能确保会议沟通的有效性和高效性，推动组织的发展和进步。

思考练习

1. 某公司租用一家酒店的会议室开会，租用时间为两个小时。与会人员在会议上争论十分激烈，两个小时眼看就要过去，而会议议程只进行到一半。此时，酒店工作人员也提醒时间快要到了。如果你是会议的组织者，此时你将怎样做？

2. 你正在主持会议，有一位下属一直以不相干的问题干扰会议，此时你会怎样做？

3. 面对会议中经常出现的突发状况，比如发言离题、争论过激、与会者情绪变化、少数人垄断会议等情况，应从哪些方面分析原因，并制定出预防措施或补救方法。

推荐阅读

1.《会议学与会议管理》　　作者：向国敏

这是一部深入剖析会议学理论与实践的权威著作。本书通过丰富的案例、引用和统计数据，深入剖析了会议学的内涵、特点和发展趋势，详细阐述了会议的基本概念、分类以及会议在组织运营中的重要性，使读者对会议有更加清晰的认识。同时，本书还对会议管理的各个环节进行了详尽的介绍，包括会议策划、筹备、执行和评估等方面，为读者提供了实用的操作指南。

2.《轻轻松松开好会》　　作者：[日]八幡纸芦史

在本书中，作者以其深厚的理论知识和丰富的实践经验，为我们揭示了轻轻松松地开好会议的秘诀。作者通过一系列生动的例子、实用的技巧和深入的分析，展示了如何有效地组织和管理会议，从而达到提高会议效率、促进团队合作、实现组织目标的目的。

第五章　团 队 沟 通

【本章提要】

在现代社会中,团队沟通是至关重要的。有效的团队沟通不仅能够促进信息的传递与共享,还能够增强团队成员之间的凝聚力,提高团队协作的效率。高效的团队沟通能够促进成员间的信息共享、理解与合作,从而提升团队的凝聚力和工作效率。

【学习目标】

1. 了解团队组建的重要性,能否有效组建团队关乎企业、项目或任务的成败。在当今社会,单打独斗已经不再是主流,团队协作成为推动事物发展的强大动力。因此,学习如何有效地组建团队,充分发挥每个成员的优势,实现共同目标是解决问题的首要任务。

2. 学会如何安排团队沟通的角色任务。一个高效的团队必须合理安排每个成员的角色任务,以确保信息的顺畅传递和任务的顺利完成。因此,懂得如何安排团队沟通的角色任务是每个团队领导者或成员必须掌握的技能。

3. 明确影响团队沟通的因素。沟通并非总是顺畅无阻,诸多因素可能影响团队之间的沟通效果。因此,了解相关因素并采取相应的应对措施至关重要。

4. 发现和分析团队沟通障碍,提升团队沟通的技巧。在实际工作中,经常会遇到各种团队沟通障碍,这些障碍不仅影响了信息的传递,还可能导致团队内部的矛盾和冲突。因此,学会及时发现和准确分析团队沟通障碍,并提升团队沟通的技巧,对于提升团队整体效能具有重要意义。

【导入案例】

项目团队中的沟通协作

在一个软件开发项目中,团队成员来自不同的背景和专业领域,有设计师、程序员、测试人员等。在项目初期,由于沟通不畅,团队成员之间经常出现误解和冲突,导致项目进度受阻。为了改善这种情况,项目经理决定采取措施以加强团队之间的沟通协作。

首先,项目经理组织了一次团队建设活动,让团队成员在轻松的氛围中相互了解、建立信任。接着,他推行了定期的团队会议制度,让每个人都有机会发言,分享自己的进展、困难和建议。此外，项目经理还鼓励团队成员使用项目管理工具进行任务跟踪和信息共享，确保每个人都对项目进展有清晰的了解。

通过这些措施，团队成员之间的沟通变得更加顺畅，协作效率大大提高。项目最终成功按时交付，获得了客户的好评。

> **思考**：通过研读案例，请大家讨论为了提高项目团队中的沟通协作效果，我们可以从哪些方面入手？

第一节　团队沟通概述

团队是现代组织中的一支重要力量，一支充满活力、高效的团队能为企业或组织带来无可估量的价值。而组建一支优秀的团队，绝非易事，需要精心的策划和持续的努力。

一、团队的组建

（一）明确团队目标

一个清晰、明确的目标能够激发团队成员的激情和动力，使他们能够全身心地投入到工作中。这个目标应该具有挑战性，但同时也要可实现，这样才能让团队成员在追求目标的过程中不断成长和进步。

（二）选拔合适的人才

在选拔团队成员时，需要考虑他们的专业技能、沟通能力和协作精神等多方面的素质。这些因素将直接影响到团队的整体表现和成就。因此，应该采取多种方式进行选拔，如面试、笔试、实际操作等，以确保选出的人才能够满足团队的需求。

（三）建立良好的沟通机制

沟通是团队协作的基石，一个高效的沟通机制能够帮助团队成员更好地交流思想、传递信息、解决问题。为了建立良好的沟通机制，可以定期召开团队会议、利用便捷的沟通工具、鼓励成员之间相互反馈等措施，使团队成员之间的沟通更加顺畅、高效。

（四）培养团队精神

团队精神是团队成员为实现共同目标而努力奋斗的精神动力。通过开展团队建设活动、庆祝团队成就等方式，可以培养团队成员的团队精神，增强他们的归属感和凝聚力。一支具有强烈团队精神的团队，无论面对多大的困难和挑战，都能够齐心协力、共同克服。

（五）建立激励机制

合理的激励机制能够激发团队成员的工作热情和创造力，使他们更加专注于工作，提高工作效率和质量。可以根据实际情况制定绩效考核、奖励制度等激励措施，让团队成员在工作中获得成就感和满足感。

（六）加强团队管理

一个优秀的团队管理者应该具备领导力、沟通协调能力和创新能力等多方面的素质。他们需要关注团队成员的个人成长,为他们提供必要的培训和支持,引导他们共同实现团队目标。同时,管理者还需要关注团队的整体发展,不断优化团队结构,保持团队的活力和高效运作。

综上所述,组建一支高效、富有活力的团队需要从多个方面进行考虑和实践。只有通过不断的努力和优化,才能够打造出一支真正优秀的团队,为企业或组织的成功奠定坚实的基础。

二、团队与团队沟通

在现代社会,团队合作已经成为各行各业中不可或缺的一部分。无论是企业、学校还是社会组织,团队都是实现目标、完成任务的重要载体。而团队沟通作为团队合作的关键环节,对于团队的和谐、高效运作起着至关重要的作用。

(一)团队的定义与分类

团队是指具有共同目标、相互依赖、协同工作的个体组成的群体。根据团队的性质和目标,可以将团队分为以下几类:

(1)功能团队:根据组织结构和职能划分,专注于某一特定领域的团队,如研发团队、销售团队等。

(2)项目团队:为完成某一特定项目而临时组建的团队,成员来自不同部门,具有跨学科、跨领域的特点。

(3)矩阵式团队:在组织中同时承担多个角色的团队,如产品经理、项目经理等。

(4)虚拟团队:成员分布在不同地域、时间、组织,通过网络和通信技术进行协同工作的团队。

(二)团队沟通的内涵与作用

1. 团队沟通的内涵

团队沟通,作为一种复杂而精妙的人际互动过程,其内涵远比简单的信息传递要丰富得多。它要求团队成员在相互尊重、理解和信任的基础上,通过高效、准确、及时的信息交流,共同推动团队目标的实现。

首先,团队沟通的核心在于信息的传递。这种传递不仅仅是简单的语言交流,还包括书面文档、电子邮件、肢体语言、面部表情等多种方式。通过这些方式,团队成员能够迅速了解彼此的工作进展、存在的困难以及所需的支持,确保信息的准确性和完整性。

其次,团队沟通是一种深层次的思想交流。在这个过程中,团队成员不仅要分享自己的专业知识和经验,还要就工作策略、创新想法和潜在风险等问题进行深入探讨。这种思想交流不仅能够促进团队成员之间的相互学习和成长,还能够激发团队的创造力和凝聚力。

此外,团队沟通还注重情感层面的交流。在团队工作中,成员之间难免会遇到各种挑战和困难,而情感交流则能够帮助他们建立更加紧密的联系,增强彼此之间的信任和支持。这种情感交流不仅能够提升团队成员的归属感和满意度,还能够为团队创造一个更加和谐、积极的工作氛围。

最后,团队沟通还包括沟通协调和反馈改进两个方面。在沟通协调方面,团队成员需要就工作任务、目标和方法等方面进行充分协商和配合,确保团队协作的顺畅进行。在反馈改进方面,团队成员需要及时对工作成果、问题和建议进行反馈,以便及时调整和改进工作策略和方法。

2. 团队沟通的作用

团队沟通在团队运作中发挥着至关重要的作用。首先，通过有效的团队沟通，团队成员能够更好地理解彼此的工作意图和需求，从而增强彼此之间的信任和协作能力。这种信任和协作能力的提升有助于增强团队的凝聚力，促进团队成员更加积极地投入到工作中去。

其次，团队沟通还能够促进团队成员之间的知识共享和经验交流。通过沟通，团队成员可以相互学习、相互启发，不断提高自己的专业能力和综合素质。这种知识共享和经验交流不仅能够提升团队成员的个人能力，还能够为团队创造更多的价值。

此外，团队沟通还能够激发团队的创新思维和创造力。在沟通过程中，团队成员可以相互碰撞思想、激发灵感，从而产生更多的创意。这种创新思维和创造力的激发有助于推动团队的持续发展和进步。

同时，团队沟通也是解决团队内部矛盾和冲突的重要手段。通过沟通，团队成员可以坦诚地表达自己的观点和想法，倾听他人的意见和建议，从而找到解决问题的最佳方案。这种矛盾和冲突的解决有助于维护团队的和谐稳定，促进团队的长期发展。

最后，团队沟通还能够提升团队的学习能力和适应能力。在不断变化的市场环境中，团队需要不断学习和适应新的知识和技能。而有效的团队沟通则能够帮助团队成员快速掌握新知识、新技能，提高团队的整体竞争力和适应能力。

综上所述，团队沟通在团队运作中具有不可替代的重要作用。通过加强团队沟通、提高沟通效率和质量，团队成员可以更好地协作、创新和学习，推动团队实现更高的目标和成就。

三、影响团队沟通的因素及其解决策略

团队沟通作为团队协作的"生命线"，对于团队的运作与发展起着至关重要的作用。它不仅是传递信息、共享知识的基本方式，更是建立团队信任、解决冲突的重要手段。然而，在实际的工作环境中，许多团队常常会遇到沟通不畅的问题，这些问题犹如一块块"绊脚石"，严重影响了团队的高效协作。因此，需要深入分析影响团队沟通的各种因素，并提出相应的解决方案。

（一）影响团队沟通的主要因素

1. 文化差异

文化背景、价值观和习俗的差异，可能导致团队成员在沟通时产生误解或冲突。例如，某些文化可能更注重集体主义，而另一些文化可能更注重个人主义，这些不同的价值观在沟通中可能产生摩擦。

2. 语言差异

团队成员的母语不同，或者语言表达能力存在差异，可能导致信息传递时发生歧义或遗漏。此外，非言语沟通的差异，如肢体语言、面部表情等，也可能造成沟通障碍。

3. 信息过量

在信息爆炸的时代，团队成员每天需要处理大量的电子邮件、即时消息和社交媒体通知。这种信息过载可能导致成员无法有效筛选和整合重要信息，进而影响沟通效果。

4. 情绪波动

团队成员的个人情绪波动，如压力、焦虑、抑郁等，可能影响他们的沟通能力，甚至可能破坏整个团队的沟通氛围。

5. 组织结构

过于复杂或不够透明的组织结构可能阻碍信息的流通,使得团队成员在沟通时无法明确各自的责任和角色。

6. 沟通方式

不同的沟通方式适用于不同的情境。过度依赖单一的沟通方式(如电子邮件或即时消息)可能导致某些信息无法准确传达或被及时接收。

(二)有效解决影响团队沟通的因素

1. 提高文化敏感度

团队成员应通过培训和学习,增强对不同文化背景和价值观的理解和尊重。在日常工作中,倡导开放和包容的文化氛围,鼓励团队成员分享各自的文化经历和观点。

2. 提升语言表达能力

定期组织沟通技巧培训,帮助团队成员提高口头和书面表达能力。同时,鼓励他们多进行反馈和反思,以便更好地理解和传达信息。

3. 有效管理信息

建立一套有效的信息管理系统,如使用日程管理工具、邮件分类规则等,帮助团队成员更好地筛选、整理和储存信息。此外,定期组织信息分享会,鼓励团队成员共享知识和经验。

4. 关注情绪管理

加强心理辅导与培训,提高个体和团队的抗逆能力;鼓励开放的对话氛围,及时觉察和了解团队成员的情绪状态;注重压力释放与疏导,降低负面情绪对个体及组织带来的破坏作用;建立健全的心理辅导体系,长期、及时疏导员工的各种负面情绪。

5. 优化组织结构

简化组织层级,提高决策和信息传递的效率。建立扁平化的组织结构,促进跨部门的交流与合作。同时,明确组织各成员的角色和责任,确保他们在沟通时有明确的定位和目标。

6. 多元化沟通方式

根据具体情况选择合适的沟通方式,如面对面会议、电话、视频会议、社交媒体等。多种沟通方式的结合使用可以弥补单一方式的不足,确保信息的准确传达。

影响团队沟通的因素多种多样,但通过提高文化敏感度、提升语言表达能力、有效管理信息、关注情绪管理、优化组织结构和选择多元化沟通方式等策略,可以有效解决这些问题,促进团队沟通的高效运作。一个沟通顺畅的团队更有利于实现共同目标,提高工作效率和凝聚力。

第二节 有效的团队沟通

团队沟通是任何组织或项目中不可或缺的一部分。有效的团队沟通能够确保信息的顺畅传递,促进团队成员之间的合作与协调,进而提升整个团队的效率。在团队沟通中,沟通的对象是多种多样的,包括团队成员、团队领导、相关部门以及他利益相关者。

首先,团队成员是团队沟通的核心对象。团队成员之间的沟通是团队协作的基础,它能够促进信息共享、解决问题和共同决策。在团队沟通中,每个成员都应该积极发表自己的观点和意见,同时倾听他人的想法,以达到共同理解和协作的目的。有效的团队成员沟通需要建立在相互尊重、信任和开放的基础上,鼓励成员们敢于表达、敢于质疑,共同推动团队的发展和进步。

其次,团队领导是团队沟通的重要对象。团队领导在团队中扮演着引领和协调的角色,他们需要与团队成员保持密切的沟通,了解团队成员的工作进展、困难和需求,以便及时给予指导和支持。同时,团队领导还需要与其他相关部门和利益相关者进行沟通,协调资源、解决问题和推动项目进展。团队领导需要具备良好的沟通技巧和领导能力,能够激发团队成员的积极性和创造力,推动团队朝着共同的目标前进。

此外,相关部门也是团队沟通的重要对象之一。在团队工作中,往往需要与其他部门进行合作和协调,以确保项目的顺利进行。因此,团队成员需要了解其他部门的工作流程和需求,与相关部门进行有效的沟通,共同解决问题和推动项目的进展。这种跨部门的沟通需要建立在相互理解和信任的基础上,加强部门之间的合作与协调,以实现整个组织的共同目标。

最后,其他利益相关者也是团队沟通不可忽视的对象。这些利益相关者可能包括客户、供应商、投资者等,他们对团队的工作和成果具有重要影响。团队需要与他们保持定期的沟通,了解他们的需求和期望,以便及时调整工作方向和策略。同时,团队还需要向这些利益相关者展示工作成果和进展,以建立和维护良好的合作关系和信誉。

综上所述,团队沟通的对象包括团队成员、团队领导、相关部门以及其他利益相关者。有效的团队沟通需要建立在相互尊重、信任和开放的基础上,鼓励成员们敢于表达、敢于质疑,共同推动团队的发展和进步。通过优化与这些对象的沟通方式,团队可以更好地协作和完成任务,实现共同的目标和成果。同时,团队成员也需要不断提升自己的沟通技巧和素养,以应对不断变化的沟通需求和挑战。

一、团队沟通的角色任务

团队沟通在团队协作中扮演着至关重要的角色,它是确保团队工作顺利进行的关键因素。在团队中,每个成员都承担着各自的任务,扮演着特定的角色。本文将对团队沟通中的角色任务进行详细解析,以帮助大家更好地理解团队沟通的重要性,并提高团队协作的效率。

(一)团队沟通的任务类型

1. 信息传递

团队中的每个成员都有义务传递重要的信息和知识,这是建立工作关系的基础。准确、及时的信息传递可以减少误解和错误的发生,从而提高整个团队的效率。在传递信息的过程中,应使用清晰、简洁的语言,确保信息能够被正确理解。

2. 共识建立

团队中的成员可能对某个问题或方案有不同的看法和意见。通过有效的沟通,团队成员可以充分表达自己的观点,倾听他人的意见,并最终达成共识。共识的建立有助于提高团队的凝聚力和执行力,推动团队向共同的目标前进。

3. 情感支持

团队沟通不仅是关于工作和任务的交流,也是情感上的支持与关怀。在工作中,团队成员可能会遇到各种挑战和困难,这时应及时给予关心和支持,帮助同伴克服困难。情感支持有助于营造一个积极向上的团队氛围,增强团队的向心力。

4. 资源协调

在团队协作中,资源的分配和协调至关重要。团队成员应通过沟通了解各自的工作进度和需求,合理分配资源,以确保团队目标的顺利实现。资源协调不仅可以提高工作效率,还能避免资源浪费和冲突。

5. 冲突解决

团队中难免会出现各种冲突和矛盾。通过及时、透明的沟通,团队成员分析产生冲突的原因,采取合适的方式进行解决。冲突的解决需要耐心和技巧,良好的沟通能力可以帮助团队成员化解分歧,促进团队关系的和谐与稳定。

6. 领导力展现

领导在团队中扮演着引领和激励的角色。通过有效的沟通,领导者可以展现自己的领导力,为团队树立榜样。领导者应善于倾听团队成员的意见和建议,关心他们的成长和发展,同时给予指导和鼓励。通过沟通展现领导力能够激发团队成员的积极性和创造力,推动团队不断向前发展。

7. 团队建设

团队沟通在团队建设中同样起着重要作用。通过组织各种团队活动和交流机会,加强成员间的互动和了解,可以提高团队的凝聚力和向心力。团队建设有助于培养团队的默契和协作精神,促进团队成员之间的信任与合作。一个团结、和谐的团队能够更好地应对挑战和机遇,共同成长与进步。

总之,团队沟通在团队协作中扮演着至关重要的角色。通过明确每个成员的沟通任务、提高沟通能力、营造良好的沟通氛围、加强互动与合作等措施,可以更好地实现团队目标,共创美好未来。一个团结、高效、富有创造力的团队会在激烈的竞争中立于不败之地。

(二) 内部沟通中的角色任务

在组织内部,沟通是一项至关重要的活动,它关乎着团队协作的顺畅与否。在这个过程中,不同的角色承担着各自的任务,共同推动沟通的进行。

1. 内部沟通的三大角色

在内部沟通中,主要涉及以下三个角色:发起者、传播者和接收者。每个角色在沟通过程中都有其特定的任务和职责。

(1) 发起者:发起者是沟通的起点,负责提出沟通主题和目标。发起者需要明确沟通的目的,确保沟通内容的精确性和针对性。此外,发起者还需考虑参与者的需求和背景,以便选择合适的沟通方式和渠道。

(2) 传播者:传播者负责将沟通内容传递给接收者。传播者在沟通过程中应确保信息的准确性、完整性和及时性。此外,传播者还需根据接收者的特点和需求,采用恰当的沟通手段,提高信息传递的效果。

(3) 接收者:接收者是沟通的终点,负责接收和处理沟通内容。接收者需要认真倾听和阅读沟通内容,理解其含义和要求。同时,接收者应主动反馈自己的意见和建议,以确保沟通顺畅进行。

2. 内部沟通角色间的协同与互动

在内部沟通中,三个角色并非孤立存在,而是相互协同、互动合作的。以下为角色间的协同与互动要点:

（1）发起者与传播者：发起者需要根据沟通目标，选择合适的传播者。传播者则需根据发起者的要求，制定合适的沟通策略。两者之间紧密协作，有助于确保沟通内容的准确性和有效性。

（2）发起者与接收者：发起者需要关注接收者的需求和反馈，以便调整沟通策略。接收者则需主动向发起者反馈自己的意见和建议，以促进沟通的深入进行。

（3）传播者与接收者：传播者需根据接收者的需求和特点，采用恰当的沟通手段。同时，接收者应主动与传播者保持密切联系，以确保信息的及时获取和处理。

（三）外部沟通中的角色任务

1. 了解沟通对象

在外部沟通中，了解沟通对象是至关重要的第一步。需要深入了解沟通对象的背景、兴趣爱好、价值观以及沟通风格等信息。这样做的目的是在沟通中找到共同话题，建立信任关系，并为后续的沟通打下坚实的基础。了解沟通对象的心理和需求，可以更好地满足对方，提高沟通的效率和质量。

2. 明确沟通目的

在开始外部沟通之前，明确沟通目的能够使整个沟通过程更加聚焦和有针对性。这有助于避免在沟通过程中偏离主题，提高沟通的效率和效果。同时，明确的沟通目的还可以作为评估沟通效果的标准，确保达到了预期的目标。在明确沟通目的时，需要充分考虑沟通对象的需求和利益，确保双方的诉求得到满足。

3. 选择合适沟通渠道

选择合适的沟通渠道对于外部沟通的成功至关重要。不同的沟通渠道适用于不同的情境和目的，需要根据实际情况进行选择。例如，对于紧急重要的事情，可能需要选择面对面的沟通方式，以便快速有效地传递信息。而对于一些较为烦琐、需要充分准备的事情，选择邮件或社交媒体可能更为合适。选择合适的沟通渠道能够提高沟通的效率和效果，同时也能更好地满足沟通对象的需求。

4. 倾听与反馈

在外部沟通中，倾听与反馈是实现有效沟通的重要手段。倾听不仅意味着听取对方的意见和想法，更是一种尊重和关注的表现。通过认真聆听，可以更好地理解对方的观点和需求，从而做出更准确的回应。反馈则是在沟通过程中给予对方回应的一种方式，它能够表明我方的态度和看法，同时也能促进双方之间的交流和理解。良好的倾听与反馈能力有助于建立信任关系，推动沟通的顺利进行。

5. 运用沟通技巧与语言表达

在外部沟通中，运用适当的沟通技巧和语言表达能够增强信息的传递效果，提高沟通质量。需要注意自己的态势语言、肢体语言以及提问技巧等，确保它们能够有效地传达我们的意图和信息。同时，在语言表达方面，力求简洁明了、准确无误，避免使用模糊或含糊不清的措辞。另外，礼貌和尊重也是非常重要的，这能够体现我方的专业素养和人格魅力。通过运用恰当的沟通技巧和语言表达，可以更好地与他人建立联系，实现有效的信息传递和交流。

6. 调整沟通策略

在外部沟通过程中，可能会遇到各种问题和挑战。这时，需要灵活调整沟通策略，以适应变化的情况并解决问题。例如，如果发现沟通频率过高导致信息过载，可以适当减少通话次数;如果发现某种沟通方式不太适合当前情境,可以考虑更换其他方式;如果遇到难以解决的问题或障碍,可以寻求第三方的协助或建议。调整沟通策略是一种应变能力的体现,它能够帮助我方更好地应对各种外部环境的变化和挑战。

二、提升团队成员的沟通水平

团队成员的沟通水平对于团队的协同工作和项目成功至关重要。

(一)增进团队成员之间的信任与理解

1. 开展团队建设活动

通过举办各类团队活动,促进团队成员之间的交流与合作,增进彼此的了解,建立起信任的基础。团队建设活动是提高团队凝聚力、创造力和执行力的重要手段。为了实现这一目标,可以从以下几个方面来设计和开展团队建设活动:

(1) 明确团队目标。在进行团队建设活动之前,首先需要明确团队的目标。这是一个团队存在的初衷,也是团队成员共同努力的方向。明确目标有助于增强团队成员的归属感和责任感,使他们更加专注于工作。

(2) 增进沟通交流。团队建设中,沟通交流至关重要。通过举办各类团队活动,如座谈会、分享会等,鼓励团队成员分享自己的想法和心得,互相学习,取长补短。这样可以增进彼此的了解,建立起信任的基础。

(3) 培养团队协作精神。团队协作是实现团队目标的关键。为了培养团队协作精神,可以组织一些团队拓展训练,如拔河、接力跑等团建活动,让团队成员在实践中感受到合作的力量。此外,还可以通过设立团队奖励制度,激励团队成员为团队的整体发展贡献力量。

(4) 关注团队成员的个人成长。团队建设不仅仅是关注团队整体,更要关注团队成员的个人成长。企业应提供培训和学习机会,帮助团队成员提升自己的专业技能和综合素质。同时,要关注员工的心理健康,营造一个关爱、尊重、公平的工作氛围。

(5) 组织丰富多样的团队活动。为了增进团队成员之间的感情,可以组织丰富多样的团队活动,如团队旅行、聚餐、运动会等。这些活动不仅能让团队成员在轻松愉快的氛围中放松身心,还能加深彼此间的友谊,增强团队凝聚力。

(6) 强化团队文化。团队文化是一种共同的价值观和行为规范,是团队的灵魂。强化团队文化,可以让团队成员产生强烈的认同感和归属感。企业可以通过宣传、培训等方式,将团队文化深入人心,引导团队成员共同践行。

总之,开展团队建设活动,要从多个层面入手,注重团队成员的个人成长和团队整体发展。通过不断努力,使团队更加团结、协作、有战斗力,能够为企业创造更大的价值。

2. 鼓励开放包容的氛围

团队成员之间要尊重彼此的意见和观点,倾听对方的建议,形成一个包容的氛围,使团队成员更愿意分享自己的想法。

3. 强化团队凝聚力

通过共同的目标和价值观,将团队成员紧密地联系在一起,提高团队凝聚力。团队凝聚力是任何一个组织或企业取得成功的关键因素之一。一个团结、和谐的团队能够产生"1+1>2"的效果,将团队成员的个人能力汇聚成为整体的力量,共同应对各种挑战。

(1) 确立共同的目标和价值观。共同的目标是团队成员前进的方向,也是大家共同努力的动力。当团队成员对目标有明确的认知,并且为之努力时,会自然而然地形成一种默契,相互支持,共同进步。而价值观则是团队行为的基石,它决定了团队成员在面对困境时的态度和行为方式。统一的价值观有助于团队成员形成共同的价值观,从而增强团队凝聚力。

(2) 加强团队间的沟通与协作。沟通是连接团队成员心灵的桥梁,有效的沟通能够消除误解,减少矛盾,使团队成员相互理解、信任和支持。此外,团队成员在协作中互相学习、互相帮助,共同成长,这是提升团队凝聚力的重要途径。

(3) 注重团队成员的个人成长。关心团队成员的成长,为他们提供培训、晋升等机会,使他们在工作中感受到成就感和归属感。当团队成员在组织中得到充分的发展,他们会更加珍惜这个平台,从而提高团队凝聚力。

(4) 营造良好的团队氛围。团队氛围是团队成员在工作中的情感寄托,一个温馨、和谐的团队氛围能够让成员感受到家的温暖,从而增强团队凝聚力。团队领导要善于激发团队成员的积极情绪,关注他们的心理健康,使他们在工作中保持愉悦的心情。

(5) 强化团队激励机制。激励是推动团队成员不断前进的动力,合适的激励措施能够激发团队成员的积极性和创造力,使他们为团队的目标而努力。通过设立明确的奖惩制度、晋升机制等,让团队成员看到自己的努力所带来的回报,从而增强团队凝聚力。

总之,强化团队凝聚力需要从多个方面入手,包括确立共同的目标和价值观、加强团队间的沟通与协作、注重团队成员的个人成长、营造良好的团队氛围以及强化团队激励机制等。只有将这些措施落实到位,才能使团队凝聚力得到有效提升,为组织或企业的长远发展奠定坚实基础。

(二) 提升团队沟通技巧

1. 团队成员间的有效倾听

倾听是沟通的基础。在团队成员交流过程中,要注意倾听对方的意见,避免因为主观臆断而造成沟通误解。在现代社会,团队合作已成为各行各业中不可或缺的一部分。为了实现团队目标,成员之间的有效沟通和倾听显得尤为重要。

(1) 团队成员间有效倾听的重要性

① 提高团队凝聚力。在团队中,每个成员都有自己的想法和观点。通过有效倾听,团队成员可以更好地理解彼此,减少误解和矛盾。这有助于提高团队凝聚力,使成员更加愿意为共同目标努力。

② 促进信息传递和知识共享。在团队合作过程中,信息传递和知识共享是关键环节。通过倾听,团队成员可以获取有价值的信息,从而提高工作效率。同时,倾听有助于团队成员之间的知识共享,提升整个团队的综合素质。

③ 增强创新能力。在一个充满倾听氛围的团队中,成员们更愿意提出新颖的观点和解决方案。这是因为倾听使得团队成员更容易受到启发,从而激发创新能力。一个创新型团队往往能在竞争中脱颖而出。

④ 提升人际关系。有效倾听有助于团队成员建立良好的人际关系。通过倾听,成员可以展现对对方的尊重和关心,增进彼此之间的信任。一个关系融洽的团队更容易面对挑战,取得成功。

(2) 提高团队成员间有效倾听的建议

① 培养倾听意识。团队成员应意识到倾听的重要性,主动关注和倾听他人的意见。团队

领导可以在培训中强调倾听技巧,引导成员养成良好的倾听习惯。

② 提升沟通技巧。沟通是倾听的基础。团队成员应掌握一定的沟通技巧,包括清晰表达自己的观点和理解他人的意见。这有助于提高倾听效果。

③ 创造倾听环境。团队领导应营造一个开放、包容的氛围,鼓励成员提出意见和建议。在这样的环境中,团队成员更容易放下顾虑,真诚地倾听对方。

④ 加强团队建设。团队建设活动有助于增进成员间的了解和信任。通过定期举办团队建设活动,成员可以更好地融入团队,提高倾听效果。

总之,团队成员间的有效倾听对于团队发展具有重要意义。通过培养倾听意识、提升沟通技巧、创造倾听环境和加强团队建设,团队成员可以更好地倾听彼此,实现团队目标。

2. 清晰表达

团队成员在表达自己的观点时,要确保语言清晰、简洁,避免使用模糊、复杂的语句,以便于对方更好地理解自己的意图。在日常生活和工作中,清晰表达是一项至关重要的技能。它不仅有助于提高沟通效率,还能够展示出我们的思维逻辑性和条理性。为了更好地掌握这一技能,可以从以下几个方面进行努力:

(1) 明确目标:在进行表达之前,首先要明确自己的沟通目标。明确目标有助于我们在表达过程中保持专注,避免跑题。

(2) 强化结构:一个清晰的表达应该具备良好的结构。可以采用"总—分—总"的结构,即先提出主题,然后分别阐述几个要点,最后进行总结。

(3) 梳理逻辑:在表达过程中,要注意各个观点之间的逻辑关系。可以使用关联词来表示逻辑关系,如"首先""其次""最后"等,这样可以让表达更具条理。

(4) 语言简洁:在表达时,尽量使用简洁明了的语言。避免使用过于复杂的句子和生僻的词汇,这样可以让听众更容易理解表达的内容。

(5) 举例说明:在阐述观点时,可以适当运用例子来帮助听众更好地理解。例子可以使观点更加生动有趣,有助于加深听众的印象。

(6) 把握语气与节奏:在表达过程中,注意语气和节奏的把握。语气要平和、亲切,节奏要适中,避免过于急促或拖沓。这样可以让人更容易接受我们的表达。

(7) 注意反馈与确认:在表达结束后,要关注对方的反馈,以便确认对方是否真正理解了表达的意思。如有必要,可以进行适当的重复和解释。

通过以上七点,可以让自己的表达更加清晰,让思维更具逻辑性与条理性。在日常实践中不断锻炼这些技巧,将会使沟通能力得到大幅提升。

第三节 团队沟通障碍

在当今高度协同化、信息化的工作环境中,团队沟通的重要性不言而喻。它是确保团队目标一致、工作高效的关键。然而,在实际工作中,团队沟通障碍却屡见不鲜,严重影响了团队的协作效率和成果。

一、团队沟通障碍产生的原因

团队沟通是团队合作中不可或缺的一部分,有效的沟通能够促进团队成员之间的协作,提高工作效率。然而,在实际工作中,团队沟通往往存在着许多障碍,这些障碍不仅会影响沟通效果,还会影响团队的协作和整体绩效。那么,团队沟通障碍产生的原因是什么呢?

(一)文化差异

在多元文化团队中,不同文化背景下的成员可能会因为语言、价值观、沟通方式等方面的差异而产生沟通障碍。例如,有的文化注重直接坦率,而有的文化则更强调委婉含蓄。这种文化差异可能导致信息传达不清或误解,进而影响团队的合作和决策效果。

(二)信息过载

随着科技的发展,人们获取信息的渠道越来越多,信息量也越来越大。然而,过多的信息可能导致团队成员无法有效处理和理解,从而产生沟通障碍。例如,在会议中,如果信息量过大,成员可能无法抓住重点,导致沟通效率低下。

(三)个人因素

个人因素是导致团队沟通障碍的重要原因之一。例如,个人性格、沟通能力、情绪状态等都可能影响团队沟通的效果。有的人可能性格内向,不善言辞,导致信息传达不畅;有的人可能沟通能力差,无法准确表达自己的意思;还有的人可能因为情绪不佳而影响沟通质量。

(四)组织结构

组织结构可能是导致团队沟通障碍的因素之一。在一些层级分明的组织中,高层管理者可能无法及时获取基层员工的真实反馈,而基层员工也可能因为担心得罪上级而不敢表达自己的想法。这种组织结构上的障碍可能导致信息失真或延误,进而影响团队的协作和决策效果。

(五)技术障碍

现代团队沟通中,技术工具的应用也越来越广泛。然而,技术本身也可能成为沟通的障碍。例如,网络不稳定、软件故障等问题可能导致沟通中断或信息丢失;此外,一些复杂的技术工具也可能使团队成员感到困惑,导致沟通效率下降。

(六)缺乏信任

信任是团队沟通的基础。如果团队成员之间缺乏信任,就可能导致沟通障碍。例如,有的成员可能因为担心被批评或指责而不敢表达自己的想法;有的成员可能因为对他人的能力或动机持怀疑态度而不愿与其沟通。这种缺乏信任的氛围可能导致团队成员之间的隔阂和误解,进而影响团队的协作和整体绩效。

综上所述,团队沟通障碍产生的原因多种多样,包括文化差异、信息过载、个人因素、组织结构、技术障碍以及缺乏信任等。为了克服这些障碍,团队成员需要提高沟通意识,掌握有效的沟通技巧,同时组织也需要营造良好的沟通氛围和提供必要的支持。只有这样,才能实现高效的团队沟通和协作,推动团队不断发展和进步。

二、团队沟通障碍的影响

团队沟通是组织内部协作的基石,然而在实际操作中,沟通障碍却常常成为团队协作的绊脚石。这些障碍不仅影响了信息的传递和理解的准确性,还可能导致团队成员之间的误解、冲突和合作效率低下。下面将从多个方面深入探讨团队沟通障碍的影响。

（一）沟通障碍对团队协作的影响

团队沟通障碍首先影响的是团队协作的效率和效果。当团队成员之间无法准确、及时地传递信息时，项目的进展就会受到阻碍。例如，在软件开发项目中，如果开发人员和测试人员之间的沟通不畅，可能导致软件中的漏洞无法及时发现和修复，从而延误了项目的交付时间。此外，沟通障碍还可能导致团队成员之间的合作不默契，使得整个团队的工作效率降低。

（二）沟通障碍对团队氛围的影响

沟通障碍不仅影响团队协作的效率，还可能对团队氛围产生负面影响。当团队成员之间因为沟通不畅而产生误解和冲突时，团队的凝聚力和向心力就会受到损害。这种氛围下，团队成员可能会感到沮丧、失落甚至产生离职的念头。长此以往，团队的稳定性和创新能力都将受到威胁。

（三）沟通障碍对团队成员个人成长的影响

在团队沟通中，每个成员都有机会表达自己的观点和建议。然而，当沟通障碍存在时，一些成员可能会因为担心被误解或批评而选择沉默。这种情况下，他们的潜力和才华无法得到充分的发挥和锻炼。长期下来，这些成员的个人成长和职业发展可能会受到限制。

三、解决团队沟通障碍的策略

在当今高度互联的世界中，团队合作已经渗透到各个行业和领域，成为推动事业发展的核心动力。一个优秀的团队，就像一架精心调校的机器，每个部件都在协同工作，共同为一个目标努力。团队沟通就如同润滑油，确保机器的每个部分都能顺畅运转。下面将深入探讨团队沟通策略，旨在为团队成员提供一套实用、高效的沟通方法，以增强团队协作，提高整体绩效。

（一）认识到团队沟通的重要性

在当今高度互联和竞争激烈的商业环境中，团队沟通的重要性日益凸显。有效的团队沟通不仅是推动工作进展的关键，更是塑造积极团队文化、提升团队效能的重要基石。团队沟通是指在团队内部成员之间进行的信息交换、意见交流和协作过程。它涵盖了从简单的日常交流到复杂的项目策划和决策制定等多个层面。有效的团队沟通能够确保信息的准确传递，促进成员间的相互理解和信任，从而推动团队目标的高效实现。

（1）提高团队凝聚力：就像粘合剂让不同材质紧紧结合在一起一样，良好的团队沟通能有效地增进成员间的理解和友谊，形成一个紧密无间、互相支持的团队。

（2）促进信息传递：团队沟通如同生命线，确保信息的准确、快速传递。它能够消除信息传递中的歧义和误差，从而避免因信息不对称而导致的决策失误。

（3）提高工作效率：在高效沟通的基础上，团队成员能更迅速地明确任务要求，减少不必要的误解和延误，显著提高工作效率。

（4）激发创新思维：团队沟通是一个思想的熔炉，通过不同观点的碰撞与交融，往往能激发出新的灵感和创新点子。

（二）提升团队沟通效果

（1）建立明确的沟通机制和规范：团队应该制定明确的沟通规则和流程，包括定期会议、报告制度、信息共享平台等。这有助于确保信息能够准确、及时地传递给每个成员。同时，团队还应该鼓励成员之间进行非正式交流，以促进彼此之间的了解和信任。

（2）培养跨文化沟通能力：在全球化背景下，团队成员可能来自不同的文化背景。因此，团队应该注重培养成员的跨文化沟通能力，帮助他们了解和尊重彼此的文化差异，增强沟通效果。

（3）提高团队成员的沟通技巧：通过培训和实践，提高团队成员的沟通技巧，如倾听、表达、反馈等。这有助于减少误解和冲突，提高沟通质量。

（4）建立信任和尊重的氛围：团队应该营造一个信任、尊重、开放的氛围，让每个成员都敢于表达自己的想法和观点。同时，团队领导者应该以身作则，积极参与沟通，为团队成员树立榜样。

（5）引入第三方调解者：在团队沟通出现严重障碍时，可以考虑引入第三方调解者来协助解决问题。第三方调解者可以提供客观、中立的观点和建议，帮助团队成员找到解决问题的方法。

综上所述，团队沟通障碍会对团队协作、氛围和个人成长都产生不良影响。为了克服这些障碍，团队应该深入分析其产生的原因，并采取有效的策略来提高沟通效果。这将有助于提升团队的协作效率、凝聚力和创新能力，从而实现更好的业绩和发展。

四、团队沟通技巧

在现代社会，团队合作已经成为各行各业不可或缺的一部分。一个高效的团队能够将每个成员的力量汇聚在一起，实现共同的目标。而团队沟通则是推动团队发展的关键因素。

（一）明确沟通目标

在进行团队沟通之前，首先要明确沟通的目标。明确沟通目标有助于团队成员更好地理解彼此的意图，减少误解和矛盾。在确定沟通目标时，不仅要考虑主题和期望的结果，还要明确沟通的背景、目的和意图。这可以通过预先制定沟通计划或创建明确的沟通指南来完成。

（二）选择合适的沟通方式

团队沟通的方式有很多，如会议、邮件、电话、即时通信等。选择合适的沟通方式能够提高沟通效率，避免信息滞后。在选择沟通方式时，需要考虑沟通内容的性质、团队成员的偏好和可用性，以及所需的反馈时间。例如，对于紧急事务，可能需要使用即时通信工具进行快速沟通；对于需要深入讨论的问题，会议可能是一个更好的选择。此外，应鼓励团队成员积极提出适合特定情况的沟通方式，以促进更有效的交流。

（三）有效倾听与表达

在团队沟通中，倾听与表达同样重要。有效的倾听可以帮助团队成员理解对方的意图，避免因为误解而导致的沟通障碍。同时，良好的表达能力可以使自己的想法和建议更加清晰地传达给团队成员。为了实现有效的倾听，团队成员需要展现出尊重、耐心和关注，不仅要听取对方的话语，还要注意其语调和肢体语言。在表达自己的观点时，要确保语言简练、清晰，并尽量使用肯定的语气，以减少误解和冲突。此外，注意反馈和及时澄清也是重要的沟通技巧，可以帮助确保信息的准确传递。

（四）建立良好的团队氛围

良好的团队氛围有助于团队成员之间的沟通与合作。一种积极向上的氛围可以激励成员分享意见、协作和支持彼此的工作。为了建立良好的团队氛围，领导者应树立榜样作用，促进开放、包容和互相支持的文化。此外,定期的团队建设活动和社交聚会可以帮助加强成员间的联系和信任。通过创造一个安全、舒适的环境,团队成员可以更自由地表达想法和意见,从而促进更有效的沟通和合作。总之,为了提高团队的整体效率和协作效果,团队成员需要掌握实用的沟通技巧。通过明确沟通目标、选择合适的沟通方式、有效倾听与表达以及建立良好的团队氛围,可以促进更有效的团队合作和协同工作。这些技巧不仅有助于提高团队的凝聚力和士气,还可以为达成共同目标奠定坚实基础。

【案例分析】

危机处理中的沟通策略

某公司在生产过程中发生了一起严重的事故,导致部分产品存在安全隐患。面对这一危机,公司高层迅速采取措施,启动危机应对机制。

首先,公司高层通过内部沟通会议向全体员工传达了事故情况和应对措施,要求大家保持冷静、积极配合。同时,他们通过媒体向公众公开道歉,承诺尽快解决问题并保障消费者的权益。接着,公司高层与相关部门密切合作,对事故进行深入调查,并及时向公众发布调查结果和整改措施。他们还与消费者进行积极沟通,解答疑问、处理投诉,努力恢复消费者的信任。

【分析】通过这一系列的沟通策略,公司成功化解了危机,避免了品牌形象的受损。这一案例充分说明了沟通在危机处理中的重要性。通过加强沟通,可以更好地应对各种挑战和困难,减少损失、保障利益。因此,无论是在企业还是个人层面,都应该重视沟通在危机处理中的作用,不断提高沟通能力和水平。

第四节 团队沟通策略

在团队工作中,沟通是至关重要的。有效的沟通能够确保团队成员之间的信息共享、理解协作的目标和期望,以及解决可能出现的问题。

一、明确团队沟通的流程

团队沟通的流程是一个关键环节,它涉及团队内部的协作和信息交流。在一个高效的团队中,沟通流程的顺畅与否直接影响到团队的整体运作和项目成果。

团队沟通流程是团队协作中至关重要的一个环节,它涉及团队成员之间的信息传递、意见交流和协作执行等多个方面。为了更好地理解团队沟通流程,可以将其划分为以下几个阶段:

(一)准备阶段

在准备阶段,团队成员需要明确沟通的目的、内容和参与人员等信息。准备工作做得好,可以为后续的沟通提供清晰的方向和便利。主要包括以下几个方面:

(1) 确定沟通主题：明确沟通要解决的问题或目标，使团队成员有所依据。
(2) 梳理沟通内容：将沟通内容整理成清晰的要点，便于团队成员理解和执行。
(3) 选择沟通方式：根据沟通内容和参与人员，选择合适的沟通方式，如会议、邮件、电话等。
(4) 通知团队成员：告知团队成员沟通的时间、地点、参与人员等信息，确保大家都做好准备。

（二）进行阶段

在进行阶段，团队成员开始进行实际的沟通，包括信息传递、意见交流和决策制定等。这个阶段的顺利进行，需要团队成员具备良好的沟通技巧和协作精神。主要包括以下几个方面：
(1) 信息传递：清晰、准确地传达沟通内容，确保团队成员都能理解。
(2) 意见交流：团队成员就沟通内容发表自己的看法和建议，充分表达意见。
(3) 决策制定：在充分讨论的基础上，达成共识，制定具体的行动计划。
(4) 分工协作：根据行动计划，团队成员分工合作，确保任务的顺利完成。

（三）总结阶段

在总结阶段，团队成员对沟通过程中的成果和问题进行总结，以便为下一次沟通提供借鉴。主要包括以下几个方面：
(1) 评估沟通效果：分析沟通目标的实现情况，评估沟通效果。
(2) 梳理问题清单：总结沟通过程中出现的问题，明确改进方向。
(3) 确定下次沟通时间：为后续的沟通提供时间规划，确保持续跟进和执行。
(4) 跟进执行：对行动计划进行跟踪和督促，确保团队成员按照约定完成任务。

通过以上三个阶段的团队沟通流程，可以提高团队协作的效率和质量，实现团队目标。值得注意的是，每个团队的具体情况可能有所不同，因此在实际操作中，还需根据团队的特点和需求进行调整。只要我们把握好团队沟通的阶段划分，就能为团队的和谐协作奠定坚实的基础。

二、优化团队沟通渠道

在快速发展的商业环境中，高效的团队沟通对于企业的成功至关重要。一个优秀的团队不仅需要成员具备出色的专业技能，更需要畅通无阻的沟通渠道来确保信息的顺畅传递以及协作的顺利进行。明确如何优化团队沟通渠道，有助于提升团队协作效率，为企业的长远发展奠定坚实基础。

（一）明确沟通目标

优化团队沟通渠道的首要步骤是明确沟通目标。团队领导者需要与团队成员共同确定沟通的目的，确保每个人都清楚沟通的重要性以及自己在沟通中的角色和责任。通过明确沟通目标，团队成员可以更加有针对性地选择沟通方式，提高沟通效率。

（二）选择合适的沟通工具

随着科技的发展，团队沟通工具日益丰富多样。从传统的面对面会议到现代的即时通信工具，每种沟通方式都有其优缺点。团队领导者需要根据团队成员的需求和实际情况，选择最合适的沟通工具。例如，对于需要频繁交流和即时反馈的项目，可以使用即时通信工具或在线协作平台；对于需要深入讨论和集思广益的议题，可以组织面对面的研讨会或团队会议。

(三)建立反馈机制

有效的沟通需要建立在及时的反馈之上。团队领导者应鼓励团队成员积极表达自己的想法和意见,同时对于他人的观点和建议给予积极的反馈。通过建立反馈机制,团队成员可以及时了解自己的沟通效果,调整沟通策略,从而提高沟通质量。此外,定期的团队评估和总结也是提升沟通效果的重要手段,可以帮助团队成员发现沟通中的不足并制定改进措施。

(四)培养良好的沟通氛围

良好的沟通氛围是优化团队沟通渠道的关键因素。团队领导者应该营造一个开放、包容、积极的沟通环境,让团队成员敢于表达自己的想法和意见。同时,团队成员也应该尊重他人的观点,避免过度解读或误解他人的意图。通过培养良好的沟通氛围,团队成员可以更加坦诚地交流,减少沟通障碍,提高团队协作效率。

(五)利用技术手段提升沟通效率

现代科技为团队沟通提供了许多便利。例如,云计算、大数据等技术的应用可以帮助团队成员实现信息的快速共享和高效处理;在线协作平台可以让团队成员实时编辑和共享文档,提高团队协作效率;人工智能助手可以帮助团队成员自动整理和分析信息,为决策提供有力支持。团队领导者应该积极引入这些技术手段,为团队成员提供更加高效、便捷的沟通工具。

(六)关注跨文化沟通

在全球化的背景下,跨文化沟通成为团队沟通中不可忽视的一部分。团队成员可能来自不同的国家和地区,拥有不同的文化背景和价值观。因此,团队领导者需要关注跨文化沟通的问题,提高团队成员的跨文化沟通能力。这包括了解不同文化背景下的沟通习惯、尊重他人的文化差异、避免沟通中的误解和冲突等。

综上所述,优化团队沟通渠道需要从多个方面入手,包括明确沟通目标、选择合适的沟通工具、建立反馈机制、培养良好的沟通氛围、利用技术手段提升沟通效率以及关注跨文化沟通等。通过不断优化团队沟通渠道,企业可以提高团队协作效率,实现信息的顺畅传递和高效处理,为企业的长远发展奠定坚实基础。

三、团队成员间的非语言沟通

在现代社会,团队合作已经成为各行各业中不可或缺的一部分。一个高效的团队需要成员之间进行有效的沟通,而沟通的方式不仅限于语言表达。注重非语言沟通,如肢体语言、面部表情等,以增强沟通的亲和力和效果。非语言沟通,作为沟通的一种重要形式,在团队成员间发挥着至关重要的作用。

(一)非语言沟通的定义及种类

非语言沟通是指在交流过程中,除语言表达外的其他方式来传递信息和情感。它包括肢体语言、面部表情、声音语气、身体姿态、空间距离等。这些非语言信号在团队成员间的互动中,起到了传递思想、表达情感和增进理解的作用。

(二)非语言沟通在团队成员间的积极作用

(1)增进理解:非语言沟通有助于团队成员更好地理解彼此的意图、情感和需求,从而降低误解和冲突的发生。

(2)强化信任:信任是团队合作的基石。非语言沟通能够增强团队成员之间的信任,使合作更加顺畅。

（3）提高沟通效率：在某些情况下，非语言沟通比语言沟通更为高效。团队成员可以通过非语言信号快速地了解对方的意图，减少信息传递的时间。

（4）增强团队凝聚力：非语言沟通有助于加强团队成员之间的情感联系，促进团队内部的凝聚力和向心力。

（三）如何运用非语言沟通优化团队协作

（1）注重肢体语言：团队成员应关注彼此的肢体动作，如握手、拥抱等，以展示友好、支持与合作的态度。

（2）善于观察面部表情：面部表情是情绪的"晴雨表"。团队成员应学会观察和解读对方的面部表情，以便及时了解彼此的情绪变化。

（3）倾听声音语气：声音语气反映了说话者的情感和态度。团队成员要善于倾听，从中获取信息，避免误解。

（4）保持良好的姿态和距离：团队成员应保持端正的姿势，尊重对方，适当保持距离，以展示尊重和关注。

总之，非语言沟通在团队成员间具有重要作用。通过提高非语言沟通技巧，团队成员可以更好地理解彼此，增强团队凝聚力，提高协作效率。在今后的团队工作中，我们应重视非语言沟通的运用，努力打造高效、和谐的团队氛围。

案例分析：约哈瑞窗

本章小结

1. 团队沟通对于团队协作的效果有着重要影响。通过精心设计和有效实施团队沟通策略，不仅能显著提高团队的凝聚力，促进信息的准确传递，还能大大提高工作效率，以实现共同的、崇高的团队目标。

2. 在团队沟通的过程中，每一个团队成员都要珍惜每一次沟通的机会，努力提高自己的沟通能力，为团队的共同发展贡献自己的一份力量。同时，团队的领导者和管理者们也应当密切关注团队沟通的状况，积极营造良好的沟通氛围，引导团队走向成功之路。

思考练习

1. 假设你所在的公司部门中，人员众多，大家的年龄、学历、观念和行为等各不相同。请你设计一套沟通方案，分别说明如何与不同的同事沟通交流，以便处理好同事关系。

2. 一位合作伙伴提出了一个新颖的想法，与你曾有的想法相似。但因你当时信心不够，没有将这个想法公开表达。根据你的处事特点，你最可能如何应对？权衡自己的做法，提出更加有效的沟通方案。

3. 某企业想要扩大影响增加产品的销售量，请为其制定一整套团队沟通方案，把相关产品及促销信息以最有效的方式传播出去。

推荐阅读

1.《小团队沟通原则与实践》　　作者：[美]毕比、[美]马斯特森

在书中，作者详细阐述了小团队沟通的核心原则，包括清晰明确的目标设定、开放坦诚的交流氛围、及时反馈与调整等。作者强调了沟通在小团队中的重要性，并指出有效的沟通能够提升团队效率，增强团队凝聚力。

2.《领导力修炼法则：高效能团队领导力心理技巧分析》　　作者：耿兴永

本书为我们揭示了领导力的核心要素和修炼之道。书中强调了领导力与团队合作、沟通能力、创新思维等方面的紧密关系，并指出领导者需要具备远见卓识、果断决策、勇于担当等品质。这些论述不仅为我们提供了理解领导力的新视角，也为我们提供了提升领导力的具体方法和路径。

第六章　危　机　沟　通

【本章提要】

在当前的商业环境中,危机沟通已经成为了企业和组织不可或缺的一部分。有效的危机沟通不仅能够减轻负面影响,还能够增强企业或组织的声誉和公众信任。

【学习目标】

1. 了解危机沟通的核心要素。企业或组织面对的无论是自然灾害、产品质量问题还是突发事件,都需要及时、有效地进行危机沟通,以维护企业或组织的声誉和利益。

2. 明确危机沟通的责任,设计有效可行的解决方案。有效的危机沟通能够显著降低企业的经济损失和声誉损失,企业应该高度重视危机沟通工作,不断完善和优化危机沟通机制,提高危机应对能力和水平。可从责任体系、沟通策略、情感关怀等方面入手,学习全面提升危机沟通能力。

3. 掌握危机沟通中信息核实,以及应对公众和媒体的方式方法。通过加强信息核实机制、保持坦诚透明的态度、加强与公众和媒体的沟通互动等措施,有效地应对危机事件,维护组织的声誉和形象。

【导入案例】

英国航空公司遭遇重大数据泄露危机

英国航空公司在 2023 年 6 月遭遇了一起重大数据泄露危机,引发了外界广泛关注。据调查,此次数据泄露涉及大量乘客的个人信息,包括姓名、地址、电话号码和信用卡详细信息等。这一事件再次敲响了数据安全的警钟,提醒各企业和政府部门加强数据保护意识,以防止类似事件的发生。

英国航空公司数据泄露事件曝光后,该公司迅速采取措施,对受影响的乘客进行通知,并承诺采取一切必要措施保护他们的个人信息。同时,英国航空公司表示,已经委托专业机构进行调查,以查明数据泄露的原因和责任。有专家分析认为,此次数据泄露可能是由于黑客攻击导致的,这也使得英国航空公司成为网络攻击的又一受害者。

数据泄露事件对英国航空公司的声誉和财务状况造成了严重影响。该公司股价在消息公布后出现下跌,乘客和投资者对公司的信任也受到动摇。此外,英国航空公司可能面临来自监管机构和消费者的法律诉讼,进一步加重其负担。

此次事件再次凸显了数据安全的重要性。在数字化时代,越来越多的企业和政府部门依赖大数据和云计算等技术,以提高运营效率和为客户提供优质服务。然而,随之而来的数据泄露风险也日益增加。对于企业而言,如何确保数据安全、防止信息泄露已成为关乎生存和发展的关键问题。

为应对数据泄露危机,英国政府也采取了一系列措施。政府表示,将加强对企业和政府机构的数据保护监管,加大对数据泄露事件的处罚力度,以提高各方的安全意识。此外,政府还将推动网络安全技术的研发和应用,提升国家网络安全防护能力。

思考: 面对日益严峻的数据安全形势,政府和企业层面应如何提高数据保护工作,以确保国家和公民的个人信息安全,为数字化时代的可持续发展创造良好环境?

第一节 危机沟通概述

危机是指在某一特定时期,由于内外部因素的交织,使组织或个人面临严重困境的情况。根据危机的性质和影响范围,可将其分为企业危机、政治危机、社会危机、个人危机等。危机沟通作为一种特殊的沟通方式,是在面临突发事件或危机状况下,通过有效的沟通手段,旨在缓解危机、恢复声誉和稳定人心的过程。在当今社会,各种危机频繁发生,如企业危机、政治危机、社会危机等,危机沟通的重要性日益凸显。掌握危机沟通的基本概述,有助于我们在面临危机时,更加从容应对,化解危机带来的负面影响。

一、危机沟通的含义与特点

(一)危机沟通的含义

危机沟通是指在危机爆发时,企业和组织通过与各类利益相关者进行有效沟通,以达到维护企业声誉、降低风险损害、恢复正常运营的目的。危机沟通不仅包括危机爆发前的预防措施,还包括危机爆发后的应对策略和危机解除后的恢复工作。

(二)危机沟通的特点

1. **时效性**

危机沟通要求在短时间内迅速展开,及时掌握危机发展动态,迅速制定沟通策略。

2. **不确定性**

危机状况下,信息不完全,各方利益交织,危机沟通需要在不确定性环境下进行。

3. **高度敏感**

危机沟通涉及各方利益,敏感性强,需要谨慎处理,避免加剧危机。

4. **诉求多元**

危机沟通涉及多元利益相关者,需要兼顾各方诉求,实现利益平衡。

二、危机沟通的目的

在当今社会,各种风险和挑战层出不穷,危机无处不在。在这样的背景下,危机沟通应运而生,成为了企业和组织应对突发事件、降低风险损害的重要手段。

(一)维护企业声誉

在危急时刻,企业和组织需要通过有效的沟通手段,向内外部传递正面信息,树立良好的企业形象,以减轻危机对企业的负面影响。

(二)降低风险损害

危机沟通有助于企业和组织及时了解危机状况,评估危机影响,采取针对性措施减轻危机带来的损害。

(三)确保信息传递的准确性

危机沟通强调信息的准确性和及时性,确保各方利益相关者能够获得一致、真实的信息,避免因信息不对称造成恐慌和误解。

(四)增进与利益相关者的信任与合作

危机沟通要求企业和组织主动与政府、媒体、员工、客户等利益相关者保持良好沟通,传递积极信号,以增进各方对企业的信任和支持。

(五)预防危机的再次发生

危机沟通有助于企业和组织深入分析危机原因,总结经验教训,完善内部管理制度和风险防控体系,以防危机再次发生。

(六)促进企业可持续发展

危机沟通应关注企业长期发展,通过制定危机应对策略和恢复计划,助力企业在危机中转型升级,实现可持续发展。

三、危机沟通的功能

危机沟通作为一种有效的管理手段,可以帮助企业在面临危机时,及时、有效地处理危机事件,减轻危机对企业的影响,重塑企业形象。

(一)信息收集与传递

危机沟通的首要功能是收集和传递信息。在危机发生时,企业需要迅速了解危机的性质、范围和影响,以便采取针对性的措施。同时,企业还需将有关危机的信息及时传递给相关方,包括政府、媒体、员工和客户等,以避免信息不对称造成的恐慌和误解。

(二)沟通协调

危机沟通中的沟通协调功能主要体现在企业与各方利益相关者之间的互动。在危机发生时,企业需要与各方积极沟通,共同应对危机。例如,在处理产品质量危机时,企业需与技术专家、政府部门、消费者协会等沟通协调,以确保危机得到妥善解决。

(三)舆论引导

危机沟通中的舆论引导功能旨在化解舆论风险,维护企业形象。企业在危机发生后,要及时发布权威、真实的信息,引导舆论走向,防止负面舆论的扩散。此外,企业还需密切关注舆论动态,针对不实言论和恶意攻击采取相应的舆论引导措施。

（四）情感关怀

危机沟通中的情感关怀功能体现在对企业内部和外部利益相关者的关爱上。在危急时刻，企业要关注员工的心理健康，提供心理援助，稳定员工队伍。同时，企业还需关注消费者的情感需求，积极回应消费者的关切，展现企业的责任与担当。

（五）危机应对策略制定与实施

危机沟通在危机应对策略的制定与实施中发挥着关键作用。企业要在全面评估危机形势的基础上，制定科学的危机应对策略。危机沟通团队要与企业的其他部门紧密协作，确保危机应对措施的顺利实施。

四、危机沟通的手段

在当今瞬息万变的社会中，危机事件如暗流涌动，企业和组织随时可能面临挑战。危机沟通作为一种应对策略，旨在通过精心规划和高效执行，最大限度地减少损失、恢复声誉并稳定整体局势。这一过程需要多方面的手段综合运用，从而有效预防、积极应对、有序恢复。

（一）危机预防

1. 建立健全危机预警机制

这要求企业和组织具备前瞻性的眼光，通过深入分析内部运营和外部市场环境，精准识别出可能引发危机的潜在因素。预警机制需要高效、灵敏，在危机苗头初现时就能迅速作出反应。

2. 完善应急预案

应急预案是危机管理的重要组成部分，必须细致入微，覆盖各种可能出现的危机情境，包括但不限于自然灾害、产品质量问题、安全事故等。每个预案都应包含明确的应对步骤、责任分配和资源配置。

3. 加强员工培训

员工是企业或组织的基石，他们的行为和态度在危急时刻尤为关键。因此，加强员工的危机意识培训，提升他们的应对能力，是预防危机的重要环节。通过定期的培训和演练，确保员工能在危机发生时迅速、准确地采取行动。

4. 建立跨部门协同机制

危机往往涉及多个部门和领域的协作，因此建立高效的跨部门协同机制至关重要。这一机制需要明确各部门的职责和角色，确保在危机发生时能够迅速调动资源、形成合力。

（二）危机识别

在当今充满变数和不确定性的时代，危机识别已成为一项至关重要的能力。面对各种挑战，如何及时发现危机信号并做出正确决策，关系到企业和个人的生存与发展。

1. 危机识别的重要性

（1）防范风险：危机识别有助于及时发现潜在风险，提前制定应对措施，降低损失。

（2）保持竞争力：在危机中，企业和个人需要迅速调整战略，把握市场机遇，以恢复竞争力。

（3）保障生存与发展：危机识别有助于组织和个人在困境中找到解决方案，保障生存，进而实现可持续发展。

2. 危机识别方法

(1) 信息收集：关注行业动态、政策法规、市场变化等，为企业和个人提供全面的信息支持。

(2) 数据分析：通过对数据进行挖掘和分析，发现潜在趋势和问题，为决策提供数据依据。

(3) 情景模拟：构建多种情景模型，评估不同决策带来的后果，为危机应对提供参考。

(4) 专家咨询：邀请具有丰富经验和专业知识的人士提供意见和建议。

（三）危机应对

1. 快速响应

危机发生后，时间就是金钱，效率就是生命。企业或组织必须迅速组建危机处理团队，对危机进行全面评估，并制定切实有效的应对措施。这一过程需要冷静、果断和高效。

2. 信息披露

危急时刻，信息的透明度和准确性至关重要。企业或组织必须及时向公众披露相关信息，确保信息的真实性、准确性和客观性。这不仅可以避免误解和恐慌，还能增强公众对企业的信任和支持。

3. 舆论引导

媒体是危机沟通的重要渠道之一。通过积极的舆论引导，可以解释危机的原因，传达应对措施，展现企业或组织的决心和能力。这有助于稳定公众情绪，树立企业的正面形象。

4. 沟通协调

危机处理过程中，企业或组织需要与政府、合作伙伴、客户、员工等各方保持密切的沟通协调。通过有效的沟通，可以争取各方的理解和支持，共同应对危机。

5. 采取措施

根据危机的具体情况，采取相应的措施是必要的。这些措施可能包括产品召回、赔偿、整改等，目的是最大程度地减轻危机对企业或组织的影响。

（四）危机恢复

1. 总结经验教训

危机结束后，企业或组织需要对整个危机处理过程进行深入总结，分析危机发生的原因和应对过程中的得失。这有助于提炼经验教训，完善应急预案。

2. 修复声誉

在危机过后，修复企业或组织的声誉是至关重要的。通过各种渠道传递正面信息，展现企业或组织的改进措施和积极态度，逐步恢复公众的信任。

3. 改进管理

根据危机暴露出的问题和教训，企业或组织需要加强内部管理，优化流程，提高抗风险能力。这包括完善内部制度、加强员工培训、提升产品质量等方面。

4. 跟踪评估

危机后的恢复阶段需要持续的跟踪和评估。通过对企业或组织的运营情况进行定期检查和评估，确保企业已恢复正常运营状态，并持续监测潜在风险。

5. 定期演练

为了提高应对未来危机的能力，企业或组织需要定期组织危机演练。通过模拟真实情境，检验应急预案的实用性和有效性,提高员工应对危机的熟练度和信心。

综上所述,危机沟通是企业和组织在面临挑战时实现平稳过渡的关键手段。通过预防、识别、应对和恢复四个阶段的精心策划和执行,企业和组织可以有效地减少损失、恢复声誉并稳定整体局势。在日益复杂多变的市场环境中,危机沟通的能力和水平已成为企业和组织不可或缺的核心竞争力。

第二节 危机管理中的内部沟通

在当今复杂多变的商业环境中,企业时常面临突如其来的危机挑战。在这些关键时刻,危机管理的有效性直接决定了企业的命运。而在危机管理的众多要素中,内部沟通无疑是至关重要的。它不仅关系到信息的准确传递,还涉及员工心态的稳定和组织行动的协调。因此,能否建立稳健、高效与透明的内部沟通机制,是企业在危机面前能否成功化解挑战的关键。

一、内部沟通在危机管理中的核心作用

内部沟通在危机管理中扮演着桥梁和纽带的角色。当企业面临危机时,信息是战胜恐惧和不确定性的关键。通过内部沟通,企业可以将危机的真实情况、影响范围、应对措施等关键信息及时传达给员工,帮助他们了解危机的本质和企业的应对策略。这不仅能够消除员工的疑虑和恐慌,还能激发他们的责任感和使命感,共同为应对危机贡献力量。

此外,内部沟通还能够促进各部门之间的协同合作。在危急时刻,各个部门需要紧密配合,共同应对挑战。通过有效的内部沟通,各部门可以及时了解彼此的工作进展和困难,协调资源和行动,形成合力。这种协同作战的能力,能够大大提高企业应对危机的效率和成功率。

(一)危机中的员工优先

在当前充满挑战与不确定性的市场环境中,企业如同航行在惊涛骇浪中的巨轮,每一刻都面临着前所未有的压力。这种压力不仅来源于外部环境的剧变,更渗透到了企业的每一个角落,影响着每一位员工的情绪和福祉。

1. 深入关注员工心理健康

首先,建立全面的心理援助机制。企业不仅要设立专门的心理援助热线,还要搭建线上咨询平台,这些平台不仅要提供心理咨询,确保员工在需要时能够得到及时、专业的心理支持,还要定期发布心理健康知识,帮助员工增强心理韧性,更好地应对工作和生活中的压力。

其次,开展心理健康培训。企业应定期组织心理健康讲座和培训,邀请专业心理咨询师为员工进行辅导,教授员工一些实用的心理调适技巧,帮助他们提高心理素质,增强应对压力的能力。

最后,营造关爱氛围。企业要在内部倡导相互关心、相互支持的文化氛围,鼓励员工之间多交流、多分享,形成紧密的团队联系。同时,企业领导要以身作则,关心员工的成长和发展,让员工感受到企业的温暖和关怀。

2. 保持高效沟通与协作

在危机时期,高效的沟通与协作显得尤为重要。

首先，企业要加强内部沟通，确保信息的透明度。无论是企业的经营状况、发展策略还是未来的规划，都应该及时向员工通报，让员工了解企业的真实情况，增强他们的信心和归属感。

其次，企业要倾听员工的意见和建议。员工是企业最宝贵的财富，他们的智慧和创意是企业发展的重要推动力。因此，企业要积极鼓励员工提出意见和建议，让他们参与到企业的决策过程中来，增强他们的参与感和责任感。

最后，强化团队协作。企业要通过团队建设活动、项目合作等方式，提升员工之间的默契和协作能力，让他们能够共同应对危机，共同创造辉煌。

3. 优化人才培养与激励机制

在危机时期，优化人才培养与激励机制对于企业的长远发展至关重要。

首先，企业要加大培训投入，为员工提供更加全面、专业的技能培训和知识更新机会，帮助他们不断提升自己的综合素质和专业水平。

其次，设立有效的激励机制。企业要根据员工在危机期间的绩效表现，给予相应的奖励和荣誉，激发他们的工作积极性和创新精神。这种奖励可以是物质上的，也可以是精神上的，如晋升机会、荣誉表彰等。

最后，提供职业发展机会也必不可少。企业要为优秀员工规划清晰的职业发展路径，让他们看到自己在企业中的未来和希望。同时，企业还要鼓励员工不断学习和进步，为他们提供广阔的发展空间和机会。

4. 全面关注员工福利待遇与职业发展

在危机时期，员工对于福利待遇和职业发展的关注度可能会更加高。

首先，企业要确保员工的工资待遇水平，减轻他们的生活压力。这不仅可以提高员工的满意度和忠诚度，也有助于稳定企业的员工队伍。

其次，完善社会保障体系。企业要为员工购买全面的保险，确保他们在面临突发状况时能够得到及时的救助和保障。这不仅是对员工个人权益的保障，也是企业社会责任的体现。

最后，提供职业发展机会。企业要根据员工的职业兴趣和发展规划，为他们提供相应的培训和发展机会。这不仅可以提高员工的综合素质和能力水平，也有助于企业培养更多的人才和领导者。

总之，"危机中的员工优先"策略不仅是一种人性化的管理理念，更是企业在危机中保持稳定发展的关键因素之一。通过深入关注员工心理健康、保持高效的沟通与协作、优化人才培养与激励机制以及全面关注员工福利待遇与职业发展等多个方面的综合措施，企业可以有效地提高员工的凝聚力和创造力，为企业的长远发展奠定坚实的基础。

（二）危机中的领导职责

在变幻莫测的商业环境中，危机如同突如其来的暴风雨，考验着领导者的智慧和勇气。在这个关键时刻，领导者的职责不仅关乎团队的稳定，其在逆境中引领团队，化危为机，更关乎企业的未来。

1. 保持冷静与决断力

领导者要做到的是保持冷静的头脑。他们需要迅速分析局势，做出明智的决策。这种冷静和决断力不仅能够稳定团队情绪，还能够激发团队的信心，共同面对挑战。

2. 制定全面而灵活的应对策略

领导者需要针对危机的不同阶段和性质，制定全面而灵活的应对策略。这些策略既要考虑短期内的风险控制和损失最小化,也要着眼于长期的业务恢复和发展。通过不断调整和优化策略,领导者能够带领团队逐步走出危机。

3. 强化沟通与协调

领导者需要加强与团队成员的沟通,了解他们的需求和担忧,及时解答疑问,传递信心。同时,领导者还需要与外部合作伙伴保持紧密的联系,寻求支持和资源,共同应对危机。

4. 关爱与激励团队成员

面对危机,团队成员可能会感到迷茫、恐惧或失去动力。领导者需要关注团队成员的心理状态,提供必要的支持和帮助。通过激励和认可团队成员的努力和贡献,领导者能够激发团队的凝聚力和战斗力,共同应对危机。

5. 激发创新与创造力

危机往往伴随着行业的变革和市场的重塑。领导者需要鼓励团队成员发挥创新精神,寻找新的业务机会和解决方案。通过激发团队的创造力,领导者能够带领团队在危机中找到新的增长点和发展方向。

6. 持续学习与自我提升

在危机中,领导者需要保持敏锐的洞察力和学习能力。他们需要关注行业动态和市场变化,及时调整战略策略。同时,领导者还需要不断提升自己的领导力和管理能力,以更好地应对未来的挑战。

综上所述,危机中的领导职责是一项充满挑战和机遇的任务。领导者需要在危机中展现冷静与决断力、制定全面而灵活的应对策略、强化沟通与协调、关爱与激励团队成员、激发创新与创造力以及持续学习与自我提升。通过这些努力,领导者能够带领团队穿越风暴,实现逆境中的成长与突破。在这个过程中,领导者的智慧和勇气将成为团队最宝贵的财富,引领企业走向更加辉煌的未来。

案例分析:乐施会组织危机

二、构建稳健、高效与透明的内部沟通机制

在企业的日常运营中,内部沟通机制的稳健、高效与透明是确保组织顺畅运作的关键因素。一个优秀的内部沟通机制不仅能够帮助企业迅速传递信息,还能促进团队协作,增强员工凝聚力,从而推动企业的持续发展。

首先,稳健的内部沟通机制是企业稳定发展的基石。稳健意味着这一沟通机制能够应对各种复杂情况,确保信息在传递过程中不失真、不延误。为了实现这一目标,企业需要建立一套清晰明确的沟通流程和规范,明确各部门、各岗位的沟通职责和权限。同时,企业还应注重培养员工的沟通意识和能力,确保每个人都能够准确、及时地传递信息。

其次,高效的内部沟通机制能够显著提升企业的运作效率。高效沟通意味着信息能够在最短的时间内传递给需要的人,从而缩短决策周期,加快业务进程。为了实现高效沟通,企业可以借助信息技术手段,如办公自动化系统、企业微信等来提高沟通效率。此外,企业还可以通过定期召开会议、建立快速反馈机制等方式,确保信息畅通无阻。

最后,透明的内部沟通机制有助于增强员工的信任感和归属感。沟通透明意味着企业能够公开、公正地传递信息,让员工了解企业的运营状况、发展战略和目标。这不仅能够增强员工的信任感,还能激发员工的积极性和创造力,推动企业的持续发展。为了实现透明沟通,企业应建立健全的信息公开制度,定期向员工通报企业的重要决策和运营情况。

总之,构建稳健、高效与透明的内部沟通机制是企业持续发展的重要保障。企业应注重培养员工的沟通意识和能力,借助信息技术手段提高沟通效率,建立健全的信息公开制度,从而实现内部沟通机制的稳健、高效与透明。这样一来,企业就能够更好地应对市场挑战,实现持续稳健的发展。

为了进一步优化内部沟通机制,企业还可以采取以下措施:

(1) 建立多层次的沟通渠道。除了正式的会议和报告渠道外,企业还可以建立员工建议箱、内部论坛等沟通渠道,鼓励员工提出意见和建议,促进信息的双向流动。

(2) 培养良好的沟通氛围。企业应倡导开放、包容、平等的沟通氛围,鼓励员工勇于表达观点、提出建议,同时也要尊重他人的意见,形成积极向上的沟通文化。

(3) 加强跨部门沟通协作。企业可以通过跨部门项目、团队建设等方式,加强不同部门之间的沟通与协作,打破部门壁垒,实现资源共享和优势互补。

(4) 引入第三方评估机构。企业可以定期邀请第三方评估机构对内部沟通机制进行评估,发现问题并提出改进建议,从而不断完善和优化沟通机制。

通过以上措施的实施,企业可以进一步提升内部沟通机制的稳健性、高效性和透明度,为企业的持续稳健发展奠定坚实基础。同时,这些措施也有助于提高员工的满意度和忠诚度,增强企业的核心竞争力。

【案例分析】

星巴克员工事务危机

星巴克,这个全球知名的咖啡连锁巨头,在我国的消费者群体中享有很高的声誉。它以优雅的环境、精致的咖啡以及温馨的服务著称。然而,如同任何一个大型跨国公司,星巴克在我国也面临着诸多挑战,其中最为引人注目的便是员工事务危机。这一危机不仅影响了星巴克的品牌形象,也引发了社会各界的广泛关注和深入反思。

(1) 劳动争议频发。近年来,星巴克在全球范围内多次陷入劳动争议的漩涡。在我国,也有员工公开指责星巴克存在拖欠工资、超时加班等违法行为。这些争议不仅揭示了星巴克在劳动法规遵守方面的疏忽,更凸显了企业内部管理的不完善。作为一家大型企业,星巴克在劳动力市场中的强势地位使得部分员工在维权时感到无力和挫败。

(2) 企业文化融合难题。星巴克的企业文化以其独特的价值观和使命感而著称。然而,在我国这样一个拥有深厚文化底蕴的国家,星巴克在融入本土文化方面却面临着诸多挑战。文化差异导致员工在理解和接受星巴克企业文化时存在困难,进而影响了员工对企业的认同感和归属感。

(3) 市场竞争压力加剧。随着我国咖啡市场的日益成熟和竞争的加剧,星巴克面临着前所未有的市场压力。为了保持市场份额和盈利能力,星巴克可能不得不采取一些短视的管理策略,如削减成本、提高效率等。这些策略往往以牺牲员工权益为代价,从而加剧了员工事务危机的发生。

星巴克员工事务危机的应对策略:

(1) 完善人力资源管理制度。星巴克应重新审视其人力资源政策,确保其合法合规,遵守劳动法。同时,加大对员工的培训和晋升机会,提高员工的职业技能和综合素质。应建立健全的员工福利制度,保障员工的合法权益,提高员工的满意度和忠诚度。

(2)强化企业文化传播与融合。星巴克应加强对我国本土文化的理解和尊重,将企业文化与本土文化相结合,形成独具特色的企业文化。通过举办各种文化交流活动、建立多元化的员工沟通平台等方式,增强员工对企业文化的认同感和归属感。同时,企业还应积极倡导包容、平等、尊重的价值观,营造和谐的企业氛围。

(3)优化市场竞争策略与布局。面对激烈的市场竞争,星巴克应以长远的眼光制定竞争策略,避免短视行为带来的负面影响。通过创新产品和服务、提升服务质量、拓展市场份额等方式,增强企业的核心竞争力。同时,还应关注员工权益保障,实现企业与员工的共同发展。

【分析】星巴克应对员工事务危机不仅是对企业内部管理的一次严峻考验,也是企业面对我国市场环境和文化背景的一场深刻反思。为了化解这一危机,星巴克需要从多方面进行改进和完善。只有做好关注员工权益保障、强化企业文化建设、优化市场竞争策略等方面的工作,星巴克才能在我国市场上赢得更加广阔的发展空间和更加美好的未来。

第三节　危机管理中的公众沟通

公众沟通,作为危机管理的核心要素,更是考验着企业和政府的智慧与策略。有效的公众沟通不仅能够减轻危机带来的负面影响,更能转化危机为机遇,进一步塑造企业和政府的良好形象。

一、危机管理中公众沟通的重要性

案例分析:百事可乐公司广告危机

在危机管理中,公众沟通具有举足轻重的作用。组织应充分认识公众沟通的重要性,建立健全公众沟通机制,确保在危机发生时能够及时、有效地开展沟通,减轻危机影响,维护组织声誉和公众利益。

(一)维护组织声誉

危机事件往往会对组织的声誉造成负面影响,而有效的公众沟通能够在第一时间向公众传递组织的立场、态度和措施,减轻危机对组织声誉的损害。通过及时、透明的公众沟通,组织可以表明自己对危机的重视和解决问题的决心,从而赢得公众的理解和信任。

(二)保障公众利益

危机事件往往涉及公众的利益和生命安全,公众沟通能够确保公众及时获得危机相关信息,帮助他们在危机中做出正确的判断和应对。此外,组织通过公众沟通可以了解公众的需求和诉求,采取针对性的措施解决问题,确保公众的利益得到有效保障。

(三)引导舆论走向

危机事件容易引发舆论关注和恐慌,组织通过公众沟通可以发布权威信息,引导舆论走向,避免谣言滋生和恐慌情绪的蔓延。同时,公众沟通还可以纠正舆论中的错误观念和偏见,促进社会舆论的理性化。

（四）增进各方协作

危机管理往往需要多方协作，公众沟通可以搭建信息交流的平台，促进各方之间的沟通与协作。在危机中，组织可以通过公众沟通寻求政府、企业、社会组织和公众等各方的支持与合作，共同应对危机。

（五）预防危机的再次发生

危机管理中公众沟通的重要性还包括预防危机的再次发生。组织通过公众沟通可以总结危机原因和教训，向公众传递改进措施和防范策略，提高组织的危机应对能力。同时，公众沟通还可以增强公众对组织的监督，促使组织不断完善管理和服务。

二、危机管理中公众沟通的策略

危机管理中公众沟通的策略对于组织应对危机具有重要意义。通过及时回应、保持透明、统一口径、倾听民意、情感关怀、媒体关系管理、社交媒体运用和持续跟进等策略，组织可以有效应对危机，减轻负面影响，重塑形象。只有做好公众沟通，才能在危机中稳住阵脚，化危为机。

（一）快速反应

危机发生后，企业应迅速成立危机管理团队，对危机进行全面评估，并制定相应的公众沟通策略。这种快速反应能够展现企业的决断力和责任心，为后续的公众沟通打下坚实基础。

（二）收集证据与事实

在面对危机时，了解负面信息的来源和准确性至关重要。企业应积极收集相关证据和事实，确保在公众沟通中能够提供有力的支持，避免信息的误传和误解。

（三）制定详细沟通计划

根据危机的性质和影响范围，企业应制定详细的公众沟通计划。这包括确定回应口径、选择合适的信息发布渠道、安排合适的时间节点等。通过精心策划，来确保公众沟通的有序和高效。

（四）保持信息透明与公开

在危机沟通中，企业应确保信息的透明度和公开性。这要求企业及时发布准确的信息，回应公众关切，让公众了解危机的真实情况和发展动态。同时，企业还应积极回应各种质疑和批评，展现出开放和包容的态度。

（五）多元化沟通渠道

在公众沟通中，企业应利用多种沟通渠道来传递信息。这包括新闻发布会、社交媒体、企业官网等。通过多元化的沟通渠道，企业能够覆盖更广泛的受众群体，确保信息的及时传播和有效接收。

（六）关注受众需求与反应

公众沟通不仅是信息传递的过程，更是与受众互动的过程。企业应密切关注受众的需求和反应，及时回应他们的关切和疑问。通过与受众的积极互动，企业建立起更加紧密的关系，增强受众的信任和支持。

（七）持续跟进与评估

危机解决后，企业应对公众沟通的效果进行评估和总结。通过反思总结经验教训，企业能够为未来的危机应对提供有价值的参考和借鉴。同时,企业也要持续跟进,以向公众传递出企业对危机处理的认真负责的态度。

【案例分析】

奥尔顿塔主题公园事故

奥尔顿塔主题公园位于英国,是一座备受欢迎的旅游景点,吸引了大量国内外游客。然而,在2018年9月,一场突如其来的事故令公园陷入了舆论的漩涡。

2018年9月8日,奥尔顿塔主题公园内的一部过山车在运行过程中突然发生故障,导致车上乘客被困。据目击者描述,过山车在爬升过程中速度突然减缓,随后停在了轨道上。车上的乘客们惊慌失措,有的尖叫,有的试图自行下车。公园工作人员迅速赶到现场进行救援,并启动了紧急预案。

经过调查,事故原因初步认定为设备故障。奥尔顿塔主题公园在事故发生后表示,故障原因是过山车的一部驱动电机出现故障,导致动力不足。此外,调查人员还发现,事发当天,过山车的维护保养工作并未按照规定进行,这可能是事故发生的一个重要原因。

此次事故共导致16名乘客受伤,其中4人伤势较重。事故发生后,奥尔顿塔主题公园立即关闭了涉事设施,并对全园的游乐设施进行了安全检查。同时,公园方面表示将积极配合调查,承担相应的责任。

【分析】(1)强化设备维护保养:主题公园应当重视设备的日常维护保养工作,确保设备安全可靠。此次事故暴露出公园在维护保养方面的不足,必须引起高度重视。

(2)完善应急预案:主题公园应制定完善的应急预案,并定期组织应急演练,提高员工应对突发事件的能力。事故发生时,奥尔顿塔主题公园的应急预案启动及时,但仍有改进空间。

(3)提高安全意识:游客在游玩过程中要增强安全意识,密切关注周围环境,遵守公园规定。同时,公园也应加大安全提示力度,提醒游客注意安全。

(4)严格监管:政府部门应加强对主题公园的监管,确保公园符合安全标准。此次事故发生后,相关部门已对奥尔顿塔主题公园展开全面检查,以确保类似事故不再发生。

三、危机管理中公众沟通的实践与影响力

在当今社会,危机事件频繁发生,如何在危机中进行有效的公众沟通,降低危机带来的负面影响,已经成为各类组织关注的重要课题。公众沟通作为危机管理的关键环节,其在危机应对过程中的实践与影响力不容忽视。

(一)维护组织形象

在危机中,公众沟通有助于维护组织形象。通过及时、准确、权威的信息发布,回应社会关切,消除负面舆论,使组织在危机中展现出勇于负责、敢于担当的形象。

(二)增强公众信任

公众沟通在危机管理中的实践,有助于增强公众对组织的信任。在面对危机时,公众沟通

能够确保信息的透明度和公开性,使公众了解到组织在危机应对中所作出的努力,从而提升公众对组织的信任度。

(三)降低危机影响

危机管理中公众沟通的实践,能够有效降低危机带来的负面影响。通过危机识别、应对策略制定、信息发布与传播等方面的沟通实践,减轻危机对组织及公众的影响,为危机后的恢复和重建创造有利条件。

(四)提升组织应对能力

公众沟通在危机管理中的实践,有助于提升组织应对危机的能力。通过不断优化内部沟通机制、提升员工危机应对意识、加强危机应对培训等,使组织在面临危机时能够更加从容应对。

危机管理中公众沟通的实践与影响力至关重要。面对危机,组织应高度重视公众沟通,充分发挥其在危机应对中的作用,以降低危机影响,维护组织形象,提升应对能力,为组织的可持续发展奠定基础。

【案例思考一】

品牌形象的提升

某母婴品牌在2023年初因质量问题遭到公众批评。消费者对产品的安全性提出了质疑,导致该品牌的销售额和股价大幅下降。为了应对这一危机,该品牌实施了一系列细致而有效的公关策略。

首先,该品牌积极与消费者沟通,及时召回了问题产品,并向公众致以真诚的歉意。其次,他们宣布将追加投资,加强对产品质量的把控,确保类似问题不再发生。再次,该品牌与权威媒体合作,发布了对产品的专业评测和整改成效等相关内容。通过媒体的权威性和公信力,重新获得了消费者的信任。例如,该品牌还借助KOL和"网红妈妈"的影响力,传播正面口碑,进一步提升了品牌形象。最后,该品牌加强与母婴社群、论坛等平台的合作,参与各类母婴相关活动,借此提高品牌在目标消费者群体中的知名度和好感度通过以上策略的实施,该母婴品牌在短短几个月内成功扭转了公众形象。据统计,销售额和股价均已恢复到危机前的水平,而且品牌的知名度和美誉度也有了显著提升。

【案例思考二】

品牌形象的重塑

某科技公司在过去一直被公众认为是传统、保守且缺乏创新的公司。在2023年,该公司的市场部门意识到这个问题,并决定采取行动重塑品牌形象。首先,该公司在社交媒体平台上加大了宣传力度,展示了公司的创新成果和发展方向。其次,该公司通过与知名意见领袖和科技媒体进行合作,发布关于公司产品与技术的深度报道和评测内容。这些举措旨在向公众展示公司的创新实力和前瞻性。再次,公司还积极参与科技行业的活动和研讨会,与其他科技公司建立联系,共同探讨行业趋势和发展方向。最后,他们赞助了一项备受关注的技术赛事,借此提高品牌在目标受众中的曝光度和好感度,加强了与客户的互动与沟通,通过线上线下的形式举办客户活动,为客户提供知识分享、技能培训等增值服务。同时,他们还鼓励客户在网络上分享使用心得和体验,进一步扩大了品牌的正面影响力。

通过这些公关策略的实施,该科技公司在短短一年内成功重塑了品牌形象。据统计,公司的销售额和市场份额均有所增长,而且品牌的知名度和美誉度也得到了显著提升。

> 【思考】结合上述两则案例,试分析企业如何面对不同危机事件时采取不同的应对策略?

第四节　危机管理中的媒体沟通和网络舆情引导

危机管理对于各类组织来说,不仅考验着组织的应对能力,更考验着其媒体沟通与网络舆情引导的智慧。有效的媒体沟通能够迅速传递信息,稳定公众情绪,而精准的网络舆情引导则能够塑造积极的公众舆论,提升组织的公信力。

一、媒体沟通在危机管理中的作用

媒体沟通在危机管理中扮演着信息传递者的角色。

首先,通过及时、准确地向媒体传递危机信息,组织能够确保公众第一时间了解危机的性质、影响范围和应对措施。这不仅有助于减少恐慌和谣言的滋生,还能够为公众提供必要的指导和帮助。

其次,媒体沟通是组织形象塑造的重要工具。在危急时刻,组织需要通过媒体向公众展示其积极应对、负责任的形象。通过向媒体提供准确、全面的信息,组织能够赢得公众的理解和信任,从而维护其声誉和形象。

再次,媒体沟通具有引导公众舆论的功能。通过向媒体传递正面信息,组织能够引导公众舆论走向,使公众对危机有更为客观、全面的了解。这有助于避免单一负面信息的传播,减轻危机对组织形象的影响。

最后,媒体沟通为组织与公众之间建立了互动渠道。通过媒体平台,组织可以收集公众对危机的反馈意见,及时调整应对策略。这种互动不仅能够增强组织与公众之间的联系,还能够为组织提供有益的参考和建议。

二、网络舆情引导在危机管理中的作用

网络舆情引导在危机管理中具有举足轻重的地位。

首先,网络舆情引导能够预防负面舆情的扩散。在危机发生初期,组织需要迅速对网络舆情进行监控和分析,及时发现并处理负面舆情。通过采取积极的措施,如发布正面信息、回应公众关切等,组织能够防止负面舆情的扩散,降低危机的影响。

其次,网络舆情引导能够优化网络舆论环境。在危机期间,网络上充斥着各种信息和言论。通过发布正面舆情和引导公众理性讨论,塑造一个积极向上的网络舆论环境,提升公众对

危机的认知和应对能力。

再次,网络舆情引导还能够强化舆论监督。公众通过网络平台表达自己的观点和看法,形成舆论压力。组织应积极回应公众的关切和批评,通过舆情引导促进公众对危机事件的理性讨论和监督。这不仅有助于推动组织改进工作,还能够增强公众的责任感和参与度。

最后,网络舆情引导对于提升组织公信力至关重要。在危急时刻,组织的言行举止备受关注。通过积极回应公众关切之处、展示组织的公信力和责任感,组织能够赢得公众的信任和支持。这种信任和支持将成为组织应对危机的有力武器,为组织的可持续发展创造有利条件。

【案例分析】

Talk Talk 公司遭遇黑客攻击

在 21 世纪的数字化浪潮中,网络安全问题日益凸显其重要性。然而,近日英国知名电信巨头 Talk Talk 却遭受了一场前所未有的网络黑客攻击,引发了全球范围内的关注和深思。这场攻击不仅凸显了网络安全问题的严重性,更对 Talk Talk 公司的运营和用户信息安全带来了毁灭性的打击。

详细回顾这次事件,黑客利用高度先进的网络攻击技术,通过精心设计的"鱼叉式钓鱼"手段,巧妙地绕过了 Talk Talk 公司的安全防线,成功窃取了数百万用户的敏感信息。这些信息包括但不限于用户的真实姓名、详细住址、联系电话,以及至关重要的电子邮件地址等。如果这些信息被恶意利用,将对用户的个人安全和财产安全构成极大的威胁。

Talk Talk 公司在事发后迅速作出了反应,展现出了其应有的专业素养和责任心。公司高层立即启动了紧急预案,关闭了受影响的系统,以防止黑客进一步窃取信息。同时,Talk Talk 公司也积极与监管部门沟通,全力配合警方的调查工作,以追查黑客的真实身份和攻击来源。

然而,这场攻击给 Talk Talk 公司带来的损失却是难以估量的。除了面临高达数十亿美元的巨额赔偿外,公司的股价也在事件曝光后遭受重创,市值瞬间蒸发。更为严重的是,公司的声誉和形象受到了严重的损害,许多用户开始对 Talk Talk 的服务产生了质疑和不信任。

在这场危机中,Talk Talk 公司展现出了坚韧和决心。他们迅速组织了一支由顶级网络安全专家组成的团队,全面加强了公司的网络安全防护措施,以防止类似事件再次发生。同时,公司加大了对用户的沟通和解释力度,努力恢复用户的信任和满意度。

【分析】此次黑客攻击事件再次敲响了网络安全的警钟。在数字化时代,企业和个人都面临着前所未有的网络安全挑战。随着网络技术的不断进步和发展,黑客攻击的手段和方式也日益狡猾和隐蔽。因此,必须加强对网络安全的重视,提高自身的网络安全意识和防范能力。

对于政府而言,加强网络安全立法和监管是保障网络安全的重要手段。同时,推动网络安全技术的研究和应用也是至关重要的。只有不断创新和完善网络安全技术,才能有效应对日益严峻的网络安全威胁。

> 对于企业而言,加强网络安全防护和内部管理同样是必不可少的。只有建立起完善的网络安全体系和应对机制,才能确保企业的信息安全和业务稳定。同时,加强与用户和监管部门的沟通与合作也是提升企业形象和信誉的关键。
>
> 总之,Talk Talk 公司此次遭受的黑客攻击事件是一场深刻的教训和警示。必须认识到网络安全问题的严重性和紧迫性,加强网络安全防护和意识培养,共同维护网络空间的安全和稳定。只有这样,才能在数字化时代中更好地享受科技带来的便利和美好。

三、危机管理中媒体沟通与网络舆情引导的实践策略

为了充分发挥媒体沟通与网络舆情引导在危机管理中的作用,组织需要采取一系列实践策略。

首先,建立健全媒体沟通机制。组织应设立专门的媒体沟通团队,负责与媒体的联系和沟通工作。同时,建立定期的信息发布制度,确保在危机发生时能够迅速、准确地向媒体传递信息。

其次,制定舆情监控与应对预案。组织应利用先进的舆情监控工具和技术手段,对危机事件可能引发的负面舆情进行实时监控和分析。一旦发现负面舆情,立即启动应对预案,采取有效措施进行处理和引导。

再次,强化舆情分析与研判。组织需要建立专业的舆情分析团队,对网络舆情进行深入挖掘和分析。通过了解公众关切和舆情走向,组织能够有针对性地开展舆情引导工作,提高引导效果。

同时,加强线上线下互动。组织可以通过举办新闻发布会、开设社交媒体账号等方式与公众进行互动和交流。这不仅有助于增进公众对组织的了解和信任,还能够为组织提供宝贵的反馈和建议。

最后,注重舆情引导效果评估。组织应对舆情引导效果进行定期评估和总结,及时发现存在的问题和不足,并进行相应的调整和改进。通过不断完善和优化舆情引导策略,提高危机管理的效果和质量。

综上所述,媒体沟通与网络舆情引导在危机管理中具有举足轻重的作用。通过加强媒体沟通、优化网络舆情引导策略,组织能够更好地应对危机挑战,降低负面影响,提升公信力和形象。这对于促进组织的可持续发展和维护社会稳定都具有重要意义。

四、危机管理中与媒体沟通案例

在危机管理的广阔领域中,与媒体的沟通是一项至关重要的任务。一个精心策划和执行的危机沟通策略,不仅能够迅速而准确地传递关键信息,还能在关键时刻为组织挽回声誉,甚至转化为品牌形象的升华。

【案例分析】

品牌与社交媒体沟通的重要性

某全球知名的快餐连锁品牌,以其独特的口味和便捷的服务赢得了消费者的喜爱。然而,一次食品安全事件的发生,却给这个品牌带来了前所未有的挑战。据报道,该品牌的一家分店

在食品加工过程中存在严重的卫生问题,导致多名消费者出现食物中毒症状。这一事件迅速在社交媒体上发酵,引发了公众的广泛关注和媒体的热烈报道。

1. 危机应对策略:

面对这一突如其来的危机,该快餐品牌展现出了其强大的危机应对能力。首先,他们迅速成立了一个由资深公关专家、法务顾问和食品安全专家组成的危机应对小组,全面负责危机处理工作的策划和执行。

2. 在与媒体沟通方面,该品牌采取了以下策略:

(1) 快速且坦诚的回应。在事件曝光后的第一时间内,该品牌通过其官方社交媒体账号和新闻发布渠道,发布了一份措辞严谨、情感真挚的声明。声明中,他们首先向受影响的消费者表示了深切的歉意,并承诺将全力配合相关部门的调查,确保消费者的权益得到最大程度的保障。这种迅速且坦诚的回应,不仅展现了品牌的诚信和负责任态度,也有效地减缓了公众的恐慌和不满情绪。

(2) 透明且详细的沟通。随着调查的深入进行,该品牌持续向媒体提供最新的调查进展和处理结果。他们不仅公开了涉事分店的整改情况,包括加强食品安全培训、提升卫生标准等措施,还主动分享了品牌整体的食品安全监管体系和未来改进计划。这种透明且详细的沟通方式,让公众看到了品牌对于食品安全问题的重视和决心,从而增强了对其的信任和好感。

(3) 主动设置议程并引导舆论。在应对危机的过程中,该品牌并没有被动地等待媒体的报道和公众的质疑,而是主动出击,设置了一些有利于自身的议程。例如,他们邀请了多家主流媒体参观其他分店,展示其严格的食品安全标准和优质的服务水平。通过这些实地参观和报道,公众得以更加全面地了解该品牌的运营情况和食品安全管理体系,从而转移了对危机事件的过度关注。同时,该品牌还通过其官方社交媒体账号发布了一系列与食品安全相关的科普文章和宣传视频,提升公众对食品安全问题的认识和重视程度。这些举措不仅有效地引导了舆论方向,还为品牌树立了积极的社会形象。

(4) 充分利用社交媒体与消费者互动。在危机期间,该品牌还积极利用社交媒体平台与消费者进行互动和沟通。他们在官方账号上发布了多条与危机事件相关的帖子和评论回复,及时回应消费者的疑虑和关切。同时,他们还鼓励消费者在社交媒体上分享自己对该品牌的支持和信任,以及对于食品安全问题的看法和建议。这种互动式的沟通方式不仅增强了消费者与品牌之间的情感联系和认同感,还有助于传播正面信息、削弱负面舆论的影响。

【分析】通过这个案例,可以看到危机管理中与媒体沟通的重要性及策略运用。首先,快速且坦诚的回应是建立信任的基础。在危机发生时,公众最需要的是真实、准确和及时的信息。只有迅速回应并坦诚面对问题,才能赢得公众的理解和支持。其次,透明且详细的沟通是维护声誉的关键。品牌需要向公众展示其对于问题的重视和解决方案的有效性,以重塑公众的信任和认可。最后,主动设置议程并引导舆论是提升形象的重要手段。通过主动出击、设置议程和引导舆论方向,品牌可以掌握危机应对的主动权,为自身塑造更加积极的社会形象。

然而，危机管理并非一蹴而就。在该案例中，虽然品牌采取了多种策略来应对危机并取得了一定的成效，但未来仍需继续加强食品安全管理和危机应对能力的提升。只有这样，才能确保类似事件不再发生，并在未来的挑战和危机中保持稳健和自信的姿态。

危机管理中与媒体的沟通是一项复杂而重要的任务。通过制定有效的沟通策略、积极回应媒体和公众的关切、充分利用社交媒体平台与消费者互动等方式，组织在危机中保持冷静和自信，为自身的声誉和形象保驾护航。但同时，组织也需要不断总结经验教训、加强危机应对能力的提升，以应对未来可能出现的各种挑战和危机。

五、危机管理中的网络舆情引导案例

在当今这个信息爆炸的时代，网络舆论已经逐渐成为了社会发展的重要风向标。它既是民意的反映，也是社会情绪的晴雨表。网络舆论的影响力之巨大，在很大程度上影响了公众的价值取向和行为方式。我国政府对网络舆论引导给予了高度的重视，力求在网络空间中构建一个积极、健康、向上的舆论环境。

【案例分析一】

脱贫攻坚网络舆论引导

脱贫攻坚是我国政府的一项重要工作，也是网络舆论引导的重要领域。政府部门通过新媒体平台，广泛宣传扶贫政策、扶贫故事，让更多的人了解到了扶贫工作的艰辛与成果。这些宣传不仅激发了网民对扶贫工作的关注和支持，还增强了他们的社会责任感和使命感。同时，政府部门还加强了网络舆情监测，及时发现并化解网络负面舆论，维护了社会的和谐稳定。这些措施有效地推动了脱贫攻坚工作的深入开展，为全面实现小康社会奠定了坚实的基础。

【案例分析二】

生态环境保护网络舆论引导

生态环境保护是当今社会的重要议题之一，也是网络舆论引导的重点领域。政府部门通过举办线上线下活动，倡导绿色生活，提高网民的环保意识。他们利用新媒体平台，广泛传播环保知识和理念，引导网民树立生态文明观念。同时，政府部门还加强了网络舆情监测，对于恶意传播环保谣言的行为进行了严肃处理，维护了生态环保工作的声誉和公信力。这些措施有效地推动了生态环境保护工作的深入开展，为构建美丽中国提供了有力的舆论支持。

【案例分析三】

网络安全和网络舆论引导

网络安全是网络舆论引导的重要组成部分。随着互联网的普及和发展，网络安全问题日益突出，成为公众关注的焦点。我国政府高度重视网络安全工作，积极开展网络安全宣传教育，提高网民的安全意识。他们通过举办网络安全知识竞赛、发布网络安全提示等方式，引导

网民增强自我保护意识，防范网络犯罪。同时，政府部门还加强了网络舆情监测，及时发现并打击网络违法犯罪行为，维护了网络空间的秩序和稳定。这些措施为营造一个安全、健康的网络环境奠定了坚实的基础。

> 【分析】首先，网络舆论引导工作必须高度重视，充分认识到其重要性和紧迫性；其次，要快速响应社会关切，及时发布权威信息，消除公众疑虑；再次，要创新手段和方法，充分利用新媒体平台提高网络舆论引导的实效性和针对性；最后，要加强网络舆情监测和处置工作，及时发现并化解网络负面舆论，维护社会稳定和谐。总之，网络舆论引导是构建和谐网络空间的重要手段之一。

第五节　危机管理中的国际沟通

危机管理不仅仅是处理突发事件的过程，更是一门涉及众多领域的综合学科。其中，国际沟通无疑是一个不可或缺的环节。在全球化的今天，国际沟通在危机管理中扮演着越来越重要的角色。

一、国际沟通的内涵

国际沟通，作为跨越国界、连接不同文化背景下的个体和组织的桥梁，其内涵远不止于简单的语言交流。它涉及文化理解、心理互动、政治经济背景等多个层面，是一个复杂且多维度的过程。

（一）文化理解的基石

国际沟通的首要前提是文化理解。由于各国历史、地理、传统等因素的差异，不同文化背景下的人们在价值观、行为方式、沟通习惯等方面存在显著差异。因此，在国际沟通中，需要尊重并理解这些差异，以避免误解和冲突。例如，在某些文化中，直接表达个人意见可能被视为冒犯，而在其他文化中则可能被视为坦诚和率直。了解这些文化差异，有助于更加有效地进行国际沟通。

（二）心理互动的复杂性

除了文化理解外，国际沟通还涉及心理互动的复杂性。在国际交流中，不仅需要关注对方的言语内容，还需要关注其背后的情感、态度和动机。由于不同文化背景下的个体在心理需求、认知方式等方面存在差异，因此需要具备跨文化心理洞察能力，以更好地理解对方的心理状态和需求。这种心理互动的理解有助于建立更加和谐、有效的国际沟通关系。

（三）政治经济背景的影响

国际沟通往往发生在特定的政治经济背景下。政治局势、经济关系、国际关系等因素都会对国际沟通产生影响。例如，在紧张的国际关系背景下，即使双方有着良好的沟通意愿，也可能因为政治因素的干扰而无法实现有效沟通。因此，在国际沟通中，需要密切关注政治经济背景的变化，以便及时调整沟通策略，确保沟通的有效性。

（四）语言与非语言沟通的重要性

在国际沟通中，语言是最直接的交流工具。然而，语言并非唯一的沟通方式。非语言沟通，如面部表情、肢体语言、空间距离等，同样在国际沟通中发挥着重要作用。有时，非语言沟通甚至能够传达出比语言更为丰富和准确的信息。因此，在国际沟通中，需要注重语言与非语言沟通的结合，更全面地传递信息、表达情感、建立信任。

（五）沟通技巧的运用

要实现有效的国际沟通，掌握一定的沟通技巧至关重要。这包括倾听技巧、提问技巧、表达技巧等。倾听是理解对方观点和需求的基础，提问则有助于深入了解对方的想法和感受。而表达技巧则能够帮助更清晰地传达自己的观点和意图。通过不断练习和积累，可以逐渐提高自己在国际沟通中的沟通技巧，从而更加有效地进行跨文化交流。

综上所述，国际沟通的内涵丰富而复杂，涉及文化理解、心理互动、政治经济背景等多个层面。要实现有效的国际沟通，需要不断提升自己的跨文化意识和沟通技能，尊重并理解不同文化背景下的个体和组织，以实现和谐、有效的跨文化交流。

二、国际沟通的重要性

在国际化的背景下，危机事件往往不再局限于某一地区或国家，而是可能迅速波及全球。因此，国际沟通在危机管理中显得尤为重要。

首先，国际沟通有助于及时获取和传递危机信息。在危机发生时，信息的及时获取和传递对于决策者来说至关重要。通过国际沟通，各国可以共享危机信息，共同应对危机。

其次，国际沟通有助于加强国际合作。在危机管理中，国际合作是解决问题的重要途径。通过国际沟通，各国可以协商制定统一的应对策略，共同应对危机。

最后，国际沟通有助于塑造良好的国际形象。在危机发生时，一个国家的言行举止往往会影响到其在国际社会中的形象。通过积极的国际沟通，可以展现出一个负责任的国家形象，赢得国际社会的尊重和支持。

三、危机管理中进行有效国际沟通的原则

在危机管理中，进行有效的国际沟通需要遵循以下几个原则：

（一）及时性原则

在危机发生时，信息的传递必须迅速、准确。各国应建立快速反应的危机管理机制，确保在第一时间获取和传递危机信息。

（二）透明性原则

在危机管理中，信息的透明度至关重要。各国应公开、透明地发布危机信息，避免谣言和误解的产生。

（三）主动性原则

在国际沟通中，各国应采取主动的态度，积极与其他国家进行沟通和协商。通过主动沟通，可以增进理解，加强合作，共同应对危机。

（四）尊重性原则

在国际沟通中，各国应尊重彼此的主权和利益。在传递信息和表达观点时，应避免使用攻击性或贬低性的言辞，以免引发不必要的争端。

四、采取国际沟通的措施

（一）建立多层次的沟通渠道

除了政府间的沟通外，还应加强民间团体、企业、媒体等多层次之间的沟通。通过多层次的沟通渠道，可以更加全面地了解危机情况，共同应对危机。

（二）加强危机管理的国际合作

各国应加强在危机管理领域的国际合作，共同制定危机应对策略，提高危机应对能力。此外，还可以通过开展联合培训、分享经验等方式，提高危机管理的水平。

（三）充分利用现代科技手段

随着现代科技的发展，互联网、大数据、人工智能等技术手段为国际沟通提供了更加便捷的方式。各国可以充分利用这些技术手段，提高危机信息的传递效率和准确性。

综上所述，国际沟通在危机管理中具有举足轻重的地位。通过有效的国际沟通，各国可以共同应对危机，减少危机对全球的影响。因此，各国应重视国际沟通在危机管理中的作用，加强国际合作，共同维护世界和平与稳定。

本章小结

1. 危机沟通是企业和组织在面对危机时的重要任务。通过遵循真实性、及时性、透明性和主动性的原则，采取提前准备、保持沟通、统一口径等策略，企业和组织可以有效地应对危机，减少危机对企业的影响。

2. 在本章中，通过大量案例分析，可以看到危机沟通的成功与否直接关系到企业的声誉、信誉和品牌形象。因此，企业和组织需要重视危机沟通，不断提升危机应对能力。

思考练习

1. 某知名餐饮企业食品遭遇了安全危机，该企业在面对食品安全问题时，应如何迅速启动危机沟通机制？请为其设计一系列有效的沟通策略方案。

2. 假设你是某建筑单位风控中心的负责人，在危机预防、识别、应对和恢复的不同阶段，你准备怎样设计危机管理与沟通的机制？

3. 假设你是某单位的宣传专员，因为极端天气影响推迟了原定的产品发布进程，请拟写一篇新闻发言稿，以应对媒体和网络舆情。

推荐阅读

1.《危机沟通》　　作者：王彩平

本书旨在帮助读者深入了解危机沟通的技巧和策略。本书以其丰富的内容、生动的案例和实用的方法,为读者提供了一本全面、深入的危机沟通指南。无论你是企业管理者、政府官员还是普通公民,都会从这本书中受益良多,提高自己的危机应对能力和沟通技巧。

2.《冲突对话》　　作者:[美]哈尔·莫维乌斯

在本书中,哈尔·莫维乌斯深入剖析了冲突对话的本质与技巧,帮助读者更好地理解和应对生活中的各种冲突场景。他通过丰富的案例、统计数据以及实证研究,展示了冲突对话在人际关系、职场沟通以及家庭和睦等方面的重要作用。

第七章 跨文化沟通

【本章提要】

随着全球化的深入发展,跨文化沟通的重要性日益凸显。在全球化的背景下,不同文化之间的交流与合作变得日益频繁,而跨文化沟通则是实现这一目标的关键。本章将对跨文化沟通的概念、特点、挑战及应对策略进行深入探讨,旨在更好地理解和应对跨文化沟通中的各种问题。

【学习目标】

1. 了解不同国家和民族文化背景的重要性。在全球化的今天,各国之间的交流和合作日益频繁,而文化差异往往会成为交流的障碍。因此,学生需要深入了解不同国家和民族的文化背景,更好地跨越文化鸿沟,实现有效的沟通和合作。

2. 明确文化差异,根据多元文化背景采取不同的沟通模式。通过深入了解不同文化的特点和差异,灵活调整自己的沟通方式,并借助具体案例、统计数据和实证研究来支持观点,学生可以更好地适应和融入多元文化环境,实现有效的跨文化交流。

3. 了解跨文化沟通障碍,掌握认知与应对的方式方法。由于文化差异的存在,跨文化沟通中往往会出现各种障碍,导致信息传递不畅,甚至引发误解和冲突。因此,了解跨文化沟通障碍,掌握认知与应对的方式方法,对于提升跨文化沟通能力至关重要。

4. 理解跨文化语言沟通中非语言沟通的重要性。非语言沟通是指通过表情、肢体语言、声音语调等非语言元素来传达信息的方式。应该充分认识到非语言沟通重要性,并努力提升自己的非语言沟通能力,以更好地适应跨文化交流的环境和需求。只有这样,才能在跨文化交流中取得更好的效果,实现更加和谐、有效的沟通与合作。

【导入案例】

入乡随俗,因地制宜

一家总部位于美国的跨国公司计划在中国市场推出一款新产品。为了确保产品的成功推广,公司决定在中国市场进行市场调研。为此,公司派遣了一支由五名美国员工组成的团队前往中国,与当地的合作伙伴和潜在消费者进行面对面的沟通。虽然团队成员都具备一定的英语和中文沟通能力,但在实际沟通中仍然存在语言障碍。尤其是在与一些年长的消费者沟通时,由于英语水平有限,导致沟通变得异常困难。此外,美国团队成员在沟通中不自觉地运用了一些在美国常见的沟通方式,如直接、坦率地表达观点,但这种沟通方式在中国文化中可能被视为不尊重他人。这是因为中国人在沟通中更注重礼貌和谦逊,而美国人则更注重效率和直接性。另外,在市场调研过程中,美国团队成员遇到了一些中国特有的习俗和礼节,如送礼、宴请等。由于缺乏对这些习俗的了解,团队成员在应对时显得颇为尴尬,甚至可能无意中冒犯了合作伙伴。

在出发前,公司应该对团队成员进行更深入的语言培训,包括商务场合的英语和中文沟通技巧,以及针对特定受众(如年长消费者)的语言应对策略。在跨文化沟通中,了解并尊重目标文化的沟通习惯和价值观至关重要。因此,公司应该为团队成员提供文化敏感性培训,帮助他们更好地理解和适应中国文化的沟通方式。为了更好地克服语言障碍和文化差异,公司可以聘请专业的翻译和当地顾问。在沟通过程中他们可以为团队成员提供实时翻译和文化解释,帮助团队更好地融入当地环境。在市场调研过程中,团队成员应该尊重当地的习俗和礼节。例如,在接受邀请参加宴请时,应该提前了解宴请的礼仪和注意事项,并在宴请过程中遵循当地的习惯,以示尊重。

> **思考:** 为了更好地进行跨文化沟通,除了加强语言培训,我们还应提高哪些沟通技能?

第一节 文化与沟通

在全球化日益加速的今天,不同文化间的交流与碰撞已成为常态。这种交流不仅促进了各国之间的经济、政治合作,也丰富了人们的精神世界。无论是在商业合作、国际交流还是日常生活中,我们都需要与来自不同文化背景的人进行交流。因此,掌握跨文化沟通的技巧和策略显得尤为重要。然而,文化差异往往会导致沟通障碍,因此,如何在保持文化多样性的同时实现有效沟通,成为双方面临的重要课题。

首先,需要认识到文化对沟通的影响是深远的。语言、习俗、价值观等文化因素都会影响人们的沟通方式。例如,一些文化强调直接、坦率的沟通方式,而另一些文化则更偏好委婉、含蓄的表达。这种差异可能导致误解和冲突,但如果能尊重并理解这些差异,就能更好地进行跨文化沟通。

为了实现有效沟通,需要培养跨文化意识。这意味着需要了解不同文化的特点,学会从对方的角度思考问题。例如,在商业谈判中,了解对方的文化背景可以帮助选择合适的沟通策略,避免冒犯对方。同时,也需要提高语言能力,以便更好地理解和表达不同文化的信息。

此外,还需要建立一种包容性的沟通环境,鼓励人们表达自己的观点,同时也尊重他人的意见。在这样的环境中,不同文化的人们可以相互学习、相互理解,共同推动沟通的进行。为了实现这一目标,可以采取提供多元文化培训、建立翻译服务、推动文化交流活动等措施。

总之,文化与沟通是相互影响的。在全球化的背景下,需要更加重视跨文化沟通的重要性。通过培养跨文化意识、提高语言能力、建立包容性沟通环境等措施,促进不同文化间的理解与合作,共同构建和谐世界。

值得注意的是,文化差异不仅仅存在于国际交流中,也渗透在日常生活中。即使是在同一个国家或地区,不同的人群也可能拥有各自独特的文化背景。因此,需要时刻保持谨慎,避免因为文化差异而引发沟通障碍。同时,也应该珍惜这种多样性,因为它提供了丰富的视角和思考方式,有助于更全面、深入地理解世界。

在全球化的大背景下,还需要关注跨文化沟通所带来的挑战和机遇。一方面,文化差异可能导致误解、冲突甚至对立,这是需要努力去克服的难题。另一方面,文化的多样性也带来了无尽的可能性和创新空间。通过跨文化交流,可以汲取不同文化的智慧,拓展自己的视野,为解决问题提供新的思路和方法。

总之,文化与沟通紧密相连,共同构成了人类社会的丰富多彩。在这个多元化的世界里,需要更加珍视文化差异,努力实现跨文化沟通的有效进行。只有这样,才能更好地理解彼此,促进合作,共同创造一个更加美好的未来。

一、文化与文化意识

(一)文化与文化意识的概念

在探讨文化与文化意识的概念时,首先需要明确这两个词汇的内涵及相互之间的关系。文化是一个复杂而多元的概念,它涵盖了人类社会的各个方面,包括语言、艺术、信仰、习俗、法律、知识等。文化意识是指个体对于文化的感知、理解和反思,它涉及个体如何认知和理解自己所处的文化背景,以及如何与他人进行文化交流和互动。

文化的内涵非常丰富,它不仅是一种生活方式和价值观念的体现,更是一种社会传承和历史积淀的结果。在不同的地域、民族和历史时期,文化呈现出不同的形态和特点。文化是人类社会的精神支柱,它为人类提供了共同的价值观念和行为准则,使得人类社会得以有序运转。

文化意识是文化的重要组成部分,是指个体对于文化的感知、理解和反思。文化意识不仅是对文化现象的认知,更是一种对文化背后所蕴含的价值观念、思维方式、行为习惯等深层次内容的理解和把握。文化意识的形成需要个体不断地学习、体验和反思,通过不断地积累和实践,逐渐形成对于文化的全面而深刻的认识。

文化意识的重要性在于它能够帮助个体更好地适应和理解不同的文化背景,促进文化交流和互动。在全球化的今天,不同文化之间的交流和互动越来越频繁,而文化意识的培养则成为了促进文化交流和理解的重要途径。通过增强文化意识,个体能够更加包容和理解不同文化之间的差异和特点,从而减少文化冲突和误解,增进相互之间的了解和友谊。

此外,文化意识也对个体自身的成长和发展具有重要的意义。通过培养文化意识,个体能够拓宽自己的视野和思维方式,增强自己的综合素质和竞争力。同时,文化意识也能够促进个体对于自身文化的认同和传承,推动文化的传承和发展。

综上所述,文化与文化意识是密不可分、相互关联的概念。文化是人类社会的精神支柱,而文化意识则是个体对于文化的感知、理解和反思。通过培养文化意识,个体能够更好地适应和理解不同的文化背景,促进文化交流和互动,同时也能够促进自身的成长和发展。因此,应该重视文化意识的培养,不断提升自己的文化素养和综合素质,为推动文化的传承和发展贡献自己的力量。

(二)文化和文化意识的关系

文化,博大精深、源远流长,它宛如一幅绚丽多彩的画卷,细致入微地描绘着人类社会的点点滴滴。它不仅是语言、艺术、信仰和习俗的总和,更是一种深入骨髓的精神传承,塑造着我们的思维逻辑、行为模式和价值观念。而文化意识,则是这幅画卷上最为灵动的一笔,它让我们能够跨越文化的鸿沟,深入理解和感知不同文化的魅力。

文化意识是指对文化差异的敏感性和深刻理解。在西方文化中,个人主义被奉为圭臬,个人的权利和自由被视为至高无上;而在东方文化中,集体主义精神则根深蒂固,个人的行为往往需要与团队的利益相协调。这种文化差异的存在,使得在跨文化交流中需要保持一种敏锐的洞察力,善于捕捉和解读那些微妙的文化信号,从而避免误解和冲突的发生。

文化意识也指对自身文化的深刻反思和批判性思考。个体往往容易陷入自我文化的舒适圈中,认为自己的价值观和行为方式是最合理、最正确的。然而,具备文化意识的人会意识到,任何一种文化都有其独特的优点和局限性,需要以一种开放和批判的态度来审视自己的文化观念。只有这样,才能在保持文化自信的同时,不断吸收其他文化的精髓,实现文化的创新和发展。

文化意识能够帮助人们更好地欣赏和理解其他文化。当个体以一种平等和尊重的心态去接触和了解其他文化时,会发现,每一种文化都有其独特的魅力和价值。无论是西方文化的理性与创新,还是东方文化的智慧与和谐,它们都是人类文明的瑰宝,值得珍惜和传承。这种跨文化的欣赏和理解,不仅能够拓宽人们的视野,丰富人们的精神世界,更有助于促进不同文化之间的交流与融合,推动全球文化的繁荣与发展。

在当今这个全球化的时代,文化意识的重要性愈发凸显。无论是商业合作、国际交流还是日常生活,都需要具备一种跨文化的视角和思维方式,去理解和接纳不同文化背景下的个体及其行为。只有这样,才能真正实现跨越国界和文化的交流与合作,推动构建人类命运共同体的进程。

综上所述,文化意识是对文化差异的敏感性和深刻理解,是对自身文化的反思和批判性思考,也是对其他文化的欣赏和尊重。它如同一把钥匙,能够打开通往不同文化世界的大门,在欣赏和理解中感受文化的多样性和各自的魅力。

二、文化与沟通的关系

沟通,作为人类社会生活中不可或缺的一环,犹如一座桥梁,连接着人与人之间的思想、情感和理解。然而,沟通并非简单的语言交流,它深深地根植于文化的土壤之中。在不同的文化背景下,沟通的方式、习惯和期望都如同绚丽多彩的花朵,各具特色。因此,理解沟通与文化之间的微妙关系,对于促进有效的跨文化交流具有至关重要的意义。

(一)沟通方式因文化而异

在某些文化中,直接、坦率地表达个人意见和感受被视为真诚和勇敢的体现,如西方文化中重视个人主义和直言不讳的特点。而在东方文化中,这可能被视为冒犯或不尊重他人,更加注重委婉和含蓄的表达方式。同样,某些文化鼓励使用非言语沟通方式,如面部表情、手势和身体语言来表达情感和态度,如南亚文化中的丰富手势和表情,而另一些文化则更注重言语的准确性和逻辑性,如德国文化中严谨的语言表达。因此,在与来自不同文化背景的人进行交流时,需要以敏锐的洞察力来感知并尊重对方的沟通方式,以避免误解和冲突的发生。

(二) 沟通习惯深受文化的影响

不同文化背景下的沟通习惯和礼仪各具特色,在某些文化中打招呼和问候是日常生活中不可或缺的一部分,如中东文化中热情的问候和拥抱,而在另一些文化中,这可能不那么重要。同样,一些文化强调在沟通中保持一定的距离和隐私,如北欧文化中的个人空间和独立性,而另一些文化则更注重亲密和互动,如拉丁文化中的热情和亲密关系。了解这些文化差异可以更好地适应不同的沟通环境,建立更加和谐的人际关系,促进文化的交流和融合。

(三) 沟通期望因文化而异

不同的文化背景下有着不同的沟通目标和期待。在某些文化中沟通的目的是建立和维护关系,如同亚洲文化中的重视人际关系和人情世故,在其他文化中,沟通更注重解决问题和达成共识,比如西方文化中的强调效率和结果导向。这种差异可能会导致沟通中的误解和冲突,使得信息的传递和理解产生障碍。因此,需要培养跨文化沟通的能力,以理解和尊重不同文化背景下的沟通期望,从而更好地实现沟通的目标,促进信息的有效传递和理解。

总之,沟通与文化紧密相连,展现了不同文化背景下的沟通魅力和独特性。理解这种关系对于促进有效的跨文化交流至关重要。通过增强跨文化沟通的能力,包括倾听、理解、适应和尊重他人的文化背景和沟通方式,可以建立更加和谐的人际关系,推动文化交流和融合,促进全球化和人类进步。在这个日益全球化的时代,需要以开放的心态和包容的态度来面对不同文化的挑战和机遇,让沟通成为连接世界的桥梁和纽带。

三、文化与沟通障碍

在全球化日益加剧的今天,不同文化间的交流已成为常态。然而,这种交流并非总是顺畅无阻。文化差异,作为一种隐形的隔阂,经常会导致沟通中产生误解和冲突。

(一) 文化差异是导致沟通障碍的主要原因之一

每个文化都有其独特的价值观、信仰、习俗和沟通方式。这些差异可能会导致信息在传递过程中的误解。例如,在某些文化中,直接和坦率被认为是积极的沟通方式,而在其他文化中,这可能被视为不礼貌或冒犯。此外,不同文化对性别角色的看法也各不相同,这可能导致对性别相关的话题存在误解或冲突。

(二) 语言障碍是导致沟通障碍的重要因素

尽管英语在许多国家被广泛使用,但许多文化仍然保留着自己的母语。这可能导致在沟通中出现词汇和表达方式上的差异,使得信息传递变得困难。此外,不同语言的语法和句子结构也会影响人们的思考方式和沟通风格。

(三) 社会习俗和礼仪的不同给沟通带来挑战

在某些文化中,握手是一种表示尊重和友好的方式,而在另一些文化中,这可能并不适用。同样,一些文化可能强调个人空间和隐私,而另一些文化则可能更加注重集体和公共利益。了解并尊重这些差异对于建立有效的沟通至关重要。

为了克服上述这些障碍,需要提高跨文化沟通能力。这包括增强对文化差异的认识和理解,学习并适应不同的沟通方式,以及培养灵活和包容的沟通风格。此外,还可以通过参加跨文化培训、阅读相关书籍和文章、多与来自不同文化背景的人交流等方式来增强自己的跨文化沟通能力。

总之,文化与沟通之间存在着密切的关联。文化差异、语言障碍以及社会习俗和礼仪的不同都可能给沟通带来障碍。然而,通过提高跨文化沟通能力,可以克服这些障碍,促进更有效的交流和合作。在全球化的背景下,这将有助于建立更加和谐、理解和包容的社会。

【案例分析】

中国各地区的不同民俗文化

中国,这个拥有五千年文明历史的国家,地域辽阔,民族众多,因此各地的民俗风情也是丰富多彩,各具特色。下面将列举一些中国各地的民俗,以展现这片古老土地上独特而丰富的文化底蕴。

1. 华北地区

在华北地区,如北京、天津等地,春节期间的舞龙舞狮表演尤为盛行。这些表演通常伴随着锣鼓声和鞭炮声,寓意着驱邪避邪、迎接新年的到来。此外,婚嫁习俗中的彩礼和嫁妆也是华北地区的一大特色,它们反映了当地人对婚姻的重视和传统文化的传承。

2. 东北地区

东北地区如黑龙江、吉林等地的二人转表演,是一种深受人们喜爱的民间艺术形式。二人转以幽默诙谐的表演风格,展现了东北地区人民的乐观和豁达。此外,东北地区还有独特的饮食文化,如东北酸菜炖肉、锅包肉等,这些美食不仅口感鲜美,还蕴含着浓厚的地方特色。

3. 华东地区

华东地区如上海、江浙等地,以其精美的刺绣工艺闻名于世。这些刺绣作品不仅图案精美,而且寓意深远,如"福寿双全""喜鹊登梅"等,都是对美好生活的向往和祝福。此外,华东地区的茶文化也十分丰富,如龙井茶、碧螺春等,这些名茶不仅口感独特,还体现了当地人对生活的品味和追求。

4. 华南地区

华南地区如广东、福建等地,其独特的客家文化和潮汕文化吸引了无数游客的目光。客家土楼作为客家文化的代表,以其独特的建筑风格和丰富的文化内涵吸引了无数游客前来参观。而潮汕地区的潮剧和潮汕菜也是当地的一大特色,它们以独特的表演形式和美味的口感展现了潮汕文化的魅力。

5. 西南地区

西南地区如四川、云南等地,以其独特的民族文化和美食文化著称于世。四川的川菜以其麻辣口感和丰富的菜品种类深受人们喜爱,而云南的过桥米线则以其独特的制作工艺和鲜美的味道吸引了无数食客。此外,西南地区的火把节、泼水节等民族节日也是当地的一大特色,这些节日不仅展示了当地民族的独特风情,还有助于加强民族团结和文化交流。

6. 西北地区

西北地区如陕西、甘肃等地,以其悠久的历史和深厚的文化底蕴吸引着无数游客。陕西的兵马俑和大雁塔等历史遗迹见证了这片土地的辉煌历史,而甘肃的敦煌莫高窟则以其精美的壁画和独特的建筑风格展现了中华文化的博大精深。此外,西北地区的民间艺术形式如秦腔、皮影戏等也是当地的一大特色,它们以独特的表演形式和深刻的文化内涵传承着当地的历史和文化。

【分析】中国各地的民俗风情各具特色,丰富多彩。这些民俗不仅展示了当地人民的智慧和创造力,还传承了中华民族的历史和文化。通过了解和欣赏这些民俗,可以更好地理解这片古老土地上的文化底蕴和精神内涵。

第二节　不同文化间的信息沟通

在当今日益全球化和高度互联的时代,不同文化间的信息沟通已经成为人与人之间交流的基石。无论是在商业领域、学术研究,还是在日常生活中,都不可避免地需要与来自不同文化背景的人进行有效的沟通。这种沟通的重要性不仅在于传递信息,更在于建立理解、尊重和信任。

一、不同文化间信息沟通的重要性

在全球化的浪潮下,不同文化间的交流变得日益频繁。这种交流不仅仅是语言的交流,更是思想、价值观和生活方式的碰撞。因此,不同文化间的信息沟通显得尤为重要。首先,有效的信息沟通可以消除误解,避免因为文化差异而引发冲突。其次,通过深入了解其他文化,可以更好地理解彼此的差异,促进文化多样性的发展。最后,有效的跨文化沟通有助于建立国际友好关系,推动全球和谐发展。

二、不同文化间信息沟通面临的挑战

(一)语言障碍是最为明显的问题

不同文化使用不同的语言,而语言是信息沟通的主要载体。当人们在与来自不同文化背景的人交流时,往往会出现语言不通的情况,导致信息传递的失真和误解。

(二)非语言沟通方式的差异是一大挑战

除了语言之外,人们在沟通中还会使用肢体语言、面部表情、礼仪等方式来表达自己的意图和情感。这些非语言沟通方式在不同的文化中往往存在很大的差异。例如,一些手势在某些文化中可能是礼貌的,而在其他文化中则可能是冒犯的。因此,如果不了解这些差异,就很容易在沟通中产生误解和冲突。

(三)文化价值观的差异是导致沟通障碍的重要原因

不同的文化拥有独特的价值观念和行为准则,这些差异可能会导致在沟通中产生分歧和冲突。例如,一些文化强调个人主义和竞争,而另一些文化则更注重集体主义和合作。如果不能尊重和理解这些差异,就很容易导致误解和冲突的产生。

三、促进不同文化间有效沟通的策略

(一)提高语言能力是至关重要的

学习外语不仅可以克服语言障碍,还可以更好地理解和欣赏其他文化。通过掌握多种语言,可以更加自如地与不同文化背景的人进行交流。

(二)了解非语言沟通方式是非常重要的

需要学习并适应不同文化的非语言沟通习惯,包括肢体语言、面部表情、礼仪等。通过了解和尊重这些差异,可以更好地理解他人的意图和情感,从而减少沟通中的误解和冲突。

(三)尊重文化价值观是实现有效跨文化沟通的关键

在沟通中,应该尊重他人的文化价值观,避免以自己的价值观去评判他人。通过开放和包容的态度,可以减少文化冲突,促进相互理解和信任。

四、文化与信息沟通的相互作用

在全球化日益加剧的今天,文化与信息沟通的重要性愈发凸显。这两者之间有着千丝万缕的联系,相互交织,共同塑造着世界。文化,作为人类社会的精神内核,承载着价值观、信仰、习俗和传统,而信息沟通则是这些文化元素得以传递、交流和理解的桥梁。

文化对信息沟通的影响是深远的。不同的文化背景塑造着个体对信息的理解、解读和反应方式。在跨文化交流中,由于文化背景的差异,信息的传递和接收可能会产生误解和冲突。例如,某些文化可能强调个人主义和竞争,而另一些文化则可能更加注重集体主义和合作。这种文化差异导致的信息解读差异,要求人们在信息沟通过程中具备文化敏感性和尊重多元文化的能力。

信息沟通对文化的传播和发展起着至关重要的作用。在数字化时代,信息传播的速度和广度前所未有的扩大。互联网、社交媒体、移动通信等技术使得文化元素能够迅速跨越国界,为全球范围内的受众所接触和了解。这种跨文化的交流不仅促进了文化的多样性,也为文化的创新和发展提供了源源不断的动力。例如,流行音乐、电影、时尚等文化元素通过信息沟通迅速传播,成为世界各地人们共同欣赏和追捧的对象。

此外,还需要认识到文化和信息沟通在全球化背景下的挑战和机遇。一方面,全球化加速了文化的冲突和融合,使得不同文化之间的界限逐渐模糊。这为文化创新和信息沟通提供了更广阔的空间和可能性。另一方面,全球化也带来了文化同质化和文化失真的风险。在追求共性和效率的过程中,可能会忽视文化的多样性和独特性,导致文化的同质化。同时,由于语言、技术等因素的限制,某些文化元素在传播过程中可能会失真或变形,失去原有的意义和价值。

因此,需要采取积极的措施来应对这些挑战。首先,需要提高跨文化沟通的能力,学会尊重和理解不同文化背景下的信息解读方式。通过学习和了解不同文化,可以更好地避免误解和冲突,促进有效的信息沟通。其次,需要加强文化保护,倡导文化多样性。在全球化的进程中,保护本土文化的独特性和多样性至关重要。这需要积极传承和发扬传统文化,同时也需要开放包容地接纳其他文化元素,实现文化的多元共存。

总之,文化与信息沟通是相辅相成的两个方面。在全球化的背景下,需要更加关注文化和信息沟通的关系,提高跨文化沟通的能力,加强文化保护和文化多样性的倡导。只有这样,才能更好地应对全球化带来的挑战和机遇,推动人类社会的和谐与发展。

【案例分析】

求同存异,和而不同

某跨国公司的团队成员来自不同的文化背景,如美国、中国、印度等。在项目初期,由于语言和非语言沟通方式的差异,团队成员在会议中经常产生误解和冲突。为了改善沟通效果,项目经理决定采取以下措施:

首先,项目经理决定组织一次跨文化沟通培训,邀请专业的跨文化沟通专家为团队成员进行培训。通过培训,团队成员可以学习到不同文化间的沟通差异和策略,提高自己的跨文化沟通能力。其次,项目经理鼓励团队成员在沟通中尊重彼此的文化价值观。在项目讨论中,他们应该关注不同文化背景下的观点和建议,以更加包容和开放的态度进行沟通。同时,项目经理为团队成员提供文化敏感性培训,帮助他们更好地理解和适应不同文化背景下的工作环境。

通过这些措施的实施,团队成员之间的沟通逐渐变得更加顺畅和有效。他们开始更加理解和尊重彼此的文化差异,建立了更加紧密和互信的工作关系。这种改善不仅提高了团队成员的工作效率和工作质量,也为公司的长远发展奠定了坚实的基础。

【分析】不同文化间的信息沟通是一项复杂而富有挑战性的任务。然而,通过提高语言能力、了解非语言沟通方式以及尊重文化价值观等策略可以逐步克服沟通中的障碍,实现更加顺畅和有效的跨文化交流。在全球化的今天,这种能力对于个人和组织的成功至关重要。因此,应该不断学习和实践,提高自己的跨文化沟通能力,为构建更加和谐的世界贡献力量。

第三节　跨文化沟通概述

在当今全球化的世界中,跨文化沟通已经成为不可或缺的一部分。语言作为沟通的基本工具,在跨文化沟通中发挥着至关重要的作用。

一、语言与跨文化沟通

(一)语言与跨文化沟通的关系

语言是文化的载体,是传递信息、表达情感、建立关系的重要工具。在跨文化沟通中,语言不仅是沟通的桥梁,更是文化的媒介。通过语言,可以了解不同文化背景下的思维方式、价值观、信仰、习俗等。因此,语言在跨文化沟通中具有举足轻重的地位。

(二)语言对跨文化沟通的影响

语言差异是导致跨文化沟通障碍的主要原因之一。由于不同文化背景下的语言体系、语法结构、词汇含义等方面存在差异,很容易在沟通过程中产生误解和冲突。例如,某些词语在某些文化中可能具有负面含义,而在其他文化中可能被视为中性或正面。因此,了解并尊重不同文化背景下的语言习惯至关重要。

(三)提高跨文化沟通能力的措施

首先,增强跨文化意识。了解不同文化背景下的语言习惯、思维方式、价值观等,有助于更好地理解和适应不同文化环境。其次,提高语言能力。学习外语、掌握跨文化沟通技巧、积累跨文化沟通经验等,都有助于更好地进行跨文化沟通。再次,注重倾听与表达。倾听对方的观点和感受,表达自己的意见和需求,是跨文化沟通的关键。最后,保持开放的心态。尊重差异、包容不同文化背景下的不同观点和行为,有助于建立更加和谐、有效的跨文化沟通关系。

总之,语言在跨文化沟通中发挥着至关重要的作用。了解语言与跨文化沟通的关系、分析语言对跨文化沟通的影响,以及采取相应措施提高跨文化沟通能力,对于在全球化背景下更好地与他人合作、交流、理解彼此具有重要意义。

【案例分析】

尊重差异,互惠互利

一家法国公司与一家中国公司合作开发一款新产品。在产品开发过程中,双方经常需要进行沟通协商。为了确保沟通顺畅,双方采用了跨文化沟通策略。例如,在会议中采用英语作为共同语言,以避免语言障碍;在沟通中尊重对方的意见和观点,以建立互信关系;在遇到文化差异时,积极寻求妥协和共识,以推动合作进程。

> **【分析】** 这个案例展示了跨文化沟通策略在商务沟通中的重要性。通过采用合适的沟通策略,可以有效降低文化差异带来的障碍,提高沟通效率,推动合作进程。因此,在跨文化商务沟通中,需要根据具体情况灵活运用各种沟通策略,以实现良好的合作效果。

二、非语言与跨文化沟通

在人际交往中,沟通方式多种多样,包括语言沟通与非语言沟通。语言沟通依赖于口头或书面语言,而非语言沟通则涵盖肢体语言、面部表情、姿态、音调等要素。在跨文化交流中,非语言沟通的重要性尤为凸显。由于不同文化背景下,人们对语言的理解可能存在差异,非语言沟通以其直观、生动的特性,更易于被理解和接受。

首先,非语言沟通在文化交流中发挥着关键作用。各文化对非语言信号的理解与解读也往往存在差异。例如,某些文化中,点头表示同意,而在另一种文化中则可能表示否定。此外,手势、姿态、面部表情等也受文化影响。因此,在跨文化交流中,了解并尊重不同文化背景下的非语言沟通习惯至关重要。这有助于减少误解与冲突,促进有效沟通。

其次,非语言沟通在文化传承与发展中占据重要地位。文化是一个不断传承与发展的过程,而非语言沟通则是文化传承的重要手段之一。通过肢体语言、面部表情、音调等非语言方式,人们能够传递文化价值观、信仰、习俗等信息。这些非语言信号能够超越语言障碍,使人们更深入地了解与体验不同文化。因此,在文化传承与发展中,非语言沟通发挥着不可替代的作用。

此外,非语言沟通在跨文化商务合作中也具有重要作用。在商务合作中,双方需建立信任、理解彼此的需求与期望。非语言沟通有助于双方更好地建立信任与理解。例如,通过微笑、点头等肢体语言,能够表达出友好与尊重的态度;通过姿态与面部表情,能够传递出自信与专业的形象。这些非语言信号有助于增强双方的信任感,促进合作顺利进行。

综上所述,非语言沟通在文化交流、文化传承与发展以及跨文化商务合作中均扮演重要角色。了解并尊重不同文化背景下的非语言沟通习惯是促进有效沟通的关键。在跨文化交流中,应注重细节,善于观察与解读他人的非语言信号,以更好地理解与适应不同文化环境。同时,应重视提升自身非语言沟通的能力,以更好地展示自身文化素养与专业形象。只有这样,才能在跨文化交流中取得更好的效果,推动不同文化间的交流与融合。

三、跨文化商务沟通

在全球化的浪潮下,跨文化商务沟通已经变得日益重要。无论是国内企业还是国际企业,都需要与来自五湖四海、具有多元文化背景的人们进行沟通交流。这不仅仅是简单的语言交换,更是一种心灵的触摸、一种智慧的较量。跨文化商务沟通的重要性不言而喻,它就像一座桥梁,连接着不同文化的彼岸,促进着双方的相互理解和合作,从而为企业开拓更广阔的商业天地。

在跨文化商务沟通中,了解不同文化之间的差异是至关重要的。每个文化都有其独特的价值观、信仰、习俗和沟通方式,它们像一幅幅色彩斑斓的画卷,展示着人类文明的多样性。例如,一些文化可能崇尚个人主义和竞争,鼓励人们展现自己的个性和能力;而另一些文化则可能更注重集体主义和合作,强调团队的力量和和谐共处。因此,在进行跨文化商务沟通时,需要像探险家一样,深入探索这些文化差异,并学会尊重和理解它们,以避免因文化差异而引发的误解和冲突。

为了进行有效的跨文化商务沟通,需要掌握一些精湛的沟通技巧。首先,需要学会倾听。倾听是一种艺术,也是一种智慧。在跨文化沟通中,需要像听众一样,耐心倾听对方的观点,感受其背后的文化和价值观。其次,需要用清晰、准确、生动的语言来表达自己的观点,避免使用过于复杂或具有文化特定含义的词汇,以免让对方感到困惑或误解。此外,还需要学会非言语沟通的技巧,如面部表情、肢体语言和语调等,它们都能传递出丰富的信息和情感,为跨文化商务沟通增添更多的色彩和深度。

然而,在进行跨文化商务沟通时,需要注意一些常见的误区。这些误区就像一个个陷阱,稍不留神就可能让人们陷入困境。例如,一些人可能会过于关注自己的文化,而忽视了对方的文化,导致沟通中产生误解和冲突。这就像是两个舞者在不同的音乐节奏中跳舞,无法产生共鸣。另外,一些人可能会过于强调自己的权威和地位,而忽略了与对方的平等和尊重。

为了克服这些误区,需要采取一些具体的措施。首先,需要进行充分的文化准备,了解对方的文化背景和价值观。这就像是探险家提前了解目的地的地形和气候,以便更好地应对各种挑战。其次,需要保持开放和尊重的态度,愿意倾听对方的观点,并尝试理解其背后的文化和价值观。这就像是两个朋友在相互倾听和分享中建立起深厚的友谊。此外,还需要建立信任关系,通过共同的目标和价值观来加强彼此之间的合作。这就像是两个团队在共同的目标和信仰下携手共进,创造出辉煌的业绩。

总之,跨文化商务沟通是一项复杂而又富有挑战性的任务。它需要深入了解不同文化之间的差异、掌握精湛的沟通技巧并克服常见的误区。只有这样,才能在跨文化商务沟通中游刃有余、如鱼得水,为企业创造更多的商业机会和价值。

四、语言在跨文化商务沟通中的重要性

(一)语言与文化的相互作用

语言与文化是相互依存、相互影响的。语言是文化的表现形式之一,同时也是文化传播和交流的主要手段。在跨文化沟通中,需要认识和了解不同文化背景下的语言习惯、表达方式、沟通风格等,明白这些因素都会对沟通产生影响。同时,要意识到自己的文化背景和语言习惯

可能对其他文化背景下的人产生何种影响,从而避免产生误解和冲突。

(二)突破跨文化商务沟通中的语言障碍

在跨文化商务沟通中,语言障碍是常见的问题。为了应对这类障碍,可以采取以下策略:首先,提前了解对方的文化背景和语言习惯,以便更好地适应和应对;其次,使用简单明了的语言,避免使用过于复杂或具有特定文化背景的词汇;最后,注重倾听与反馈,确保信息能够准确传递。

(三)提高跨文化商务沟通能力

提高跨文化商务沟通能力需要在实践中不断积累经验和锻炼。可以通过学习外语、参加跨文化培训课程、与不同文化背景的人进行交流等方式来培养自己的跨文化沟通能力。同时,要注重将所学知识应用到实际沟通中,通过实践来检验和提高自己的跨文化沟通能力。

总之,语言与跨文化商务沟通是紧密相连的。在全球化背景下,需要不断提高自己的跨文化商务沟通能力,以更好地适应和应对不同文化背景下的挑战和机遇。通过深入了解和探讨语言与跨文化商务沟通的关系、分析语言对跨文化商务沟通的影响,以及采取相应措施提高跨文化商务沟通能力,来为自己在未来的国际交流中打下坚实的基础。

五、语言在跨文化商务沟通中的具体表现

在全球化的浪潮下,跨文化商务沟通如同一座桥梁,连接着不同文化背景下的商业伙伴。语言,作为这座桥梁的基石,其重要性不言而喻。它不仅承载着信息的传递,更是文化交流的媒介。

(一)词汇和语法的运用

不同语言具有独特的词汇库和语法结构,这些差异直接影响着信息的准确传达。例如,在中文中,一般倾向于使用委婉、含蓄的表达方式,以避免直接冲突;而在英语中,人们更习惯直截了当地陈述观点。因此,在跨文化沟通中,了解并尊重这些语言差异至关重要,它们有助于避免误解,确保信息的有效传递。

(二)文化背景的影响

语言是文化的一部分,它承载着特定文化的价值观、信仰和习俗。这些文化因素会深刻影响人们的语言使用习惯。例如,在一些文化中,直接表达个人意见和看法被视为坦诚和率直,而在其他文化中则可能被视为不尊重他人或冒犯他人。因此,在跨文化商务沟通中,我们需要深入了解对方的文化背景,以便更好地理解和适应其语言使用习惯。

为了有效应对跨文化商务沟通中的语言挑战,可以采取一系列实用的策略和技巧。首先,进行跨文化培训至关重要。通过了解不同文化的沟通方式和习俗,可以提高对文化差异的认知和敏感度,从而更好地预测和应对可能出现的语言障碍。此外,建立信任关系也是至关重要的。在跨文化商务沟通中,建立基于尊重和理解的信任关系有助于减少误解和冲突,促进双方的合作和交流。

语言在跨文化商务沟通中发挥着至关重要的作用。通过深入了解不同文化的语言使用习惯以及文化背景,可以更好地应对跨文化商务沟通中的挑战,促进有效的合作和交流。同时,不断学习和提高跨文化沟通能力是在全球化背景下取得成功的关键。只有不断适应和学习,才能在跨文化商务沟通中如鱼得水,在实现商业目标的同时,也可以增进不同文化间的相互理解和尊重。

六、跨文化非语言沟通

在全球化的大背景下,不同文化之间的交流愈发频繁和密切。在这样的情境下,除了语言沟通之外,非语言沟通成为了另一个关键的因素,其在跨文化交流中扮演着不可或缺的角色。非语言沟通以其独特的方式,传递着情感、态度、信任等重要信息,使得人们在跨文化交流中更加准确地理解和感知彼此。

(一)跨文化非语言沟通的重要地位

非语言沟通,是人们在日常生活中常用的沟通方式。在跨文化交流中,非语言沟通显得尤为重要。由于语言文字的局限性以及文化差异,很多情感和信息无法完全通过语言传达,而非语言沟通恰好可以弥补这一缺陷。通过观察和解读对方的非语言行为,人们可以更加深入地了解对方的真实想法和情感,从而使跨文化交流更加顺畅。

(二)跨文化非语言沟通的丰富形式

1. 肢体语言:无声胜有声

肢体语言是非语言沟通中最直观、最富有表现力的一种形式。不同的文化背景下,肢体语言所表达的含义和传达的信息往往存在很大的差异。例如,在某些文化中,点头表示同意或理解,而在其他文化中则可能表示否定或不满。因此,在跨文化交流中,正确解读和运用肢体语言显得尤为重要。

2. 面部表情:情感的直接写照

面部表情是非语言沟通中非常重要的一种形式。不同的面部表情所传达的情感和态度也是各不相同的。然而,由于文化差异,同一种面部表情在不同的文化背景下可能具有不同的含义。例如,微笑在某些文化中表示友好和尊重,而在其他文化中则可能被视为不真诚或嘲笑。因此,在跨文化交流中,正确理解和运用面部表情对于传递情感和态度至关重要。

3. 空间距离:隐形的沟通界限

空间距离是指在交流中人与人之间所保持的距离。不同文化对于空间距离的要求和认知也是各不相同的。在一些文化中,保持较近的距离表示亲密和友好,而在其他文化中则可能被视为侵犯个人空间。因此,在跨文化交流中,了解和尊重不同文化背景下的空间距离要求也是非常重要的。

(三)跨文化非语言沟通面临的挑战

尽管非语言沟通在跨文化交流中发挥着重要作用,但也面临着一些挑战。首先,由于文化差异,不同文化背景下的非语言沟通方式可能存在冲突和误解。其次,非语言沟通往往受到个人习惯、教育水平和社会地位等因素的影响,这些因素可能导致非语言沟通的不一致性和复杂性。因此,在跨文化交流中,需要更加谨慎、敏感地观察和解读对方的非语言行为,以避免误解和冲突的发生。

(四)应对跨文化非语言沟通挑战的策略

为了克服跨文化非语言沟通中的挑战,可以采取以下策略:

1. 增强文化敏感性

了解不同文化背景下的非语言沟通方式,尊重并适应这些差异。在交流过程中,保持开放和包容的心态,避免过度解读或误解他人的非语言行为。通过学习和了解不同的文化,提高自己的跨文化沟通能力。

2. 提高沟通技巧

学习并掌握有效的沟通技巧，如倾听、反馈和表达等。这些技巧有助于更好地理解他人的非语言行为，并有效地传达自己的意图和情感。同时，也要学会如何调整自己的非语言行为，以更好地适应不同文化背景下的交流环境。

3. 借助辅助工具

在跨文化交流中，可以借助一些辅助工具更好地理解和适应不同文化背景下的非语言沟通方式。例如，使用翻译软件可以理解对方的语言信息，参考跨文化沟通指南可以了解不同文化背景下的非语言沟通习惯等。这些辅助工具可以更加准确地解读对方的非语言行为，从而增强跨文化交流的效果。

综上所述，跨文化非语言沟通在全球化背景下具有越来越重要的作用。了解不同文化背景下的非语言沟通方式、掌握有效的沟通技巧以及借助辅助工具等策略，将有助于更好地进行跨文化交流，促进不同文化之间的理解与融合。在跨文化交流的道路上，需要保持开放的心态和敏感的观察力，不断探索和实践，以实现更加有效和深入的跨文化沟通。

（五）跨文化商务沟通中的非语言习惯

在全球化日益加深的今天，跨文化商务沟通已经成为商业活动中不可或缺的一部分。这种沟通不仅包括口头语言和书面语言的使用，更涉及丰富的非语言习惯。这些非语言习惯，在商务沟通中起到了举足轻重的作用。

1. 身体语言

身体语言是跨文化商务沟通中最直观、最具有表现力的非语言习惯之一。不同文化背景下，身体语言所表达的含义可能截然不同。例如，在多数西方国家，点头表示赞同或理解，而在某些亚洲国家，如日本和印度，点头可能仅仅表示听到了对方的发言，并不一定表示赞同。此外，手势、站姿、眼神交流等身体语言也各具特色。因此，在跨文化商务沟通中，了解并尊重对方文化的身体语言习惯至关重要。

2. 时间观念

时间观念是跨文化商务沟通中不可忽视的非语言习惯。不同文化对时间的重视程度和利用方式各不相同。例如，西方国家往往强调"时间就是金钱"，注重效率和准时。而在一些亚洲国家，如中国和印度，人们更注重灵活性和人际关系，对时间的把握相对宽松。因此，在商务活动中，要尊重对方的时间观念，避免由于时间观念差异造成的误解和冲突。

3. 空间距离

空间距离也是跨文化商务沟通中需要注意的非语言习惯。不同文化对私人空间的需求和保护程度有所不同。例如，在一些西方国家，人们更倾向于保持一定的私人空间，不喜欢过于亲密的接触。而在一些亚洲国家，如泰国和一些阿拉伯国家，人们可能更注重亲密和亲近。因此，在商务场合中，要尊重对方的空间需求，避免由于空间距离不当造成尴尬和冒犯。

【案例分析】

空间距离实验

空间距离实验是心理学里的一种实验，主要是了解人们是怎么感知和认识空间的。这种实验会通过各种方法来操作和测量人们对空间距离、方向和位置的感觉，然后分析这些数据，找出感知空间的方式和机制。

实验里用的方法有很多种,比如虚拟现实技术、物理空间模拟等等。虚拟现实就像是个魔法世界,可以把人们带到一个模拟的真实场景中完成任务,然后收集反应数据。物理空间模拟就是搭个模型,模拟出不同的空间环境,看看人们在不同的空间里会有什么不同的反应和行动。

【分析】这些实验的结果对理解空间和导航非常有帮助。比如,虚拟现实技术里的空间距离实验能让人们明白在虚拟环境里是怎么感知和处理空间的,这样就能为虚拟现实技术的发展提供理论支持。物理空间模拟实验则能告知,在不同的空间里,人们会有什么不同的行为和反应,这对建筑设计和城市规划都有很大的帮助。

除了实际应用,空间距离实验还有很多理论意义。通过研究空间距离、方向和位置等因素,可以更深入地了解人们的认知特点和心理机制。比如,有些研究发现,人们感知和判断空间距离会受到很多因素的影响,比如视觉信息、身体姿态,还有人们的记忆等等。这些研究不仅能帮助理解自己的认知过程,还能为人工智能等领域提供有益的启示。

总的来说,空间距离实验就像是一把钥匙,能打开理解空间认知和导航的大门。同时,这种实验也能更深入地了解自己的认知特点和心理机制,启发相关领域的研究。

4. 服饰和外观

服饰和外观是跨文化商务沟通中非语言习惯的重要组成部分。不同文化对服饰和外观的重视程度和审美标准各不相同。例如,在一些西方国家,商务场合通常要求着正装,以显示专业和尊重。而在一些亚洲国家,如中国和韩国,商务场合的服饰可能更加注重传统和庄重。此外,颜色和图案的选择也可能具有特殊的意义。因此,在跨文化商务沟通中,要根据对方文化的审美标准和习俗选择合适的服饰和外观,以展示尊重和诚意。

5. 礼仪和习俗

礼仪和习俗是跨文化商务沟通中非语言习惯的重要组成部分。不同文化背景下的礼仪和习俗各不相同,这些习俗可能涉及见面时的问候方式、用餐礼仪、礼品赠送等方面。例如,在一些西方国家,见面时通常使用握手或拥抱来表示友好;而在一些亚洲国家,如日本和泰国,见面时可能采用鞠躬或合十等不同的问候方式。此外,用餐时的座次安排、餐具使用等也有特定的礼仪要求。在跨文化商务沟通中,了解并遵守对方文化的礼仪和习俗,有助于建立良好的关系,促进合作的顺利进行。

总之,跨文化商务沟通中的非语言习惯是复杂而多样的。了解并尊重这些习惯对于促进商务合作具有重要意义。在实际操作中,需要不断学习和积累经验,提高跨文化沟通的能力,以更好地适应全球化背景下的商业环境。

第四节 建立跨文化关系

在多元化、全球化发展的今天,不同文化背景下人与人之间的交往显得尤为重要。而在交往中,如何建立和维护关系,成为了人们需要掌握的一项技能。不同文化背景下的关系建立有着其独特的准则和习惯,了解并遵守这些准则,无疑能够增强人与人交往的效果,并提高效率。

首先,尊重是建立关系的基石。无论在哪个文化背景下,尊重他人是必不可少的。尊重体现在对他人的意见、习惯、信仰和选择的认同上。在交往中,要尊重对方的差异,不轻易做出评价,而是尽量理解和接纳。例如,在商业谈判中,尊重对方的意见和立场,有助于建立互信,促进合作的顺利进行。

其次,诚实是关系建立的关键。诚实不仅是指言语上的真实,还包括行为的诚实和承诺的履行。一个诚实的人更容易赢得他人的信任和尊重。在各种文化中,诚实都被视为一种美德。通过诚实地表达自己,能够建立更加稳固和长久的关系。

再次,礼貌是建立关系的重要辅助。礼貌体现了一个人的修养和素质,也是对他人的尊重。在交往中,要注意言行举止,尊重对方的感受。在不同文化中,礼貌的具体表现方式可能有所不同,但基本的礼貌原则是一致的。例如,在公共场合保持安静、排队等候、尊重他人的隐私等,都是体现礼貌的行为。

此外,互惠互利也是建立关系的重要准则。在交往中,要尽量寻求双方的共同利益,实现互惠互利。这不仅能够增强关系的稳固性,还能促进双方的合作和共同发展。例如,在团队合作中,要关注团队的整体利益,积极参与团队活动,为团队的成功贡献自己的力量。

最后,耐心和宽容是建立关系的润滑剂。在交往中,要有足够的耐心去了解对方,宽容地对待对方的不足和错误。不同文化背景的人可能在思维方式、行为习惯等方面存在差异,要学会欣赏这些差异,以宽容的心态去接纳和适应。例如,在国际交流中,要耐心倾听对方的观点和想法,尊重对方的文化背景,以更加开放的心态去理解和接纳。

总之,建立关系的文化准则涉及多个方面,包括尊重、诚实、礼貌、互惠互利、耐心和宽容等。了解和遵守这些准则,有助于在不同文化背景下更好地与人交往,建立和维护良好的人际关系。同时,要认识到,这些准则并不是一成不变的,随着时代的发展和文化的交流,它们也在不断地补充丰富。因此,要保持开放的心态,不断学习和适应新的交往方式和文化准则,以更好地应对全球化时代的挑战。

一、人际关系与文化

人际关系,如同生活中的丰富多彩调色板,深刻地反映了一个人的背景、情感和经历。这些错综复杂的关系构成了社会运转的重要一环,无论是个人还是团体,都在不断地与他人进行互动和沟通。与此同时,文化作为社会发展的重要组成部分,如同一道绚烂多彩的风景线,深深地影响着人们的思考方式、行为习惯以及价值观。那么,人际关系与文化之间究竟有着怎样的联系呢?

首先,文化对人际关系的影响是潜移默化且深远的。不同的文化背景,就像一幅幅风格迥异的画卷,塑造着人们独特的价值观、行为准则和交往方式。在西方文化中,个人主义和独立性如同明亮的阳光,照耀着人们追求自由、独立的道路。人们更加注重个人的权利和自由,倾向于独立思考和行动。而在东方文化中,集体主义和家庭观念则如同深厚的土壤,孕育着人们和谐共处的智慧。人们更加注重与他人的和谐相处,尊重长辈、重视家庭关系。这些文化差异就像不同的调色剂,使人们在处理人际关系时呈现出各具特色的风格。

其次,人际关系会受到文化的影响。在不同的文化背景下,人们对于人际关系的看法和期望也会有所不同。在一些文化中,亲情和友情如同璀璨的明珠,被视为生活中最珍贵的财富。人们注重家庭关系的维系,以及与朋友间的深厚情谊。例如,在某些东方文化中,孝道被视为至高无上的美德,人们非常重视对父母的孝顺和尊敬。而在一些西方文化中,友谊则被视为生活中的重要组成部分,人们重视与朋友的交往和互动。这些不同的期望和看法就像不同的音符,构成了人际关系中丰富多彩的旋律。

人际关系与文化之间的关系还体现在文化适应和跨文化交流中。当个体置身于不同的文化背景时,他们需要通过调整自己的行为和态度来适应新的文化环境。在这个过程中,人际关系发挥着至关重要的作用。通过与当地人的交流和互动,个体可以更好地了解当地的文化习俗和社交规则,从而更好地融入新的文化环境。这种文化适应的过程就像是一次奇妙的探险之旅,个体需要不断地探索、学习和适应,才能在新的文化环境中找到属于自己的位置。

在跨文化交流中,人际关系扮演着重要的角色。由于不同文化背景下的人们存在着价值观、行为准则等方面的差异,因此在跨文化交流中容易出现误解和冲突。然而,通过建立良好的人际关系,个体可以增进彼此之间的理解和信任,从而减少误解和冲突的发生。这种理解和信任就像是一座坚实的桥梁,连接着不同文化之间的心灵,促进着跨文化交流的深入发展。

综上所述,人际关系与文化之间存在着千丝万缕的联系。文化对人际关系的潜移默化且影响深远,而人际关系也会受到文化的影响呈现出不同的特点。在跨文化交流中,人际关系发挥着至关重要的作用,可以促进不同文化之间的理解和融合。因此,应该在尊重文化差异的基础上,建立良好的人际关系,以促进不同文化之间的和谐共处和共同发展。只有这样,才能在这个多元文化的世界里找到共鸣,共同谱写和谐美好的未来。

二、关系维系与文化

关系维系是人类社会中不可或缺的一部分,它涉及人与人之间的互动、交流和合作。在不同的文化中,关系维系的方式和重要性也有所不同。

首先,关系维系是人类社会的基本需求之一。人们需要与他人建立联系,形成社交网络,以便在生活中获得支持和帮助。在不同的文化中,人们对关系维系的需求程度有所不同。例如,在一些集体主义文化中,人们更加强调群体和谐和互相依存,因此关系维系的重要性更加突出。而在个人主义文化中,人们更注重个人独立和自由,对关系维系的需求相对较低。

其次,文化对关系维系的方式和形式有深远影响。在不同的文化中,人们对待关系的态度、价值观和行为准则都有所不同。例如,在一些文化中,人们注重家庭和亲情,家庭关系是非常重要的;而在另一些文化中,人们更注重职业和社交关系,商业合作和社交网络更加重要。此外,不同的文化中不同的礼仪和习俗,也会影响人们之间的关系维系方式。

再次,文化会影响人们对关系维系的期望和评价标准。在不同的文化中,人们对关系的期望和评价标准也有所不同。例如,在一些文化中,人们注重忠诚和信任,认为忠诚和信任是维系关系的基础;而在其他文化中,人们更注重互惠和利益交换,认为互惠和利益交换是维系关系的关键。这些不同的期望和评价标准会影响人们对关系的看法和态度,从而影响关系维系的效果。

最后,关系维系和文化之间存在相互影响和塑造的关系。文化会影响人们的关系维系方式,而关系维系也会影响文化的形成和发展。在不同的文化背景下,人们会形成不同的社交网络和社会结构,这些社会结构和文化背景又会影响人们的关系维系方式和行为准则。因此,关系维系和文化之间存在着一种相互塑造和影响的关系。

综上所述，关系维系与文化之间存在着密切的联系和相互影响。文化不仅影响人们的关系维系方式和评价标准，而关系维系也会影响文化的形成和发展。因此，在跨文化交流和合作中，需要更加关注和理解不同文化背景下的关系维系方式和行为准则，以便更好地建立和维护良好的人际关系。同时，应该认识到，关系维系不仅仅是个人层面的需求，更是社会文化层面的需求，需要人们共同努力和维护。

三、跨文化商务沟通中的社交行为

跨文化商务沟通中的社交行为是商务交流的重要组成部分。在全球化的背景下，企业越来越多地涉及不同文化背景的合作伙伴和客户，因此，了解和适应不同文化中的社交行为变得至关重要。在跨文化商务沟通中，社交行为不仅仅是简单的礼貌和礼仪，更是建立信任、加强合作和促进业务发展的关键。

在亚洲文化中，尊重和谦虚是非常重要的价值观。在商务场合中，人们通常会使用更加正式和礼貌的语言，避免直接表达个人意见或批评。此外，建立关系也是非常重要的，因此，在商务活动中，建立信任和友谊往往比直接的业务交易更加重要。相比之下，西方文化更加注重效率和直接性。在商务场合中，人们通常会更加直接地表达个人意见和需求，并注重解决问题和达成目标。在西方文化中，专业能力和信誉是非常重要的，因此，在商务活动中，人们通常会展示自己的专业知识和技能。由此可见，在跨文化商务沟通中，了解和适应不同文化中的社交行为是非常重要的。这需要商务人员具备跨文化沟通的能力，包括语言、文化、社交礼仪等方面的知识和技能。只有这样，才能更好地建立信任、加强合作和促进业务发展。

此外，商务人员还需要具备灵活性和适应性，能够在不同文化背景下灵活应对各种情况。例如，在亚洲文化中，商务人员需要更加注重建立关系和信任，而在西方文化中，则需要更加注重效率和专业能力。

总之，跨文化商务沟通中的社交行为是商务交流的重要组成部分。了解和适应不同文化中的社交规则、礼仪和习惯是建立信任、加强合作和促进业务发展的关键。因此，商务人员需要具备跨文化沟通的能力，同时保持灵活性和适应性，以应对不同文化背景下的挑战和机遇。

四、跨文化沟通中的法律因素

在全球化的今天，跨文化沟通已经成为日常生活和工作中不可或缺的一部分。然而，随着沟通的深入和广泛，不同文化背景下的法律因素逐渐凸显，对跨文化沟通产生了重要影响。

（一）文化差异与法律观念

文化差异是导致跨文化沟通中法律因素复杂化的重要原因之一。不同文化背景下的法律观念、法律体系和法律实践存在显著差异，这些差异可能导致沟通双方对同一法律问题产生不同理解，进而引发误解和冲突。因此，在跨文化沟通中，了解并尊重对方的文化背景和法律观念至关重要。

（二）跨国合同的法律适用

跨国合同是跨文化沟通中常见的法律因素之一。由于不同国家的法律体系、法律原则和法律规定各不相同，跨国合同的法律适用往往面临诸多挑战。在签订跨国合同时，双方应充分了解并遵守各自国家的法律法规，以确保合同的合法性和有效性。此外，双方还应就合同争议解决方式、适用法律和管辖权等关键问题进行充分协商，以避免未来可能出现的法律纠纷。

（三）知识产权保护与侵权风险

随着科技的发展，知识产权保护已成为跨文化沟通中不可忽视的法律因素。在跨文化沟通中，双方可能涉及技术交流、产品创新等领域，这些领域往往涉及知识产权的保护问题。因此，双方应充分了解并遵守各自国家的知识产权法律法规，以避免侵犯他人权益或自身权益受损。同时，双方还应加强知识产权保护意识，采取有效措施防范侵权行为的发生。

（四）劳动法律与雇佣关系

在国际商务合作中，劳动法律与雇佣关系也是跨文化沟通中需要关注的重要法律因素。不同国家的劳动法律体系和劳动法规存在较大差异，这些差异可能导致雇佣双方在薪资待遇、工作时间、福利待遇等方面产生分歧。因此，在跨文化沟通中，双方应充分了解并遵守各自国家的劳动法律法规，以确保雇佣关系的和谐与稳定。

（五）争议解决机制与法律途径

在跨文化沟通中，争议解决机制与法律途径的选择对于维护双方权益至关重要。由于不同国家的法律体系和法律实践存在差异，双方应充分了解并尊重对方国家的争议解决机制与法律途径，以便在发生争议时能够及时、有效地解决纠纷。同时，双方还可以考虑采用仲裁、调解等替代性争议解决方式，以降低诉讼成本、提高争议解决效率。

总之，跨文化沟通中的法律因素具有复杂性和多样性。为了确保沟通的顺利进行和双方权益的保障，双方应充分了解并尊重对方的文化背景和法律观念，遵守各自国家的法律法规，加强知识产权保护意识，选择合适的争议解决机制与法律途径。只有这样，才能在跨文化沟通中取得更好的效果，实现共赢发展。

本章小结

1. 随着全球化的不断发展，跨文化沟通已经成为现代生活中不可或缺的一部分。无论是在商业谈判、学术研究、旅游交流还是日常生活中，都需要与来自不同文化背景的人进行沟通交流。

2. 跨文化沟通的核心在于理解和尊重文化差异，掌握基本的语言技能，了解不同文化背景下的社交礼仪和习俗。此外，还需要关注文化差异对沟通方式的影响，培养跨文化意识和跨文化敏感度。

思考练习

1. 如何看待东西方男女的着装和饮食差异？
2. "文化基因说"成立吗？
3. 世界不同国家和地区的人们看到的月亮到底是一样的，还是不一样的？
4. 了解"文化休克"的原因。

推荐阅读

1.《跨文化沟通》　　作者：陈国海、安凡所

这本书以深入浅出的内容、丰富的实例和独到的见解，在跨文化沟通领域引起了广泛的关注和讨论。该书首先对跨文化沟通的概念、特点、影响因素等进行了全面而深入的阐述。作者通过引用大量的统计数据、实证研究和经典案例，生动地展示了跨文化沟通的重要性和复杂性。同时，作者还对跨文化沟通中的文化差异、语言障碍、心理障碍等问题进行了剖析，帮助读者更好地理解和应对这些问题。

2.《跨文化沟通心理学》　　作者：彭凯平、王伊兰

这部作品深入探讨了跨文化沟通中的心理学原理，为读者提供了丰富的理论知识和实践指导，对于增进跨文化交流、促进文化融合具有重要意义。在这本著作中，作者通过引用大量实证研究和统计数据，展示了跨文化沟通中普遍存在的差异与挑战。他们详细分析了不同文化背景下的沟通风格、价值观、思维方式等方面的差异，并指出这些差异如何影响跨文化沟通的效果。同时，他们还提出了一系列有效的跨文化沟通策略，帮助读者更好地应对跨文化沟通中的挑战。

第八章 口语表达

【本章提要】

语言是人类特有的能力,是人类最重要的交际工具和信息载体。口语是人类语言的基本形态。口语以声音为载体,以意义为内容,是人类交流思想、传递信息的最常用手段。在日常交往中,口语比书面语发挥着更直接、更广泛的交际作用,日常交际、求职应聘、推销产品等都离不开口语表达。

口语表达能力是一个人综合素质的重要组成部分,也是口语交际的前提和基础。在重视综合素质和团结合作的当代社会,良好的口语交际能力是事业成功的必备条件。尽管事业成功的人不一定都具有良好的口语表达能力,但拥有良好口语表达能力的人取得成功的几率更大。为适应市场对人才的需求,高等院校更要注重培养学生的口语表达能力,让口语表达能力成为学生必备的能力素质。

良好的口语表达能力的培养,需要一个长期、复杂的训练过程,涉及多方面的知识。比如,普通话语音知识、心理学知识、伦理学知识、礼仪知识等。不仅要求声音清晰、发音正确,还涉及重音、句调、停顿、语速等普通话节律的合理运用,还需要利用身姿、手势、面部表情等态势语言来弥补口语表达的不足,表达一些特殊的态度和感情。

【学习目标】

1. 掌握普通话口语发音要领,提高口语语音规范度。
2. 理解朗读和朗诵的关系,能够用标准流利的普通话进行声情并茂的朗读与朗诵。
3. 了解口语表达的特点和要求,掌握口语表达技巧,提高口语表达能力。

【导入案例】

最好的和最坏的

有一天,老爷对他的仆人说:"你去宰一只羊,把最好的给我们端上来。"

仆人端来了羊舌。

第二天,老爷又对他说:"你再宰一只羊,把最坏的给我们端上来。"

仆人端来的仍然是舌头。老爷问他为什么,他说:"说好,没有比舌头更好的;说坏,没有比舌头更坏的。"

　　这个故事展示了仆人的智慧，也通过舌头的作用说明了说话的重要性。同一件事、同一个人，只是通过不同的话语，就既可以把它说成是好的，又可以把它说成是坏的。正所谓"众口铄金，积毁销骨"，口语表达的魔力尽在于此。

> **思考：**如何提高口语表达能力？

第一节　普通话口语训练

　　普通话是以北京语音为标准音，以北方话为基础方言，以典范的现代白话文著作为语法规范的现代汉民族共同语。它既是现代汉民族共同语，在汉民族方言区普遍使用，又是国家通用语言，在其他民族地区普遍使用。推广普通话是我国的基本语言政策，《中华人民共和国宪法》规定："国家推广全国通用的普通话"。推广普及普通话、营造良好的语言环境，有利于促进社会沟通交流。我国是一个多民族、多语言、多方言的人口大国，推广、普及普通话有利于增进各民族各地区的交流，有利于维护国家统一，增强中华民族凝聚力。

　　随着社会竞争日益激烈，用人单位对人才素质的要求也越来越高，而普通话逐步成为体现个人综合素质的一个重要方面。现代社会，人员流动较大，人们求职的区域很广阔，我们都有可能与不同地域的人交往，普通话就是最基本的通用语，如果说不好普通话，在求职时可能会影响个体在用人单位面前的形象，甚至因为表达不清而与你心仪的工作失之交臂。对于现代信息社会的人才来说，说好普通话是最基本的素质，能说一口字正腔圆的普通话，会立刻给人一种专业、清晰、有教养且易于沟通之感。

　　按要求进行声、韵、调等普通话正音训练，是提高口语规范度、进行口语表达训练的第一步。

一、普通话声母及训练

普通话辅音发音特征表

　　声母是汉语音节中开头的辅音。不同的声母是由发音部位和发音方法决定的。普通话共有 21 个声母（包括零声母共 22 个）。

　　《采桑曲》共 21 个字，正好对应了汉语普通话的 21 个声母（不包括零声母）。大家试着读一读，测试一下自己的声母读得准吗：

春	日	起	每	早，
(ch	r	q	m	z)
采	桑	惊	啼	鸟。
(c	s	j	t	n)
风	过	扑	鼻	香，
(f	g	p	b	x)
花	落	知	多	少！
(h	l	zh	d	sh)

其中有3组音最容易混淆,应注意分辨。

(一) 平舌音与翘舌音

1. 正音跟读

教师范读,学生跟读平舌音和翘舌音。

平舌音 z、c、s 发音时,舌尖平伸,抵住或接近齿背。

翘舌音 zh、ch、sh 发音时,舌尖翘起,接近或接触硬腭最前端。

z	自在	祖宗	罪责	粽子	自尊	做作	总则
c	仓促	猜测	粗糙	措辞	摧残	苍翠	参差
s	松散	诉讼	思索	琐碎	嫂嫂	搜索	随俗
zh	庄重	珍珠	指针	主张	追逐	招展	周折
ch	车床	出差	戳穿	超产	拆除	冲茶	长城
sh	设施	时尚	杀伤	上升	山水	手术	生疏

2. 词语听辨

听老师朗读下列词语,并标出声母。随后两人为一组,一人读一人听,相互纠音。

找到——早到　鱼刺——鱼翅　祠堂——池塘　从来——重来　丧生——上升
塞子——筛子　死记——史记　肃立——树立　赞助——站住　搜集——收集
栽花——摘花　大字——大志　三角——山脚　资源——支援　仿造——仿照
三哥——山歌　木材——木柴　物资——物质　近视——近似　阻力——主力

3. 绕口令练读

镇江路,镇江醋,镇江名醋出此处。老崔买醋太疏忽,匆匆促促买错醋,买了错醋味不足。

爬来爬去是蚕,飞来飞去是蝉。蚕常在桑叶里藏,蝉藏在树林里唱。

山前有四十四只石狮子,山后有四十四个野柿子,结了四百四十四个涩柿子。涩柿子涩不到山前的四十四只石狮子,石狮子也吃不到山后的四百四十四个涩柿子。

说好四和十,得靠舌头和牙齿,谁说四十是"细席",他的舌头没用力,谁说十四是"时适",他的舌头没伸直。经常读,时常练,十四、四十、四十四,我要把你读得正确又流利。

4. 声旁类推

由于现代汉语中形声字占大多数,而形声字的读音与其声旁的读音相同或相似,故使用这一方法可以记住很多汉字的读音。

中——钟忠种肿盅衷仲冲　　真——镇缜积嗔　　　　次——瓷茨姿资咨
正——政整证征症怔　　　　采——彩踩睬菜　　　　从——丛纵枞苁
山——汕疝讪舢　　　　　　少——沙纱抄砂
式——试拭弑轼　　　　　　申——神审伸绅砷娠呻珅　　生——胜牲笙甥

请学生在课余时间选取以平舌音或翘舌音为声旁的字,做成声旁类推卡片,进行记忆练习。

(二) 唇齿音与舌根音

1. 正音跟读

教师范读,学生跟读唇齿音与舌根音。

唇齿音 f 发音时,上齿与下唇自然接近,唇形向两边展开。

舌根音 h 发音时,舌头后缩,舌根抬起,和软腭接近,唇舌部位不能接触。

f　方法　丰富　仿佛　防范　反复　非凡　发奋
h　荷花　欢呼　呼唤　火花　航海　憨厚　好坏

2. 组词对比

两人为一组，一读一听。读者随机挑选以下成对词汇练读，看听者是否能听清；听者要认真听，并纠正读者的发音错误。

理发—理化　　发现—花钱　　舅父—救护　　防虫—蝗虫　　开花—开发
福利—狐狸　　房后—皇后　　斧背—虎背　　风干—烘干　　废话—会话
飞机—灰鸡　　发生—花生　　西服—西湖　　花费—花卉　　凡是—环视

3. 绕口令练读

红凤凰，黄凤凰，粉红墙上飞凤凰。凤凰飞，飞凤凰，红黄凤凰飞北方。

黑化肥发灰，灰化肥发黑。黑化肥发黑不发灰，灰化肥发灰不发黑。

红饭碗，黄饭碗，红饭碗盛满饭碗，黄饭碗盛饭半碗。黄饭碗添了半碗饭，红饭碗减了饭半碗。黄饭碗比红饭碗又多半碗饭。

4. 声旁类推

由学生在课余时间选取以唇齿音或舌根音为声旁的字，做成声旁类推卡片，进行记忆练习。

胡—湖糊葫蝴瑚煳醐猢　　皇—煌惶凰蝗隍湟崲遑偟　　化—花华桦哗骅铧吪
非—菲匪斐霏绯翡扉蜚　　方—放房芳防仿访纺舫肪　　丰—逢峰锋缝蜂奉沣

（三）鼻音与边音

1. 正音跟读

教师范读，学生跟读鼻音与边音。

鼻音 n 和边音 l 的发音部位相同，发音时都是舌尖抵住上齿龈，但发音方法不同。n 是鼻音，发音时气流从鼻腔出来；l 是边音，发音时气流从舌头两边流出。

n　奶奶　袅袅　牛奶　恼怒　男女　泥泞　能耐
l　玲珑　琉璃　力量　联络　历来　流利　联络

2. 词语听辨

听老师朗读下列词语，并标出声母。随后两人为一组，一人读一人听，相互纠音。

难挡—拦挡　　南方—蓝方　　女郎—吕郎　　腻子—例子　　鸟市—了事
年息—怜惜　　年代—连带　　闹灾—涝灾　　南陵—南宁　　男女—褴褛

海南省的那个电视栏目，专门介绍了楠木的栽培技术。

年长的那一位，就是我们可爱的二连连长刘南。

3. 绕口令练读

男教练，女教练。吕教练，兰教练。兰教练是男教练，吕教练是女教练。兰蓝是男篮主力，吕楠是女篮主力。兰教练在男篮训练兰蓝，吕教练在女篮训练吕楠。

小牛放学去打球，踢倒老刘一瓶油。小牛回家取来油，向老刘道歉又赔油。老刘不要小牛赔油，小牛硬要把油赔给老刘。老刘夸小牛，小牛直摇头。你猜老刘让小牛赔油，还是不让小牛赔油。

南南有个篮篮，篮篮装着盘盘，盘盘放着碗碗，碗碗盛着饭饭。南南打翻了篮篮，篮篮扣住了盘盘，盘盘打破了碗碗，碗碗撒了一地的饭饭。

4. 声旁类推

由学生在课余时间选取以鼻音或边音为声旁的字,做成声旁类推卡片,进行记忆练习。

仑—论轮伦抡纶沦　　令—领零玲岭铃龄伶聆　　龙—笼拢陇聋垄珑胧咙

内—讷呐纳钠衲　　　宁—拧柠咛狞泞苧聍　　　农—浓侬脓哝秾烑

二、普通话韵母及训练

普通话韵母共有 39 个,主要由元音构成。单韵母由单个元音充当,复韵母由两个或三个元音复合而成,鼻韵母由元音加上鼻辅音 n 或 ng 构成。普通话韵母中前鼻韵母和后鼻韵母在许多方言中普遍容易相混。

1. 前后鼻韵母正音

教师范读,学生跟读前后鼻韵母。

前鼻韵母发音时,元音发出以后,舌头向前移动,舌尖抬起顶住上齿龈形成阻碍,使气流从鼻腔透出,用鼻辅音 n 作为音节的收尾。

后鼻韵母发音时,元音发出后,舌头向后面收缩,舌根抬起顶住软腭,使气流从鼻腔透出,用鼻辅音 ng 收尾。

an	参战	反感	烂漫	谈判	汗衫	灿烂
en	认真	瘟神	文身	根本	深圳	人参
in	紧邻	拼音	信心	辛勤	金银	禁品
ang	商场	上当	账房	苍茫	党章	帮忙
eng	风声	丰盛	风筝	更正	生成	征程
ing	经营	命令	姓名	明镜	行星	清明

2. 词语对比练习

开饭—开放　　担心—当心　　一半——磅　　烂漫—浪漫　　三叶—桑叶

身世—声势　　陈旧—成就　　三根—三更　　诊治—整治　　木盆—木棚

人民—人名　　不信—不幸　　辛勤—心情　　亲近—清净　　红心—红星

3. 诗词练习

江南好,风景旧曾谙。

日出江花红胜火,春来江水绿如蓝,能不忆江南?(白居易《忆江南》)

锦城丝管日纷纷,半入江风半入云。此曲只应天上有,人间能得几回闻。(杜甫《赠花卿》)

兰陵美酒郁金香,玉碗盛来琥珀光。但使主人能醉客,不知何处是他乡。(李白《客中行》)

杨柳青青江水平,闻郎江上唱歌声。东边日出西边雨,道是无晴却有晴。(刘禹锡《竹枝词二首·其一》)

4. 绕口令练读

陈是陈,程是程,姓陈不能说成是姓程,姓程也不能说成是姓陈。禾旁是程,耳朵是陈。程陈不分,就会认错人。

板凳宽,扁担长。扁担长,板凳宽。扁担没有板凳宽,板凳没有扁担长。扁担绑在板凳上,板凳不让扁担绑在板凳上,扁担偏要板凳让扁担绑在板凳上。

东洞庭,西洞庭,洞庭山上一条藤,藤条顶上挂铜铃,风吹藤动铜铃响,风停藤定铜铃静。

三、普通话声调及训练

声调是指一个音节发音时的高低升降的变化形式,有区别意义的作用,包括调值和调类。调值是声调的实际读音,即音节的高低、升降、曲直、长短的变化形式,通常用"五度标记法"标记(如图8-1所示)。

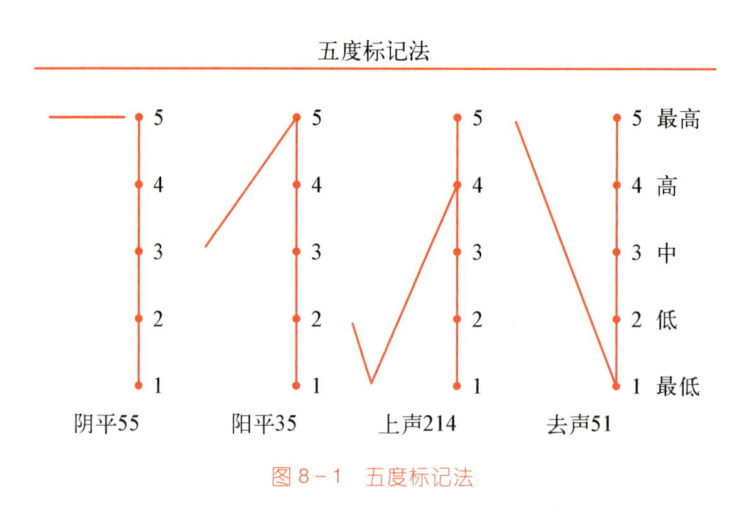

五度标记法

阴平55　　阳平35　　上声214　　去声51

图8-1　五度标记法

普通话有高平调、高升调、降升调和全降调4种调型,故有阴平、阳平、上声和去声4个调类。

(一)正音跟读

教师范读,学生跟读4个声调。

阴平调,起音高高一路平。例如:

春天花开　　珍惜光阴　　江山多娇　　乡村医生　　居安思危　　息息相关

阳平调,由中到高往上升。例如:

闻名全球　　弘扬文明　　提前完成　　儿童文学　　轮船航行　　全国团结

上声调,先降后升曲折起。例如:

稳—妥—处—理　　彼—此—理—解　　老—虎—勇—猛

去声调,高起猛降到底层。例如:

艺术特色　　变幻莫测　　胜利闭幕　　教育系列　　办事效率　　政治面貌

(二)夸张四声训练

教师范读,学生跟读。尽量放大每一个字的音量,延长每一个字的音长。

清—正—廉—洁　　虚—怀—若—谷　　风—调—雨—顺

心—明—眼—亮　　深—谋—远—虑　　海—枯—石—烂

瑞—雪—丰—年　　英—明—果—断　　轻—描—淡—写

高—朋—满—座　　神—通—广—大　　五—光—十—色

四、普通话音变及训练

音变是指语音的变化。人们用语言进行交流的时候,总是将音节组成一连串的自然语流,一个音节紧接着一个音节说。由于语流内相邻音节的互相影响,有时会发生语音方面的变化,这种语音变化就是"语流音变"。普通话语音中常见的音变现象主要包括变调、轻声、儿化、语气词"啊"的变读等。

(一) 变调

1. 上声的变调

变调规律：上声在非上声前,其调值由214变为21,念半上声；两个上声相连,前一个上声的调值由214变为35,念阳平。

教师范读,学生跟读以下词语：

小说	首先	指挥	紧张	普通	主观	本身
几何	语言	总结	美人	旅行	可能	以前
感动	请假	掌握	反映	表示	美丽	主动
感慨	美好	手表	所有	所以	引起	也许

2. "一""不"的变调

变调规律："一""不"在去声音节前,一律变阳平；在非去声音节前,"一"要变去声,"不"不变声；在词语中间读轻声。

学生自主练读以下词语：

一朝一夕	一颦一笑	一模一样	一粥一饭	一心一意	一五一十	一丝一毫
不干不净	不伦不类	不即不离	不尴不尬	不成体统	不可思议	不寒而栗
看一看	走一走	说一说	跳一跳	读一读	好不好	行不行	跑不跑	差不多

(二) 轻声

普通话的每一个音节都有一定的声调,但是在词和句子里,很多音节常常失去原有的声调,被念成一个既轻又短的调子,即"轻声"。轻声是一种特殊的音变现象,有时可以区别意义。

1. 有规律轻声词

学生当堂背记以下有规律轻声词。

语气词：啊、吗、啦、吧、呢、哇、嘛、呀等。

助词：的、地、得、着、了、过等。

名词和代词的后缀：们、子、头等。

表示趋向的词：去、来、过来、起来、上、下、上来、下去等。

表示方位的词：上、下、里、边、面等。

2. 无规律轻声词

教师范读,学生跟读以下轻声词语。

爱人	巴掌	白净	帮手	棒槌	包袱	包涵	本事	比方	扁担	别扭	拨弄
补丁	部分	财主	裁缝	苍蝇	差事	柴火	称呼	锄头	畜生	窗户	刺猬
凑合	耷拉	答应	打扮	打点	打发	打量	打算	打听	大方	耽搁	耽误
道士	灯笼	提防	地道	地方	弟兄	点心	东家	东西	动静	动弹	豆腐
嘟囔	队伍	对付	对头	多么	废物	风筝	福气	高粱	膏药	告诉	姑娘
怪物	关系	规矩	含糊	行当	合同	和尚	厚道	胡琴	皇上	活泼	火候
机灵	记号	嫁妆	见识	将就	交情	叫唤	戒指	结实	累赘	凉快	琢磨
作坊	祖宗	学生	唾沫	特务	收成	晌午	铺盖	能耐	模糊	买卖	忙活

（三）儿化音

"儿化"是指后缀"儿"与前一音节的韵母结合成一个音节,并使这个韵母带上卷舌音色的一种特殊的音变现象。注意:这个"儿"不是一个音节,是表示"儿"前面音节的韵母要加上卷舌动作,使整个韵母变成儿化韵。有些人受方言影响,或把"儿"丢掉,或把"儿"当成一个独立的音节,或是虽然把儿化词读成了儿化韵,但带有明显的方言色彩,这些都要注意纠正。儿化音有区别意义的作用。

1. 教师范读,学生跟读儿化音

上哪儿	肉末儿	小车儿	半截儿	小刀儿	小猴儿	一块儿	一点儿	脚印儿
书本儿	眼珠儿	短袖儿	合群儿	玩意儿	有趣儿	瓜子儿	没词儿	树枝儿
没事儿	没空儿	号码儿	戏法儿	在哪儿	找茬儿	打杂儿	板擦儿	一会儿
鼻梁儿	名牌儿	鞋带儿	壶盖儿	小孩儿	加塞儿	快板儿	老伴儿	蒜瓣儿
药方儿	赶趟儿	香肠儿	瓜瓢儿	掉价儿	一下儿	豆芽儿	小辫儿	照片儿
扇面儿	鼻梁儿	透亮儿	花样儿	脑瓜儿	大褂儿	麻花儿	一块儿	好玩儿
大腕儿	蛋黄儿	天窗儿	刀背儿	摸黑儿	老本儿	花盆儿	钢镚儿	夹缝儿

2. 学生自主朗读以下绕口令

进了门儿,倒杯水儿,喝了两口运运气儿,顺手拿起小唱本儿,唱一曲儿,又一曲儿,练完嗓子再来练嘴皮儿。绕口令儿,练字音儿,还有单弦儿牌子曲儿。小快板儿,大鼓词儿,又说又唱我真带劲儿。

小哥俩儿,红脸蛋儿,手拉手儿,一块儿玩儿。小哥俩儿,一个班儿,一路上学唱着歌儿。学造句儿,一串串儿;唱新歌儿,一段段儿;学画画儿,不贪玩儿;画小猫儿,钻圆圈儿;画小狗儿,蹲庙台儿;画小鸡儿,吃小米儿;画小鱼儿,吐水泡儿。小哥俩儿,对脾气儿,上学念书不费劲儿,真是父母的好宝贝儿。

（四）"啊"的变读

语气词"啊"用在句尾或句中的停顿处时,时常受到前面音节末尾音素的影响而发生读音的变化。

1. 变读规律

"啊"在 a、o、e、i、ü、ê 等音素后,读 ya。如:他呀、磨呀、鹅呀、鸡呀、鱼呀、写呀。

"啊"在 u、ao、iao 等音素后,读 wa。如:路哇、好哇、腰哇。

"啊"在 n 音素后,读 na。如:天哪。

"啊"在 ng 音素后,读 nga。如:冷啊。

"啊"在 -i(前)音素后,读 [z]a。如:词啊。

"啊"在 -i(后)和 er 音素后,读 ra。如:儿啊、花儿啊。

2. 对话训练

学生两人为一组,扮演材料中的角色进行对话,教师和学生代表点评。

（1）扮演家长间对话

甲:这些孩子啊,真是可爱啊!

乙:那还用说啊,不然,这所幼儿园怎么叫模范幼儿园啊?

甲:你看啊,孩子们学得多高兴啊!

乙:是啊!他们又读诗歌啊,又画画啊,老师教得真好啊!

甲：你还没见啊，下了课，他们唱啊，跳啊，简直像一群快乐的小天使啊！
乙：那你赶快回去把孩子也送来啊！
（2）扮演朋友间对话
甲：同学，请问，到市图书馆怎么走啊？
乙：咳！原来是你啊！我也正想去图书馆啊，我们一块儿走吧！
甲：好的。呦！那儿怎么那么多人啊？
乙：卖书的呗。什么诗歌啊、散文啊、小说啊，应有尽有啊。
甲：那么多啊，那咱们也去看看啊！
乙：行啊！快跑啊，要不就买不到了啊。

第二节　朗读和朗诵训练

朗读与朗诵都是将视觉文本转化为作用于听觉的表情达意的有声语言，两者既是能引起听众共鸣的语言艺术，也是口语训练中最具特色的亮丽风景。它们既有区别也有联系。朗读的文本不一定是文学作品，而用于朗诵的文本必须是文学作品；朗读不要求脱稿，朗诵一般要求脱稿成诵；在表现手法上，朗诵可以借助手势、表情、眼神等身体语言，还可以借助音乐、舞蹈以及舞台灯光、背景等手段。朗读是朗诵的基础，朗诵是朗读的升华。朗读和朗诵，往大了说可以陶冶性情，开阔胸怀，增强理解；往小了说可以有效地培养对语言词汇细致入微的体味能力，以及确立口语表述最佳形式的自我鉴别能力，从而提高口头表达能力。因此，要想成为口语表述与交际的高手，就要重视朗读和朗诵。

一、朗读和朗诵前的准备

朗读和朗诵都是再创作活动。这种再创作，不是脱离材料去另行一套，也不是照字读音的简单活动，而是要求朗诵（朗读）者通过原作的字句，用有声语言传达出原作的主要精神和艺术美感。不仅要让听众领会朗诵（朗读）的内容，而且要使其在感情上受到感染。为了达到这个目的，朗诵（朗读）者在朗诵（朗读）前就必须做好一系列的准备工作。

（一）选择合适的材料

朗读的选材十分广泛，诗歌、散文、议论文、说明文等各种文章都可以读；朗诵在选材上只限于文学作品，而只有辞美、意美、脍炙人口的文学精品，才适合朗诵。选择材料时，一是要注意选择那些语言具有形象性而且朗朗上口的文章。因为形象感受是朗诵中一个很重要的环节，干瘪枯燥的书面语言对于具有很强感受能力的朗诵者也构不成丰富的形象感受。二是要根据朗诵的场合和听众的需要，以及朗诵者自己的爱好和实际水平，在众多作品中，选出最合适的作品。

（二）把握作品的内容

准确地把握作品内容，透彻地理解其内在含义，是作品朗诵（朗读）的重要前提和基础。通过阅读，分析作品，理解作品内容；感受作品，使文字在心中"活"起来。要准确透彻地把握作品内容，应注意以下几点：

1. 正确、深入地理解

朗诵(朗读)者要把作品的思想感情准确地表现出来,需要透过字里行间体会作者所要表达的情感,理解作品的内在含义。

(1)清除障碍。要搞清楚文中生字、生词、成语典故、语句等的含义,不要囫囵吞枣,望文生义。

(2)理解作品。要把握作品创作的背景、作品的主题和情感的基调,这样才会准确地理解作品,才不会把作品念得支离破碎,甚至歪曲原作的思想内容。

以高尔基的《海燕》为例,扫除文字障碍后,就要对作品进行综合分析。这篇作品以象征手法,通过暴风雨来临之前、暴风雨逼近和即将来临三个画面的描绘,塑造了一只不怕电闪雷鸣,敢于搏击风浪,勇于呼风唤雨的海燕这一"胜利的预言家"的形象。而这部作品诞生之后被广大工人和革命群众在革命小组活动时朗诵,被视作传播革命信息,坚定革命理想的战歌。综合分析之后,朗诵时就不难把握其主题——满怀激情地呼唤革命高潮的到来。进而,又可以领悟到这部作品的基调应是对革命高潮的向往、期盼。

2. 深刻、细致的感受

有的朗诵(朗读),听起来也有着抑扬顿挫的语调,可就是打动不了听众。如果不是作品本身有缺陷,那就是朗诵(朗读)者对作品的感受还太浅薄,没有真正走进作品,而是在那里"挤"情、"造"性。听众是敏锐的,他们不会为虚情所动,朗诵(朗读)者要唤起听众的感情,使听众与自己同喜同悲同呼吸,就必须仔细体味作品,进入角色,进入情境。

3. 丰富、逼真的想象

在认真研读作品的过程中,要发挥想象力,努力使作品的内容在自己的心中、眼前"活动"起来,就好像亲眼看到、亲身经历的一样。

以陈然《我的自白书》为例,在对作品进行综合分析的同时,可以设想自己就是陈然(重庆《挺进报》的特支书记),当时正处在这样的情境中:我被国民党逮捕,在狱中饱受折磨,但信仰毫不动摇,最后,敌人把一张白纸放在我面前,让我写自白书,我满怀对敌人的愤恨和蔑视,满怀革命必胜的坚定信念,自豪地写下了"怒斥敌酋"式的《我的自白书》。这样通过深入的理解、真挚的感受和丰富的想象,使己动情,从而也使人动性。

(三)普通话朗诵(朗读)

使用标准的普通话进行朗诵(朗读),既可以使自己的朗诵(朗读)优美动听,也便于不同方言区的人理解、接受作品的思想内容,从而达到有效沟通交流的目的。

二、朗读和朗诵技巧训练

朗诵(朗读)的表达技巧,是实现朗诵(朗读)目的的重要手段。合理地运用各种表达技巧,能够帮助朗诵(朗读)者更好地传情达意。常用的表达手段有:停顿、重音、语速、节奏句调和语气。

(一)停顿

停顿是指朗诵(朗读)时,段落之间,语句中间、后头出现的间歇。

这一方面是出于人的生理上或句子结构上的需要,停下来换气或使结构层次分明;另一方面是为了充分表达思想感情,并让听者有时间领会朗诵(朗读)的内容。

停顿包括生理停顿、语法停顿和逻辑停顿。

1. 生理停顿

生理停顿是指朗诵(朗读)者根据气息需要,在不影响语义完整的地方做一个短暂的停歇。人的正常呼吸大约是4~5秒钟一次,由于换气的需要,在表达过程中必然要有停顿。特别是有些长句,中间没有标点符号,一口气却无法读完,必须酌情进行换气停顿。例如:

主席先生:没有人比我更钦佩/刚刚在会议上发言的先生们的/爱国精神与见识才能。但是,人们常常/从不同的角度/来观察同一事物。因此,尽管我的观点/与他们截然不同,我还是要毫无顾忌、毫无保留地/讲出自己的观点,并希望/不要因此而被认为/是对先生们的不敬。

要注意,生理停顿不要妨碍语义表达,不要割裂语法结构。

【实训一】

取得大专学历的和尚未取得大专学历的干部……

这是某位领导讲话稿中的一句话,秘书的意思是"取得大专学历的/和尚未取得大专学历的干部……"因为事前没有练习,当这位领导讲话时把它读成了"取得大专学历的和尚/未取得大专学历的干部……"结果啼笑皆非。

【实训二】

今年好倒霉少不得打官司。

这是一位老地主家的对联。过年了,老地主让儿子们写副对联。大儿子说:"今年好。"二儿子说:"倒霉少。"三儿子说:"不得打官司。"老地主连说好,写好后贴到门上。过路的人看了后不得其解,不明白为什么会这么写,因为他们把它念成了"今年好倒霉,少不得打官司"。

【实训三】

女人没有了男人就恐慌了。

上面一句,大多数男性会读成"女人没有了男人,就恐慌了"。而大多数女性却读成"女人没有了,男人就恐慌了"。

2. 语法停顿

语法停顿是由口语表达中的层次结构及语法关系决定的。

(1) 句逗停顿。反映一句话里面的语法关系的,在书面语言里就反映为标点。因为听众是在听朗诵(朗读),不是看文章,根本就不知道使用的是何种标点符号,这就要求朗诵(朗读)者掌握好停顿的时间。

一般地,句号、问号、叹号后的停顿比分号、冒号长;分号、冒号后的停顿比逗号长;逗号后的停顿比顿号长;省略号、破折号根据具体情况适当掌握;段落之间的停顿则长于句子停顿的时间。

【实训一】

美术课上,//老师教同学们画风景,//要画上树、房子和小山。

【实训二】

接下来发生的事情很有意思。///当西班牙国王宣布荷兰是西班牙神圣不可分割的一部分时,/荷兰人认同了这种说法;//当西班牙国王重新划分荷兰的行政区域时,/他们坦然地接受了;//当西班牙国王为荷兰派来新的总督时,/他们也顺从地臣服了。///但是当西班牙国王菲利普二世把手伸向他们的钱袋时,/荷兰人奋起反抗了。

> 【分析】上两例中凡是有标点的地方,朗读时都必须停顿,标点不同,停顿的长短不同。"/"越多停顿时间越长。

朗读中的停顿不一定完全根据标点符号,而应根据语意、语气来处理。例如,"我/可能来不了。"这句话表达迟疑语气,在没有标点处也可以停顿。

(2)语法关系停顿。在没有标点提示的情况下,按照句子内部的语法结构关系进行停顿。

> 【实训】
> 根据提示,朗读下列句子。
> 雪/是冷的东西。(主语和谓语之间停顿)
> 我们要听/黄莺的歌声,就要坐到/有黄莺的树下。(动语和宾语之间停顿)
> 小草偷偷地/从土里/钻出来,嫩嫩的,绿绿的。(状语和中心语之间停顿)
> 风里带来些新翻的/泥土的气息,混着青草味儿……(定语和中心语之间停顿)

一个中心语有多层修饰成分时,在每个修饰成分之后略作停顿,以便听者更清楚地理解句子的层次,一般与中心语最接近的修饰成分之后不作停顿。

3. 强调停顿

强调停顿是指在朗诵过程中根据语义的变化而作出的一些停顿。为了强调某一事物,突出某个语义或某种感情,而在书面上没有标点、在生理上也可不作停顿的地方作了停顿,或者在书面上有标点的地方作了较大的停顿,这样的停顿称为强调停顿。例如:

惨象,已使我目不忍视了;流言,尤使我耳不忍闻。我还有什么话可说呢?我懂得衰亡民族之所以默无声息的缘由了。沉默呵,沉默呵!不在沉默中/爆发,就在沉默中/灭亡。

在"爆发"和"灭亡"的前面作一停顿,可以使听者充分感受到作者发出的"不爆发即灭亡"的呼告,同时也对听者发出投入战斗的召唤。

> 【实训一】
> 孤独使人痛苦,也使人幸福。
> 【分析】为强调突出"孤独""痛苦""幸福"三个词,便可在其前或后稍作停顿,整个的句子变成"孤独/使人痛苦,也/使人/幸福"。
> 【实训二】
> 前方将士浴血奋战,后方百姓全力以赴,他们用血肉之躯筑起了中华民族的钢铁长城。
> 【分析】这是讴歌抗洪精神的,强调军民合力抗洪、团结一致的中华民族精神,在读"浴血奋战""全力以赴""中华民族""钢铁长城"时可一字一顿:前方将士浴/血/奋/战,后方百姓全/力/以/赴,他们用血肉之躯筑起了中/华/民/族的钢/铁/长/城。

(二)重音

重音是指在朗诵(朗读)时强调或突出某些词或词组而产生的语音效果。一般用增加声音的强度来体现。重音有语法重音和强调重音两种。

1. **语法重音**

语法重音是指在不表示什么特殊的思想和感情的情况下,根据语法结构的特点,而把句子的某些部分重读。

> 【实训】
> 根据重音提示,朗读下列句子。
> 春天到了。(谓语中的主要动词常常需要重读)
> 我来到山顶西侧的边缘,一片树林寂静地守着月色。(定语、状语比中心语要稍重些)
> 这件礼服漂亮极了。(补语比中心语要稍重些)
> 谁给了我生命?(疑问代词要重读)
> 我们的家就在那座楼上。(指示代词要重读)

如果一句话里成分较多,重读也就不止一处,往往优先重读定语、状语、补语等连带成分。值得注意的是,语法重音的强度并不十分强,只是与同语句的其他部分相比较,读得比较重一些罢了。

2. **强调重音**

强调重音又叫感情重音,是指为了突出某种意思或情感,把某些音节重读。它不受标点和语法关系的制约,不像语法重音那样有固定规律,在什么地方重读完全是为了强调某种思想感情,要根据具体语言环境的需要来决定。同样的一句话,重音放在不同的位置,表达的意思也不同。以"明天他去北京。"为例:

明天他去北京。(强调时间,是明天,不是今天或后天。)
明天他去北京。(强调主语,是他,不是我也不是你。)
明天他去北京。(强调谓语核心动词,去,不是不去。)
明天他去北京。(强调宾语,是北京,不是别的地方。)

(三)语速和节奏

语速是指朗诵(朗读)时语言的快慢。语速是体现语言节奏、表达思想感情的重要手段。如果快慢的节奏处理恰当,往往能够生动形象地反映生活图景,烘托环境气氛,加强表达效果,产生较强的艺术感染力。

语速同个人的风格、心理状态、朗诵(朗读)内容、语言环境等多种因素密切相关,和语言的轻重、停顿也密切相关。朗诵(朗读)时,要从实际内容出发,根据情节的发展、感情的变化来确定速度,要做到快慢得体、缓急适合、快而不乱、慢而不滞,使语言有节奏变化。

语速可分为快速、中速、慢速。就现代汉语来说,每分钟250字以上为快速,每分钟200字左右为中速,每分钟150字左右为慢速。不同的语速可以用来表达不同的内容和感情。

1. **快速**

快速用于叙述或描写紧张、急剧变化的事情或场面,表达欢快、兴奋、激动、紧张、惊恐、愤怒等情绪。

> 【实训一】
>
>
>
> ### 沁园春·长沙
>
> 毛泽东
>
>
>
> 　　独立寒秋,湘江北去,橘子洲头。看万山红遍,层林尽染;漫江碧透,百舸争流。<u>鹰击长空,鱼翔浅底,万类霜天竞自由</u>。怅寥廓,问苍茫大地,谁主沉浮?携来百侣曾游,忆往昔峥嵘岁月稠。恰同学少年,风华正茂;书生意气,挥斥方遒。<u>指点江山,激扬文字,粪土当年万户侯</u>。曾记否,到中流击水,浪遏飞舟?
>
> 【分析】上词中加横线部分需要快读。
>
> 【实训二】现在,我终于见到这思慕已久的雄关了。啊,好一座威武的雄关!果然名不虚传:那气势的雄伟,那地势的险要,在我所见到的重关要塞中,是没有能与它伦比的了。
>
> 【分析】这一段表达激动的情绪,需要快读。

2. 中速

中速用于一般的陈述、说明性内容或是描写没有明显感情变化的事物。

> 【实训】
>
> (1) 曲曲折折的荷塘上面,弥望的是田田的叶子。叶子出水很高,像亭亭的舞女的裙。层层的叶子中间,零星地点缀着些白花,有袅娜地开着的,有羞涩地打着朵儿的;正如一粒粒的明珠,又如碧天里的星星,又如刚出浴的美人。
>
> (2) 食用野生动物为什么会给人类的健康造成严重威胁呢?科学家解释说,人们食用的野生动物,大多生存环境不明,来路不清,卫生检疫部门又难以进行有效监控,致使带有病毒的野味走上了部分人的餐桌。动物携带的许多病毒、寄生虫多生长在它们的肌肉、血液、内脏中,煎、炒、烹、炸根本奈何它不得。科学实验表明,有些病毒在高温中竟能生存十几分钟,甚至更长,这些病毒一旦进入人体,就会大量繁殖,引发疾病。

3. 慢速

慢速用于朗诵(朗读)比较悲痛的、庄重的内容,表达忧郁、压抑、悲痛、庄严、平静、迟疑、失望、悠然自在等情感时用慢速。

> 【实训】
>
> (1) 谦,日子真快,一眨眼你已经死了三个年头了。这三年里世事不知变化了多少回,但你未必注意这些个,我知道。你第一惦记的是你几个孩子,第二便轮着我。孩子和我平分你的世界,你在日如此;你死后若还有知,想来还如此。
>
> (2) 青蛙说:"朋友,别说大话了!天不过井口那么大,还用飞那么远吗?"

语速的快慢还和作品的体裁以及人物的年龄、性格等有关。就作品的体裁来说,和散文相比,诗歌的速度要慢一些。散文中,抒情散文比叙事散文的速度要慢一些。就人物的年龄和性格说,年轻人的语速较快,老年人的语速较慢;性格豪爽、作风泼辣的人语速较快,性格憨厚、作风懒散的人语速较慢。

同一个人物处于不同的情绪中,可能会有不同的语速。比如朗诵(朗读)一个人在激动、欢乐、喜悦、热情、狂喜、欢呼、惊慌、紧急、斥责、愤怒、凶狠、命令等不同情态下言行举止的语句,语速可快;而朗诵(朗读)一个人在悲伤、痛苦、失望、郁闷、惭愧、沉思、怀念、宁静等情态下言行举止的语句,语速要慢。

【实训】

在您的帮助下,我们打胜了那次阻击战。您在回去的途中,累得昏倒在路旁了。我们还记得,我们的一个伤员在您家里休养,敌机来了,您丢下自己的小孙孙,把伤员背进了防空洞;当您再回去抢救小孙孙的时候,房子已经炸平了。您为我们失去了唯一的亲人。您说,这比山还高比海还深的情谊,我们怎么能忘怀?

这段文字中,开头两句:"在您的帮助下,我们打胜了那次阻击战。您在回去的途中,累得昏倒在路旁了",表示沉郁的思想感情,可用中常语速和稍慢的语速朗诵(朗读);"我们还记得,我们的一个伤员在您家里休养,敌机来了,您丢下自己的小孙孙,把伤员背进了防空洞",表示危急、惊异、紧张的思想感情,用快速朗诵(朗读);"当您再回去抢救小孙孙的时候,房子已经炸平了。您为我们失去了唯一的亲人。您说,这比山还高比海还深的情谊,我们怎么能忘怀?"表示悲伤、痛苦、失望和怀念的思想感情,用慢速朗诵(朗读)。

朗诵(朗读)是为了体味文本的思想感情,要把握好语速的快慢度,不能为朗诵(朗读)而朗诵(朗读),快时应如"间关莺语花底滑",慢时应如"冰泉冷涩弦凝绝"。要努力改变朗诵(朗读)的不良习惯,摒弃矫情做作的腔调,使朗诵(朗读)的语速尽量自然一些,适应表达感情的需要。

语速和语音的轻重、高低、长短、虚实构成朗读的节奏。在朗诵创作中,节奏是由全篇作品生发出来的,是朗诵者思想感情的波澜起伏所造成的抑扬顿挫、轻重缓急的声音形式的回环往复。

朗诵(朗读)节奏的基本类型分为6种:

(1) 轻快型:语调多扬少抑,语音多轻少重,语流轻快活泼,多表达欢快、欣喜的情感。如朱自清的《春》。

(2) 低沉型:语调压抑,语音沉重,停顿多而长,音色偏暗,语流沉缓,多表达悲痛、感伤的情感。如《卖火柴的小女孩》。

(3) 凝重型:语调多抑少扬,语音多重少轻,语流平稳凝重,多表达严肃、沉思的情感。如《最后一课》《背影》。

(4) 舒缓型:语调多扬少抑,语音清朗而柔和,气息畅达,语流舒展,多表达平静、舒展的心情。如《海上的日出》《济南的冬天》。

(5) 紧张型:语调多扬少抑,语音多重少轻,语气强而短促,语流速度较快,多表达紧急、激动、气愤的情绪。如《最后一次讲演》。

(6) 高亢型:语调高扬,语音响亮,语句连贯,语流畅达,常用来表现热烈、豪放、激昂、雄浑的气势。如《白杨礼赞》《海燕》。

事实上,一篇作品并不是一种节奏一贯到底,而是以某种类型为主,渗入其他类型,既表现了节奏的具体性,又表现了节奏的丰富性。

在基本类型的基础上杂以其他类型时,有一个过渡改变的过程,就是节奏的转换。转换的基本方法有三个方面：欲扬先抑,欲抑先扬;欲快先慢,欲慢先快;欲轻先重,欲重先轻。这些方法本身又是复合的,如欲重先轻、欲轻先重,往往就是欲虚先实、欲实先虚。扬和抑的转换中融入了轻和重的成分。

（四）句调

句调是指语句里声音高低升降的变化,其中以结尾的升降变化最为重要,和句子的语气紧密结合。句调是有声语言所特有的,它是句子的语音标志,任何句子都带有一定的句调。同样一个"我"字,采用不同的句调可以回答不同的问题。

> 【实训】
> 谁是班长？——我。（句调平稳,句尾稍抑）
> 你的电话！——我？（句调渐升,句尾稍扬）
> 谁负得了这个责任？——我！（句调降得既快又低）
> 你来当班长！——我?!（句调曲折）

朗诵（朗读）时,如能注意句调的升降变化,语音就有了动听的腔调,听起来便具有音乐美。句调是千变万化的,它的基本类型分为以下四种。

1. 平调

平调的语势平稳舒缓,无明显高低变化。一般用于不带有特殊感情的陈述和说明,以及表达客观、迟疑、思索、冷淡、悼念、追忆、庄严等思想感情的句子。

> 【实训】
> （1）在我的家里,珍藏着一件白色的的确良衬衫。
> （2）有的人活着,他已经死了;有的人死了,他还活着。
> （3）随便你怎么说吧,我无所谓。
> （4）我国名山大川中,瀑布很多,它们沿着各种不同形状的悬崖峭壁,奔流倾泻,千姿百态,变化奇丽,即使用"银龙飞舞""匹练垂空"等语句,也没法描绘出瀑布的壮丽景色。
> （5）记得我十三岁时,和母亲住在法国东南部的耐斯城。

2. 升调

升调的语势由平升高,句尾音调向上扬。多用在疑问句、反问句、短促的命令句中,表达愤怒、惊异、紧张、兴奋、号召、呼唤等情感。

> 【实训】
> （1）当你对伟大祖国怨声不绝的时候,作为儿女,你是否想过你为母亲做了些什么？难道在你的怨声中祖国就会富强起来吗？难道你让别人去奋斗,到头来你却坐享其成吗？难道我们班就甘心落后吗？
> （2）大家赶快行动起来！
> （3）同学,回来！
> （4）啊！你考了一百分！
> （5）这场球我们打赢了！

3. 降调

降调的语势由高到低,句尾音调向下收,末字低而短。一般用在陈述句、祈使句、感叹句中,表达请求、赞扬、坚定、沉痛、自信、祝愿、悲愤等情感。

> 【实训】
> (1) 春天到了,可是我什么也看不见!
> (2) 多么好的天气呀!
> (3) 马上出去!
> (4) 我一定要上学!
> (5) 祝你们学业有成!

4. 曲调

曲调是指全句语调弯曲,或先升后降,或先降后升,往往把句中需要突出的词语拖长着念。这种句调常用来表示讽刺、讥笑、厌恶、夸张、反语、意在言外等语气。

> 【实训】
> (1) 你行!你什么都行!
> (2) 这些海鸭呀,享受不了战斗生活的欢乐,轰隆隆的雷声就把它们吓坏了。
> (3) 来参观的人哪,可多了。
> (4) 好个国民党政府的"友邦人士",是些什么东西!

(五) 语气

语气是指在一定的具体思想感情支配下具体语句的声音形式。"语"是通过声音表现出来的"话语","气"是支撑声音表现出来的话语的"气息状态"。作品的思想感情诉诸词章文采,朗诵(朗读)的思想感情诉诸声音气息。在朗诵(朗读)中,总的色彩体现在基调中,具体色彩体现在语气中。语气的色彩并非朗诵者随心所欲地涂抹,它是语句内在的具体思想感情的积极运动的显露,这种显露就在声音气息的变化上。

1. 爱的感情

爱的感情,一般是"气徐声柔",有温和感。说话时,口腔放松,气息深长。

> 【实训】
> 用了世界上最轻最轻的声音, 而梦见的是你发光的名字:
> 轻轻地唤你的名字每夜每夜。 如日,如星,你的名字。
> 写你的名字, 如灯,如钻石,你的名字。
> 画你的名字, ——《你的名字》

2. 憎的感情

憎的感情,一般是"气足生硬",有挤压感。说话时,口腔紧窄,发音器官紧张,气流不畅,语气急促生硬。

> 【实训】
> 我渴望自由，
> 但我深深地知道——
> 人的身躯怎能从狗洞子里爬出！
> ——《囚歌》

3. 喜的感情

喜的感情，一般是"气满声高"，有跳跃感。说话时，声音脆亮，气息顺畅，音调高语速快，发声偏于口腔靠前部，语气欢快短促，声音甜润，给人以兴奋感。

> 【实训】
> 绿叶，把春色浓缩在自己蓬勃的生命里。
> ……
> 绿叶伴着我的歌，不再枯萎；
> 我的歌在绿叶里，永远年轻。
> ——《绿叶》

4. 悲的感情

悲的感情，一般是"气沉声缓"，有阻滞感。气息沉重，出声缓慢，说话时，气息先而出声在后，气息阻滞声音，发声被气息隔断，给人以呜咽的感觉。

> 【实训】
> 孩子
> 快抓紧妈妈的手
> 去天堂的路
> 太黑了
> 妈妈怕你
> 碰了头
> 快抓紧妈妈的手
> 让妈妈陪你走
> 妈妈怕天堂的路太黑
> 我看不见你的手
> 自从倒塌的墙
> 把阳光夺走
> 我再也看不见
> 你柔情的眸
> 孩子
> 你走吧
> 前面的路
> 再也没有忧愁
> 没有读不完的课本
> 和爸爸的拳头
>
> 你要记住
> 我和爸爸的模样
> 来生还要一起走
>
> 妈妈
> 别担忧
> 天堂的路有些挤
> 有很多同学朋友
> 我们说
> 不哭
> 哪一个人的妈妈都是我们的妈妈
> 哪一个孩子都是妈妈的孩子
> 没有我的日子
> 你把爱给活的孩子吧
> 妈妈
> 你别哭
> 泪光照亮不了
> 我们的路
> 让我们自己慢慢地走
> 妈妈

我会记住你和爸爸的模样	来生我们一起走!
记住我们的约定	——《孩子快抓紧妈妈的手》

5. 惧的感情

惧的感情,一般是"气提声抖",有衰竭感。说话时,发声迟疑,语流不顺,气息似积存于胸,出气强弱不匀。

【实训】
你,你想干什么?

6. 急的感情

急的感情,一般是"气短声促",有紧迫感。说话时,吐字弹射有力,气息急迫,出语停顿短暂,断断续续,给人以催促感。

【实训】

母亲	母亲
严酷的夏日快要晒死我了	我要回来
给我个号令	母亲
我还能背城一战	——《七子之歌·台湾》

7. 冷的感情

冷的感情,一般是"气少声平",有冷寂感。口腔松懒,气息微弱。

【实训】
你为什么要回来,你的任何事情,都跟我没有关系。

8. 怒的感情

怒的感情,一般是"气粗声重",有震慑感。说话时,发音力度加大,语势迅猛,气息粗重,纵放不收,语气粗重沉实。

【实训】
猫一下子全明白了,瞪圆双眼大声说:"是你给吃见底了?"(《猫和老鼠》)

此外,还有怀疑之情、凝思之情、谄媚之情等,朗诵(朗读)作品要仔细体味。准确地运用情感,并把情感表现与气、声的处理结合起来。

朗诵(朗读)时,句子的松紧、声音的起伏、语速的缓急、语气的强弱,都要根据情意表达的需要而有所变化。朗诵(朗读)时必须掌握好节奏,将停顿、重音、语速、句调和语气有机结合,做到快慢起伏、波澜跌宕、抑扬顿挫。总之,停顿、重音、语速、节奏、句调和语气,是我们朗诵(朗读)语言表达思想感情的常用技巧。这几种技巧既有区别又有联系,要综合运用,而不能顾此失彼。

(六)态势语言

1. 面部表情

朗诵的体态语言最重要的是面部表情,其中,眼睛最重要。朗诵一定要注意自己的眼睛。一定要看着观众,一定要和观众交流,要让观众从眼睛里看出你的内心。表现高兴时,眼睛明亮,目光亲切;表现失望时,目光呆滞暗淡,充满沮丧;表现愤怒时,双目圆睁,直视对方……眼睛一般是平视前方,有时也可以仰视(表示高大、傲慢)、俯视(表示沉思、羞愧)、斜视(表示轻蔑)、环视(表示询问)等。眉间、嘴、鼻和面部肌肉等活动,也有一定的表情达意作用。例如,双眉紧锁,表示困惑、痛苦;紧抿嘴唇,表示犹豫和隐秘;面部肌肉紧张,表示严肃;面部肌肉放松,表示兴奋等。面部表情一定要符合作品情感的变化。

2. 手势

朗诵中根据表情达意的需要适当地运用手势可以更充分地表达作品的思想感情,同时也可以避免呆板,增强可视性。

3. 身体姿势和动作

朗诵时身体姿势和动作也要随着作品适当变化。在台上朗诵,一般呈小丁字步自然站立,随着感情变化,有时挺立,有时前倾,有时左右晃动,有时甚至可以走动。

朗诵主要靠有声语言,但体态语言的作用也不可忽视。运用得好,可以起到吸引、强化、印证等作用。但一定要做到适度、自然、协调、优美。

(七)配乐

最后谈谈朗诵中的配乐问题。有的作品配上合适的音乐来朗诵,能起到烘托气氛、渲染情感的积极作用,收到更好的效果。需要提醒的是,所选择的音乐一定要与作品相吻合,同时要控制好音量,否则,将会弄巧成拙,影响朗诵效果。

第三节　口语表达概述

口语表达是指将内部言语准确、清晰、生动地转换为外部有声言语的过程。人类自从有了语言,口语表达就成为社会生活中人与人之间的一种重要交流方式。口语表达随时空的变化而不断发展、完善,它既蕴含丰富的内容,又具有其特色。只要遵循它的主要原则并灵活运用,就能充分感受到口语表达的美妙。

从人类开始有语言那一刻起,口语表达就对社会的发展起着举足轻重的作用。通过对话交流,人们开始了合作创造,社会亦开始了多姿多彩的生活。南朝时期的著名学者刘勰曾高度评价口语表达的价值:"一言之辩,重于九鼎之宝;三寸之舌,强于百万之师。"口语表达是综合开发个体智慧、培养开拓型人才的需要,也是发展个体的积极心态、培养自信心和走向成功的有效途径。

美国著名人际关系学大师卡耐基曾讲过这样一则故事:一位英国人,失业后没有钱,走在费城街道上找工作。他走进当地一位大商人保罗·吉彭斯的办公室,要求与吉彭斯先生见面。吉彭斯以信任的眼光看看这位陌生人。他的外表显然对他不利。他衣衫褴褛,衣袖底部已经磨光,全身上下到处显出寒酸样。吉彭斯一半出于好奇心,一半出于同情,答应接见他。一开始,吉彭斯只打算听对方说几秒钟,然而这几秒钟却变成几分钟,几分钟又变成一个小时,而谈话依旧进行着。谈话结束之后,吉彭斯打电话给狄龙出版公司的费城经理罗兰·泰勒推荐这位陌生人,泰勒这位费城的大资本家邀请这位陌生人共进午餐,并为他安排了一个很好的工作。

这个外表潦倒的男子,怎么能够在这样短的时间内影响了如此重要的两位人物?其秘诀就是:他有很强的口语表达能力。

良好的口语表达帮助该年轻人展示了才华,获得了圆满的结局。由此可见,每个人都有必要学习口语的有关知识和表达技巧,以帮助人们在工作、生活中更好地展现才能,提高语言的感染力、号召力、鼓舞力。

一、口语表达的内涵

(一)口语的概念

口语,也叫作"口头语",是口头上交际使用的语言,通常是通过声音传播的。

有人说,声音是人的第二张名片。言为心声,优雅的谈吐能反映出一个人受过的良好教育。它是由多方面的结合体现出来的,诸如词语的运用,句式的选择,声音的音色、音量、语速、语调、语气等。这些细节总是能很真实地反映出一个人的本来面貌。

(二)口语和书面语的区别

语言包括口语和书面语两种形式。口语比书面语灵活简短,理解时,对语境的依赖性比较强,但不如书面语严谨。日常说话、谈话、讲话、对话、喊话、发言、聊天、耳语、私语、演讲、辩论等,凡从口里传达出的思想信息统称为口语,或口头语、口头语体。口语具有简短明快、通俗自然的特点。但是口语的声音一发即逝,难以流传久远。

为了克服口语受时间和空间限制的缺点,人类创造出文字来记录口语。因而,在可听的口语之外,又产生了可见的书面语。书面语也叫作"笔语""文字语",是用文字写下来的语言,是书面上交际使用的语言。是以口语为基础而形成的,具有与口语不同的风格。书面语具有语句雅正、结构严密、利于规范的特点。

二、口语表达的特点

(一)同步性

口语表达的过程,是一个将内部语言的思维变为外部语言的口语过程。即外部语言表达与内部语言思维是同步进行的。口语表达突发性、现场性强,要求口语表达要跟得上思维,关键点在于思维必须敏捷、周密、连贯。

(二)直接性

口语的传达和交流以面对面为主要形式,信息传递直接、快捷。

(三)即时性

口语表达是以声波为载体来传递信息、交流思想的,而声波则是稍纵即逝的。

(四)灵活性

日常交际中,口语表达的话题、内容、言语形式、表达风格都是灵活多样的,它随人物、语境等的变化而变化,呈现出很大的灵活性。

（五）综合性

说话时，语言、语调、态势要综合考虑，如果语调没有变化，语言是枯燥的；如果没有加一点体态语，语言是不生动的。说话人在说话时要综合调动各部门的积极性来完成说话内容，要根据表达的需要对声音的高低、升降、快慢等做语调变化，还要以丰富的肢体语言等辅助语言提高语言的表达效果。

三、口语表达的基本要求

（一）准确清晰

语音要求准确、吐字清晰、音量适中，恰当地运用停顿、重音、语气、语调等语音技巧；词汇上要富有变化；语法上要规范；词语的选择上要准确，长短句的运用和句式的选择要恰当。

（二）流畅自然

语速适当，停顿自然，不紧张，不卡壳，缓急有度；语言亲切自然，不拖泥带水，避免使用口头禅。

（三）简短通俗

多使用短句、散句，避免使用长句、整句；语言口语化，避免生涩词汇，也可恰当地运用方言词汇。

（四）生动形象

恰当地运用修辞手法；语音优美，抑扬顿挫，起伏有致；恰当地运用体态语言。

四、口语表达的技巧

（一）准确恰当的表达

准确恰当的表达是指在运用口头语言表达思想内容时要做到准确、清楚、得体。

人与人之间进行口语交际，表情达意准确、清楚、贴切与否直接影响交际的效果。掌握了表意准确、清楚、贴切的要领，在交际中会收到预期的甚至是超出预料的效果，从而促进交际的开展；反之，则可能言不尽意，造成模糊、歧义、误解、尴尬的局面，乃至影响工作开展。

1. 表意要准确

（1）发音要正确。发准字音是形成正确口语表达的要素之一，只有发准每一个字、词的读音，才能将自己想要表达的意思正确地传达出来。如果发音不准，很容易造成歧义，导致误解。

中国幅员辽阔、方言众多，即使是同一个地方，山南山北的话也有很大差异。比如有的地方将"吃饭"说成"掐饭"，"怎么了"说成"弄个了"。使用方言交流会影响人际交往中语意的表达，所以在社交活动中最好使用普通话交流。因为说话时如果不注意，说错了音，往往会"谬以千里"，闹出很多笑话。生活中，这样的例子有很多。

比如，一个小伙子说："我去青云街，给张大娘送花盆子。"由于语音不准确，他说成"我去青云姐，给张大梁送花棚子"，令人啼笑皆非。

像这样令人啼笑皆非的例子还有很多。一次开班会，一位同学发言说道："现在的学生程度参差（cān cā）不齐。"于是，有的同学就在底下小声嘀咕："那叫参差（cēn cī），真没文化。"读错音，不仅会影响一个人的形象，如果是对外宣传，还会影响一个单位或集体的形象。

方言方音乃至错音是可以改正的，尽管改起来不容易，但只要不懈地努力，依靠平时的朗读书报、多听广播、说话练习等方式是可以做到清楚准确地发音的。在日常的口语交际中多加注意，就会减少日常生活和工作中使用不正确的发音所带来的麻烦。

（2）用词要贴切。正如法国著名作家福楼拜曾经教导莫泊桑说："无论描写什么、叙述什么,只要有一个确切的字眼可用,作者就要想尽一切办法地去寻找那唯一确切的字眼来表达。"中国古语也有"为求一字稳,耐得半宵寒"之说。如众所周知的"僧推月下门"改为"僧敲月下门"就是一个例证。

1999年12月20日澳门回归,中央电视台对有关活动进行了实况转播,节目主持人白岩松在转播结束时特意指出:

江泽民等参加澳门政权交接仪式,所用名称为"中国政府代表团",因为有另外一方葡萄牙政府代表团参加。结束后,举行中华人民共和国澳门特别行政区成立暨特区政府宣誓就职仪式,所用名称为"中央政府代表团",因为是国内事务。

一个是"中国政府代表团",一个是"中央政府代表团",分别用于内容不同的活动,这是绝对不能混淆的。

选择最贴切的词语要做到,第一,要认清表现对象。诸如事物的性质状态,人的外貌心理等,都应有准确的把握;第二,要正确理解词语意义。汉语词汇意义极其丰富,每个词一般说都有本义、引申义或比喻义。这就需要根据具体的言语环境确定词语的准确意义;第三,要仔细辨析词义异同。汉语词汇里有大量的近义词,在意义、色彩、轻重以及搭配对象等方面,有细微的差别。语言表达的成败效果,就在于能否分清这细微的差别。我们可以根据表达的具体需要,斟酌使用有细微差异的同义词,以取得表意精确的修辞效果。例如:

> 仅仅十来天之后,对少恒的思念就开始如泥鳅一样在心里先是蠕动继是滚动后是蹿动,弄得她心神不宁坐立不安了。(周大新《银饰》)

蠕动、滚动、蹿动是三个近义词,在这里连续使用是为了表现对少恒的思念程度与日俱增,这种表达效果与近义词的选用有密不可分的关系。

2. 表意要清楚

(1) 言之有序。言之有序是指语言要有条理,句与句之间要连贯,先说什么,后说什么,层次要清楚,使表达的意思符合事理,便于听者了解和把握事情的实际情况和本来面目。那些与主题无关的话,统统戒除。比如有人说话时总喜欢用很多"然后",条理不清楚,这些会影响听者的感受。

在《红楼梦》第27回中,小红在替凤姐办事时,说了一段非常简短、干净利落的话,得到王熙凤的赏识。凤姐让小红回屋给平儿传话,顺便送个小荷包,还借机考了考她的办事能力。原文如下:

> 凤姐笑道:"他怎么按我的主意打发去了?"红玉道:"平姐姐说:我们奶奶问这里奶奶好。原是我们二爷不在家,虽然迟了两天,只管请奶奶放心。等五奶奶好些,我们奶奶还会了五奶奶来瞧奶奶呢。五奶奶前儿打发了人来说,舅奶奶带了信来了,问奶奶好,还要和这里的姑奶奶寻两丸延年神验万全丹。若有了,奶奶打发人来,只管送在我们奶奶这里。明儿有人去,就顺路给那边舅奶奶带去。"话未说完,李氏道:"哎哟哟,这些话我就不懂了。什么'奶奶''爷爷'的一大堆。"凤姐笑道:"怨不得你不懂。这是四五门子的话呢。"

凤姐是知情人,一下子就听得一清二楚。这段对话不仅展示了小红的聪明才智,也反映了她在复杂环境中的处理能力,她的回答逻辑清晰、条理分明,让人不得不佩服她的机智和应变能力。

(2) 表意明确。选择恰当的语言反应鲜明的观点、思想。语言不能前后矛盾、含混不清,甚至造成歧义或误解。

恩格斯于1883年3月17日在伦敦海格特公墓安葬马克思时,曾发表了《在马克思墓前的讲话》。其中,他说:"让他一个人留在房里还不到两分钟,等我们再进去的时候,便发现他在安乐椅上安静地睡着了——但已经是永远地睡着了。"恩格斯不直接说马克思逝世,而用"讳饰"的手法说马克思"停止思想了""永远睡着了""不到两分钟",表现出恩格斯深感遗憾的悲痛心情。"他在安乐椅上安静地睡着了",说明马克思为无产阶级革命事业工作到最后一息,同时也再现出这位伟人庄严神圣的形象。所有的用语,都饱含着恩格斯对马克思的深切哀悼和衷心爱戴。恩格斯这一讲话是说话明确的典范。

汉语中存在大量的多义词和同音词,在口语表达中,尤其是语境信息不足的情况下,容易出现歧义问题,从而引起误解。如说"小王租小周一间房子",其中的"租"既可表示取得义的"从……租来",也可表示给予义的"租给",因此整句话既可理解为"小王向小周租一间房",也可理解为"小王租一间房给小周"。又如"这女孩子有点儿 jiāo qì。"jiāo qì 既可指"骄气",又可指"娇气"。

生活中有很多多义句、同音词,要正确理解它们的内涵,做到正确使用。

3. 表意要得体

表意得体就是要符合交际的目的、符合说话人的身份,要根据对象、适应场合等。

(1) 说话要符合交际目的的需要。说话也像写文章一样,首先有个"立意"的问题。说什么话,要根据说话的目的而定。目的不同,说话的详略、重点的选定都应有所不同,否则就会降低语言表达的效果。

科学巨人法拉第在进入英国皇家学院工作之前,曾和介绍人戴维爵士进行过一次这样的谈话。

戴维:"很抱歉,我们的谈话随时有可能被打断。不过,你很幸运,此时此刻仪器还没有爆炸。法拉第先生,信和笔记本我都看了。你在信中好像没有说明在哪里上的大学。"

法拉第:"我没有上过大学,先生。"

戴维:"噢?但你做的笔记说明你显然是理解这一切的,那又怎样解释呢?"

法拉第:"我尽可能去学习一切知识,还在自己房间里建立了小实验室。"

戴维:"年轻人,我很感动。不过,你可能因为没到实验室中干过,所以才愿意到这儿来。科学太艰苦,要付出极大的劳动,而只有微薄的报酬。"

法拉第:"但是,只要能做这件工作,本身就是一种报酬啊。"

戴维:"哈哈哈,你再看一下我眼边的伤疤,这是在氢实验中引起的一次爆炸留下的。我想,你装订的那些书籍总不曾将你炸痛,让你出血或把你打昏吧?"

法拉第:"是的,不曾有过,但每当我翻开装订的科学书籍,它的目录常常使我目瞪口呆,神魂颠倒。"

这段对话重点突出，详略得当，饶有趣味。戴维爵士所强调的是从事科学研究不是一件轻松的事，需要付出艰苦的劳动，甚至要付出伤残或牺牲的代价；而法拉第所表达的是对知识的强烈渴望，对科学的执着追求。谈话的结果是戴维爵士破格让法拉第当了自己的助手。从此，法拉第便在科学事业中大显身手了。假如当初一个强调学历，另一个贪图金钱，那肯定是另一番情形了。

(2) 说话要注意身份。任何人进行语言交际时，总是以一定的身份向别人表达自己的思想感情的。个人用什么身份说话，很容易反映出他的思想境界和对人对事的态度。因此，为了达到预期的交际目的，不但要力求准确地表达意思，还得考究话语形式能否与自己和对方的身份相符。比如《红楼梦》第九回中，有这样一段描述：

> 宝玉上学前去见父亲。贾政正在书房与清客说闲话儿，忽见宝玉进来请安，因说上学去，笑道："你要再提'上学'两个字，连我也羞死了。依我的话，你竟玩你的是正理。看仔细站脏了我这个地，靠脏了我这个门！"又对跟宝玉的奴才李贵说："你们成日家跟他上学，他到底念了些什么书！倒念了些流言混语在肚子里，学了些精致的淘气。等我闲一闲，先揭了你的皮，再和那没长进的东西算账！"

贾政在转眼之间，就以三种身份和角色出现，并以三种方式说话。他与清客是主宾和朋友关系，可平心静气地闲话；与宝玉是父子关系，父对子恨铁不成钢，一顿申斥挖苦；与李贵是主仆关系，一顿训骂。这些都是符合贾政的身份的。

(3) 说话要看对象。常言道："射箭要看靶子，弹琴要看听众。"任何交际都离不开特定的对象，要根据说话对象的不同采用不同的说话方式和内容，要因男女性别、身份地位、知识水平、职业特点、年龄大小、关系亲疏、兴趣爱好、个性脾气等而异，正所谓"见什么人说什么话"。

如同性之间交谈，可谈些共同感兴趣的内容。异性之间交谈，要把握分寸，说话文明，切忌谈男女之间的敏感话题。

对待领导上级要恭敬尊重，对待同事要热情大方，对待下属要信任宽容，对待宾客要礼貌周到，对待朋友要轻松愉快。

对待长辈要谦逊恭敬，对待晚辈要关心爱护，对待小孩子要善于启发和引导。

> 一个五六岁的小朋友见妈妈留客人吃饭，便拉着客人的衣角不让走，客人就问小朋友："你有什么好招待的？"小朋友瞪着眼睛不知所云，客人忙改口说："你有什么好吃的？"小朋友这才明白过来，"巧克力、旺旺饼、口香糖……"一口气数开了。

这里用"好吃的"取代"好招待的"正是适合了小朋友这个年龄的理解能力。

对文化程度高一些的人，语言可以文雅一些，太俗气了他会觉得你没有品位；对文化层次低一些的人，语言可以通俗一些，太文雅了，他可能会听不懂，甚至会觉得你在故意显摆、耍弄他。

> 有一天,子路问孔子:"听到了一件事情,是不是应该马上就行动呢?"
> 孔子回答:"有父亲、哥哥在,你怎么能不向他们请求就贸然行事呢?"
> 不一会儿,另一个学生冉有也来问孔子:"听到了一件事情,是不是应该马上就行动呢?"孔子回答说:"是的,听到了,当然要马上行动。"

这两次谈话都被学生公西华听到了,他就疑惑不解地问孔子:"同一个问题为什么会有两个截然相反的答复?"孔子说:"子路勇气十足,性子急躁,办事莽撞,所以我叫他征求他父亲兄长的意见,是想约束他一下;而冉有性格懦弱,办事畏缩,犹豫不决,所以我鼓励他办事果断,叫他看准了马上就去办。"

这就是因材施教、说话因个性而异的典型例子。在生活中,对性格孤僻、心胸狭窄的人,使用的语言要柔和一些、亲切一些;对心胸豁达、直爽开朗的人,应该把话说得坦率而富有趣味;对讷于言辞、见闻少、思路窄的人,要善于启发引导;对冷静沉着、思想深邃的人,说话必须严谨细致、有理有据。

(4)说话要看场合。场合是指说话的时间、空间和交际情景。口语表达总是在一定场合进行的,有正式的与非正式的,有公开的与私下的,有喜庆的与悲痛的。说话要区分不同的场合,否则就达不到理想的效果。

> 某法院开庭审理一起盗窃案,被告对作案时间交代不清。为了核实,审判长决定传被告之妻到庭作证。由于过分着急,审判长脱口而出:"把他老婆带上来!"全场哗然。

法庭的气氛是严肃的。在法庭上,审判长应该运用法庭用语,宣布"传证人某某到庭"。由于审判长以日常用语取代了法庭用语,冲淡了法庭严肃的气氛,引来一片哗然,显得很不得体。

鲁迅先生在他的《立论》这篇文章里讲了一个这样的故事。

> 一户人家生了一个男孩,全家高兴透顶了。满月的时候,主人抱出来给客人看——大概自然是想得一点好兆头。
> 一个人说:这孩子将来要发财的。他于是得到一番感谢。
> 一个人说:这孩子将来要做官的。他于是收回几句恭维。
> 一个人说:这孩子将来是要死的。他于是得到一顿大家合力的痛打。

第三个人之所以遭到痛打,就是因为他说话没有分清楚场合。

所以沟通与表达时要根据具体的场合来说得体的话,与场合氛围相协调,正所谓"上什么山唱什么歌"。

(二)生动形象的表达

在准确恰当的基础上,口语表达还可以做到生动形象,就是具体形象,新鲜活泼,打动人心。要求用语具体形象,注重修辞方法的运用和语音的配合。

1. 修辞手法的运用

在口语表达中,可以适当使用修辞手法来表情达意,增强语言表达的效果。常用的修辞手法有比喻、引用、对比、双关、排比、谐音、借代等。

(1)比喻。比喻就是打比方,以此物比彼物。著名文学理论家乔纳森·卡勒为它下了定义:比喻是认知的一种基本方式,通过一种事物看成另一种事物而认识了它。也就是说找到甲事物和乙事物的共同点,发现甲事物暗含了在乙事物身上不为人所熟知的特征,而对甲事物有一种不同于往常的重新的认识。用比喻法描写事物可使事物形象生动,从而能够加深听者的印象。

作为中国语言文化的传播者和引领者,习近平总书记就善用妙喻。他曾说:"促进各民族像石榴籽一样紧紧抱在一起。"习近平总书记用石榴和石榴籽形象地说明了中华民族和各个民族的关系以及各个民族之间的关系。

在第二届东亚文学论坛上,莫言在他的《悠着点,慢着点》的演讲中,使用了大量的比喻,如"人类的欲望是填不满的黑洞,穷人有穷人的欲望,富人有富人的欲望""要控制人类的贪欲,最直接有效的方法手段还是法律,法律如同笼子,欲望如同猛兽。人类社会千百年来所做的事,也就是法律、宗教、道德、文学与人的贪欲的搏斗。尽管不时有猛兽冲出牢笼伤人的事件,但基本上还是保持了一种相对的平衡"。这些"黑洞""笼子""猛兽"就将抽象的"欲望"和"法律"等概念通俗易懂地描绘出来了。

(2)引用。说话时,引用古文、名人名言、典故等来证明事物,阐释道理,借助于多种多样的语言材料,产生以少胜多、寓意深刻的效果,使语言表达言之有据,增强说服力和感染力。

2018年新年前夕,在发表新年贺词向世界传递中国声音时,习近平主席引用杜甫诗歌"安得广厦千万间,大庇天下寒士俱欢颜",以表明340万贫困人口实现了易地扶贫搬迁、有了温暖的新家的巨大变化和喜悦之情。在代表党和人民表达新年愿景时,他引用《老子》的"九层之台,起于累土",展现出要把新时代发展蓝图变为现实,必须不驰于空想,不骛于虚声,踏踏实实干好工作的务实决心。

2018年7月,在中阿合作论坛第八届部长级会议开幕式上,习近平主席援引阿拉伯谚语"语言是叶子,行动才是果实",以及中国古语"锲而不舍,金石可镂",寄语中阿合作要发扬"丝路精神",一步一个脚印朝着美好目标前进。同年10月,在山东开展的上海合作组织成员国元首理事会第十八次会议上,他还引用孔子"有朋自远方来,不亦乐乎",以及"孔子登东山而小鲁,登泰山而小天下",喜迎远道而来的各国贵宾,不仅让客人们进一步了解了源远流长、博大精深的中华文化,而且很好地宣传和推介了孔子的故乡山东。

(3)对比。对比是把两种不同事物或者同一事物的两个方面放在一起相互比较的修辞,也叫"对照"。对比可以使客观存在的对立统一关系表达得更集中、更加鲜明突出。

例如,心小了,所有的小事就大了;心大了,所有的大事就小了。再比如:天堂与地狱,只有一个字相隔,那就是爱。有爱的地方,就是温暖的天堂;无爱的地方,就是冰冷的地狱。在鲜明的对比中,能够更加深刻地揭示事物的本质,表明说话人的主观态度。

再如,下面这些例子中将意思相反或相对的词或句子放在一起就产生了强烈的表达效果:

① 说你行,你就行,不行也行;

说你不行,你就不行,行也不行;

横批:不服不行。

② 你说你十分钟就能赶到,可是现在整整过去了十个十分钟。

③ 女人不是因为漂亮而自信,而是因为自信而漂亮。男人不是因为成功而富有魅力,而是因为富有魅力更显得成功。

④ 人的一生是短暂的,但是思想却是恒久的。

(4) 双关。双关就是有意识地使用同一个词或同一句话,在同一个语言环境中兼有两重意思,表面上是说这件事,实际上是指另一件事。一语双关,不仅能使话语含蓄、幽默,还能加深语义,引人思考,给人以深刻的印象。

> 纪晓岚与和珅同朝为官,纪晓岚任侍郎,和珅任尚书。有一次,两人同饮,和珅指着一条狗问:"是狼是狗?"纪晓岚非常机敏,立即意识到和珅是在转弯抹角地骂自己,就马上给予还击。他泰然自若地回答道:"垂尾是狼,上竖是狗。"这"是狼"与"侍郎"谐音,"上竖"与"尚书"谐音。和珅用谐音攻击纪晓岚,自以为稳操胜券,聪明卓绝,没想到纪晓岚用同样的技巧以其人之道,还治其人之身,使狡猾的和珅没有占到丝毫便宜。

2. 语音的配合

传情达意要借助完美的语言形式,声情并茂离不开语音的配合。话语的声音配合得好,说起来顺口,听起来悦耳,记起来容易。优美的语言韵律,能给人以美感。口语的声音美体现在:音节整齐匀称,声调平仄相间,韵脚和谐自然等方面。

(1) 注意音节整齐匀称。汉语书面语很注重音节的调配,不仅在诗词等韵文中讲究音节的配合,就是在一般的散文中也常常要考虑到音节的调配。口语表达对音节调配的要求虽不像书面语那样严格,但音节配合得恰当对于形成听觉上的语音美感是一个重要的因素。音节配合的一般原则是,在连续的语流中处于相同句法成分的词或词组的音节要相配,也就是相应位置上词语的音节数应该力求一致。

例如,"眉清目秀"是由两个主谓结构联合而成的,"眉清"和"目秀"两个双音词组两两相配,这样相配的声音显得平稳协调、匀称整齐。

再如"他每天下午看看报,打打球。"中的"看看报,打打球"也是平稳、匀称的。"看看"和"打打"相配,"报"和"球"相配,说起来很顺口,如果改为"他每天下午看看报,打球。"就不顺口,因为"看看报"和"打球"音节不等。

(2) 注意声调平仄相间。古代汉语的声调分为平、上、去、入四声,简分为平仄二声,平声属平,上、去、入声属仄声。现代汉语的声调分为阴平、阳平、上声、去声四种,阴平、阳平合称平声,上声、去声合称仄声。一般来说,平声声音高昂、悠长,仄声声音曲折、低抑、短促。在连续的音节中,如果能够做到声调协调,平仄相间,就会产生抑扬顿挫、高低起伏的声音效果,从而构成错落有致、节奏鲜明的韵律,大大增强语音的音乐性。

相反,在连续的音节中,如果不讲究平仄相间,而是将一长串平声音节或仄声音节排在一起,则不但说起来费劲,听起来也显得单调、沉闷,缺少音乐美感。如"张芳妈妈家周三中餐吃烧鸡。""上个月爸爸特意让弟弟做这四道算术作业。"前一例全是平声,后一例全是仄声,说的时候显得吃力、不朗朗上口,听觉上也给人不协调、不自然之感。

(3) 力求韵脚和谐。把两个以上韵母相同或相近的音节有规律地放在诗词歌赋等韵文语句的同一位置上,前后呼应配合,使声音和谐悦耳,这种现象叫作押韵。由于押韵的位置大都在句末,因此,一般把押韵的音节叫"韵脚"。韵脚在诗歌里,对于思想感情意境的表现有重大的作用,它是加强节奏的一种有效手段。韵脚通过前后押韵音节的呼应,不仅具有联系各诗行,突出意义内容的作用,而且还能够使诗句增加音乐美感。

口语表达中如果能够做到韵脚和谐,说起来会朗朗上口,听起来俏皮悦耳,让人印象深刻,便于记忆和传播。很多谚语、广告语就是押韵的,如"今冬麦盖三层被,来年枕着馒头睡""饭后百步走,活到九十九""一场冬雪一场财,一场春雪一场灾""只要功夫深,铁杵磨成针""人不可貌相,海水不可斗量""钻石恒久远,一颗永流传""小草微微笑,请你旁边绕""说好普通话,方便你我他"。押韵的句子有这样的魅力,读起来顺口而悦耳,要么吟诵有趣,要么铿锵有力,要么掷地有声。

中央人民广播电视总台著名主持人朱广权就以幽默押韵形成了自己独特的播报风格,他以幽默和诙谐的方式,将新闻内容生动而有趣地呈现给观众。当网友询问为什么过年央视不放假时,朱广权突然有感而发,用押韵的方式回应:"地球不爆炸,我们不放假;宇宙不重启,我们不休息。"提到开学,朱广权是这么说的:"你若军训,便是晴天;你若放假,便是雨天;你若发奋写作业,便是开学前一天,你若不发奋写作业,便会遇上铁面无私包青天!"说到垃圾分类,朱广权拿猪生动形象地举出几个例子:"是干是湿让猪试吃,一吃便知,猪可以吃的是厨余垃圾,猪吃了会死的是有害垃圾,连猪都不吃的是其他垃圾,而可回收垃圾则可以卖了钱买猪。猪肯定想说,我为人类付出太多。"谈及网恋诈骗时,他警示民众:"以为情不知所起,其实是在骗你。"这种风格不仅有趣,让新闻更有温度,还能让人在娱乐中思考现实问题,引发观众的思考和共鸣。

(三) 抑扬顿挫的表达

除了生动形象之外,还要让声音富有"表情",声音的"表情"是通过说话人的发音、语气顿挫和语调的变化表达出来的。灵活运用停顿、重音、语速、节奏、句调、语气等,让自己的声音抑扬顿挫,带上表情,可以为语言表达增色不少。

1. 停顿

停顿是口头表达时语流中词句间的中断和停歇。停顿是表义的需要,也是生理的需要。口语表达时,为了清晰地显示语句的层次,为了准确地表达语义,为了强调某种意思,表达某种强烈的感情,需要停顿;说话时句子长了,为了换气,也需要停顿。另外,停顿还可以控制语速,调整语句的节奏。

有一个最简单、最基本的道理,就是无论干什么,爱/是最主要的。爱事业,爱生活,爱你每天从事的工作。唯有如此,/你的事业才能闪烁着熠熠的/光辉。

连牲畜中的羊/都有跪乳之恩,乌鸦/还有反哺之义。如此忘恩负义,如此虐待老人,岂不是连禽兽/都不如。

谁是强者?/谁是弱者?/要回答这个问题,我们首先得弄清楚:何为强者?何为弱者?有人说,强者是力的象征。也有人说,强者是智慧化身。/还有人说,强者就是胜者。

停顿是体现语言节奏和意义不可缺少的表达手段,恰当的停顿可使讲话内容得到更清楚的表述,加强语言的清晰度和感染力,使语言呈现鲜明的节奏感,还可以引起听者的注意和思考。

同样一组音节,可能因停顿不同,表达出完全不同的意思,例如,他望着我笑了起来。若在"我"后面停顿,是指他笑了起来;若在"望着"后面停顿,是指我笑了起来。

另一方面,停顿可以反映出说话者特定的心理状态和情绪。

> 我赞成\他也赞成\你怎么样
> 我赞成他\也赞成你\怎么样

口语表达时恰当地处理停顿,语言会显得参差错落、间歇有序,语音层次分明。

2. 重音

重音是指说话者在不同的语言环境中根据表达的需要而在沟通时有意将某些词语加重音量的现象。

例如,"这是我的书"在没有特定的语境时,含义十分明显,但当它被运用于语言交际时,所表达的意思是多种多样的。当重读"这"的时候,表达的是"书所放置的位置";当重读"我"的时候,表达的是"书的所属";当重读"书"的时候,表达的是"强调对象是书,而不是其他物品"。

可见,重音有突出语义和感情倾向的作用。另外,说话时有重有轻,突出语义的层次、主从,语音轻重交替,起伏有致,增强语流的节律美,产生抑扬顿挫的表达效果。

需要注意的是,使用重音可不是大声嚷嚷地说话,而是说在一句话中的重要字眼上加上重音,以突出主题的重要性,并增强节奏感。如果每个字都是重音,会让人有压迫感。

3. 语速和节奏

语速即说话的缓急,正常说话的语速是每分钟 150 个字左右。太慢会显得拉腔拖调,给人以愚笨、迟钝、缺少教养的感觉;太快则让听众难以接受。人们在处理紧急公务或表达激烈的情感时,常使用快速说话;在平静的语境中,常使用中速说话;在庄重严肃、哀悼等场合时,应使用慢速说话。

口语中带有规律性的变化,叫节奏,有了这个变化语言才生动,否则是呆板的。说话要有节奏,该快的时候快,该慢的时候慢,该起的时候起,该伏的时候伏,这样有起伏有快慢,有轻重,才形成了口语的乐感和悦耳动听,否则话语不感人,不动人。有位意大利的音乐家,他上台不是唱歌,而是把数字有节奏地、有变化地从 1 数到 100,结果所有的观众都为之倾倒,甚至有的感动得流下了眼泪,可见节奏在生活中是多么重要。

叙述一件事情,描述一处景物,以及表现平稳、沉郁、失望、悲哀情绪时节奏宜慢;表现情绪紧张、热烈、欢快、兴奋、慌乱、惊惧、愤怒、反抗、驳斥、申辩时节奏宜快。

人们说话时,影响速度和节奏的主要因素是人们内心情绪的起伏变化。速度和节奏的控制和变化一般要通过音调的轻重强弱、吐字的快慢断连、轻重音的各种对比,以及长短句式、整散句式、紧松句式的配合才能实现。说话时语速和节奏不能从头到尾都一样,要根据表达的内容、气氛、情绪、修辞手法而定,做到说话时快慢适中,快而不乱,慢而不断,增强语言的美感。

4. 句调

同一句话,因句调的不同,可以表达不同的意思。要想提高语言的表现力和影响力,就要熟悉各种句调的特点,掌握四种句调(升调、降调、平调、曲调)的变化规律。

与语言要素相比,句调的作用主要在于感情的表达。它虽然不如语言那样明确,但传达的信息却要比语言丰富得多。一首乐曲能够感人至深,催人泪下,靠的就是曲调的感染力。语调的抑扬顿挫,往往比语言更能传情达意。如"你干得不错"说成降调,是陈述句式,带有肯定、鼓励的语气;说成升调,是疑问句式,带有不信任和讽刺的意味。在谈话时应注意把握四种不同的句调,以增强语言的魅力。

5. 语气

在语言交流中,语气是用不同的声音和气息表达不同的语意和感情的技巧,即"声气传情"的技巧。语气所表达的感情色彩是语句内在的具体思想感情的显露。

> 波兰明星摩契斯卡夫人到美国演出时,有位观众请求她用波兰语念台词。于是她站起来,开始用波兰语念台词。观众都觉得她念的台词非常流畅,但不了解其意义,只觉得听起来非常令人愉快。她接着往下念,语调渐渐转为热情,最后在慷慨激昂而又悲怆万分的语气中戛然而止,台下的观众鸦雀无声,同她一样沉浸在悲伤之中。
>
> 突然,台下传来一个男人的爆笑声,他是摩契斯卡夫人的丈夫、波兰的摩契斯卡伯爵。因为他听出来了,夫人刚才只是在用波兰语背诵"九九乘法表"而已。

这个故事显示语气有着神奇的力量,即使不明白其意义,也可以打动人心。

明快、爽朗的语调能让听众感到大方的气质和亲切友好的感情。

声音尖锐刺耳或说话速度过快,会让听众感到言说者急躁不耐烦的情绪。

说话有气无力,拖着长长的调子,会给听众一种矫揉造作的印象。

单调而平淡的语气是在暗示:"我很烦,对你所说的全没有兴趣。"

缓慢而低沉的语气传递这样的信息:"我的心情不好,一边待着去。"

嗓门高地强调语气是在说:"我对这件事情很不感兴趣。"

生硬的、嗓门很高的语气是说:"我很生气,不想听任何事情。"

高高的嗓音伴随着拖长的语调表示:"我不相信所听到的这一切。"

语气在和别人谈话时起着重要的作用,有的人说话,对方容易接受、愿意接受,有的人说话,对方就很难接受或者不愿接受。这样完全不同的结果大多是由于语气的不同。一句同样的话,如果用不同的语气来说,就会出现不同的,甚至是相反的效果。例如,"我爱你"这三个字,如果用真挚的语气说出来,那就是满怀着对恋人的一腔真情;如果用油腔滑调的语气说出来,那就是另外一种情景了。所以,一定要注意自己说话时的语气。

事情有轻、重、缓、急,语调有抑、扬、顿、挫。只有把握好说话语气的分寸,才能使说出的话被对方充分理解和接受,才能取得预期的效果。

所有使用有声语言的场合,都离不开语气的支持。说话者要想提升自己说话内容的感染力,就应该掌握熟练驾驭语气的能力,能在不同的语境下使用合适的语气来表达相应的内容,传达相应的思想感情,从而获得更好的表达效果。

本章小结

1. 口语表达的基础是普通话语音规范,要按要求进行声母、韵母、声调和语流音变等普通话正音训练。

2. 朗读和朗诵是提高口语表达能力的重要方法,在朗读和朗诵时恰当地运用停顿、重音、句调、语气、语速、节奏等表达技巧,以及身姿、手势、面部表情等态势语言能够帮助我们更好地传情达意。

3. 要具备良好的口语表达能力还要掌握口语表达的技巧,首先要准确恰当地表达,其次要生动形象地表达,最后还要注意表达的抑扬顿挫,使口语表达富有表现力和感染力。

思考练习

一、实训练习

1. 读准下列文字,自行检测声母、韵母、声调等发音情况。

哑 铸 染 亭 后 挽 敬 疮 游 乖 仲 君 凑 掐 酱 椰 铂 峰 账
焦 碰 暖 扑 龙 碍 离 鸟 瘸 密 承 滨 盒 专 此 艘 雪 肥 薰 硫
宣 表 嫡 迁 套 滇 砌 藻 刷 坏 虽 滚 杂 倦 垦 屈 所 惯 实 扯
栽 额 屡 弓 拿 物 粉 葵 躺 肉 铁 日 帆 萌 寡 猫 窘 内 雄 伞
蛙 葬 夸 戴 罗 并 摧 狂 饱 魄 而 沈 贤 润 麻 养 盘 自 您 虎

2. 词语听辨。两人为一组,一人读词语一人听。读的人随机从以下成对的词组中挑选词语来读,看听的人是否能听清;听的人要认真听,并纠正读的人的发音错误。

新春—新村	宗旨—终止	资助—支柱	近似—近视	搜集—收集
增订—征订	方地—荒地	防止—黄纸	奋战—混战	斧背—虎背
凡是—环视	西服—西湖	陈旧—成就	真气—蒸汽	整段—诊断

3. 读下列词语,注意变调、轻声、儿化音。

民俗	而且	佛寺	人群	蛾子	富翁	美女	细菌	燃料	牛仔裤
村庄	作品	难怪	奠定	纪律	折腾	快要	宝塔	适用	社会学
照片	广博	掠夺	全局	辨证	范围	优良	从来	共鸣	后跟儿
篡改	盘算	恰好	非法	刷新	灭火	春天	完成	抓紧	手绢儿
创伤	可以	加强	地质	脑袋	退让	英雄	胡同儿	小说儿

4. 绕口令练习。5人为一个小组,在小组内进行读绕口令比赛,看谁读得既准又快。

(1) 天上有个日头,地下有块石头,嘴里有个舌头,手上有个指头。不管是天上的热日头,地下的硬石头,嘴里的软舌头,手上的手指头,还是热日头、硬石头、软舌头、手指头,反正都是在练舌头。

(2) 认识从实践始,实践出真知。知道就是知道,不知道就是不知道,不要知道说不知道,也不要不知道装知道,老老实实实事求是,一定要做到不折不扣地真知道。

（3）石狮寺前有四十四个石狮子,寺前树上结了四十四个涩柿子,四十四个石狮子不吃四十四个涩柿子,四十四个涩柿子倒吃四十四个石狮子。

（4）学习就怕满、懒、难,心里有了满、懒、难,不看不钻就不前。心里丢掉满、懒、难,永不自满,边学边干,蚂蚁也能搬泰山。

（5）梁上两对倒吊鸟,泥里两对鸟倒吊。可怜梁上的两对倒吊鸟,惦记泥里的两对鸟倒吊;可怜泥里的两对鸟倒吊,也惦记梁上的两对倒吊鸟。

（6）一朵粉红大荷花,趴着一只活蛤蟆,八朵粉红大荷花,趴着八只活蛤蟆。

（7）黑肥混灰肥,灰肥混黑肥。黑肥混灰肥,黑肥黑又灰。灰肥混黑肥,灰肥灰又黑。黑肥混灰肥,肥比黑肥黑。灰肥混黑肥,肥比黑肥灰。

（8）路东住着刘小柳,路南住着牛小妞。刘小柳拿着大皮球,牛小妞抱着大石榴。刘小柳把大皮球送给牛小妞,牛小妞把大石榴送给刘小柳。牛小妞脸儿乐得像红皮球,刘小柳笑得像开花的大石榴。

（9）辛厂长,申厂长,同乡不同行。辛厂长声声讲生产,申厂长常常闹思想。辛厂长一心只想革新厂,申厂长满口只讲加薪饷。

（10）小温端着洗脸盆,小陈忙去帮开门。小温谢小陈帮他开门,小陈谢小温为大家端脸盆。

5. 请根据右侧的语义说明,读出相应的重音。

我知道你会跳舞。→你为什么说自己不会呢?
我知道你会跳舞。→别人会不会跳我不知道。
我知道你会跳舞。→会不会唱歌我不知道。
我知道你会跳舞。→你不要瞒我了。
我知道你会跳舞。→别人不知道你会跳舞。

二、复习思考

1. 学讲普通话有何意义,普通话声母、韵母、声调的辨别有哪些技巧?
2. 什么叫朗诵,朗读与朗诵有哪些区别与联系?
3. 朗诵的基本表达技巧有哪些?
4. 口语表达的技巧有哪些?

推荐阅读

1.《卡耐基说话技巧与人际交往》　　作者:[美]戴尔·卡耐基

这本书将教会你赢得他人赞同的说话技巧,赢得与他人合作的说话技巧,有效说服的说话技巧,当众说话的沟通艺术,如何做一个受人欢迎的说话高手,如何克服恐惧建立自信,如何学会当众讲话让别人相信和接受你……如果你正在为交际无方、沟通无力而发愁,不妨翻阅一下这本书,相信你读后口才和处世能力会有意想不到的提升!

2.《逻辑思维与口才》　　作者:陈浩宇

该书详细介绍了八种思维方式——逻辑思维、应变思维、形象思维、创新思维、发散思维、聚敛思维、模拟思维、逆向思维,并告诉我们如何在表达时运用这些思维,创造出独具魅力、清晰流畅、引人入胜的说话风格,从而提升沟通质量、提高交际能力。

3.《逻辑表达力》　　作者：刘琳

这是一本解决说话困难、提升表达能力的书。该书从实用性出发,通过新鲜、有趣的案例,讲述了常见的逻辑表达问题,例如,说话啰唆、含混不清、自相矛盾、答非所问等,针对这些问题,分别给出了解决方法,让你在社交领域所向披靡。

4.《跟我说普通话》　　作者：王浩瑜

作者运用自己在学习、工作、教学中的体会和经验,把自己多年在普通话教学和实践中总结出来的一些教学体会、实践经验、训练方法加以归纳、阐释、说明,内容丰富多彩、语言通俗易懂,使每一位想要说准普通话、说好普通话的人从中受益。

5.《跟我学朗读》　　作者：王浩瑜

这是作者继《跟我说普通话》之后,结合自己三十多年来的朗读和学习教学实践经验,写下的又一部力作。该书紧紧围绕什么是朗读、应该怎样朗读展开,逐一讲解了朗读的备稿、朗读的感受、朗读的情感表达、朗读的科学用声和嗓音保护、朗读者怎样练就富有魅力的好声音、朗读的呼吸控制、朗读的口腔控制、朗读的内在语、朗读的情景再现、朗读的停连、朗读的重音、朗读的语气、朗读的节奏、不同文体的朗读等内容。

第九章 态势语言

【本章提要】

态势语言,也称为体态语言或动作语言,是通过身体的姿态、动作和表情来传达信息和情感的一种方式。它在人际交往、演讲、表演等领域都扮演着重要的角色。我们可以通过面部表情训练、肢体语言训练等改善态势语言表达。态势语言训练的目的在于帮助人们更好地掌握和运用这种非言语沟通方式,以提升自己的表达能力和沟通效果。

【学习目标】

1. 了解什么是态势语言。
2. 了解态势语言的作用。
3. 学习解读态势语言的一般方法,学会透过态势语言深入他人的内心世界。
4. 学会运用态势语言塑造良好的形象,提高表达与沟通的效果。

【导入案例】

让脚告诉你

英国心理学家莫里斯经过研究,发现了一个有趣的现象:"人体中越是远离大脑的部位,可信度越大。"脸离大脑中枢最近,所以最不诚实。我们与别人相处,总是最注意他们的脸。而且我们也知道,别人也以相同的方式注意我们。所以,人们可以借一颦一笑撒谎。手位于人体的中间偏下,诚实度也算中庸,人们多少也利用它说过谎。可是脚远离大脑,绝大多数人都顾不上这个部位,但它比脸、手诚实得多,它构成了人们独特的心理泄露方式——脚语。它虽然远离大脑,但是更为真实,你可要小心被脚出卖呀。

就好像人体语言的其他信号一样,脚的习惯动作也有自己的语言。在我国丰富的语言词汇里,有许多描述脚语的形容词。这些形容词与其说是描写脚步的轻、重、缓、急、稳、沉、乱等,不如说是描述人的内心或稳定或失衡,或恬静或急躁,或安详或失措的状态。人的心情不同,走路的姿势也就不同;人的秉性各异,走起路来也有不同的风采。脚语有一种节奏,是为情绪打拍子的,如同舞场的旋律。"暴跳如雷"是自然界的快节奏和重节奏;"春风得意马蹄疾",是一种快旋律的轻节奏。

第九章　态势语言

如果一个端庄秀美的女子走起路来匆匆忙忙,脚步重且乱,就可以判断她应当是个性格开朗、心直口快、不留心眼儿的痛快人;反之,看上去五大三粗,走路却是小心翼翼的样子,这样的人一定是外粗内细的精明人,他干事往往以豪放的外表来掩盖严密的章法。

人的心理指向往往从脚语中泄露出来。当人们双脚交叠时,就如同双臂交叠一样,属于一种保护性的动作。交谈中若对某人有好感,双腿就会自然朝向某人交叠。谈话的时候,身体前倾,脚尖翘起,表示殷切而愿意合作;反之,要是身体挺直,双脚交叉的话,则意味着怀疑与防范。倘若有人一坐下来就跷起二郎腿,就表明他怀有不服输的对抗意识。若是有人大胆地跷起二郎腿,则表示她们对自己的容貌有足够的信心,也表示她有要显示自己的欲望。人在站立时,脚往往朝着主体心中惦念或追求的方向或事物。譬如,有三个男人站在一起,表面看起来他们在专心交谈,谁也没有理会站在一旁的漂亮姑娘,但实际上不是这么回事,每一个人都有一只脚的方向对着她。也就是说,每个人都在注意她。他们的专心致志只是一种假面具,而真情被隐蔽着,但是他们的脚语却把各自的秘密泄露了。

人的脚步尽管因地、因事而异,但是每个人都有自己固定的脚语。因此我们就能解释一种现象:对于熟悉者,你不用看其人,仅凭那或急或轻或重或稳的脚步声,就能判断出个十之八九了。

因此,通过"脚语"了解生活在自己身边的人的状态,对形成融洽的气氛,建立良好的人际关系都是极有帮助的。(2009年5月5日《羊城晚报》,引用时略有改动)

> **思考:** 人们在研究人体动作时发现,心理特征很容易转变为人体特征。某些感情会使人体保持一定的姿势,反过来说,这些人体姿势又可表达一定的感情,传递一定的信息。因此,懂得人体语言并善于运用人体语言,能够将各种姿势间表达不同的感情联系起来,那么在人际关系中就能处于主动地位。在沟通与交流中,如何把握好姿势等问题呢?

第一节　态势语言概述

一、态势语言的含义和特点

(一)态势语言的含义

态势语言,又称体态语言、动作语言、无声语言、身势语等,是通过人体某一部分形态的变化来交流思想、表达情感的一种辅助性言语表现方式。态势语言是一种没有声音的伴随性语言。人们的思想、情感、学识、品德等等,无论是否有意掩饰,都会在自己的举止神态上得以表现,它给我们认识他人、了解他人增添了新的途径。态势语言与有声语言一起构成人类交际行为的两个方面,两者相辅相成,共同表达确切的、完整的信息。

(二)态势语言的特点

想象以下情景:某一天,你去一位领导办公室办事,打开房门,只见这位领导双臂交叉于胸前,面部表情十分严肃,正在房内低头快速地踱步。这些无声语言传达了什么信息?

或许是他遇到难题了,正在思考怎么办。那此时你该怎么办?思索一番以后你退了出来,因为你知道此时进去办事不合时宜。由此可见,态势它也是一种语言,一种无声语言。

态势语言之所以能具有众多的表达功能,拥有十分重要的地位,主要取决于本身所具有的特性。

1. 符号性

语言是社会的产物。它随社会的产生而产生,随社会的发展而发展。语言之所以能起到交际作用,并成为人类最重要的交际工具,就在于语言本身是套约定俗成、音义结合的符号系统。态势语言作为一种特殊的交际语言,也同样是约定俗成的,并具有一定的语义。人们用伸出大拇指这一动作表示赞颂、崇敬和钦佩之意,并不是伸出大拇指本身与所表示的意义有必然的联系,正如"语言"这一词语与语言这种交际工具并不存在着必然联系一样。可是,一旦把伸出大拇指作为表意符号依靠人们的共同实践而固定下来,伸出大拇指这一动作就具有了"赞颂、崇敬和钦佩"的语义特征。由此可见,态势语言具有约定俗成的符号性,是不以个人意志为转移的。当然,正因为这些符号的"固定"并不是依靠行政手段来实现的,所以,属于同一人类社团的人使用的态势语言必须保持一致,不然容易引起他人的猜疑和误解,导致社会交际的混乱,使用者也会被本社团所排斥。

2. 情感性

在当今语言学界,专家们一致认为,人们是用发音器官来说话,但用整个身体交际。态势语言蕴含着巨大的情感容量。语言受思维的支配,思维的内容无论真实与否,都可以用语言来表示,因此口语表达往往有不真实的一面,存在着虚假的可能。而发自身体的态势语言则直接来源于大脑的潜意识,并迅速作用于人的视觉、听觉、触觉等,可视性大,可感性强,传递的信息一般比较可靠,所以,态势语言是人们内心世界的复杂外现。这一特性在面部表情上的反映就极为突出。人们的面部表情就是一部包罗万象的百科全书,丰富多彩。千变万化。人们内心的隐衷,胸中的秘密,总是自觉或不自觉地流露出来,正如法国生理学家科瑞尔所说:"面孔像一台展示人的感情、欲望、希冀等切内心活动的显示器。"

根据生理学和神经心理学的研究,人的喜怒哀乐等复杂感情在脸上的表露,都是由面部42块表情肌的交错收缩与放松而造成的。人的脸上极细的神经束遍布于面部肌肉中,可通过肌肉和神经的组合产生上万种不同表情。人的几种基本情感都可以从面部表情中显露出来。一般来说,喜则眉飞色舞,怒则咬牙切齿,哀则愁眉苦脸,乐则笑逐颜开,甚至"心灵的窗户"眼睛所表露的感情,有时比语言要深刻得多,复杂得多。与此同时,与脸部肌肉相联系的口唇,也必然产生相应的变化。不仅是面部表情,其他各种态势语言,如手势语、姿态语等,也莫不如此。这一切都说明,态势语言之所以成为信息传达的重要媒介,其主要原因就在于它本身是张感情的晴雨表,人们可以从中读懂交际者的情感世界,产生复杂、微妙的情感效应,拥有重要的信息值。

3. 规律性

态势语言的运用往往在一定的区域和范围内进行,富有自身的特点,体现出明显的规律性。譬如,仅就手势语而言,就有情意性手势、指示性手势、象形性手势及象征性手势等。其中,情意性手势语主要用于带有强烈感情色彩的内容,情深意切,感染力强;指示性手势语主要用于指示具体事物或数量,动作简单,表达专一,一般不带感情色彩;象形性手势主要用于摹形状物,给人以形象化的感觉;而象征性手势的含义比较抽象,如果配合口语,运用得准确、恰当,则能启发人们展开思考和联想。

不仅如此，在交际过程中，目光语传情达意的时间也同样具有规律性。心理学研究表明，与人交谈时，其视线接触对方面部的时间占整个谈话时间的30%~60%。超过这一平均值，可认为对谈话者本人比谈话内容更感兴趣；低于这一平均值则表示对谈话内容和谈话者本人都不太感兴趣。长时间的凝视可理解为对私人占有空间的侵略；如果几乎不看对方，则表明满不在乎，傲慢无礼，或企图掩饰什么。由此可以发现，对态势语言体现出的种种规律性，交际者要认真揣摩，准确把握，掌握其使用要求与运用技巧。

4. 民族性

作为人类传情达意的媒介和载体，态势语言同有声语言一样体现出明显的民族特点。由于不同民族文化之间存在着某些共性成分，所以，在日常交际过程中，不同文化背景的民族可能使用相同的态势语言表达同一概念。例如，握手即是种世界通用语，在外交场合，人们一般把握手看作是热情、友好、礼貌和真诚的表示，在各种文化体系中其含义基本相同。但是，由于文化的差异，态势语言交际行为也往往存在着某些不同之处。在某一民族文化中可以接受的非语言行为，在另一种文化中则可能是不可接受的。如，1959年苏联领导人赫鲁晓夫访问美国时为表示友谊，他曾做过把双手举过头鼓掌的手势，俄罗斯人认为这是友谊的象征，不料此举却引起很多美国人的反感，因为在美国，通常这意味着战胜对手后表示骄傲的意思。再比如，世界上大多数民族的人们在表示赞成或肯定时会点点头，但爱斯基摩人就以摇头表示赞同；在西方交际场合，异性之间礼节性的亲吻是可以接受的友好而礼貌的行为，而在中华文化中则不能接受，甚至可能会认为是不道德的。由于态势语言交际行为具有一定的民族文化模式，所以在跨民族交往中，要特别注意其民族文化的差异，以达到预期的效果。

二、态势语言的作用

著名人类学家霍尔教授指出："一个成功的交际者不但需要理解他人的有声语言，更重要的是能够观察他人的无声信号，而且能在不同场合正确使用这种信号。"态势语言在为人类传递信息的服务过程中发挥着极其重要的作用。人们必须谙熟、掌握并运用好态势语言，使之成为自己的得力助手，从而得到表达的预期效果，在社会交际中走向成功。此外，准确、协调、自然、优美、灵活自如的态势语言也是一种艺术，它能给人们带来美的享受。

（一）承载信息

态势语言具有丰富的表达功能，它是人们重要的交际工具和思维工具，并一视同仁地为全体社会成员服务。根据现代神经生理学的研究，在人类进行交际活动时，人的大脑左半球接受别人的口头语言即逻辑信号，而大脑右半球则接受态势语言，即形象信号。由此，美国心理学家艾伯特·梅拉比安曾提出一个公式：

信息的全部表达 = 7%语言（只是词）+ 38%语调（包括音调变音和其他声响）+ 55%态势语言。

因此，恰当地使用态势语言，可以准确地认识自己和他人。

可见，在日常交际过程中，处于辅助作用的态势语言有其巨大的信息容量。有声语言用来传递信息，态势语言用来表达人与人之间的态度。交际中，态势语言能够辅助有声语言传递本身所包含的信息，使其更加直接，更加突出，更加形象化。例如，说到兴奋处手舞足蹈，说到伤心时声泪俱下，痛心疾首。有时，态势语言也可以直接取代有声语言，产生一种"此时无声胜有声"的良好的表达效果。如，教师在课堂上把目光投向个别交头接耳、妨碍课堂秩序的学生,在这一刹那,学生就会从无声的责备和教育中领会教师的意图,马上集中精神,注意听讲。

(二) 形成良好的"第一印象"

在人际交往过程中,"第一印象"非常重要。如果第一印象良好,心理状态就会兴奋,言谈也会更主动,人们就有继续交流的愿望,这就给以后的交往打下了良好的基础。如果第一印象不好,交谈就会被动些,甚至根本就不想与之谈话。这不但影响了交际的正常进行,还会给今后的交往带来障碍。在第一印象中,态势语言的作用尤其明显。在交际场合,对于彼此不熟悉的人,由外貌、表情、行为举止等构成的整体仪态给人的印象比语言更直观和迅速。心理学研究表明:人感觉印象的70%来自眼睛,14%来自耳朵,视觉印象在头脑中保持时间超过其他器官。得体的着装、热情的态度、友好的目光、真诚的笑容等可以使人在很短的时间内以自身形象获取对方的信任,有利于口语交际的展开,促进双方建立和谐融洽的关系。

(三) 增加有声语言的表现力和感染力

态势语言可以增加有声语言的表现力和感染力。苏联教育家赞可夫曾说:"由活的人所说出来的话,不单是靠它的内容来激发对方的思想和感情,这里有交谈者一副兴致勃勃的面孔……有表情,还有手势……"

在表达情感、情绪和态度方面,肢体语言有时甚至比口头语言更明确、更具体、更有感染力。在口语交际过程中,肢体语言伴随有声语言通过动态的、直观的形象,传递着各种信息,这使得有声语言直接诉诸人的听觉的同时,还具有了视觉的形象可感性,是对交际内容的强化表达,给人以深刻的印象,使表达更加生动、鲜活。

另外,态势语言还可以调动情绪,同时情绪也会从肢体语言中表现出来。例如,当一个人高兴时会眉飞色舞、手舞足蹈,当说到沉重的话题时会脸色凝重等。在口语交际过程中,这些表情动作不但可以使说话者的情感流露更显充分,还会感染听者,使口语表达的表现力和感染力得以升华,获得良好的沟通效果。

(四) 补充有声语言沟通

有声语言虽然是人们表达思想感情的重要工具,但它也有言不尽情、词不达意的时候。这时肢体语言作为有声语言的重要补充,同样可以起到表达思想、沟通情感的作用。

在面对面的交流中,说话人的身姿体态举手投足,特别是面部神情等,始终发送着各种信息,不经意地流露着内心的情感愿望等。听者也会不自觉地从对方的面部表情中捕捉信息。许多时候,只需一个眼神、一种表情、一个手势,就会明白对方要表达的意思,看似默默无语但沟通与交流却没有停止,这就是所谓的"此时无声胜有声"。

伯德惠斯戴尔称,人脸可以做出25万种不同的表情。如此丰富的传播手段是任何语言都难以描述的,由此可见,许多用语言难以表达的情感都可以用肢体语言代替。

(五) 深入了解对方内心

在人际交往中,人们往往会为了实现自我防御或人际交往的目的而戴着隐藏情绪的"面具",掩饰内心真实的想法。尽管人们可以在语言上伪装自己,但身体语言却经常会"出卖"他们。因为肢体语言具有习惯成自然的下意识特性,所以它比有声语言更能表现出人的心理状态。

另外,态势语言还能够传递有声语言之外的其他信息。例如,当有人用有声语言说"我们很好"时,听者却可能发现实际情况并非如此,甚至可能已经出现某些问题,这一信息听者主要是从说者说话时伴随有声语言而存在的态势语言中获得的,如说话时的面部表情和姿态、手势等。

当然,态势语言存在一定的局限性,如不能像有声语言那样使传递的信息更加具体等,而且在交际中人们常常重视有声语言的使用,往往忽视了态势语言。但态势语言在人类交际中仍占有十分重要的地位,研究人类的交际活动决不能忽视非语言行为的研究。

第二节 态势语言的主要类型

态势语言与人类同时产生。作为一种特殊的交际语言,态势语言具有形形色色的交往符号,也具有传播符号的较完整的体系,可用来表达出许多交际者想说而又未说或不便说出口的意义。交际者的一举一动、一颦一笑都展示出其特定的含义,体现出特定的内容。

社会心理学研究表明,态势语言虽然具体表现形式很多,但其本身有内在的规律,大致可以包括面部表情语、体势语和服饰语。其中,面部表情语包括目光语、微笑语等,体势语主要包括站姿、坐姿,服饰语也可以分为服装语和饰物语等。

一、表情语

"察言观色"中的"观色"就是观察对方脸色来揣摩对方心理,是人际沟通的基本技能。不知察言观色,等于不知道风向便去转动舵柄,弄不好还会在小风浪中翻了船。如果说观色犹如察看天气,那么看人的脸色应如"看云识天气"般,有很深的学问。因为不是所有人在所有时间和场合都能喜怒形于色,反而多是"笑在脸上,哭在心里"。

(一) 透过眼神辨人心

"眼色"是"脸色"中最应关注的重点。俗话说:"眼睛是心灵的窗户",感情流露得最显著、最难掩盖的部分,不是语言,不是动作,也不是态度,而是眼睛。我们看眼睛,不是看大小圆长,而是重在眼神。

眼神沉静表明他对于你提出的问题,早已成竹在胸,定操胜算。

眼神散乱,表明他对你提出的问题毫无办法,你着急是无用的,向他请示也是徒然的。

眼神阴沉,应该明白这是凶狠的信号,与他交涉,须得小心一点。

眼神流动异于平时,便可明白他是胸怀诡计,想给你苦头吃。

眼神呆滞,唇皮泛白,表明他对于当前的问题惶恐万状,尽管口中说不要紧,他虽未绝望,也的确还在想办法,但一点也想不出所以然来。

眼神似在发火,表明他此刻是怒火中烧,意气极盛。如果打算与他决裂,应该表示可以妥协,速谋转机。否则,再逼近一步,势必引起正面的剧烈冲突。

眼神恬静,面有笑意,表明他对于某事非常满意。

眼神四射,神不守舍,便可明白他对于你的话已经感到厌倦,再说下去必无效果。

眼神凝定,表明他认为你的话有一听的必要,应该照你预定的计划,婉转陈说,只要你的见解不差,你的办法可行,他必然是乐于接受的。

眼睑下垂,连头都向下倾,表明他是心有重忧,万分苦痛。

眼神上扬,表明他是不屑听你的话,无论你的理由如何充分,你的说法如何巧妙,还是不会有高明的结果,不如戛然而止,退而求接近之道。

一旦被别人注视而将视线突然移开的人,大多怀有相形见绌之感,可能有很强的自卑心理。

无法将视线集中在对方身上,并很快收回视线的人,多半属于内向性格。

总之,眼神有散有聚,有动有静,有流有凝,有阴沉,有呆滞,有下垂,有上扬,仔细参悟,必可发现内心奥秘。

(二) 观察表情读人心

人类的心理活动非常微妙,这种微妙常会从表情里流露出来。倘若遇到高兴的事情,脸颊的肌肉会松弛,一旦遇到悲哀的状况,自然会泪流满面。

嘴角翘起,面颊上抬起皱,眼睑收缩,眼睛尾部会形成"鱼尾纹",表明高兴。

面部特征表现眯眼,眉毛收紧,嘴角下拉,下巴抬起或收紧,表明伤心。

嘴巴和眼睛张开,眉毛上扬,鼻孔张大,表明害怕。

眉毛下垂,前额紧皱,眼睑和嘴唇紧张,表明愤怒。

嗤鼻,上嘴唇上抬,眉毛下垂,眯眼,表明厌恶。

下颚下垂,嘴唇和嘴巴放松,眼睛张大,眼睑和眉毛微抬,表明惊讶。

嘴角一侧抬起,作讥笑或得意笑状,表明轻蔑。

眉毛挂下来,表明忧伤。

低着头,手抚摸额头,擦汗状,表明羞愧。

上嘴唇上扬,表明不屑。

真正的吃惊表情转瞬即逝,超过一秒钟便是假装的。

假装微笑的时候眼角不会有皱纹。

当一个人两侧表情不一样的时候,很可能他在伪装情感。不过,也有些人不愿意将这些内心活动让别人看出来,单从表面上看,就会让人判断失误。因此,不能只简单地从表情上判断对方的真实情感。

在以观察表情突破对方心理时要注意以下两方面:

1. 没表情不等于没感情

生活中,有时会看到有些人不管别人说了什么,做了什么,他都一副无表情的面孔。其实,没表情不等于没感情,因为内心的活动,倘若不呈现在脸部的肌肉上,那就显得很不自然,越是没有表情的时候,越可能使感情更为冲动。

【案例分析】

被批评时的面无表情

小张是一家大型科技公司的软件工程师,他工作勤奋,技术能力强,平时与同事的关系也比较融洽,大家私下认为,小张的升职指日可待。然而,在某一天,主管突然走进小张的办公室,指责小张工作态度不端正,效率低下,甚至暗示他可能存在偷懒或敷衍了事的情况。小张全程面无表情地听完了主管的训斥。

> 【分析】有些职员不满主管的言行,只是敢怒不敢言,只好故意装出一副无表情的样子,显得毫不在乎。但是,其实他内心的不满很强烈,如果你这时仔细地观察他的面孔,会发现他的脸色不对劲。

毫无表情有两种情形：一种是极端的不关心，另一种是根本不看在眼内。

例如，这里在谈话，有人忽然很茫然地看到这边来，表现出不知如何是好的模样，这就是一种根本不看在眼内的表情，但也有可能代表的是一种好意。然而，倘若太露骨地表现自己的好意，有时反而不妥，不如就显现出一种近乎漠不关心的表情来。

2. 愤怒悲哀或憎恨至极点时也会微笑

这种情况下，眼神和表情不同，通常人们说脸上在笑心里在哭的正是这种类型。纵然满怀敌意，但表面上却要装出谈笑风生，行动也表现得落落大方。人们之所以要这样做，是觉得如果将自己内心的欲望或想法毫无保留地表现出来，无异于违反社会的规则，甚至会引起众叛亲离的现象，或者成为大众指责的祸首，恐怕受到社会的制裁，因此，不得已而为之。

由此可见，观色常会产生误差。满天乌云不见得就会下雨，笑着的人未必就是高兴。很多时候，人们把苦水往肚里咽着，脸上却是一副甜甜的样子。

二、体势语

除了脸之外，身体的其他部分也能传递很多想法和感受。

（一）双臂和手

日常生活中，我们很容易发现，许多人交谈时会频繁地使用自己的手，比如，茫然迷惑时会抓抓头，不确定某事时会摸一下鼻子，生气或者沮丧时会捏一捏脖子，想插话时会拽一下自己的耳朵，悲伤时会不停地掐自己的手，期待某事时会使劲地搓手。把手放在膝盖上表示在做准备，把手放在嘴唇上表示不耐烦，把手放在背后是一种自制的表现，把手放在脑后则表现出一种优越感，把手插进口袋是想隐藏什么，握紧拳头则表示生气或紧张。伸出双臂或者手掌向上表示真诚，耸耸肩就好像是在说"我怎么会知道"或者"我也无能为力"，有所防备或者不愿公开交流时会双臂交叉放在胸前。

（二）腿和脚

腿和脚的体式语可以传达出多种情感和信息，人们坐着时会有各种摆放腿和脚的姿势：双腿微微分开坐看着时，表现出来的是一种开放的态度。叉开腿坐着，显示出来的是一种主导的姿态。将一条腿搭在椅子的把手上时，表明了不在乎、不感兴趣的态度。跷着二郎腿或者双脚交叉坐着时，意味着反对和排斥。一条腿放在另一条腿上并且不停晃动或者来回踢，则反映出厌烦、生气或者沮丧。当每个人的四肢都不是交叉状态时，意味着最有可能达成一致的意见。通常情况下腿和脚朝向哪，那就是自己最感兴趣、最关心的。

（三）姿势和呼吸

弯腰驼背通常是情绪低落疲劳、自卑或者不想被人关注的表现。个子高的人在和比自己矮一些的人说话时，要稍稍弯腰俯身，以免对方觉得你凌驾于他们之上，或者感到有些被威胁。笔直挺拔的姿态一般会让人觉得精神饱满、自信十足，也显得更加开放和坦率。身体前倾意味着大方开放并十分感兴趣。身体侧倾多表明缺乏兴趣或者有所防备。紧绷僵硬的姿势是有所戒备的象征，而放松的姿势则表明真诚。呼吸是传递情感和态度的另外一种重要表达方式。急促的呼吸通常和兴奋、恐惧、烦躁、极度的快乐或愤怒联系在一起。上气不接下气的喘息意味着焦虑和剧增的紧张情绪。那种持续在胸上方浅浅的呼吸，通常反映出没有任何感情色彩的沉思。深呼吸则更有可能和情绪、行为联系在一起。

通过对别人呼吸的观察和片刻的模仿，你会发现很多隐藏的情感。根据衣领的起落，你能非常容易地了解他们呼吸的情况。注意呼吸的速度和深浅,模仿几分钟,然后体会一下自己的身体有什么变化、感觉如何。在模仿的过程中,我们通常就能体会到别人的情绪和感受。

【案例思考】

关 注 呼 吸

一天当中,你可以偶尔停下手中的事来关注自己的呼吸和感受。试着变化呼吸方式。比如,如果呼吸很浅时你觉得疲劳和沮丧,那么就急促地深呼吸几分钟,然后观察下有什么变化。如果呼吸很急时你觉得焦虑或烦恼,那就放慢呼吸的速度来深呼吸几分钟。试着体验并记录你的感受。

【思考】 改变呼吸方式是否会改变你的情绪和感受?

三、服饰语

人本来是赤裸裸地来到这个世界上的,为了遮蔽自己的身体才穿上衣服。

其实,人类不曾想到,穿上自己喜爱的衣服,其颜色、质料,反而把自己毫无掩饰地呈露出来了。因为每个人所选购的衣服把自己的心理状态表现得袒露无遗。

(一)衣着华丽者自我显示欲强,爱出风头

在大庭广众之中,可以发现某些人会穿着引人注目的华美服饰,这种人大体上有强烈的自我展示欲,同时这种人对于金钱的欲望特别迫切。所以,当你看到这类身着华服的人,或同事中有这样的人时,你就能洞察到他(她)们的这种心理,多夸奖他(她)们的服饰,满足其展示欲是个好办法,这种人就不会轻易与你为敌。

(二)衣着朴素者缺乏自信,喜欢争吵

有一种人穿着朴素,不爱穿华美的衣服,这种人大多缺乏主体性格,对自己缺乏信心。希望对别人施与威严,想要弥补自己自卑的感觉。

遇到这种人,就别与他们争执不休。因为越是自卑的人,越想掩饰自己的自卑,越会与人喋喋不休地争吵,以期保存剩下的一点点面子,这反而不利于和他人维系关系。这时候,你大可以大大方方地承认他的观点,他反而会感到你的宽容大度,你会取得意想不到的效果。

(三)喜欢时髦服装者有孤独感,情绪常波动

有一种人,完全不理会自己的嗜好,甚至不知道自己真正喜欢什么,他们只以流行为嗜好,向流行看齐。这种人在心底里常常有一种孤独感,情绪也经常波动,感到不安。

(四)不理时尚者常以自我为中心,标新立异

有一种人对于流行的状况毫不关心,这种人的个性可以说是十分强硬,但也有一些人是不敢面对外面的花花世界,而一味地把自己关在"小黑屋"里。这种人认为,如果跟别人同调,岂不是等于失去了自我?这种人常常以自我为中心,弄得周围人索然无味。

(五)突变服装嗜好的人想改变生活方式,也有逃避现实的成分

对于突然改变服装嗜好的人,你若想与他保持良好的关系,应当显得不当一回事,或者赞美他穿什么都很不错之类的话,相信他的心灵大门一定会向你敞开,承认的态度比别人质疑的态度要强,就会赢得别人的回报和赞美。

（六）有一类人对流行既不狂热,又不会置之不理,改变穿衣也是逐渐实行

这一类人处世中庸,情绪稳定,一般不会做什么出格的事。他们多有理性,不过于顺从欲望,也不盲从大众时尚。这类人比较可靠,值得结交。

四、捕捉"弦外之音"

言辞能透露个人的品格,它能告诉你一个人的地位、性格、品质及至流露内心情绪,因此,善听弦外之音是"察言"的关键所在。

（一）从话题知心理

人们常常将情绪从一个话题里不自觉地呈现出来。话题的种类是形形色色的,如果要明白对方的性格、气质、想法,最容易着手的步骤,就是要观察话题与说话者本身的相关状况,从这里能获得很多的信息。譬如,与中年妇女交谈时,她们的话题多是她们自己,有时也谈论丈夫或孩子,那是她们把丈夫或孩子看成了自己的化身,谈论他们也等于在谈论自己。与年轻小伙子交谈,要知道他们最爱谈论的话题是汽车。小伙子的话题几乎都涉及车的品牌、行程距离、速度等有关的话题,虽然他们中的大多数人都暂时买不起车。其实,他们那么热衷于车的话题,无非在表示自己将来有能力购车,或者是自己对这些懂得很多,这也是一种时髦的话题。因此,你要聚精会神地听他们侃车,最好不要摆出讨厌或不耐烦的脸孔,你的耐心就可以满足他们的虚荣心。

（二）措辞习惯流露出"秘密"

语言可以表明出身。语言除了社会的、阶层的或地理上的差别外,还有因个人的水平而出现差别的心理性的措辞。人的种种曲折的深层心理会不知不觉地反映在自我表现的手段与措辞上。即使同自己想表现的自我形象无关,通过分析措辞常常就可以大体上看出这个人的真实形象,在这种意义上,正是本人没意识到的措辞的特征比词语的内容更为真实地反映其人自身。譬如,使用第一人称单数的人,独立性和自主性强;常用复数的人则多见于缺乏个性,埋没于集体中,随声附和型的人。

（三）说话方式能反映真实想法

研究表明,说话快慢是看破深层心理的关键。音调加重,语速变快,表明情绪加重,可能正在掩饰愤怒。如果对于某人心怀不满,或者持有敌意态度时,许多人的说话速度都变得迟缓。如果有愧于心或者说谎时,说话的速度自然就会快起来。

从音调的抑扬顿挫中可以看破对方心理。当两个人意见相左时,一个人提高说话的音调,即表示他想压倒对方。心怀企图的人,说话时就一定会有意地抑扬顿挫,制造一种与众不同的感觉,以吸引别人的注意力。当其对所说的话没有信心时,音调便会下降。

第三节　态势语言的使用与训练

一、态势语言使用原则

（一）准确性原则

态势语言运用不好会弄巧成拙,甚至会画蛇添足。态势语言应该能够明确地表达出特定

的含义和情感,避免模糊不清或产生歧义。比如,当需要表达肯定或否定的意思时,应该使用相应的手势或表情来表达,而不是模棱两可的动作。在不同的文化背景下,同样的态势语言可能会有不同的含义。因此,在运用态势语言时,需要考虑到不同文化背景下的习惯和认知,确保所运用的态势语言不会产生误解或冲突。

【案例分析】

错用态势语言

美国总统尼克松态势语言用得不准确成了他的一件轶闻。尼克松在任期间参加下一届总统竞选时,在一次记者招待会上,他双手上抬招呼大家站起来,而嘴上却说:"大家请坐。"另一次演讲,他手指听众,却说"我",然后指着自己说"你们",弄得大家莫名其妙。很多选民认为他老了,纷纷弃他而去。

> 【分析】尼克松总统的态势语言失误是一个典型的沟通失误案例,它提示在沟通中要注意态势语言与言语内容的一致性。对于政治家和领导者来说,一个小的失误可能会对其形象和信誉造成严重的损害,进而影响其政治生涯和竞选结果。因此,在沟通中应该时刻关注自己的态势语言表现,确保其与言语内容相协调、一致。同时,也应该学会从他人的态势语言中捕捉信息和意图,以提高自己的沟通能力和人际交往能力。

(二)协调性原则

协调性原则是指态势语言要与自己的身份、交际语境、表达内容,特别是与有声语言协调一致,并且肢体语本身各构成要素(如身姿、手势、表情、目光)之间要做到局部与整体的协调一致。人的言语和身体的动作是一种复合的过程,在口语交际中,只有将这些因素有机地结合起来,彼此之间才能达到真正的了解和沟通,从而取得良好的沟通效果。

(三)自然性原则

"言为心声",肢体语言应该是内在情感的自然流露,是配合有声语言的一种情不自禁的动作、表情。在口语交际过程中,肢体语言并非越多越好,一定要顺其自然,不要刻意为之。动作的幅度、力度、频率等要适中,要能够突出口语交际的目的,否则会使人望而生厌,只有自然、适当的肢体语言才会让人们沟通更加自如。

(四)"SOFTEN"法则

Smile 表示微笑,一个舒心的微笑是友好热情并愿意进行沟通的强有力的暗示。微笑可以展示你热情开放的交谈态度。

Open 表示张开的双臂,张开的双臂表明你是友好的,并愿意与人接触。在交谈中,张开的双臂表示你在听他讲话并且你讲的他也能够接受。

Forward 表示身子前倾,当与他人交谈时,身体轻微前倾表明你正在听对方讲话,并对其很感兴趣,这对于他人来说通常是种恭维,他将愿意继续与你交谈。需要注意的是不要太近、太快地侵犯他人的私人空间。

Touch 表示接触,最容易接受的接触是一个热情的握手,几乎在任何情况下,热情而有力的握手都表示你对见到的人持一种热情而友好的态度。

Eye 表示眼神交流,眼睛是心灵的窗口,通过眼神的交流表达的非言辞言语可能是最强烈的。眼神交流应该是自发的,而不是被迫的,或者过于主动的。做眼神交流时,中间最好有简短的间隔,切记不要一直盯着他人,这样反而会让人感到不适。

Nod 表示点头,点头表示你正在听,并能理解对方所谈的内容,不过点头不一定意味着赞同,但交流时多点点头有利于与对方的沟通交流。

二、态势语言训练

(一)仪表训练技巧

仪表是指人的外表,一般包括身材、容貌、服饰,体现了一个人的气质与风度,对树立个体形象,集中听众注意力,调动听众情绪等起到积极重要的作用。

首先,训练者要使自己容貌清新整洁。其次,训练者的着装打扮要得体。最后,要穿出"和谐统一"的美感。具体来说:

一是注意服装和鞋子要配套。

二是上装和下装从款式到颜色要和谐。

三是装饰物要和服饰及人物身份统一。

1. 选择服饰技巧

在服装打扮上,应遵从国际公认的"T.P.O."的原则(分别代表时间 Time、地点 Place 和场合 Occasion),并根据不同的社交场合,穿戴与自己身份、年龄、职业、身材相称的服饰,传递出谨慎大方、精明能干、诚实可靠的信息。男士应选择中、高档次的中山装或西服,给人以庄重、挺拔、大方之感,女士既可着深色制服、套装,也可着旗袍,展现典雅与柔美的一面,如图 9-1 所示。

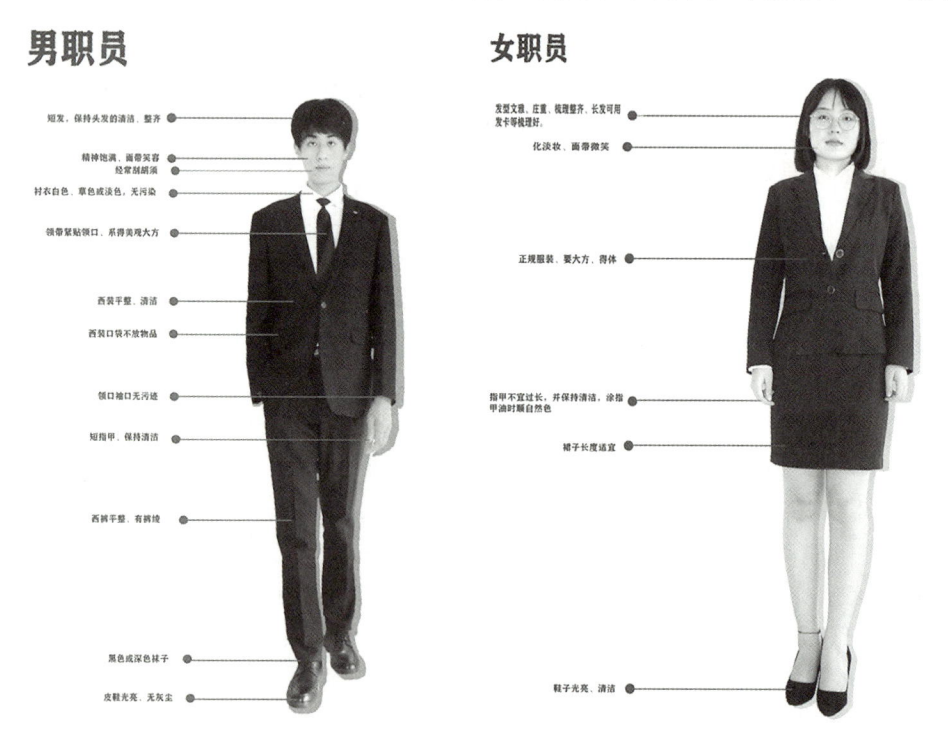

图 9-1 仪表礼仪——一般男士仪表要求

2. 妆饰容貌技巧

容貌包括发式和面容。头发要洗干净、修剪整齐、光滑柔顺。男士不留披肩长头发,女士头发不要有过多的装饰及怪异的造型。可以通过一定的妆饰,突出容貌优点,淡化容貌缺陷,创造一种和谐的整体美。青年应张扬青春风采,以淡妆体现自然美、个性美。中年应展现成熟风韵,以高雅的气质体现沉稳、俊逸之美。老年应突出深沉理性,以平和体现睿智、淡定之美。

(二) 姿态训练技巧

姿态由体动和身姿构成,体动指整个身体的动作,由头部、身躯、双腿的动作构成,其表达情感、传递信息的作用明显而宽泛。在特定的交际环境中,点头可表示赞同、肯定、鼓励。摇头可表示反对、否定、怀疑。偏头可表示诧异、犹豫、不解。低头可表示娇羞、顺从、深思。垂头可表示无奈、沮丧、回避。身姿指躯干与肢体的造型,两者互相联系、互相转化,呈现多姿多彩的情形,能给人以动态美。

1. 坐姿训练技巧

完整的坐姿包括入座、坐定、起座三个程序。入座要从容大方、轻稳和缓,款款走到座位前,背向椅子,轻缓落座。女士要双手从臀部捋过裤、裙,顺势坐下。起座要舒缓、自然。可右脚向后收半步,蹬地起身站立,或用手掌支撑大腿,重心前移,起身站立,给人以高贵、文雅、自然大方的感觉,如图9-2所示。

图9-2 坐姿

头位：头正，下颌微收，双目平视对方(或前方)，面带微笑。
上体：腰直、挺胸、收腹。
肩臂：双肩自然下沉，双臂自然弯曲。
手位：两手自然放在膝盖或扶手或桌面上。女士还可双手呈互握式，右手握住左手手指部分，放于腹前双腿上。
臀位：臀部占椅子面积的二分之一。
腿位：女士双腿并拢，小腿与地面垂直，双膝和双跟并拢。男士双脚向外平移，两腿间距离不得超过肩宽，小腿与地面垂直，双膝分开。
脚位：有多种，一般是两脚张开，大致与肩同宽，平放地面。

2. 站姿训练技巧

优雅的站姿是动态美的起点，是第一引人注意的姿态。
头位：头部抬起，双目平视听众(或前方)，下颌微收，脖颈挺直，面带微笑，精神饱满。
上体：双肩下沉外展，两臂自然垂于身体两侧，双手也可自然交握于腹部上位(右手轻握左手指部位)，挺胸、收腹、立腰，和谐有朝气。
腿位：臀部略收，双腿并拢直立，重心落于脚掌，挺拔自然。
脚位：男士可以选择平行分列步(两脚并拢或稍微分开)站立。女士可以选择双脚跟并拢脚尖分开呈30度夹角，或双脚呈"丁字步"身体略侧的"舞台姿态"站立，如图9-3所示。

图9-3 侧放式站姿、前腹式站姿、后背式站姿

3. 走姿训练技巧

头位：头部抬起，下颌微收，双目平视前方(约5米处)，面带微笑，精神饱满。
上体：挺胸、收腹、立腰，上身略前倾。
摆幅：双肩自然下沉，手臂放松，手指自然弯曲，以肩关节为轴，上臂带动前臂摆动。两臂前后摆动的幅度不得超过30度。

步幅：每迈出一步，前脚跟到后脚尖之间的距离，一般为1~1.5个脚长。

步位：脚落地的位置，女士行走时两脚内侧着地的轨迹应在一条直线上。男士行走时两脚内侧着地的轨迹应在两条直线上。

步速：女士步速标准为每分钟118~120步，男士每分钟108~110步。

4. 鞠躬训练技巧

在交际活动中，人的情感传达和信息传递可以由整个身体动作来展现，如我国传统的跪拜、磕头等正式礼仪。现代文明礼仪常用的鞠躬和拥抱。

鞠躬表示一般敬意时，上身前倾15度左右；表示特别敬意时，则弯曲90度；演讲者上台演讲时，上身前倾45度，目视下方点头，然后抬头起身，目视听众，以表示对听众的谢意，如图9-4所示。

图9-4 鞠躬幅度

（三）手势训练技巧

手是人体最灵巧而有活力的肢体。手势由臂、指、掌、拳等不同造型及伸、抓、摇、摆、挥、摊、按、推、劈、举等动作节拍构成。其描摹的状貌、传递的意义、抒发的情感有许多是约定俗成，为大家共同接受的。

1. 手势类型

（1）指示性手势。用于示意事物的数量或概念。比如："今天我们讲三个内容"，出示三个手指。表示"上下左右"的概念也常以手示意。

（2）会意性手势。用于示意带有强烈感情色彩的内容。比如，"打击腐败，我们必须重拳出击"，单手握拳伸出，表示打击腐败的力度。1946年，闻一多在昆明作著名的"最后一次演讲"，当讲到"反动派暗杀李先生的消息传出后，大家听了都万分痛恨。这些无耻的东西！他们的心是怎么长的?"他"砰"地拍讲台的手势,把混在台下的特务吓得紧缩着脑袋不敢吱声。拍桌子的手势表达了闻一多悲愤交加的心情。

(3) 象形性手势。用于摹形状物,给听众以形象化的感觉。你的同学走上台前演讲,为了鼓励他,伸出两个手指,摆出"V"的造型,他一定心领神会。"V"是英语"victory"的第一个字母,代表"胜利"的意思。你们就要考试了,你的同学问你:"复习得怎么样了?"你一句话没说,只是伸手摆出一个"OK"的样子,"OK"表示的是"准备好了"。

(4) 象征性手势。"我们的祖国有巍峨峻拔的青藏高原,有长江黄河。"左手向左前方扬起,示意巍峨高耸的青藏高原;右手向右前方平伸,示意滚滚流淌的长江黄河。面部表情与手势协调一致,充满自豪感。这类手势、眼神、表情就运用了象征性,它象征着祖国地域辽阔,资源丰富,我爱我的祖国。

(5) 评价性手势。用手表达对人、事、物的评价。比如对某人表示赞赏,大拇指朝上。

2. 常用的规范手势

常用的规范手势有横摆式(请进)、前摆式(里面请)、双臂侧摆式(大家请),如图9-5所示。

图9-5 常用规范手势

3. 手臂训练技巧

手臂动作范围影响较大,容易引起对方的注意,其情感区域有三个。

(1) 上区(肩部以上)。手臂在这一区域活动,主要表达坚定的信念、殷切的希望、美好的憧憬等情感。

(2) 中区(肩部至腹部)。手臂在这一区域活动,主要表示叙述事情、说明事理。例如,我和你们永远是好朋友。

(3) 下区(腹部以下)。手臂在这一区域活动,主要表示憎恶、鄙夷、不屑、厌烦等感情。

4. 手指训练技巧

大拇指伸出表示赞颂、崇敬、钦佩、夸奖、第一、老大等。例如,我们的武警官兵真了不起!

食指伸出可以表示指点事物的数目和方向,也可以是批评、指责、命令等。例如,你为什么要这样做?

小拇指伸出表示卑下、低劣,无足轻重等含义。例如,别看你人长得高大,但做起事来是这个。

其他特殊意义:

食指和中指构成"V"字形,一般都能理解为"胜利""和平"的意思。大拇指和食指搭圆,其他三指伸直,构成"OK",是表示赞扬或允许的意思。双手的食指由分而合在戏曲舞台上通常表示夫妻二人结为连理,珠联璧合的意思。五指张开招手表示招呼,左右摇晃表示拒绝。十指交叉表示自信或对对方感兴趣。

5. 手掌训练技巧

(1) 手心向上,胳膊伸向上方,或斜前方。表示激越,大声疾呼,发出号召,憧憬未来。

(2) 手心向上,胳膊居身体中区。表示叙述、说明、请求、欢迎、诚实。

(3) 手掌手心向下,居身体的下区,胳膊微曲,或斜劈下去。表示神秘、压抑、反对、制止、卑鄙、不愿意,不喜欢等。

(4) 两手由合而分。表示空虚、失望、分散、消极。

(5) 两手由分而合。表示团结、亲密、联合、会面、接洽。

(6) 单手掌劈、砍、点、顶。表示决心、果断、否定等。

6. 握拳训练技巧

在身体上区握紧拳头,表示誓死捍卫、决心、团结、奋斗。

在身体中区握紧拳头,表示怒火燃烧而又强忍或警告、威胁的意思。

(四) 表情训练技巧

人的面部表情主要由眉语、眼神、唇型、脸色等构成,它是最准确、最微妙的"晴雨表",也是人们喜、怒、哀、乐心灵情感的荧光屏。

1. 眼神训练技巧

眼神是指眼睛的神态,也叫眼色。"眼睛是心灵的窗户",可以帮助人们传达许多具体、复杂甚至难以言传的思想感情。俯视表示爱护、宽容。仰视表示尊敬、崇拜。平视表示自信、坦率。

(1) 前视技巧:视线平直向前弧线流转(视线落点从听众席的中心线开始),直到视线落到最后的听众头上。

(2) 点视技巧:目视正前方,可集中看一点,也可不聚焦某一点某一人,而把听众作为一个整体来看。

(3) 虚视技巧:似视非视,虚实相间,要求"目中无人,心中有人",以回避台下火辣辣的眼睛,克服惧怕与分神。

(4) 环视技巧:面带微笑,以诚挚的目光正视前方,以正视方向为起点,眼睛随头部摆向左方(或右方)45度,然后转向右方45度。

(5) 目光语的不良习惯:视线不与观众交流、冷落观众;长时间死死盯着一观众,会使对方受到目光侵犯;眼球滴溜溜乱转或眼动头不动,让人觉得心不在焉;做手势时手到眼不到;当众说话时挤眉弄眼;忌暗淡无光,忌长时间盯着天花板、窗外、资料等。

应做到目光保持神采;扩大目光语视区,广角度环视表达对每个观众的关注;眼神交流,以捕捉反馈信息,针对不同的观众使用不同的目光点视。

2. 微笑训练技巧

微笑是力量的亲兄弟,是人际交往中最受欢迎的表情。其含义非常丰富:高兴、愉悦、满足、亲切、赞同、希望等。面含笑意,不发声,不露齿,肌肉放松,嘴角两端向上略为提起,是最自然、亲切的微笑。

(五)态势语言使用的注意事项

1. 15个办法提升你的态势语言

(1)不要双手环抱在胸前或者跷二郎腿。

(2)保持眼神交流,但是不要一直盯着别人。

(3)放松你的肩膀。

(4)人与人之间保持一定距离。男士站立时,双脚与肩齐宽,显得有自信。女士注意膝盖并拢。

(5)当听别人发表意见的时候,轻微点头表达对演讲者的尊敬。

(6)不要作风懒惰,弯腰驼背。

(7)如果对别人的演讲很感兴趣,上身可以微微前倾表示自己的兴趣。

(8)面带微笑。

(9)不要不断地触摸自己的脸,这只会让你觉得更加紧张。

(10)保持目光平视。不要把目光集中在地上,给别人一种不自信的感觉。

(11)放慢速度可以让你冷静,减少压力。

(12)不要坐立不安。不要当众搔头皮、掏耳朵、剔牙、挖鼻孔、抓痒痒、咬指甲、揉衣角等。

(13)不要把手维持在胸前,尽量放在腿的两侧,否则会让听者觉得你显得拘束。

(14)不要对人指指点点。

(15)一定要保持好的态度。

2. 注意握手禁忌

(1)握手时,若掌心向下显得傲慢,似乎处于高人一等的地位。

(2)用指尖握手,即使主动伸手,也会给对方一种十分冷淡的感觉。

(3)通常是长者、女士、职位高者、上级、老师先伸手,然后年轻者、男士、职位低者、下级、学生及时与之呼应。

(4)社交场合,男士和女士之间,绝不能男士先伸手,这样不但失礼,而且还有占人便宜的嫌疑。但男士如果伸出手来,女士一般不要拒绝,以免造成尴尬的局面。

(5)握手时软弱无力,容易给人感觉缺乏热情,没有朝气;但也不要用力过大。

(6)握手时可以根据双方亲密程度掌握。初次见面者,握一两下即可,一般控制在3秒钟之内,切忌握住异性的手久久不放。

(7)忌用左手与他人握手,如有特殊情况,应该说明原因并表示歉意。

(8)男士勿戴帽子和手套与他人握手,但军人不必脱帽,应先行军礼,然后再握手。在社交场合女士戴薄纱手套或者网眼手套可以不摘;但在商务活动中只讲男女平等,女士应摘手套,且男士仍不为先。

(9)握手后,不要立即当着对方的面擦手,以免造成误会。

(10)握手时不宜发表长篇大论,点头哈腰,过分客套,这只会让对方不自在、不舒服。握手时另一只手不能放在口袋里。

本章小结

1. 态势语言具有符号性、情感性、规律性、民族性等特点。
2. 在人际交往中,态势语言是一种无声胜有声的表达方式。通过肢体语言、面部表情和声音韵律等非言语交际手段,我们可以传递出丰富的信息和情感,增强表达的感染力和说服力。态势语言能够补充和强化有声语言信息,使表达更加生动、形象和有力。
3. 态势语言主要包括表情语、体势语和服饰语。
4. 态势语言的使用原则有:准确性原则、协调性原则、自然性原则等,要经常使用"SOFTEN"法则。
5. 平时要注意训练态势语言技巧。

思考练习

为下面各段演讲词配上适当的态势语言,并进行反复练习。

1. 反动派暗杀李先生的消息传出后,大家都悲愤痛恨。我心想,这些无耻的东西,不知他们是怎么想的,他们的心理是什么状态,他们的心是怎样长的!

解析:手势在实际运用时应抓住关键词语,不必过多、过繁,否则会喧宾夺主,令人眼花缭乱,分散听众注意力。"悲愤痛恨",面部悲愤;"(他们的心是)怎么长的!"右手用力拍桌。

2. 同志们,伟大的力量来自伟大的理想。

解析:"伟大的理想",右手臂向右上方伸展。

3. 事情往往就是这样,你认为你行,你就行;你认为你不行,即使你行也不行。

解析:第一分句向左看,右手掌向内向上;第二分句向右看,右手掌向外向下劈出。手势幅度不宜过大。

推荐阅读

1.《演讲态势表达技巧》　　作者:谢伦浩

阅读本书,读者可以了解演讲态势表达的几种技巧:演讲时怎样用"眼"说话、演讲时怎样得体微笑、演讲时常用的手势有哪些、演讲时怎样巧用着装消除紧张、演讲时怎样用好麦克风、演讲者如何建立良好的形象、演讲中忌用戏剧动作。

2.《体态秘语:肢体语言手册》　　作者:[英]彼得·卡雷特

如果有人告诉你,当你和别人握手时,你的手部姿势已经暴露了你的性格是主动型还是被动型时,你是否相信?你是否知道,当你说谎时,用某个词可能比用另外一个词更容易被人揭穿?不管你信不信,你的身体正在用各种各样的方式泄露你的真实思想与情感,甚至在多数情况下,连你自己都没有察觉到。事实上,这些无意识的体态秘语,正是人类产生互动的基础。在肢体语言和"秘语"的世界里,不存在秘密,连你的潜意识都将被解析。某些体态秘语是由大脑中不自知的过程控制的,所以它们不受人的意识左右。与人们道出的感情相比,这些体态秘语能更好地展示他们的情绪。阅读本书,会使我们对别人更加敏感,最终会使我们与别人的交往更富成效。

3.《体态语言大全》 作者:〔奥〕赛弥·莫尔肖

本书图解各种体态语言,阅读本书,读者可以形象感知各类体态语言,并有意识地在现实生活中去解读体态语、自我训练体态语。

第十章　面　　谈

【本章提要】

面谈是指两个人或多个人面对面地进行交流,通常是为了讨论问题、交换意见、了解彼此的观点而进行深入的沟通。面谈可以发生在各种场合,如工作面试、商务谈判、心理咨询、教育指导等。作为一种重要的交流方式,面谈具有目的性、计划性、控制性、灵活性等多个显著的特征。面谈的过程通常可以划分为准备阶段、开局阶段、过程控制阶段和结束阶段等几个关键阶段。面试是面谈的重要类型,应聘者要充分了解面试流程,掌握面试策略,能够充分展示自己的能力和素质。

【学习目标】

1. 掌握面谈的概念、特征及种类。
2. 了解面谈的流程及注意事项。
3. 熟悉面试类型及流程,掌握面试策略。

【导入案例】

师生之间的面谈

你是一位正在就读的大二学生,目前正积极参与一门课程的学习。但是,同学们对这位老师的教学方式持有不同意见,认为需要一些改进。作为学习委员,全班同学一致委托你去与这位老师进行面谈,希望他能改进教学方式。

思考: 你打算怎么办?

第一节　面　谈　概　述

面谈作为人们日常工作和生活中的重要交流方式,在多个领域都发挥着至关重要的作用。

第十章 面 谈

辅导员借助面谈的方式,可以深入细致地做好学生的思想工作,引导他们健康成长;应聘者通过面谈展示自己的能力和潜力,争取心仪的职位;调查者通过面谈的方式,收集真实可靠的信息,以完成各类调研任务;而上司则通过与下属的面谈,检查他们的工作业绩,提供宝贵的建议和指导,推动团队的进步与发展。总之,面谈在各个领域都扮演着不可或缺的角色,为人们的沟通和交流提供了便捷有效的途径。

一、面谈的概念

面谈是面对面的交互式谈话,是一种有计划和受控制的,通常发生在两个人或更多人之间,参与者中至少有一人有明确目的而交流信息的沟通方式。

面谈的概念在不同情境下可能有所变化。一般来说,面谈可以被视为面对面的谈话或商议,例如,求职过程中的面试或者商业谈判等。在求职场景中,面试是用人单位为了评估求职者的能力和适应性而组织的一种活动。而在商业或合作场合,面谈则可能是双方就某些实质性问题进行讨论和决策的方式。此外,面谈可以被看作是一种信息沟通手段,通过口头交流而非文字的方式达到某种结果,这种定义更强调面谈的沟通效果和目的导向性。

总的来说,面谈是一种重要的交流方式,和闲聊、打招呼、普通谈话有着明显不同,有助于人们更直接、深入地理解和解决问题。在不同的情境下,面谈的具体含义和目的可能有所不同,但其核心特征都是基于面对面的、有计划的、受控制的交流。

二、面谈的特征

面谈作为一种重要的交流方式,具有多个显著的特征。

（一）目的性

面谈通常具有明确的目的或目标。无论是思想工作、招聘面试、信息收集还是业绩检查,面谈都是围绕特定目的展开的,旨在达到预期的交流效果。

（二）计划性

面谈通常需要进行事先的计划和准备。这包括确定面谈的主题、参与人员、时间和地点等,谈什么(What)、何处谈(Where)、何时谈(When)、与谁谈(Who)、如何谈(How)等都要有预先的计划,以确保面谈的顺利进行和达到预期的效果。

（三）控制性

在面谈过程中,参与者可以在一定程度上控制交流的进程和内容。他们可以选择合适的话题、提问方式以及回应策略,以引导面谈朝着预期的方向发展。

（四）双向性

面谈是一种双向的沟通方式,参与者之间可以进行相互的交流和反馈。这有助于增进彼此的理解和信任,同时也能够确保信息的准确传递和有效接收。

（五）即时性

面谈是一种即时性的交流方式。参与者可以及时获得对方的反馈和回应,从而及时调整自己的表达方式和交流策略,增强交流的效果。

（六）互动性

面谈过程中,参与者可以相互提问、回答,并进行深入的交流。这种互动性有助于建立信任和理解,促进信息的有效传递。

（七）灵活性

面谈可以根据实际情况进行调整和变化。无论是话题的选择、交流的方式还是时间地点的安排，都可以根据参与者的需求和情境进行灵活调整，以满足特定的交流目的。

综上所述，面谈具有目的性、计划性、控制性、双向性、即时性、互动性和灵活性等特征。这些特征使得面谈成为一种高效、有针对性的沟通方式，并能广泛应用于各种领域和场合。

三、面谈的种类

面谈的种类繁多，如招聘、绩效评估、劝告、训导、解聘、上岗、咨询、数据收集、发布指示等，每种都有其特定的目的和形式。

（一）招聘面试

招聘面试是雇主或招聘团队与应聘者之间进行的面谈，旨在评估应聘者的能力、经验和适应性。招聘面试可能包括一对一的面谈、小组面试，或是面试官与应聘者交替提问的形式。

（二）绩效评估面谈

绩效评估面谈通常由员工的上司或直接负责人与员工进行，用于评估员工在工作中的表现和成果。绩效评估面谈会涉及员工的工作目标、工作表现，以及在讨论中共同制定未来的目标和发展计划。

（三）辅导面谈

辅导面谈是一种由辅导员或专业人士与个人进行的面谈，旨在帮助个人解决问题、面对挑战或实现目标。辅导面谈可能涉及对个人情况的深入了解、提供支持和指导，以及制定个人发展计划。

（四）职业咨询面谈

职业咨询面谈通常由职业咨询师或专业人士与个人进行，旨在帮助个人了解自己的职业兴趣和目标，并提供有关职业选择、培训和发展的建议。

（五）纠纷解决面谈

纠纷解决面谈是当冲突或争议出现时，涉事者为纠纷解决进行的面谈，以促进双方之间的沟通、理解和问题解决。

除了上述几种常见的面谈类型，还有一些其他形式的面谈，如信息搜集面谈、传递信息面谈等。此外，根据面谈的具体要求和情境，面谈还可以分为问题式、压力式、随意式、情景式、综合式等多种类型。

第二节 面谈的过程

面谈的过程是一个系统性、互动性的交流过程，旨在达成特定的沟通目标。面谈的过程通常可以划分为以下几个阶段：准备阶段、开局阶段、过程控制阶段和结束阶段。

一、准备阶段

面谈的准备阶段对于整个面谈过程的顺利进行至关重要。在准备阶段，首先要做的是安排面谈的时间和地点,确保面谈的环境安静、私密,有助于双方进行深入的交流。同时,根据面谈的目的和对象,准备好相应的资料,如简历、工作记录、业务报告等,以便在面谈中参考。此外,还需要提前通知参与面谈的人员,确保他们了解面谈的目的和流程。

(一) 确立面谈目的

确立面谈目的,是面谈准备阶段的核心任务之一。一个清晰、明确的面谈目的能够引导整个面谈过程,确保双方交流的高效性和针对性。英国杰出的咨询顾问尼基·斯坦顿(Nicky Stanton)提出了面谈的四个基本目的:一是信息的传播,如教师与学生的面谈,新闻记者与采访对象的面谈;二是寻求信念或行为的改变,如产品推销、训导、劝告、绩效评估;三是解决问题和寻找对策,如招聘面试、绩效评估、申诉、父母与教师讨论孩子的学习问题;四是探求与发现新信息,如学术团体、社会团体对个例的调查、市场调查、民意测验、学术讨论和记者调查等。

首先,需要根据具体情境和需求来明确面谈目的。例如,如果是一次招聘面试,目的可能是评估应聘者的能力、性格和潜力,以决定是否录用;如果是一次员工绩效评估面谈,目的则可能是了解员工的工作表现,讨论改进方案,并设定未来的工作目标。

其次,在确立面谈目的时,应确保目的具有可操作性和可衡量性。也就是说,面谈目的应该具体、明确,能够指导设计面谈问题、收集信息以及做出决策。例如,在招聘面试中,可以将目的细化为评估应聘者的沟通能力、团队协作能力和解决问题的能力等具体方面。

同时,还要考虑到面谈目的与整体目标的关系。面谈目的应服务于整体目标,有助于实现组织或团队的长期发展战略。因此,在确立面谈目的时,需要将其与组织目标、岗位职责等相结合,确保面谈的针对性和实效性。

最后,确立面谈目的后,需要在后续的准备工作中不断回顾和调整,确保面谈过程始终围绕目的进行。这包括准备面谈问题、收集相关资料、制定面谈计划等。

(二) 精心设计问题

在面谈准备阶段,精心设计问题是至关重要的。问题设计得当,不仅能够引导面谈的走向,还能够确保获得关键信息,为面谈目的的实现提供有力支持。

首先,在设计问题时,应确保问题的针对性和相关性。要紧密围绕面谈目的和主题,根据被面谈者的背景和情况,提出具体、明确的问题。这样不仅可以使被面谈者更好地理解问题的意图,还能确保获取到的信息具有实际价值。

其次,问题设计要具有层次性和递进性。可以从简单的问题开始,逐步深入,引导被面谈者逐步展开回答。这有助于逐步了解被面谈者的想法、观点和经历,进而更全面地评估其能力和素质。

同时,要注意问题的开放性和引导性。开放性问题能够鼓励被面谈者自由表达,提供更多细节和见解;而引导性问题则能够确保面谈按照预定的逻辑顺序进行,避免偏离主题。在设计问题时,可以结合使用这两种类型的问题,以达到更好的面谈效果。

此外,问题设计还需要考虑到被面谈者的感受和需求。要避免提出过于敏感或冒犯性的问题,尊重被面谈者的隐私和权利。同时,也要关注被面谈者的情绪变化,适时调整问题的语气和方式,确保面谈氛围的和谐与融洽。

最后,设计好问题后,还需要进行充分的预演和修改。可以请同事或朋友帮忙模拟面谈场景,对问题进行测试和调整。这样不仅可以发现潜在的问题和不足,还能提高自己在面谈中的应变能力和自信心。

综上所述,设计好问题是面谈准备阶段的关键环节。通过精心设计问题,可以确保面谈的顺利进行和高效实施,为面谈目的的实现奠定坚实基础。

(三) 灵活安排面谈结构

确定了目的,设计好问题后,面谈准备的下一个步骤就是确定面谈内容的结构。面谈内容的结构通常可以灵活设计。以下是一个常见且有效的结构框架,它有助于确保面谈的顺利进行和高效获取所需信息。

1. 开场白与背景介绍

面谈者的自我介绍和目的说明;被面谈者的背景介绍,包括职位、工作经验等。

2. 问题导入与热身

使用一些轻松的话题或提问,缓解紧张氛围,拉近双方距离。逐步过渡到与面谈目的相关的主题,为深入探讨做铺垫。

3. 核心问题与深入探讨

根据面谈目的,提出一系列有针对性的核心问题。鼓励被面谈者详细回答,分享观点、经验和见解。面谈时需注意倾听、观察和记录关键信息,适时进行追问或澄清。

4. 总结与反馈

对被面谈者的回答进行简要总结,确保理解正确。提供适当的反馈和建议,指出亮点和改进空间。

5. 结尾与后续安排

表达对被面谈者参与的感谢,强调面谈的价值。讨论后续可能的行动计划或安排,保持沟通渠道畅通。

在设计面谈内容时,问题的提出非常重要,最常见的两种提问顺序是"漏斗型顺序"和"倒漏斗型顺序"。在面谈中,漏斗型顺序和倒漏斗型顺序是两种截然不同的提问策略,它们的应用场景和效果各有特色。

漏斗型顺序是一种由开放式问题开始,逐渐过渡到封闭式问题,最后进行总结的提问方式。这种顺序的优势在于,通过开放式问题,面谈者可以引导被面谈者自由表达观点、分享经验和感受,从而深入了解其真实想法和情况。随着对话的深入,封闭式问题则可以帮助面谈者获取更具体、明确的信息,或者对某个观点或事实进行确认。最后,通过总结性的提问,可以确保双方对讨论的内容有清晰的认识,并可以针对讨论结果制定后续行动计划。

【案例分析】

"漏斗型"提问

辅导员张老师发现学生小李最近在学习和情绪上都有些波动,决定与小李进行面谈,了解他的近况并提供帮助。张老师采用了漏斗型提问顺序:

小李,最近你看起来有些不太对劲,能和我分享一下你最近的生活和学习情况吗?

你觉得最近有哪些事情让你感到困扰或者压力比较大?

在学习上,你是觉得课程内容难以理解,还是时间管理上有问题?

在生活中,你是和室友相处不愉快,还是遇到了其他什么困难?

你觉得如果每周我们安排一次学习辅导,会对你的学习有帮助吗?
你是否愿意参加我们组织的心理健康讲座,学习一些情绪管理的技巧?

【分析】张老师由开放式问题开始提问,旨在鼓励学生自由表达他们的感受和经历,为后续的深入提问打下基础。接下来转向较为具体的问题,开始将对话引向更具体的方面,帮助自己更准确地把握学生的问题和需求。最后是更为具体、明确的封闭式问题,提供了具体的解决方案或建议,让学生能够明确地表达他的意愿和需求。

通过漏斗型提问顺序,辅导员可以逐步引导学生分享他们的想法、感受和需求,从而提供更具体、更有针对性的指导和支持。这种提问方式不仅有助于辅导员了解学生的真实情况,还可以帮助学生感受到被关心和理解,从而建立更好的师生关系。

相比之下,倒漏斗型顺序则是从封闭式问题开始,逐渐过渡到开放式问题。这种顺序通常用于需要快速了解被面谈者基本情况或筛选候选人的场合。通过一开始的封闭式问题,面谈者可以迅速获取关键信息,如工作经验、教育背景等。随着对话的深入,逐渐引入开放式问题,可以进一步探索被面谈者的观点、态度和动机。

【案例分析】

"倒漏斗型"提问

辅导员张老师与班长候选人李同学进行一次面谈,了解她对班级管理的具体想法、期望和目标,并评估她是否适合担任班长职务。张老师采用了倒漏斗型提问顺序:
如果你被选为班长,你计划如何组织第一次班会?有哪些具体的议程和安排?
假设班级里出现了同学之间的矛盾,你会如何介入并协调解决?
你认为作为班长,在班级的日常管理中最重要的职责是什么?
你打算如何平衡自己的学习和班级管理工作?
你对班级的整体氛围和发展有什么期望或愿景?
你认为班长在班级中应该扮演什么样的角色,如何引领班级朝着更好的方向发展?

【分析】开始两个问题比较明确,这些具体的问题可以让班长候选人迅速进入状态,并分享她对于班级管理工作的具体设想和计划。中间两个问题是中等概括性的问题,这些问题开始转向对班长候选人职责和能力的评估,同时也帮助辅导员了解候选人的工作态度和计划。最后两个问题是一般的问题,这些宽泛的问题可以引导班长候选人思考更宏观的班级管理和领导力问题,展现她的全局观念和长远规划。

通过倒漏斗型提问,辅导员张老师可以从具体的班级管理职责和期望开始,逐渐引导班长候选人思考更广泛和深入的班级管理问题。这种提问方式有助于候选人更全面地展示自己的能力和潜力,同时也有助于辅导员更准确地评估候选人的匹配度。

在实际应用中,选择漏斗型顺序还是倒漏斗型顺序,应根据面谈的具体目的、被面谈者的特点以及面谈的情境来综合考虑。如果面谈的目的是深入了解被面谈者的观点、想法和情况,建立信任和沟通,那么漏斗型顺序可能更为合适。而如果面谈的目的是快速筛选候选人或获取关键信息,那么倒漏斗型顺序可能更为有效。

无论使用哪种顺序,面谈者都应确保问题的连贯性和逻辑性,避免突兀或跳跃式的提问。同时,还要注意提问的语气和方式,以营造轻松、友好的面谈氛围,使被面谈者能够自如地表达观点和想法。

当然,面谈内容的结构可以根据具体的面谈类型和目的进行调整。例如,在求职面试中,可以更加注重对个人能力、工作经验和职业规划的探讨;在咨询面谈中,可以更加关注对问题的分析、解决方案的讨论和实施计划的制定等。

总之,一个清晰、有条理的面谈内容结构有助于确保面谈的高效性,帮助面谈者更好地了解被面谈者的情况并达成面谈目的。

(四)妥善规划时间

妥善安排时间意味着在面谈前对会谈的时间进行精心的规划和安排,以确保双方能够在合适的时间段内充分交流,并达到预期的面谈效果。妥善安排时间不仅可以提高面谈的效率,还能够避免因时间安排不当而带来的麻烦和误解。

1. 提前预约并确定时间

在安排面谈时,应提前与被面谈者进行预约,并明确面谈的具体时间。这有助于双方做好准备,确保面谈能够按时进行。同时,考虑到双方的时间安排,可以选择一个对双方都较为合适的时间段。

2. 合理安排面谈时长

面谈时长的安排应根据面谈的目的、内容和双方的需求来确定。一般来说,初次面谈的时间不宜过长,以免让被面谈者感到疲劳或压力过大。可以设定一个相对固定的时间范围,如30分钟至1小时,根据具体情况进行调整。

3. 明确面谈流程和环节

在安排面谈时间时,还需要考虑面谈的具体流程和环节。例如,是否需要进行自我介绍、提问、讨论等环节,每个环节的时间如何分配等。这有助于确保面谈的有序进行,避免时间上的浪费和流程上的混乱。

4. 留出适当的机动时间

在安排面谈时间时,建议留出适当的机动时间。这可以用于处理可能出现的意外情况,如被面谈者迟到、设备故障等。同时,机动时间也可以用于深入讨论某些重要问题,或者进行额外的提问和了解。

5. 尊重双方的时间

在面谈过程中,应尊重双方的时间,避免拖延或浪费时间。面谈者应控制好提问的节奏和频率,避免提出过多琐碎或重复的问题。被面谈者也应尽量简明扼要地回答问题,避免冗长和无关紧要的表述。

总之,合理的面谈时间安排是确保面谈顺利进行和取得良好效果的重要因素之一。通过提前预约、合理安排时长、明确流程和环节、留出缓冲时间以及尊重双方的时间等方式,可以有效地安排面谈时间,提高面谈的效率和质量。

(五)悉心营造良好环境

面谈环境的安排对于面谈的顺利进行至关重要。一个舒适、安静且专业的环境有助于增强双方的交流效果,使面谈更加高效和富有成果。

首先,考虑面谈的目的和参与者。不同的面谈目的和参与者可能需要不同的环境设置。例如,如果面谈是为了招聘新员工,那么可能需要一个更加正式和专业的环境;而如果面谈是为了收集员工反馈或进行绩效讨论,那么环境可以更加轻松和舒适。

其次,选择合适的场地。根据面谈的目的和参与者的数量,选择一个大小适中的场地。确保场地干净整洁,布置得当,以营造一个良好的氛围。如果可能的话,可以选择一个具有私密性的场地,以便双方能够无干扰地进行交流。

在布置场地时,注意桌椅的摆放。确保桌椅舒适且便于交流,避免过于拥挤或过于空旷。如果面谈需要记录或展示材料,可以准备白板、投影仪等设备。

此外,还要考虑光照和通风情况。确保面谈场地光线充足,通风良好,以提供一个舒适的环境。如果场地内有窗户,可以调节窗帘或百叶窗,以控制光线和隐私。

最后,为了营造一个温馨和专业的氛围,可以在场地中布置一些绿植或装饰物。同时,准备一些茶点或水果,以便在面谈过程中为参与者提供舒适的休息和交流机会。

总之,面谈环境的安排应根据面谈目的、参与者和场地条件进行综合考虑,以确保面谈的顺利进行和高效交流。

(六)预估面谈情况

在进行面谈准备时,除了预期可能的问题外,预料面谈的各种情况也是非常关键的。这有助于面谈者更好地应对可能出现的变化,确保面谈的顺利进行。

1. 被面谈者的情绪状态

(1)紧张情绪。有些被面谈者可能会因为紧张而表现得不太自然或回答问题时含糊不清。作为面谈者,你需要保持耐心,用温和的语气和态度引导对方放松下来,鼓励他们自由表达。

(2)过度自信。有些被面谈者可能表现出过度自信的态度,甚至夸大自己的能力和经验。在这种情况下,面谈者需要通过提出具体案例或情境来检验他们的说法,并确保所获取的信息真实可靠。

2. 面谈过程中的意外情况

(1)技术问题。如录音设备故障、网络连接中断等。为了避免这种情况,建议提前检查设备,并准备备用方案。

(2)时间问题。有时面谈可能会因为某些原因而超时或提前结束。面谈者需要根据实际情况灵活调整,确保重要信息都已获取。

3. 被面谈者的回答与预期不符

(1)模糊或回避回答。被面谈者可能不愿意直接回答某些问题,或者给出的答案含糊不清。这时,面谈者可以尝试用不同方式提问,或者通过引导性的话语让他们更明确地表达观点。

(2)与简历或申请材料不符。有时被面谈者的回答可能与他们的简历或申请材料中的信息不一致。这时,面谈者需要及时提出疑问,并要求对方解释原因。

4. 面谈氛围的把握

(1)保持正式但友好。面谈氛围应该既保持专业性,又不过于严肃。面谈者需要掌握好这个平衡,确保双方在轻松的氛围中进行交流。

(2)应对冷场。有时面谈中可能会出现冷场的情况,这时面谈者可以主动提出新的问题或话题,以缓解尴尬的氛围。

通过预料这些情况并提前准备好应对策略,面谈者可以更好地掌控面谈的进程,确保面谈的顺利进行。同时,这也有助于面谈者更全面地了解被面谈者的情况,为后续的决策或合作打下良好的基础。

面谈者在面谈准备工作中,需要认真计划"为什么(Why)""谁(Who)""何时(When)""何地(Where)""什么(What)""怎样谈(How)"等问题。

二、开局阶段

(一)合理选择面谈开始方式

合理选择面谈开始方式对于建立信任、营造积极氛围以及确保面谈的顺利进行至关重要。合理选择面谈开始方式需要做到:

1. 根据面谈目的和情境选择开始方式

(1)正式场合与职业面试。在正式场合或职业面试中,建议采用更为专业和正式的开场方式。例如,可以简要介绍自己、公司或面试流程,以展现专业素养和严谨态度。

(2)轻松场合与社交交流。在轻松场合或社交交流中,可以选择更为轻松和自然的开场方式。如寒暄问候、谈论共同兴趣或轻松话题,以拉近彼此距离,营造友好氛围。

2. 考虑被面谈者的性格和需求

(1)内向型被面谈者。对于内向型被面谈者,可以采用温和、鼓励性的开场方式,如表达对其能力的认可,给予充分的思考和回答时间,以减轻其紧张感。

(2)外向型被面谈者。对于外向型被面谈者,可以采用更为开放和活泼的开场方式,如提出有趣的问题或分享相关经验,以激发其参与和交流的兴趣。

3. 运用有效开场技巧

(1)破冰问题。提出轻松、有趣的破冰问题,以打破僵局,让双方快速进入交流状态。

(2)肯定与赞美。在开场阶段给予被面谈者适当的肯定与赞美,以增强其自信心和参与度。

(3)明确目标与期望。简要介绍面谈的目的和期望,以确保双方对本次面谈有共同的理解和期待。

4. 注意开场方式的灵活性

在选择面谈开始方式时,应根据实际情况灵活调整。如果发现开场方式并不奏效,可以适时转变策略,以更好地适应被面谈者的需求和氛围。

总之,合理选择面谈开始方式需要综合考虑面谈目的、情境、被面谈者的性格和需求等因素。通过灵活运用不同的开场方式,面谈者可以有效地建立信任、营造积极氛围,为后续的面谈交流奠定良好的基础。

(二)营造有利于面谈的和谐氛围

营造有利于面谈的和谐氛围是确保双方能够顺畅沟通、有效交流的关键。营造和谐的面谈氛围需要做到:

1. 尊重与理解

首先,表现出对被面谈者的尊重和理解。尊重对方的观点、经验和感受,认真倾听其发言,避免打断或轻视对方的言论。同时,尝试理解对方的立场和角度,以建立共鸣和信任。

2. 友好与亲切

通过友好的语气、微笑和亲切的姿态,传达出对被面谈者的欢迎和关心。使用适当的称呼和问候语,让对方感受到温暖和舒适。保持眼神交流,展现出真诚和关注。

3. 积极与开放
保持积极的态度和开放的心态,对面谈过程中的问题和挑战保持耐心和乐观。鼓励被面谈者发表自己的看法和建议,对不同的观点保持包容和理解。避免过度批评或指责,而应共同探讨和解决问题。

4. 专业与专注
展现出专业的素养和专注的态度,认真准备面谈内容,了解被面谈者的背景和需求。在面谈过程中,保持专注和集中,避免分心或打断对方的发言。通过专业的分析和建议,提升面谈的质量和效果。

5. 创造舒适环境
确保面谈环境整洁、安静、舒适,让被面谈者能够放松身心,专注于交流。可以调整室内光线、温度和座椅舒适度等,以提供最佳的交流环境。

6. 建立信任关系
通过真诚的态度和言行,建立起与被面谈者之间的信任关系。分享自己的经验和观点,展示出自己的专业能力和价值。同时,尊重对方的隐私和保密需求,保护其个人信息的安全。

综上所述,营造有利于面谈的和谐氛围需要尊重与理解、友好与亲切、积极与开放、专业与专注、创造舒适环境以及建立信任关系等多方面的努力。通过这些措施,可以为面谈创造一个积极、开放、专业且舒适的氛围,促进双方的有效沟通和交流。

【案例思考】

营造和谐氛围的价值

张老师是一位深受学生喜爱的历史学教授,他在课堂上鼓励学生发表自己的观点和看法。然而,在一次关于历史事件的讨论中,学生李同学对张老师的观点提出了质疑,两人因此产生了争执。为了避免在课堂上继续扩大矛盾,张老师提议在课后进行面谈。

在面谈前,张老师回顾了课堂上的讨论内容,并仔细思考了李同学的观点。他意识到自己在讨论中可能存在表述不清或过于坚持己见的情况。为了营造和谐氛围,张老师决定在面谈中保持开放和包容的态度,尊重李同学的观点。李同学在课后也反思了自己的言辞,意识到可能在表达观点时过于激烈。他准备在面谈中更加冷静地阐述自己的观点,并尝试理解张老师的立场。

【思考】张老师和李同学的做法对吗?为了营造和谐面谈氛围,还需要注意什么?

(三) 明确面谈的定位

向被面谈者明确面谈的定位是确保面谈顺利进行并取得有效结果的关键一步。以下是一些向被面谈者清晰地传达面谈的定位需要做到的事项:

1. 在面谈正式开始前明确告知
在面谈正式开始之前,与被面谈者进行简短的沟通,明确告知面谈的定位和目的。您可以简洁地介绍面谈的类型、所关注的主题,以及希望通过面谈达成的目标。这样可以让被面谈者对面谈有一个初步的了解,并为其做好相应的准备。

2. 强调面谈的重要性和意义

向被面谈者解释面谈的重要性和意义,使其明白面谈对于双方的价值。强调面谈在了解彼此、收集信息、解决问题或达成共识等方面的作用,让被面谈者意识到参与面谈的重要性和必要性。

3. 说明面谈过程中的角色和责任

明确告知被面谈者在面谈过程中的角色和责任,以便其更好地配合面谈的进行。解释被面谈者在面谈中需要承担的任务、提供的信息或参与的讨论,并强调其在面谈中的积极作用和贡献。

4. 解释面谈流程和安排

向被面谈者介绍面谈的整体流程和安排,包括预计的时间、地点、参与人员以及可能涉及的话题。这样可以让被面谈者对面谈有一个全面的了解,并减少其不确定性和焦虑感。

5. 强调保密和隐私原则

如果被面谈者需要分享敏感信息或个人隐私,务必向其强调保密和隐私原则。您可以明确承诺保护被面谈者的个人信息和隐私,并解释面谈中涉及的信息将如何被处理和使用。这样可以增强被面谈者的信任感,促使其更愿意分享真实的信息和观点。

6. 鼓励提问和反馈

在明确面谈定位的过程中,鼓励被面谈者提问和提供反馈。这有助于澄清误解、解答疑问,并确保双方对面谈的定位和目的有共同的理解。同时,倾听被面谈者的反馈也有助于您进一步完善面谈的定位和安排。

综上所述,向被面谈者明确面谈的定位需要在面谈开始前进行告知、强调面谈的重要性和意义、说明角色和责任、解释流程和安排、强调保密和隐私原则,并鼓励提问和反馈。通过这些措施,您可以帮助被面谈者更好地理解面谈的定位,并为其积极参与面谈做好充分的准备。

三、过程控制阶段

过程控制阶段是面谈的核心阶段,面谈者需要按照工作的逻辑顺序提出问题,并鼓励被面谈者积极回答。在此过程中,面谈者应避免探讨如抱怨不满、劳动关系、工资等可能产生争议或敏感的内容。同时,面谈者还要控制面谈的针对性和时间,确保面谈始终围绕主题进行。

首先,主体部分应以问答为主要形式,通过提问和回答来深入了解被面谈者的观点、经验、技能和个性等方面。提问应具有针对性、开放性和逻辑性,能够引导被面谈者展开详细的回答,同时也要注意避免过于敏感或具有攻击性的问题,以维持面谈的和谐氛围。

其次,讨论也是主体部分的重要组成部分。在讨论中,双方可以就某一话题或问题进行深入的探讨,分享各自的看法和见解,并寻求共识或解决方案。讨论时应保持开放和包容的态度,尊重对方的观点,避免过度强调个人立场或产生不必要的争执。

此外,在面谈主体部分,双方还可以进行意见交换。这既可以是对被面谈者提出的建议或反馈,也可以是对双方共同关心的问题或项目的讨论。通过意见交换,可以进一步增进彼此的了解和信任,并为未来的合作或决策提供有价值的参考。

在面谈主体部分,除了以上核心内容外,还需要注意以下几点:保持沟通的连贯性和逻辑性,确保面谈进程有条不紊地进行;注意倾听被面谈者的回答和意见,给予积极的反馈和回应;适时调整面谈的节奏和氛围,确保面谈能够顺利进行并取得预期效果等。

面谈的主体部分是一个双向互动、深入交流的过程,通过问答、讨论和意见交换等方式,实现双方信息的有效传递和沟通。在面谈过程中,双方应保持良好的沟通和合作态度,共同推动面谈取得圆满成功。

(一) 掌握和运用提问的技巧

在面谈中,掌握和运用提问的技巧是至关重要的。恰当的问题不仅能引导对话的方向,还能帮助深入挖掘被面谈者的观点和经验。

1. 开放性问题与封闭性问题相结合

(1) 开放性问题。这类问题鼓励被面谈者自由表达,如"你对这个项目有什么看法?"或"你觉得目前面临的最大挑战是什么?"这有助于获取详细的回答和深入的见解。

(2) 封闭性问题。这类问题通常用于获取具体的信息或确认事实,如"这个项目是在上个月完成的吗?"或"你是否同意这个观点?"这有助于确保信息的准确性和完整性。

2. 逐步引导与深入追问

(1) 逐步引导。通过一系列相关的问题,逐步引导被面谈者进入讨论的核心。这有助于确保对话的逻辑性和连贯性。

(2) 深入追问。当被面谈者给出回答时,可以通过追问进一步挖掘其观点背后的原因、动机或经验。例如,"你为什么会有这样的看法?"或"你能举个例子来说明吗?"

3. 注意提问的语气和方式

(1) 语气友善。提问时保持友善和尊重的语气,避免给被面谈者带来压力或不适。

(2) 方式灵活。根据面谈的进展和被面谈者的反应,灵活调整提问的方式和顺序。有时,直接提问可能更有效,而有时则需要采用间接或引导的方式。

4. 倾听与反馈并重

(1) 认真倾听。在提问的同时,也要注重倾听被面谈者的回答。这有助于理解其观点和需求,并据此调整后续的提问。

(2) 给予反馈。适时给予被面谈者积极的反馈,如点头、微笑或简短的评价,以鼓励其继续表达。

5. 避免引导性或偏见性提问

尽量避免提出具有引导性或偏见性的问题,以免限制被面谈者的回答或影响其观点的表达。例如,避免使用"你不认为这样对吗?"这样的问题,因为它们可能暗示了某种预期的回答。

6. 考虑被面谈者的背景和语境

在提问时,要考虑被面谈者的文化背景、职业背景以及当前的语境。确保问题与被面谈者的经历和兴趣相关,以便更好地引起其共鸣,提高其参与度。

通过掌握和运用这些提问技巧,你可以在面谈中更有效地引导对话、获取深入信息,并与被面谈者建立更好的沟通关系。

(二) 运用面谈指南

面谈主体组织在面谈过程中服从面谈指南是至关重要的,这有助于确保面谈的顺利进行,达到预期的目标。

首先,面谈主体组织需要对面谈指南进行深入理解和全面把握。这包括熟悉指南中的各项规定、要求和流程，确保在面谈过程中能够严格按照指南进行操作。

其次，面谈主体组织应确保所有参与面谈的人员都充分了解和遵守面谈指南。这可以通过组织培训、分享会议或提供相关资料等方式实现，确保每个参与者都明确自己的职责和角色，以及如何在面谈中遵循指南。

在面谈过程中，面谈主体组织需要按照指南的指引进行组织和管理。例如，确定面谈的流程和步骤，合理安排每个参与者的发言时间和顺序，确保面谈能够有序进行。同时，还需要注意控制面谈的节奏和氛围，确保参与者之间的交流和互动积极而有效。

此外，面谈主体组织还需要根据面谈指南的要求，对面谈过程进行记录和整理。这包括记录每个参与者的发言内容、关键观点和建议，以及整理面谈结果和后续行动计划等。这有助于对面谈进行全面的回顾和总结，并为后续工作提供有价值的参考。

最后，面谈主体组织还需要在面谈结束后对指南的执行情况进行评估和反馈。这可以帮助组织发现面谈过程中的问题和不足，以便在未来的面谈中加以改进。同时，也可以向相关方提供有关面谈过程和结果的反馈，以促进双方的沟通和合作。

总之，面谈主体组织服从面谈指南是确保面谈顺利进行和取得预期效果的关键。通过深入理解指南、确保参与者遵守、按照指南组织面谈、记录整理结果以及评估反馈执行情况等措施，可以有效地提升面谈的质量和效果。

四、结束阶段

结束阶段也是面谈的重要环节，它不仅能够确保面谈的完整性和专业性，还能为双方留下良好的印象，并为后续可能的合作或交流打下基础。

（一）总结讨论要点

在面谈结束前，简短地回顾和总结讨论的主要内容和关键点。这有助于确认双方对讨论的内容有共同的理解，并强调重要的观点或结论。

（二）确认后续行动

如果在面谈中达成了某些协议或决定了后续行动计划，务必在结束前进行确认。这包括明确各自的责任和任务，以及设定明确的完成时间。

（三）表达感谢

向对方表达感谢，感谢他们抽出时间参与面谈，并分享他们的观点和信息。这能够展示你的礼貌和尊重，也有助于建立长期的良好关系。

（四）询问反馈

在结束面谈前，可以礼貌地询问对方是否有任何反馈或建议。这不仅能够了解他们对面谈的看法，也能提供改进的机会。

（五）保持联系

如果合适，可以在结束面谈时提出保持联系的建议。这可以是通过电子邮件、电话或其他社交媒体平台。保持联系有助于双方在需要时能够迅速沟通。

（六）礼貌告别

最后，以礼貌的方式告别对方。这可以是一个简单的握手、点头或说"再见"。确保你的告别方式符合文化和社交规范。

（七）整理记录

面谈结束后，尽快整理面谈记录，包括讨论的内容、达成的协议和后续行动计划。这有助于回顾面谈的细节，并为后续工作提供参考。

通过遵循这些建议，可以有效地结束面谈，确保双方对讨论的内容有清晰的理解，并为未来的合作或交流打下良好的基础。同时，这也有助于提升专业形象和沟通能力。

第三节 面　　试

一、面试的含义及特点

（一）面试的含义

面试是一种经过组织者精心设计，在特定场景下，以面试官对求职者的面对面交谈与观察为主要手段，由表及里测评求职者的知识、能力、经验、技能等有关素质的考试活动。它主要用于招聘的终选阶段，也可用于招聘的初选和中选阶段。

面试时，面试官会向求职者提供用人单位的概况、应聘岗位的情况及用人单位的人力资源政策等信息，并从求职者那里获取应聘者的专业知识、岗位技能和非智力素质等信息，以确定求职者能否成为用人单位的一员。最后，基于双方的相互匹配程度做出聘用的决定。

总之，面试是一种双向沟通的过程，旨在通过深入交流，使招聘方和受聘方都能得到充分的信息，以做出正确的决定。

（二）面试的特点

面试作为一种常见的人员选拔方式，具有以下几个显著特点。

1. 直观性

因为面试是面对面的交流过程，招聘者可以直接观察应聘者的言谈举止、表情态度，以及肢体语言的运用等。通过直观的感知，招聘者可以更全面地了解应聘者的个性特点、沟通能力、自信心等，从而做出更准确的评估。

2. 互动性

面试不仅仅是招聘者对应聘者的单向考察，更是一个双向交流的过程。在面试中，应聘者也有机会向招聘者提问，了解公司文化、岗位要求等信息，从而做出更明智的职业选择。这种互动性有助于建立双方之间的信任和共识，提高招聘的匹配度。

3. 灵活性

与笔试等标准化测试相比，面试可以根据不同的岗位需求和应聘者特点，灵活调整问题和考察方式。招聘者可以根据应聘者的回答进行深入追问，或者根据现场情况调整面试流程，以便更全面地了解应聘者的能力和潜力。

4. 主观性

尽管招聘者会尽量保持客观公正，但面试结果仍然会受到招聘者个人经验、偏好和主观判断的影响。因此，在面试过程中，招聘者需要保持开放的心态，避免个人偏见对面试结果产生不良影响。

5. 针对性

在面试前,招聘者通常会根据岗位要求和应聘者简历,制定详细的面试计划和问题清单。这样,在面试过程中,招聘者可以针对应聘者的经历、技能和特长进行深入的考察和了解,从而更准确地评估其是否适合该岗位。

综上所述,面试具有直观性、互动性、灵活性、主观性和针对性等特点。这些特点使得面试成为一种有效的人员选拔方式,但同时也需要招聘者在面试过程中保持专业、客观和公正的态度,以确保面试结果的准确性和可靠性。

二、面试的类型

根据不同的标准和需求,面试可以划分为多种类型。以下是一些主要的分类方式:

(一)按结构化程度划分

1. 结构化面试

结构化面试是事先准备好所有问题、答案、评分标准和操作程序的面试形式。它强调面试的规范性和一致性,有助于确保每个应聘者都在相同的条件下接受评估。

2. 非结构化面试

非结构化面试形式更为灵活,可以即兴、随机地和应聘者讨论各种话题,内容可以任意展开。它有助于深入了解应聘者的个性和思维方式。

3. 半结构化面试

半结构化面试结合了结构化与非结构化面试的特点,既有统一的要求,如程序和评价标准,又允许根据具体情况灵活调整面试题目。

(二)按面试目的划分

1. 压力面试

压力面试旨在将应聘者置于紧张的环境中,测试其承受压力、情绪调节及应变的能力。

2. 非压力面试

非压力面试在较为轻松的环境中进行,没有人为制造压力,主要考察应聘者的基本素质和能力。

(三)按参加人员数量划分

1. 个别面试

个别面试是指一对一的面试形式,常见于初级筛选或高级职位的面试。

2. 小组面试

小组面试是指多位面试官对一位或多位应聘者进行面试,常见于团队协作能力或领导力的评估。

3. 集体面试

集体面试是指多位面试官与多位应聘者同时进行面试,通常用于大型招聘活动或初步筛选过程。

(四)按面试内容与形式划分

1. 问题式面试

问题式面试是指通过提出一系列问题来评估应聘者的知识、经验和技能。

2. 情景式面试
情景式面试是指通过模拟实际工作场景来考察应聘者的应对能力和问题解决能力。

3. 综合式面试
综合式面试是指结合多种面试形式，从多个角度全面评估应聘者的能力和素质。

此外，还有一些其他分类方式，如根据面试的进程分为一次性面试和分阶段面试。

总的来说，不同类型的面试都有其独特的适用场景和评估重点。在实际应用中，招聘者应根据具体的招聘需求和场景选择合适的面试类型，以确保评估结果的准确性和有效性。

三、面试过程

面试过程是一个系统性、有序的流程，旨在全面评估应聘者的能力、经验和潜力，以确定其是否适合所申请的职位。

（一）准备阶段

1. 需求分析
人力资源顾问与用人部门沟通，明确岗位的职责和要求，以便在面试中针对性地提问。

2. 简历筛选
通过初步筛选简历，确定合适的候选人进行面试。

3. 确定面试时间和地点
与候选人约定面试的具体时间和地点，确保双方都能准时参加。

（二）开场与介绍

1. 问候与自我介绍
面试官向候选人致以问候，并简要介绍自己和公司的背景。

2. 介绍面试流程和注意事项
告知候选人面试的大致流程、所需时间和注意事项，以便其做好心理准备。

（三）深入了解

1. 候选人自我介绍
候选人简要介绍自己的教育背景、工作经历和特长。

2. 围绕简历提问
面试官根据候选人的简历，提出相关问题，了解其过往经历、技能和成就。

3. 试探性提问
通过一些开放性问题，了解候选人的思维方式、解决问题能力和适应能力。

（四）技能与经验评估

1. 专业技能测试
根据岗位要求，进行相关的专业技能测试，如编程、语言能力等。

2. 案例分析
提供实际案例，让候选人分析并提出解决方案，以评估其实际应用能力。

（五）性格与价值观匹配

1. 行为面试
通过询问候选人在特定情境下的行为反应，了解其价值观和性格特质。

2. 团队合作与沟通能力评估

通过小组讨论或角色扮演等方式,评估候选人的团队合作和沟通能力。

(六)结束与反馈

1. 总结面试情况

面试官简要总结面试情况,包括候选人的优点和不足。

2. 告知候选人后续安排

明确告知候选人后续的面试流程、时间安排和可能的录用流程。

3. 提供反馈与建议

在面试结束后,可以向候选人提供一些反馈和建议,以助其后续提升和发展。

(七)评估与决策

1. 面试官讨论与评分

面试官在面试结束后进行讨论,对候选人进行评分和评估。

2. 做出录用决策

根据面试结果和其他因素(如背景调查、薪酬谈判等),做出是否录用的决策。

在整个面试过程中,面试官应保持公正、客观的态度,尊重候选人的隐私和尊严。同时,候选人也应积极参与面试过程,展现自己的优势和能力,为获得心仪的职位而努力。

四、应聘者面试策略

应聘者在面试中需要采取一系列策略,以增加自己的竞争力,提高面试成功率。

(一)充分准备

深入了解所申请的公司、岗位和行业,以便在面试中能够准确回答相关问题;仔细研究自己的简历,确保能够清晰地解释每一项工作经历和技能;准备一些常见面试问题的答案,并进行模拟面试练习。

(二)展示自信

保持良好的姿态,展现出积极、自信的形象;用清晰、流畅的语言回答问题,避免使用过多的口头语或模糊的表达;在回答问题时,尽量展示自己的优势和成就,让面试官看到你的价值。

(三)注意沟通技巧

倾听面试官的问题,确保理解其意图后再作答;回答问题时,尽量简洁明了,突出重点,避免冗长和无关紧要的内容;对于不确定的问题,可以诚实地表达自己的观点,并尝试给出合理的解释或建议。

(四)展示问题解决能力

当面试官提出关于工作中遇到的问题时,尝试用具体的例子来说明自己是如何解决问题的;强调自己的创新思维和解决问题的能力,让面试官看到你的潜力。

(五)提问环节

利用提问环节展示自己对应聘单位和岗位的兴趣,提出一些有深度的问题;表现出对工作的热情和对未来的期望,让面试官看到你的积极态度。

(六)注意礼仪和形象

穿着得体、整洁,给面试官留下良好的第一印象;准时到达面试地点,遵守面试流程的规定;在面试结束后,向面试官表示感谢并询问后续安排。

总之,应聘者在面试过程中应充分准备、展示自信、注意沟通技巧、展示问题解决能力、利用提问环节展示自己的兴趣以及注意礼仪和形象。这些策略将有助于提升应聘者在面试中的表现,增加获得心仪职位的机会。

【案例思考】

面试成功策略

李明,一名即将毕业的大学生,专业是计算机科学与技术。他积极寻找工作机会,投递了多家公司的简历,最终获得了一家知名IT公司的面试机会。面试过程中,李明在自我介绍时过于紧张,语速过快,导致面试官难以听清他的表达。同时,他在介绍自己的项目经验时,没有突出自己的贡献和成果,而是简单地描述了项目的背景和任务。当面试官问及李明对某个技术问题的看法时,他回答得不够深入,只是简单地陈述了一些基本概念,没有展示出自己的技术深度和解决问题的能力。在询问李明关于团队合作和沟通能力的问题时,他未能提供具体的例子来支持自己的观点,只是泛泛而谈,缺乏说服力。在面试的最后阶段,当面试官问及李明的薪资期望时,他过于直接地表达了一个相对较高的期望薪资,而没有考虑到公司的薪资标准和市场情况,这让面试官对他的期望产生了质疑。

【思考】李明面试过程中,出现问题的原因是什么?应聘者怎样提高自己的面试成功率?

本章小结

1. 面谈作为一种深入交流的方式,在多个领域中都发挥着至关重要的作用。通过学习,深入了解面谈的各个方面,包括概念、特征、类型、过程、策略等。

2. 面谈不仅仅是一个交流的过程,更是一个学习和成长的过程。通过面谈,可以更好地了解他人,也可以更好地认识自己。掌握面谈的基本知识和技能,能为未来的面谈活动奠定坚实的基础。

3. 在未来的工作和生活中,应该珍惜每一次面谈的机会,继续深化对面谈的理解和实践,从中汲取经验和教训,不断提升自己的面谈技能。

思考练习

1. 描述一次令你印象深刻的面谈经历,并分析其中成功或失败的原因。
2. 在准备面谈时,你通常会考虑哪些因素?
3. 在面谈中,如何运用提问技巧来引导对话并深入了解对方?
4. 面试前,你会如何准备自己的自我介绍?请列举几个关键要点。

5. 在面试中，面试官可能会提出一些意想不到的问题，你如何应对这种情况？

6. 请分析以下案例，并回答相关问题。

案例：某公司想要招聘一名项目经理，经过初步筛选后，确定了三位候选人进行面试。在面试过程中，面试官发现其中一位候选人虽然技术能力强，但沟通能力较差；另一位候选人虽然沟通流畅，但缺乏项目管理经验；最后一位候选人则在技术和沟通方面表现均衡。

问题：

（1）根据案例描述，你认为哪位候选人更适合担任项目经理？请说明理由。

（2）如果你是面试官，你会如何评估候选人的综合素质？请列举几个关键指标。

（3）在实际面试中，如何平衡候选人的技术能力和沟通能力？

推荐阅读

1. 《面谈：清晰互动的交流》　　作者：［美］贝蒂·A.马汤

本书全面介绍了面谈的各个方面，包括语言交流和非语言交流，以及从说者和听者的角度探讨面谈的魅力。书中通过实例和练习，帮助读者掌握面谈的各个环节，适用于管理者和经理人提升个人和公司的交流能力。

2. 《面试心理学》　　作者：［加］尼古拉斯·鲁林

本书是面试心理学领域诸多实证案例研究的集大成者，作者通过生动形象地描述两位主人翁的求职案例，深入浅出地对面试官和求职者如何做好面试准备、有效面试的方法、面试官和求职者的角色进行了分析，并揭示了求职者有效影响面试官的评价的有效方法，为面试官说服优秀的候选者加入组织提供了解决方案，探讨了录用决策的重要性，介绍了不同国家的文化和法律差异对面试的影响。

第十一章 演　　讲

【本章提要】

本章主要介绍了演讲的基本概念、准备过程、演讲稿、演讲技巧和即兴演讲。通过学习本章内容,可以提高自己的演讲能力和水平。在未来的工作和生活中,可以运用演讲这一有效的沟通方式,传递信息、表达观点、影响他人,实现个人和组织的共同发展。

【学习目标】

1. 掌握演讲的特点、类型、作用和基本要求。
2. 熟悉演讲的准备工作。
3. 练习写作演讲稿。
4. 了解演讲的开场、结尾、衔接等技巧。
5. 掌握即兴演讲的相关知识,提高自己的演讲能力。

【导入案例】

史蒂夫·乔布斯 2005 年斯坦福大学的毕业演讲(节选)

我非常幸运,因为我在很早的时候就找到了我钟爱的东西。Woz 和我二十岁的时候就在父母的车库里开创了苹果公司。我们工作得很努力,十年之后,这个公司从那两个车库中的穷小子发展到了超过四千名的雇员、价值超过二十亿的大公司。在公司成立的第九年,我们刚刚发布了最好的产品,那就是 Macintosh。我也快要到三十岁了。就在那一年,我被炒了鱿鱼。你怎么可能被你自己创立的公司炒了鱿鱼呢? 嗯,在苹果快速成长的时候,我们雇用了一个很有天分的家伙和我一起管理这个公司,在最初的几年,一切都很顺利。但是后来我们对未来的看法发生了分歧,最终我们吵了起来。当争吵不可开交的时候,董事会站在了他的那一边。所以在三十岁的时候,我被炒了。在众人面前,我被炒了鱿鱼。在而立之年,我生命的全部支柱离自己远去,这真是毁灭性的打击。

在最初的几个月里,我真是不知道该做些什么。我觉得我令上一代的创业家们很失望,我把他们交给我的接力棒弄丢了。我和创办惠普的 David Pack、创办 Intel 的 Bob Noyce 见面,并试图为他们把接力棒传下去。但是我失败了。我决定从头来过。

我当时没有觉察，但是事后证明，从苹果公司被炒是我这辈子发生的最棒的事情。因为，作为一个成功者的负重感被作为一个创业者的轻松感所重新代替，没有比这更确定的事情了。这让我觉得如此自由，进入了我生命中最有创造力的一个阶段。

在接下来的五年里，我创立了一个名叫 NeXT 的公司，还有一个叫 Pixar 的公司，然后和一个后来成为我妻子的优雅女人相识。Pixar 制作了世界上第一个用电脑制作的动画电影——《玩具总动员》，Pixar 现在也是世界上最成功的电脑制作公司。在后来的一系列运转中，Apple 收购了 NeXT，我又回到了 Apple。我们在 NeXT 发展的技术在 Apple 的复兴中发挥了关键的作用。我还和 Laurene 建立了一个幸福的家庭。

我可以非常肯定，如果我不被 Apple 开除的话，这些事情一件也不会发生。这个良药的味道实在是太苦了，但是我想病人需要这个药。有些时候，生活会拿起一块砖头向你的脑袋上猛拍一下。不要失去信仰。我很清楚唯一使我一直走下去的，就是我做的事情令我无比钟爱。你需要去找到你所爱的东西。对于工作是如此，对于你的爱人也是如此。你的工作将会占据生活中很大的一部分。你只有相信自己所做的是伟大的工作，你才能怡然自得。如果你现在还没有找到，那么继续找、不要停下来，只要全心全意地去找，你找到的时候，你会知道的。就像任何真诚的关系，历久弥新。所以继续找，直到你找到它，不要停下来！

> **思考：** 2005 年，乔布斯在斯坦福大学的毕业典礼上发表了一场令人难忘的演讲。这场演讲不仅展示了乔布斯的卓越演讲技巧，更传递了他对人生、选择和坚持的深刻见解。这场演讲不仅让在场的毕业生深受启发，也对广大听众产生了深远的影响。
>
> 从乔布斯的演讲中，你认为，成功的演讲需要具备哪些要素？怎样提高自己的演讲能力？

第一节 演 讲 概 述

演讲是伴随人类文明不断发展的艺术，是一门科学。

演讲的魅力，古今中外通达之士多有论述。中国古语有言"一言可以兴邦，一言可以亡国"，言语之威力可见一斑。刘勰在《文心雕龙·论说》中总结历史经验，不由感慨："一人之辩，重于九鼎之宝；三寸之舌，强于百万之师。"尼克松说："如果让我重进大学，我将修好两门课：演讲和说服。"

演讲是许多人走向成功的钥匙。

诸子百家之纵横家开山祖师鬼谷子说："口者，心之门户，智谋皆从之出"，他培养的学生苏秦、张仪，靠三寸不烂之舌纵横天下，建立不朽功业。苏秦曾身佩六国相印，在六国间穿梭自如；张仪先后两次做秦国宰相，为秦国一统天下立下汗马功劳。《孟子·滕文公下》说他们"一笑则而天下兴，一怒使诸侯惧。"关于纵横家，后世评价不一，但不可否认的是，他们把口才的力量和演讲的作用展现得淋漓尽致。细察之，古今中外，事业辉煌者莫不具备出众的演讲能力。

237

第十一章 演　　讲

思想家推广自己的学说,需要具备演讲才能。孔子虽然说"君子敏于行而讷于言",但是士人周游列国,说服各国国君,需要出众的演讲能力。其后世弟子孟子周游列国,也是靠雄辩滔滔、无所挂碍的口才。

政治家欲治天下、得民心,演讲之才不可或缺。

军事家欲发号施令、振奋士气,非有演讲之才不能成其事。

外交家欲完成使命、捍卫国威,演讲之艺乃其必备。

科学家欲传真理、破旧立新,演讲之力至关重要。

教育家欲授知识、传播文明之种,演讲之才必不可少。

企业家欲扬企业文化、展企业风采,演讲之才亦为其所需。

……

无数事实说明,演讲在历史上发挥了巨大作用。对于普通人而言,在公众场合,演讲无疑是展现个人才能的有力武器,所以演讲才能出众者往往能够脱颖而出,受到众人关注,成为成功的基石。在如今的融媒体时代,演讲更是必备的基本才能,日常的工作、学习中不可避免地参与各种形式的演讲活动。因此,充分了解演讲的基础知识,勤加练习,普通人可以收获良好的演讲效果,抓住每一次演讲的机会,充分展现自我,让成功的可能性无限增大。

"便捷的口才将使得你雄辩滔滔,占尽上风",这是镌刻于3000年前埃及古墓上的铭文。演讲是一门古老而又年轻的文明传播活动。说它古老,是因为自从人类社会有了生产活动以来,演讲就一直发挥着重要的作用。说它年轻,是因为演讲在如今的社会仍旧充满生机活力。

正是因为演讲如此重要,所以已经演变成一门专门的学问"演讲学"。

一、演讲的概念

演讲,《现代汉语词典》解释为"演说,讲演"。

演讲活动,伴随着人类有声语言的产生而出现。较早的记载,西方见于《荷马史诗》,传说古希腊盲诗人荷马云游各地,演讲有关特洛伊战争的英雄事迹。

我国的演讲起源可以追溯至原始社会时期。据《墨子·非攻下》记载,公元前21世纪,夏禹在出征三苗之前鼓舞士气,举行誓师动员大会,标榜自己受命于天,并以"除天下之害"为名发表了一篇演讲,这是中国现存文献中关于演讲最早的记载。

中国有资料记载的最早的一篇演讲稿,是《尚书》中夏启征讨有扈氏时发表的一篇"战前动员令"——《甘誓》。

春秋战国时期,文化思想如春潮涌动,诸子百家与策士说客如雨后春笋般纷纷崭露头角。他们或致力于办学育人,将自身的政治信仰、道德观念传承给后学;或穿梭于列国诸侯之间,纵横捭阖,以精妙绝伦的言辞阐述兴国安邦之策。一时间,演讲之风盛行,各种思想流派竞相争鸣,形成了"百家争鸣"的盛况。

在这一时期,涌现出了一批诸如孔子、孟子、商鞅、苏秦、张仪等杰出人物,他们不仅学识渊博,更是能言善辩,是出色的演讲家。他们通过演讲,将自己的思想主张传播到四面八方,影响了整个时代。到了战国末期,纵横家作为九流十家中的佼佼者,活跃于历史舞台。他们精通辩说,擅长辞令,善于外交,精于权谋,深谙捭阖之术。这些纵横家不仅具备深厚的文化底蕴,更有着过人的才干和智慧。代表人物如张仪、苏秦、陈轸、公孙衍、范雎、蔡泽、鲁连、虞卿等人,都是当时的文化精英和智囊团成员。他们的演讲才华和智谋策略,不仅为当时的国家带来了繁荣与稳定,更为后世留下了宝贵的历史遗产和思想财富。

了解"演讲"一词必须追根溯源,探究词之根本。关于"演",《说文解字》释曰:"演,长流也。"段玉裁《说文解字注》认为"演之言,引也,故为长远之流。"水长流,引申指扩展、蔓延。用于抽象意义,表示推理阐述、发挥,随后引申为表演,又引申为练习。关于"讲",《说文解字》释曰:"和解也",段玉裁解释为:"不合者调和之,纠纷者解释之,是曰讲。"后来引申为论说、评论。关于"说",《说文解字》释曰:"释也。从言兑。一曰谈说。"段玉裁解释为:"说释即悦怿……说释者,开解之意。故为喜悦。"本义指用言语解说,开导,说明,谈说。通过开导,大家和颜悦色,所以具有教导之意。

虽然演讲活动和演讲稿早已有之,但是我国"演讲""演说""讲演"等词语的出现并不早。最早出现的是"讲演"一词,西晋竺法护译《正法华经·光瑞品》:"尔时世尊与四部众眷属围绕而为说经,讲演菩萨方等大颂一切诸佛严净之业。"高僧讲演佛法,和现在的演讲一词含义已经颇为接近。其次出现的是"演说"一词,见于《北史·熊安生传》:"公正(尹公正)于是问所疑,安生皆为一一演说,咸究其根本。"有问有答,突出了现场互动的特点。最后出现的是"演讲"一词,源自英文 Oration,是由日本学者福泽谕吉(1835—1901)翻译过来的。

著名演讲家邵守义先生在其著作《演讲学》中给演讲下过比较系统和权威的定义:演讲者在特定的时空和环境中,借助有声语言(为主)和态势语言(为辅)的艺术手段,针对社会的现实和未来,面对广大听众发表意见、抒发情感,从而达到感召听众并促使其行为的一种现实的信息交流活动。

二、演讲的特点

(一)就表现形式而言

1. 口语化表达

演讲的首要特点是其口语化的表达方式。与书面表达不同,演讲需要演讲者用口头语言来传达思想、情感和信息。这就要求演讲者的语言必须通俗易懂、生动形象,能够迅速吸引听众的注意力,并与他们建立情感联系。

2. 直接性互动

演讲是一种直接的互动形式。演讲者直接面对听众,通过声音、表情、肢体语言等多种方式与听众进行交流。这种直接性不仅增强了演讲的感染力,也使得演讲者能够及时感知听众的反应,从而调整演讲策略,达到更好的交流效果。

3. 情感传递

演讲不仅是信息的传递,更是情感的交流。演讲者通过语调、节奏、语气等语言要素,以及身体语言和面部表情等非语言要素,将情感传递给听众,使听众产生共鸣,进而增强演讲的说服力和影响力。

4. 结构清晰

一个成功的演讲往往具有清晰的结构。演讲者通常会按照一定的逻辑顺序来组织演讲内容,从引言到主体部分,再到结尾总结,每个部分都紧密相连,形成一个完整的表达体系。这种结构化的表达方式有助于听众更好地理解和接受演讲内容。

5. 个性化展现

演讲是演讲者个性化展现的舞台。每个演讲者都有自己独特的语言风格、思想观点和情感表达方式。这种个性化展现使得演讲具有独特性和吸引力,也使得演讲者在众多演讲者中脱颖而出。

综上所述,演讲在表现形式上主要具有口语化表达、直接性互动、情感传递、结构清晰以及个性化展现等特点。这些特点共同构成了演讲的独特魅力和价值,使得演讲成为一种有效的信息传递和情感交流方式。

(二) 就实质内容而言

1. 针对性

演讲的内容总是针对特定的主题、听众和场合进行设计的。演讲者需要根据听众的背景、需求和兴趣,以及演讲的目的和场合,来精心策划和组织演讲内容,以确保信息能够精准地传达给听众,并产生预期的效果。

2. 思想性

演讲不仅仅是传递信息和讲述事实,更重要的是表达演讲者的思想和观点。演讲者需要深入思考和提炼自己的思想,将其融入演讲内容中,通过生动的语言和有力的论证,使听众产生共鸣和认同。

3. 逻辑性

演讲的内容需要具有严密的逻辑性。演讲者需要按照一定的逻辑顺序来组织演讲内容,确保各个部分之间的衔接和过渡自然流畅,使得整个演讲内容条理清晰、层次分明,便于听众理解和接受。

4. 感染性

演讲的内容需要具有感染力,能够激发听众的情感和共鸣。演讲者需要通过生动的描述、具体的例子和真实的情感表达,来打动听众的心灵,使他们产生强烈的情感共鸣和认同感。

5. 创新性

在信息时代,人们接触到的信息越来越多,对演讲内容的创新性要求也越来越高。演讲者需要关注时代热点、社会变革和科技进步等前沿话题,将其融入演讲内容中,为听众带来新颖、独特的观点和见解。

综上所述,演讲在实质内容上主要具有针对性、思想性、逻辑性、感染性和创新性等特点。这些特点使得演讲能够深入人心,产生深远的影响,成为人们交流思想、传播知识和表达情感的重要工具。

三、演讲的类型

演讲的类型多种多样,可以从多个角度进行分类。

(一) 按演讲内容分类

1. 政治演讲

政治演讲涉及政治主题,包括政治主张、政策宣导、竞选动员、国际关系和外交事务等。这类演讲通常具有较强的权威性、专业性,并旨在影响听众的政治观点和态度,如美国人权领袖马丁·路德·金的《我有一个梦想》、中国革命领袖毛泽东的《中国人民站起来了》等。

2. 经济演讲

经济演讲聚焦于经济议题,如经济发展、市场分析、商业策略、金融投资等。演讲者可能是经济学家、企业家或政府官员,通过讲解经济原理和数据,为听众提供决策参考或市场分析,如比尔·盖茨在 GHDDI 的特别演讲《以创新之力应对全球挑战》、马云的《数字时代的商业成长》等。

3. 学术演讲

学术演讲涉及学术领域的知识和研究,包括最新的科研成果、学科发展、理论探讨等。这类演讲往往具有较高的知识性和专业性,要求演讲者具备深厚的学术背景和严谨的研究态度,如法国哲学家萨特的《存在主义是一种人道主义》、美国大教育家杜威的《经验与自然》、英国博物学家赫胥黎的《进化论与伦理学》等。

4. 教育演讲

教育演讲以教育为主题,涵盖教育理念、教学方法、学生发展、教育改革等方面。演讲者可能是教育家、教师或政策制定者,旨在分享教育经验,推广先进教育理念,促进教育事业的进步,如肯·罗宾逊的《学校会扼杀创造力吗?》、俞敏洪的《互联网时代是教育未来》等。

5. 生活演讲

生活演讲关注人们的日常生活和社会现象,如家庭、友情、健康、环保、文化等。这类演讲通常具有较强的生活性和实用性,旨在提高听众的生活质量和社会责任感,如恩格斯的《在马克思墓前的讲话》、美国已故总统尼克松的《在答谢宴会上的祝酒词》等。

（二）按演讲形式分类

（1）命题演讲。根据给定的题目或主题进行演讲。

（2）即兴演讲。没有预先准备,根据现场情况或听众反应进行演讲。

（3）辩论演讲。双方或多方就某一问题进行辩论和阐述。

（三）按演讲目的分类

（1）说服性演讲。旨在说服听众接受某种观点或采取行动。

（2）信息性演讲。向听众传递信息或知识。

（3）娱乐性演讲。以娱乐为主要目的,如幽默演讲、故事演讲等。

（四）按演讲场合分类

（1）课堂演讲。在学校或教育机构中进行。

（2）会议演讲。在商务会议、学术会议等场合进行。

（3）公众演讲。在大型集会、活动或公共场所进行。

此外,演讲还可以根据表达方式、情调等进一步细分,例如,明快活泼型演讲、哲理严谨型演讲等。

总之,演讲的类型丰富多样,每种类型都有其独特的特点和适用场合。演讲者需要根据实际情况和目的选择合适的演讲类型,以达到最佳的演讲效果。

四、演讲的作用

演讲具有多种作用,它不仅是一种表达观点和情感的方式,还是一种强有力的交流工具,可以达到影响他人的效果。

（一）传递信息和观点

演讲者可以通过演讲向听众传递重要的信息、观点和经验。清晰、准确、有说服力的演讲能够确保信息被有效地传达,引起听众的共鸣和思考。

（二）启发和激励听众

好的演讲能够激发听众的思考和想象力，启发他们对问题的思考和解决方案的探索。演讲者可以通过个人经历和故事，激励听众克服困难和挑战，激发他们的自信和积极性。

（三）建立个人形象和提升影响力

演讲是展示个人知识、能力和魅力的舞台。一个具有说服力和影响力的演讲者能够吸引听众的注意力，建立自己在他人心目中的权威和信任，从而在事业和人际关系中取得成功。

（四）促进团队合作和交流

在组织和团队中，演讲可以帮助成员之间的交流和协作，增强团队的凝聚力和合作力。演讲可以作为一种团队讨论或分享经验的方式，促进成员之间的相互理解和合作。

（五）提升个人沟通和表达能力

演讲是一种锻炼沟通和表达能力的有效途径。通过不断地练习演讲，人们可以提高自己的表达能力，使自己在公众场合更加从容自信。

（六）促进社会进步和文明发展

演讲历来是宣传真理、唤醒民众、推动社会进步的主要工具之一。正义的演讲家通过演讲活动可以广泛地接触各阶层、各地区人士，宣传正确的价值观，推动社会文明发展。

综上所述，演讲的作用涵盖了个人成长、社交互动、团队合作以及社会进步等多个方面。无论是个人还是社会，都可以从演讲中获得益处。因此，学习和提高演讲技能对于个人和社会都具有重要意义。

五、演讲的基本要求

演讲的基本要求涉及多个方面，以确保演讲内容充实、表达清晰、情感真挚，并能有效吸引和感染听众。

（一）内容正确、观点鲜明

演讲内容必须真实、准确，避免错误或误导性的信息。同时，观点要鲜明，能够清晰地传达演讲者的立场和主张。

（二）逻辑严密、条理清晰

演讲要有清晰的逻辑框架，各部分内容之间要相互衔接，条理分明。这有助于听众更好地理解和记忆演讲内容。

（三）语言准确、生动形象

演讲语言要准确、精练，能够准确表达演讲者的意图。同时，语言要生动、形象，能够吸引听众的注意力，增强演讲的感染力。

（四）情感真挚、态度诚恳

演讲者要真诚地对待听众，用真挚的情感去感染他们。态度要诚恳，让听众感受到演讲者的诚意和热情。

（五）仪态端庄、自信大方

演讲者的仪态要端庄、大方，给听众留下良好的印象。同时，要充满自信，展现出自己的魅力和风采。

（六）掌握节奏、语调恰当

演讲时要注意控制节奏，使语速适中，既不过快也不过慢。语调要恰当，能够体现出演讲者的情感和态度。

(七) 互动性强、灵活应变

演讲过程中要积极与听众互动,关注他们的反应,及时调整演讲内容和方式。同时,要具备灵活应变的能力,应对可能出现的突发情况。

总之,演讲的基本要求涵盖了内容、语言、情感、仪态等多个方面。演讲者需要在这些方面不断锤炼自己,提高自己的演讲水平,以更好地传达自己的观点和情感,感染和影响听众。

第二节 演讲的准备

演讲需要精心准备。一场成功的演讲,不仅仅是把话说出来那么简单,它涉及多个方面的准备,包括内容、语言、表达技巧以及应对突发状况的能力等。美国总统林肯经典演讲《在葛底斯堡国家烈士公墓落成典礼上的演说》,全文不足600字,共10句话,从上台到下台,用时仅三分钟,却足足用了两星期来准备。

一、选题准备

选择演讲题目是一个关键步骤,它决定了演讲的内容和方向。在选择题目时,需要考虑以下几个因素:一是听众的兴趣和需求,确保所选题目与听众的背景和兴趣相关,能够引起他们的共鸣和关注;二是个人专长与经验,选择自己熟悉或有深入研究的题目,能够更好地展现自己的专业知识和见解;三是演讲场合和目的,考虑演讲的场合(如学校、公司、社团等)和目的(如教育、宣传、娱乐等),选择适合的题目。美国著名演讲理论家查尔斯·格鲁纳提出了几个选择题目的法则:"自己熟悉""听众感兴趣""有教益或有娱乐性",即选择适合自己、适合听众同时又要有用的题目。这三大法则很有参考借鉴作用。

(一) 拟定题目

题目是演讲的眼睛,所以拟定题目一定要给以足够重视。演讲拟定题目的要求主要包括以下几个方面:

首先,题目要具有吸引力。一个好的题目能够立即引起听众的兴趣,激发他们的好奇心,从而更加专注于你的演讲内容。因此,在拟定题目时,可以使用引人入胜的词汇、创造独特的表述方式或者直接触及听众的痛点或关注点,例如,鲁迅的《我要骗人》《是歌德还是缺德》,索琼娜·特鲁斯的《难道我不是个女人?》等。

其次,题目要准确反映演讲内容。题目应该与你的演讲内容紧密相关,能够准确概括你要传达的主要信息或观点。避免使用过于宽泛或模糊的词汇,确保听众在看到题目时就能对演讲内容有一个初步的了解,例如,毛泽东的《中国人民站起来了》,马丁·路得·金的《我有一个梦想》等。

再次,题目要简洁明了。过长的题目容易让人产生阅读疲劳,也可能导致听众无法迅速抓住重点。因此,在拟定题目时,要力求言简意赅,用尽可能少的词汇传达出清晰明确的信息,例如,恺撒的《不战胜,决不离开战场》,亨利的《不自由,毋宁死》等。

同时,题目要具有独特性。尽量避免使用陈词滥调或已经被广泛使用的题目,而是尝试从不同的角度或层面出发,提出新颖的观点或见解。这样不仅可以吸引听众的注意力,还能提升你的演讲的原创性和价值,例如,郭沫若的《科学的春天》,泰戈尔的《我们不向别人借贷历史》等。

最后,题目要符合演讲场合和听众群体。不同的场合和听众群体对题目的接受度和兴趣点可能有所不同。因此,在拟定题目时,要充分考虑你的演讲场合和听众群体的特点,选择适合他们的题目风格和表达方式,例如,华盛顿的《我的热情驱使我这样做》,韦伯斯特的《我将时刻准备着》等。

(二)确立主题

主题是演讲的灵魂,确立演讲主题是一个关键步骤,它决定了演讲的核心内容和方向。以下是一些关于如何确立演讲主题的建议:

首先要了解听众与场合。深入了解你的听众和演讲场合至关重要。了解听众的背景、兴趣、需求和期望,以及演讲的具体场合(如学术研讨会、公司年会、学校活动等),这将有助于你确定一个与听众和场合紧密相关且能够引起共鸣的主题。

其次要关注热点与趋势。关注当前社会的热点话题和趋势,选择与之相关的主题,可以吸引听众的兴趣并引发思考。例如,你可以关注科技创新、环境保护、教育改革等热门领域,从中挑选一个你熟悉且有兴趣的方面进行深入探讨。

同时,要结合自身经历与专长。结合自身经历、专业知识和个人专长来确立主题,可以使演讲更具说服力和可信度。你可以分享自己的成长经历、工作成果或独特见解,从而展示你的专业能力和个人魅力。

再次,要注重创新与深度。在确立主题时,力求创新和深度。避免选择过于陈旧或浅显的主题,而是尝试从不同的角度或层面出发,提出新颖的观点或见解。同时,确保主题具有一定的深度,能够引发听众的深入思考和讨论。

最后,要考虑实际应用与价值。确保所选主题具有一定的实际应用价值和社会意义。演讲不仅仅是传达信息,更是要启发听众、解决问题或推动进步。因此,在确立主题时,要思考它如何能够在实际生活中发挥作用,为听众带来实实在在的收获。

综上所述,确立演讲主题需要综合考虑听众、场合、热点趋势、个人经历与专长以及实际应用价值等多个方面。"查尔法则"指出:关注当前社会生活中急需回答的问题,选择既是听众想解答的,又是自己有真知灼见的主题。通过认真思考和精心挑选,你可以找到一个既符合听众需求又具有创新性和深度的主题,为你的演讲奠定坚实的基础。

二、材料准备

准备演讲时搜集材料是一个至关重要的环节,它涉及广泛的信息搜集、筛选和整理。

(一)明确主题与目标听众

确定演讲的主题,并围绕该主题设定演讲的目标和宗旨;了解目标听众的背景、兴趣点和需求,确保所搜集的材料与他们的关注点紧密相连。

(二)多渠道搜集信息

(1)图书与文献。查阅相关领域的专业书籍、学术期刊和报告,获取权威的理论依据和案例。

(2)网络资源。利用搜索引擎、专业网站和博客等,获取最新的行业动态、研究成果和观点。

(3) 个人经历与观察。从自己的经验和观察中提炼素材，分享真实的案例和感受。

(4) 专家与同行。通过访谈、邮件或社交媒体联系行业专家或同行，参考他们的见解和经验。

（三）筛选与整理材料

(1) 评估材料的相关性。确保所搜集的材料与演讲主题紧密相关，剔除无关或重复的信息。

(2) 验证材料的真实性。对于引用的数据、事实或案例，要进行核实，确保信息的准确性。

(3) 分类与归档。将材料按照主题、观点或结构进行分类，并妥善保存，方便后续查阅和使用。

（四）注意事项

(1) 尊重版权。在引用他人的作品或观点时，要遵守版权法规，注明出处或征得原作者同意。

(2) 注意时效性。关注所搜集材料的时效性，确保演讲内容能够反映最新的行业动态和研究成果。

(3) 保持灵活性。虽然提前准备好演讲稿有助于演讲的顺利进行，但也要保持一定的灵活性，以便根据实际情况进行调整和修改。

通过以上步骤和注意事项，你可以有效地准备和搜集演讲材料，为成功的演讲奠定基础。

三、心理准备

演讲者的心理素质决定着其演讲是否成功。在准备演讲时，心理准备是非常关键的一环。

（一）建立自信心

自信心是演讲成功的关键。要相信自己有能力完成这次演讲，并且相信自己的观点和想法能够吸引听众。可以通过多次练习和自我肯定来增强自信心。

（二）控制紧张情绪

紧张是演讲时常见的情绪问题，但过度的紧张可能会影响演讲效果。可以采取一些方法来缓解紧张情绪，比如深呼吸、放松身体、积极心理暗示等。

（三）熟悉演讲内容

对演讲内容的熟悉程度会直接影响自信心和紧张程度。要确保自己对演讲的主题和内容有深入的理解和掌握，这样才能在演讲时更加自如和自信。

（四）明确演讲目的

清楚自己演讲的目的和期望达到的效果，有助于更好地把握演讲的重点和方向，也能更好地与听众建立联系。

（五）了解听众

了解听众的背景、兴趣和需求，有助于制定更加贴近听众的演讲内容，增加演讲的吸引力和说服力。

（六）积极应对意外情况

在演讲过程中，可能会遇到一些意外情况，比如设备故障、听众反应冷淡等。要做好心理准备,积极应对,保持冷静和自信。

总的来说,演讲心理准备是一个多方面的过程,需要从多个角度来考虑和准备。通过建立良好的自信心、控制紧张情绪、熟悉演讲内容、明确演讲目的、了解听众以及积极应对意外情况等方法,可以更好地进行演讲,并达到预期的效果。

第三节 演讲稿

一、演讲稿的概念

演讲稿,又被称为演说词或演讲词,是指在较为隆重的仪式和某些公众场合发表的讲话文稿。它是进行演讲的依据,对演讲内容和形式起到规范和提示的作用,体现了演讲的目的和手段。演讲稿是人们在工作和社会生活中经常使用的一种文体,可以用来交流思想、感情,表达主张和见解,或者介绍个人的学习、工作情况和经验等。它具有宣传、鼓动、教育和欣赏等多重作用,能够将演讲者的观点、主张与思想感情传达给听众和读者,使他们在思想感情上产生共鸣。

在准备演讲稿时,需要考虑其针对性、鼓动性和有声性等特点。内容应该关注听众最关心、最感兴趣的话题,并且能够通过生动的语言和情感来打动听众,激发共鸣,实现最佳的宣传效果。此外,演讲稿的撰写还需要注意其结构和形式,包括标题、称呼、正文和结语等部分,以确保演讲的连贯性和完整性。

演讲稿是演讲成功的关键因素之一,通过精心准备和撰写,能够提升演讲的质量和效果,实现演讲者的预期目标。

二、演讲稿的特点

(一)针对性

演讲稿的内容必须针对特定的听众和场合,根据听众的身份、背景、心理需求和接受习惯等因素进行量身定制。同时,也要紧密围绕会议主题或讲话者的目的进行构思,确保信息传达的准确性和有效性。

(二)鼓动性

演讲稿的目的是宣传发动群众,因此必须具有强烈的鼓动性。通过深入剖析事理,运用生动的叙事和热情的鼓动,营造一种感染力极强的氛围,激发听众的情感共鸣,达到预期的宣传效果。

(三)逻辑性

演讲稿的结构应该清晰、逻辑性强,使听众能够轻松理解演讲者的观点和思路。通常包括引言、主体和结论等部分,各个部分之间应该相互衔接,形成一个完整的论述过程。

(四)语言得体性

演讲稿的语言应该准确、简洁、通俗、生动,既要便于演讲者表达,又要易于听众理解和接受。同时,还要根据讲话的场合和氛围,选择合适的语气和措辞,以确保信息的有效传达。

（五）交流互动性

演讲是一种双向交流活动,演讲者需要与听众形成良好的互动。因此,演讲稿应该注重与听众的沟通,善于把抽象的道理具体化,通过提问、引导等方式激发听众的思考和参与。

（六）口语性

演讲稿是用于口头表达的文稿,因此必须具有口语化的特点。语言应该通俗易懂,符合口语习惯,避免使用过于书面化或复杂的词汇和句式。

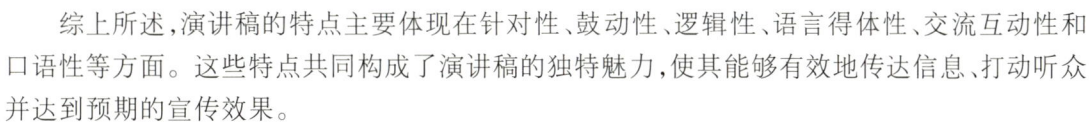

综上所述,演讲稿的特点主要体现在针对性、鼓动性、逻辑性、语言得体性、交流互动性和口语性等方面。这些特点共同构成了演讲稿的独特魅力,使其能够有效地传达信息、打动听众并达到预期的宣传效果。

第四节 演讲的技巧

美国著名演讲家戴尔·卡耐基说:"演讲是人人都有的一种潜在能力,问题在于每个人是否发现、发展和利用这种天资。一个人能站起来当众讲话是迈向成功的关键性一步。"人人都有演讲的潜力,掌握演讲的技巧对于提高演讲的质量和效果至关重要。掌握并运用这些技巧不仅可以使演讲更加生动、有趣,还能更好地传达信息,与听众建立联系,从而增强演讲的影响力和说服力。

一、演讲的口语表达技巧

演讲的口语表达技巧对于演讲者来说至关重要,它们有助于将思想、观点和情感有效地传达给听众。

（一）发音准确与清晰

确保每个字词的发音都准确无误,避免使用模糊或不清晰的发音。特别是在关键词和重要观点上,要清晰地发出每个音节。

（二）语调与节奏控制

语调是口语表达中传递情感的重要手段,适时调整语调可以强调关键信息或表达不同的情感。控制节奏,使演讲流畅且富有变化。避免语速过快导致听众无法跟上,或语速过慢导致演讲显得拖沓。

（三）使用恰当的音量

根据演讲内容、场合和听众的反应调整音量。重要观点或高潮部分可以适当提高音量,以吸引听众的注意力。避免声音过大或过小,保持适度的音量水平,确保每个听众都能清晰地听到你的演讲。

（四）注重停顿与呼吸

在关键句子或段落之间适当停顿,给听众留下思考的时间,同时也有助于控制节奏和突出重点。注意呼吸,避免在句子中间出现喘息或停顿,保持口语表达的连贯性和流畅性。

（五）使用生动的比喻和例证

通过生动的比喻和具体的例子来阐述观点,使演讲内容更加形象、易于理解。选择与听众生活经验相关的例子，以增加共鸣和说服力。

（六）增加互动与反馈

在演讲过程中与听众保持互动，如提问、邀请听众发表意见等，激发听众的参与感和兴趣。注意观察听众的反应和反馈，及时调整口语表达方式和内容。

（七）练习与反思

通过多次练习来提高口语表达技巧，熟悉演讲内容并增强自信。在练习后反思自己的表现，找出不足之处并加以改进。

掌握这些口语表达技巧需要时间和实践。通过不断地学习和实践，可以逐渐提高自己的口语表达能力，使演讲更加生动、有力。同时，要注意根据不同的场合和目标听众调整口语表达策略，以达到最佳的演讲效果。

二、演讲的开场技巧

俗话说，好的开头是成功的一半。戴尔·卡耐基说："演说应该是一段有目的的旅程，必须事先绘好行程图。一个人不知从哪里开始，通常也就不知在何处结束。"所以，设计一个好的开场很重要。演讲的开场方式多种多样，以下是一些常见且有效的开场方式：

（一）故事式开场

使用与演讲主题紧密相关的故事或事件作为演讲的开始。故事应该具有吸引力和启发性，能够迅速抓住听众的注意力。同时，故事中的情节和人物关系应该简洁明了，避免冗长和复杂的叙述。

（二）幽默式开场

使用幽默的语言或事例作为开场白，能够轻松缓解现场氛围，使听众在愉快的心情中接受演讲内容。但幽默要适度，避免过于轻浮或冒犯听众。

（三）引用式开场

直接引用名人名言、诗句或警句作为开场白，可以赋予演讲更高的权威性和可信度。引用的内容应该与演讲主题相关，能够引发听众的思考和共鸣。

（四）提问式开场

向听众提出问题，引发他们的思考和讨论。这种方式能够增加听众的参与度，使他们更加关注演讲内容。提问应该具有针对性和启发性，能够引导听众进入演讲的主题。

（五）情感交流式开场

选择与听众关系密切或能够引起听众情感共鸣的话题作为开场白，能够拉近与听众的距离，增加演讲的感染力。情感交流要真诚自然，避免过分煽情或虚假。

（六）自我介绍式开场

在演讲开始时，简短地介绍自己的背景、经历或与演讲主题相关的个人情况。这种方式能够帮助听众了解演讲者的身份和背景，增加信任感。

（七）制造悬念式开场

通过设置悬念或疑问，激发听众的好奇心，使他们对演讲内容产生浓厚的兴趣。但悬念要设置得合理且引人入胜，避免过于复杂或难以理解。

除了以上几种常见的开场方式外，还可以根据具体的演讲场合、听众特点和演讲主题进行创新性的开场设计。无论使用哪种开场方式,都应与演讲内容紧密相连,确保开场白能够自然地引出后续的演讲内容,并达到吸引听众、引导听众进入演讲主题的目的。

三、演讲的结尾技巧

美国演讲家约翰·哈斯灵说:"各种研究表明,演讲的结尾比起正文来说,更能被听众记住,你要充分利用这个部分,以取得最大的效果。"结尾讲得好不好,在一定程度上关系到整场演讲的成败。所以,要设计好演讲的结尾。演讲的结尾方式同样多种多样,以下是一些常见的结尾方式:

(一)总结式结尾

用精练的语言对演讲内容和主要观点进行概括性总结,以突出中心,强化主题。这种结尾方式有助于听众回顾演讲内容,加深对演讲主题的理解和记忆。

(二)号召式结尾

以慷慨激昂的语言发出号召,呼吁听众采取具体行动或支持某种观点。这种结尾方式能够激发听众的热情,使演讲产生更强的感染力和影响力。

(三)抒情式结尾

通过抒发情感、表达感慨来结束演讲,使听众在情感上产生共鸣。这种结尾方式能够增强演讲的感染力,让听众在演讲结束后仍然保持对演讲主题的关注和思考。

(四)引用式结尾

引用名言、警句或诗句作为结尾,使演讲更具有权威性和深度。引用的内容应该与演讲主题相关,能够引发听众的进一步思考。

(五)提问式结尾

以一个问题作为结尾,引发听众的思考和讨论。这种方式能够增加演讲的互动性,使听众在演讲结束后仍然保持对演讲主题的探索和兴趣。

(六)感谢式结尾

向听众表达感谢和敬意,感谢他们的聆听和支持。这种结尾方式能够体现演讲者的谦逊和礼貌,也有助于建立良好的演讲氛围。

除了以上几种常见的结尾方式外,还可以根据具体的演讲内容、听众特点和演讲场合进行创新性的结尾设计。无论使用哪种结尾方式,都要注意与演讲内容紧密相连,确保结尾能够自然地结束演讲,并给听众留下深刻的印象。同时,结尾的语言应该简洁明了,避免冗长和复杂的表达。

四、演讲的衔接技巧

演讲的衔接技巧是确保演讲流畅、连贯并吸引听众的关键。以下是一些有效的衔接技巧:

(一)预告与小结

在演讲中,通过预告下一部分的内容,为听众提供线索,使他们对接下来的内容有所期待。这有助于维持听众的注意力,并确保演讲的连贯性。结束一个话题或段落时,进行简短的小结,总结关键点,加深听众的印象。这有助于确保演讲内容在听众心中留下深刻印象,并为接下来的内容做好铺垫。

（二）过渡句与段落

使用过渡句或段落来连接不同的演讲部分。这些过渡可以是对前一个话题的总结，也可以是对下一个话题的引入，使演讲内容之间的转换更加自然流畅。

（三）重复与强调

重复关键观点或短语，以强调演讲的重点。这有助于加深听众对重要信息的记忆和理解。强调某些词汇或句子，通过使用不同的语调、音量或语速，使这些内容在演讲中脱颖而出。

（四）跳跃衔接法

当演讲者出现忘词或失误时，可以采用跳跃衔接法。即直接从记得的内容开始继续演讲，避免中断和尴尬。在演讲结束后，如有必要，可以对遗漏的内容进行补充。

（五）利用视觉辅助工具

使用幻灯片、图表或其他视觉辅助工具来辅助演讲，使内容更加直观、易于理解。这些工具还可以作为衔接点，引导听众从一个话题过渡到另一个话题。

（六）保持语言流畅与连贯

注意语言的流畅性和连贯性，避免使用过于复杂或生僻的词汇，以免打断演讲的节奏。使用合适的连接词和短语，如"因此""接下来""另外"等，使句子和段落之间的衔接更加自然。

（七）注意非语言因素

演讲者的表情、手势和肢体语言也是衔接的重要部分。通过适当的表情和手势，可以强化演讲内容，使听众更容易理解和接受。

掌握以上衔接技巧并灵活运用，可以使演讲更加生动、有趣并吸引听众的注意力。同时，不断练习和反思也是提高演讲衔接能力的关键。

五、演讲的应变技巧

在演讲过程中，可能会遇到各种突发状况。这些状况可能是技术性的，也可能是与听众互动或内容相关的。以下是一些常见的演讲突发状况及应对策略：

（一）技术故障

在演讲过程中，经常会出现技术故障，比如幻灯片或多媒体无法正常工作，可以提前备份幻灯片到多个设备，确保至少有一台设备可正常使用。或准备纸质版演讲稿或要点提示，以便在电子设备出现问题时能够继续演讲。声音设备失效也是经常出现的技术故障，可以提前检查声音设备，确保音量和音质正常。携带便携式扩音器或麦克风，以备不时之需。但是，准备再充分，总有措手不及的情况出现，这对于演讲者是极大的考验。

【案例分析】

突然停电的演讲

在一次充满激情的演讲中，演讲者正慷慨激昂地阐述着"我们的前途是光明的"这一主题，会场内的听众都被他的话语深深吸引。然而，就在这时，会场突然陷入了一片漆黑，停电了。突如其来的黑暗让听众们感到一阵慌乱，议论声此起彼伏。面对这突如其来的状况，演讲者并没有慌乱。他灵机一动，立刻提高了自己的声音，用更加坚定的语气说道："各位，请大家少安毋躁。在光明之前，有时会出现'黎明前的黑暗'，但请相信，这黑暗只是暂时的，它不会长久。正如我们人生中的困难和挑战,虽然有时会让我们感到迷茫和无助,但只要我们团结一致,共同努力,就一定能够渡过难关,迎来胜利的曙光!"他的话语像一盏明灯,在黑暗中为听众们指明了方向。大家被他的话语所感染,渐渐安静了下来,开始认真聆听他的演讲。演讲者继续用他的智慧和勇气,引导着听众们共同面对黑暗,迎接光明的未来。当电力恢复,会场重新亮起时,演讲者已经用他的机智和口才化解了这次突发状况。他赢得了听众们的热烈掌声和尊敬,也让这次演讲成为一次难忘的经历。

> 【分析】这次演讲案例充分展示了演讲者在面对突发状况时的应变能力和演讲技巧。他通过巧妙地运用语言和智慧,成功地引导了听众的情绪和思维,让他们更加深刻地理解了演讲的主题。同时,他也赢得了听众们的热烈掌声和尊敬,成为了一位备受尊敬的演讲者。

(二)时间管理问题

演讲时间有长有短,所以要规划好演讲时间,并设置明确的时间节点。根据实际情况灵活调整演讲内容,确保在规定时间内完成。

(三)听众反应不佳

有时听众不感兴趣或注意力不集中,可以通过提问、互动等方式激发听众兴趣。调整演讲风格和内容,使其更符合听众需求。有时听众提出刁钻问题或质疑,要保持冷静,用事实和数据回答问题。对于无法立即回答的问题,可以表示会事后查阅相关资料并给予回复。

【案例分析】

萧伯纳的回击

著名剧作家萧伯纳在他的《武器与人》首演成功后,应观众要求,上台接受人们的祝贺,当他正准备讲话时,突然一个人对他大声喊道:"萧伯纳,你的剧本糟透了,谁要看?收回去,停演吧!"萧伯纳不但不生气,反而笑容满面地向那人深鞠一躬,彬彬有礼地说:"你说得对,我完全同意你的意见。"说着用手指着观众说:"遗憾的是,我们反对这么多观众有什么用呢?我们能禁止这剧本演出吗?"说完,全场响起暴风雨般的掌声,那个捣乱者灰溜溜地跑了。

> 【分析】这个案例充分展示了萧伯纳在面对挑衅和质疑时的智慧和风度。他没有选择直接对抗或回应挑衅者的攻击,而是巧妙地将其转化为自己演讲的一部分,并通过这种方式赢得了观众的支持和尊重。这种处理方式不仅展现了萧伯纳的自信和坚定,也提供了在面对挑衅和质疑时的宝贵经验:保持冷静、自信地应对,用智慧和风度化解矛盾。

(四)自身失误或紧张

如果出现忘词或口误时,要保持冷静,尝试用其他方式表达相同的意思。提前准备好应对忘词的备用方案,如使用提示卡或跳过部分内容。如果紧张过度影响表现,则可以通过深呼吸、放松肌肉等方式缓解紧张情绪。在演讲前进行充分的准备和练习,增强自信心。

(五)外部环境干扰

如果噪声干扰比较严重,可以选择一个相对安静的环境进行演讲。在演讲前了解场地情况,提前与场地管理人员沟通解决噪声问题。如果出现突发事件(如火灾、地震等),则应该提前了解场地的安全设施和逃生路线。在遇到突发事件时,保持冷静,按照安全指引进行疏散。

总之,面对演讲过程中的突发状况,关键是要保持冷静、灵活应对。通过充分的准备和练习,可以减少突发状况的发生,提高演讲的成功率。

六、演讲的修辞技巧

在演讲中,修辞手段的运用对于增强语言的表达力、感染力和说服力至关重要。

(一) 比喻

比喻是通过将两种不同的事物进行比较,以揭示它们之间的相似之处,使抽象的概念具体化、生动化。在演讲中,比喻可以帮助听众更好地理解演讲者的观点,增强记忆效果。例如,演讲者可以说:"学习就像攀登一座高山,虽然过程中充满艰辛和挑战,但当我们登上山顶,回望来路,那种成就感和自豪感是无与伦比的。"

(二) 排比

排比是将结构相似、意义相关或语气一致的词组或句子排列在一起,以强调某种思想或感情。在演讲中,排比可以增强语言的节奏感和韵律感,使演讲更具感染力。例如,演讲者可以说:"我们要勇于担当,敢于负责;我们要团结协作,共同进步;我们要坚定信念,追求梦想。只有这样,我们才能在人生的道路上走得更远、更稳。"

(三) 反问

反问是用疑问的形式表达确定的意思,以加强语气和表达强烈的情感。在演讲中,反问可以激发听众的思考,引导他们与演讲者产生共鸣。例如,演讲者可以说:"难道我们不应该珍惜当下,努力奋斗吗?难道我们不应该团结一心,共克时艰吗?难道我们不应该坚定信念,追求卓越吗?"

(四) 对比

对比是将两种相反或相对的事物、现象或观点进行比较,以突出它们的差异和特点。在演讲中,对比可以帮助听众更清晰地认识事物的本质,加深对演讲内容的理解。例如,演讲者可以说:"过去我们面临困境,但现在我们有了更多的机遇;过去我们孤军奋战,但现在我们有了强大的团队支持。这种变化不仅体现在我们的工作上,更体现在我们的心态和信念上。"

(五) 夸张

夸张是对事物的形象、特征、作用、程度等方面作扩大或缩小的描述,以强调某种思想或感情。在演讲中,夸张可以增强语言的生动性和形象性,使演讲更具吸引力。例如,演讲者可以说:"我们的目标不是小打小闹,而是要创造历史、改变世界!我们要用我们的智慧和汗水,书写属于我们的辉煌篇章!"

(六) 顶真、回环

顶针又称"顶真""蝉联""续麻",特点是上一句末尾的字词是下一句开头的字词,这样一句顶一句,像一串串珍珠似的,上传下接,首尾相连,层层承递,语势贯通,音律优美,给人以强烈的艺术感染力。回环是把前后语句组织成循环往复的形式,以表达不同事物间的有机联系,可使语句整齐匀称,能揭示事物的辩证关系,使语意精辟警策。运用顶真、回环均可收到语气流畅、结构严谨,互相照应,循环往复的妙用。例如,

顶真:希望是附属于存在的,有存在便有希望,有希望便有光明。

回环：科学需要我们,我们更需要科学。

（七）仿词

仿词是根据表达的需要,更换现成词语的某个语素,临时仿造出新的词语,改变原来特定的词义,创造出新意。仿词手法可以助推演讲中的幽默气氛的形成。例如,"有些人精力过剩,浪费过度,有劲没处使,有力没处用,整天泡在麻将里。春眠不觉晓,时间何时了。夜来麻将声,输赢知多少。"

（八）婉曲

婉曲是不直截了当地表达本意,而用委婉曲折的方式和含蓄闪烁的言辞,流露或暗示想要表达本意的手法。演讲中运用婉曲技法可以含蓄地表达内心的不满和意见,婉转地批评。运用婉曲可以使气氛风趣轻松,易使听众接受你的观点。例如,美国政治家雷不斯说:"诸位,方才你们感到局促不安的七十二秒钟长的时间,正好是一个普通工人砌一块砖头所要的时间。"

总之,修辞手段的运用在演讲中具有举足轻重的作用。演讲者可以根据不同的内容和情境,灵活运用各种修辞手段,使演讲更加生动、有力、感人。

七、演讲的态势语表达技巧

演讲中的态势语,又称为无声语言、体态语言或形体语言,是演讲中除了口头语言之外的重要表达手段。它涵盖了演讲者的表情、手势、姿态等,以及服饰、道具等辅助元素。态势语在演讲中发挥着不可或缺的作用,有助于增强演讲的感染力、吸引力和说服力。美国心理学家阿尔培特说,人的感情表达由三个方面组成：55%的体语+38%的声调+7%的言辞。

首先,态势语能够强化演讲者的表达效果。丰富的表情、恰当的手势和姿态能够使演讲更加生动、形象,有助于传递演讲者的情感和态度。例如,当演讲者谈到激动人心的话题时,可以运用手势和面部表情来展现自己的热情,从而激发听众的共鸣。

其次,态势语有助于建立与听众的联系。演讲者通过目光交流、微笑等面部表情,以及适当的身体接触(如握手、拥抱等),可以拉近与听众的距离,增强彼此的信任感和亲近感。这种联系有助于建立良好的演讲氛围,使听众更容易接受演讲者的观点。

此外,态势语还能够辅助演讲内容的传达。有时,一些抽象的概念或复杂的观点难以用口头语言准确表达,这时态势语就可以发挥重要作用。通过手势、姿态等体态语言,演讲者可以更直观地展示这些概念或观点,帮助听众更好地理解和记忆。

在使用态势语时,演讲者需要注意适度、自然和协调。态势语应该与演讲内容相符,不能过于夸张或矫揉造作,否则会失去其应有的效果。同时,演讲者还需要根据自己的性格、气质和演讲场合等因素,选择适合自己的态势语,以展现出独特的个人魅力。在演讲中,态势语的使用技巧至关重要,以下是一些关键的运用技巧：

（一）自然活泼

态势语表达应自然流畅,避免造作和单调呆板。手势、姿态和表情应与演讲内容相协调,真实反映演讲者的情感和态度。

（二）坚持个性

态势语应与演讲者的性格气质紧密相连,体现个人的独特风格。不同的人有不同的表达方式和习惯,演讲者应找到适合自己的态势语,以展示个人魅力。

（三）目的明确

态势语应具有明确的目的性，能够加强话语的感染力，帮助听众理解并接受演讲内容。每个手势、姿态和表情都应有内在的根据和清晰的用意。

（四）精练恰当

态势语表达应精练恰当，避免烦乱和重复。要通过简洁明了的手势、姿态和表情来传达信息，使听众能够迅速理解并记住演讲内容。

（五）与有声语言协调

态势语应与有声语言的内容、语调、响度和节奏相协调，共同构成完整的演讲表达。态势语和有声语言应相互补充，共同增强演讲的效果。

此外，态势语的使用还需要注意适度，避免过多或过少。过多的态势语可能会分散听众的注意力，而过少的态势语则可能使演讲显得单调乏味。因此，演讲者应根据演讲内容和听众反应来灵活调整态势语的使用。

总之，态势语在演讲中具有不可替代的作用。演讲者应该充分重视态势语的运用，通过不断练习和实践，提高自己的态势语表达能力，为演讲增添更多的魅力和说服力。

第五节　即 兴 演 讲

一、即兴演讲的含义及特点

（一）即兴演讲的含义

即兴演讲，也叫作即席演讲或者即时演讲，是指在特定的情境和主体的诱发下，演讲者未经事先准备，而是临场因时而发、因事而发、因景而发、因情而发的一种语言表达方式。它要求演讲者具备敏捷的思维能力和敏锐的语言感应能力，能够随想随说，有感而发。即兴演讲是锻炼思维和口语表达能力的最有效的演讲形式，也是难度最大的一种演讲方式。

即兴演讲的特点在于其毫无准备的性质。演讲者必须快速展开思维，并以最快的速度找出恰当的语言来反映自己的思维。由于这种形式的演讲不容易长篇大论，演讲者需要在最小的篇幅里能够阐明一个道理。此外，即兴演讲对演讲者的要求也相当高。除了具备一定的学识和深度思考的能力外，还需要较强的综合能力、现场表达技巧和随机应变能力。

（二）即兴演讲的特点

即兴演讲是一种充满挑战性和创造性的演讲形式，能够充分展现演讲者的思维敏锐度和语言表达能力。即兴演讲的特点主要体现在以下几个方面：

1. 话题的即时性

即兴演讲通常是针对当前发生的事件、场景或情感进行，话题具有即时性，没有提前的准备和规划，需要演讲者迅速反应并找到切入点。

2. 内容的灵活性

由于没有固定的演讲稿，即兴演讲的内容更加灵活多变。演讲者可以根据现场氛围、听众反应和自身思考来随时调整话题和表达方式，使得演讲更加贴近实际、生动有趣。

3. 形式的自然性

即兴演讲没有固定的格式和结构,演讲者可以更加自然地表达自己的思想和情感。这种形式使得演讲更加接近日常生活和口语交流,更容易与听众产生共鸣。

4. 思维的敏捷性

即兴演讲要求演讲者具备敏捷的思维和快速的反应能力。在演讲过程中,演讲者需要迅速分析现场情况,找到合适的话题和角度,组织好语言并准确地表达出来。

5. 语言的精练性

由于即兴演讲的时间通常较为有限,演讲者需要在有限的时间内传达尽可能多的信息,因此语言必须精练、简洁、有力。演讲者需要避免冗长烦琐的表述,尽量用简短明了的句子来表达自己的观点。

综上所述,即兴演讲具有话题的即时性、内容的灵活性、形式的自然性、思维的敏捷性和语言的精练性等特点。为了做好即兴演讲,演讲者需要具备丰富的知识储备、良好的文化素养和自信心。同时,还需要学习如何大胆交往、提高语言表达能力,并善于从生活中汲取灵感,使演讲内容更加生动、有趣和引人入胜。

二、即兴演讲的类型

根据不同的划分标准,即兴演讲可以细分为多种类型。

(一)按照形式划分

1. 主动式即兴演讲

演讲者在特定的场景和主题诱发下,由于内心情感的驱动,主动决定进行即兴演讲。这种演讲通常充满个人情感和见解,能够深深打动听众。

2. 被动式即兴演讲

演讲者原本没有准备演讲,但由于他人的提议、临时的需要或在无法推却的情况下,被动决定进行即兴演讲。这种演讲需要演讲者具备快速思考和适应的能力。

(二)按照演讲性质划分

1. 命题性即兴演讲

在带有测试和比赛性质的场合中,演讲者根据给定的题目或主题,在有限的时间内准备并进行的演讲。这种演讲将考验演讲者的思维敏捷性和知识储备情况。

2. 生活场景式即兴演讲

在各种日常生活场景中,如家庭聚会、朋友聚会、工作会议等,由于某个话题或事件的触发,演讲者进行的即席演讲。这种演讲更侧重于实际问题的讨论和观点的分享。

(三)按照内容划分

1. 观点分享型即兴演讲

演讲者就某个问题或话题分享自己的见解和观点,旨在引起听众的思考和讨论。

2. 情感表达型即兴演讲

演讲者通过即兴演讲表达自己的情感和感受,如喜悦、悲伤、愤怒等,以感染和影响听众。

3. 信息传达型即兴演讲

演讲者就某个事件或新闻进行即兴演讲,向听众传达相关信息和观点。

（四）按照目的划分

1. 说服型即兴演讲

演讲者旨在通过即兴演讲说服听众接受某个观点、采取某个行动或支持某个决策。

2. 娱乐型即兴演讲

演讲者以娱乐为主要目的，通过幽默风趣的语言和表达方式，让听众在轻松愉快的氛围中度过时光。

3. 启发型即兴演讲

演讲者通过即兴演讲启发听众思考、探索和创新，旨在激发听众的潜能和创造力。

以上分类并不是绝对的，即兴演讲的类型可以根据实际情况和需要进行灵活调整。重要的是，演讲者要具备灵活应变的能力，能够根据实际情况和需要进行即兴演讲的调整和创新。同时，演讲者还需要不断积累知识和经验，提升自己的语言表达能力和思维反应速度，以更好地应对各种即兴演讲的挑战。

三、即兴演讲的准备

即兴演讲虽然强调即时性和无准备性，但并不意味着不需要任何储备。实际上，无论哪种类型的即兴演讲，都需要演讲者具备扎实的语言基础、敏捷的思维能力和良好的心理素质，以应对各种可能的挑战和变化。所以要做好高质量的即兴演讲，必须在平时做好各种积累和储备，所谓"功夫在诗外"也。

案例分析：最后一次讲演

（一）智力准备

即兴演讲的智力准备对于确保演讲的质量和效果具有至关重要的作用。通过充分的智力准备，演讲者可以展现出敏捷的思维、清晰的逻辑、深入的分析和自信的表达，赢得听众的尊重和赞赏。

1. 快速思维与逻辑构建

演讲者需要具备迅速捕捉关键信息的能力，对演讲主题进行快速思考，形成初步的观点和思路。在有限的时间内，构建逻辑清晰、条理分明的演讲框架，确保演讲内容有层次、有重点。

2. 分析与批判性思维

培养对问题的深入分析和批判性思维能力，能够多角度、全面地看待问题，提出有深度的见解。在演讲中，展现对问题的独特见解和深入剖析，增强演讲的说服力和感染力。

3. 应变与即兴发挥

面对突发情况或听众的提问，演讲者需要保持冷静，迅速作出反应，调整演讲内容或策略。学会即兴发挥，根据现场氛围和听众反应，灵活运用语言、表情、动作等手段，增强演讲的吸引力和互动性。

4. 语言组织与表达能力

演讲者需要具备良好的语言组织和表达能力，能够用简洁明了、生动有力的语言表达自己的观点和想法。通过大量的练习和实践，提高口语表达的流畅性、准确性和感染力。

（二）知识准备

即兴演讲的知识准备是确保演讲内容丰富、深入且引人入胜的关键。演讲者需要广泛涉猎知识，包括专业知识、社会常识、时事热点等，以便在演讲中能够迅速调动相关知识，丰富演讲内容。学会灵活运用所学知识，结合演讲主题，提出新颖独特的观点，吸引听众的注意力。

1. **专业知识**

无论演讲的主题是什么,拥有扎实的专业知识总是有益的。对于特定领域的深入了解可以使你在演讲中更有说服力,更能提出独到的见解。因此,演讲者需要不断学习和更新自己的专业知识,保持对所在领域的敏锐洞察。

2. **社会与文化知识**

了解社会热点、文化趋势和人们的普遍关注热点,能够使你的演讲更接地气,更能引起听众的共鸣。关注新闻、阅读书籍、参与社会活动,都是积累社会与文化知识的好方法。

3. **历史背景知识**

历史是现实的一面镜子,了解历史可以帮助我们更好地理解现在和预测未来。掌握一些重要的历史事件和人物,以及它们在社会发展中的作用,可以使你的演讲更有深度和广度。

4. **跨学科知识**

在当今这个多元化的社会,跨学科的知识储备显得尤为重要。掌握一些不同领域的基本概念和方法,可以使你在演讲中更具创新性,能够提出跨领域的独特见解。

(三) 心理准备

心理准备在即兴演讲中起着至关重要的作用,有助于演讲者在即兴演讲中展现出自信、从容和专业的形象,从而取得更好的演讲效果。

1. **保持冷静与自信**

在即兴演讲中,保持冷静是首要任务。面对突然的挑战或问题,演讲者需要保持冷静,不被紧张或恐惧所左右。自信是冷静的基石,相信自己有能力和智慧应对各种情况,这将有助于稳定情绪并提升表现。

2. **接纳不确定性**

即兴演讲的特点之一是存在不确定性。演讲者需要接受这一事实,并学会在不确定的环境中灵活应对。不要害怕犯错或表现不佳,因为每一次经历都是学习和成长的机会。

3. **积极应对挑战**

将挑战视为成长和进步的机会,而不是障碍。当遇到难题或突发情况时,用积极的思维方式来解决问题,相信自己能够找到最佳答案。这种积极态度会激发创造力,提升应对能力。

4. **保持专注与清晰**

在演讲过程中,保持专注至关重要。不要被外界干扰所影响,专注于演讲主题和与观众的互动。同时,保持思路清晰,确保信息传递准确、连贯。即使在没有准备的情况下,也能通过清晰的思维来组织语言和内容。

5. **灵活调整策略**

由于即兴演讲的不确定性,演讲者需要具备灵活调整策略的能力。根据实际情况和观众反应,随时调整演讲内容、节奏和方式。这种灵活性不仅有助于应对突发情况,还能让演讲更加生动有趣。

6. **保持开放与互动**

即兴演讲是一个互动的过程,演讲者需要保持开放的心态,与观众建立良好的互动关系。倾听观众的反馈和提问,积极回应并与之交流。这种互动不仅有助于增强演讲的吸引力,还能提升演讲者的应变能力和沟通技巧。

四、即兴演讲的方法与技巧

虽然即兴演讲具有较大的挑战性,但通过掌握一些有效的方法和技巧,演讲者仍然能够有出色的表现。

(一) 快速思维组织

在即兴演讲中,时间紧迫,因此快速组织思维至关重要。演讲者需要迅速确定演讲的核心观点,并围绕这些观点构建逻辑清晰的结构。可以尝试使用"三点式"思维,即提出三个关键点或论据来支持自己的观点,这样可以使内容更加简洁明了。

【案例分析】

毕业十周年聚会上的讲话

各位恩师、亲爱的同学们:

大家好!

时光荏苒,转眼间我们已毕业十年,今日再次聚首,心中充满感慨。首先,我代表全班同学,向各位老师表达我们最诚挚的感谢。感谢你们在我们求知的道路上,无私地奉献出宝贵的时间与精力,给予我们精心的栽培和悉心的教导。同时,也要感谢每一位同学的积极响应和鼎力支持,正是因为有了你们的付出,今天的聚会才得以如此圆满。我要特别提到几位同学,他们为这次聚会付出了很多。××同学不辞辛劳地负责联络工作,确保每位同学都能收到聚会的邀请;××同学精心策划并预订了场地,为我们提供了一个舒适、温馨的聚会环境;××同学则负责了所有的采购工作,确保我们的聚会能够顺利进行。在此,我要向你们表示衷心的感谢!

记得十年前的那个金秋,我们全班×人怀着梦想和憧憬,走进了这所校园,有幸成为同窗。那时候的我们,都还很稚嫩,课堂上认真聆听恩师们的教诲,课下则与同学们嬉笑打闹,共同度过了那段美好的时光。毕业时,我们曾约定十年后再聚首,如今,这个约定已经实现。

站在这里,回首过去,我们不禁感慨万千。十年间,我们都经历了很多,成长了很多。但无论我们走到哪里,那段共同的回忆和师生情谊、同学情谊都将永远铭记在心。最后,我祝愿我们的师生情谊、同学情谊能够地久天长,祝愿各位老师身体健康、万事如意!

让我们共同举杯,为这难得的相聚、为这十年的情谊、为未来的美好时光,干杯!

【分析】这是大学毕业十周年晚会上,某同学作为组织者,进行的一次即兴演讲,这次演讲运用了"感谢+回顾+愿景"的模式。有人认为即兴演讲可以采用一些万能模式,除了这位同学采用的模式外,其他比如"祝贺+感谢+希望""过去+现在+未来""Why(为什么)+How(怎么做)+What(是什么)""感受+感谢+决心+计划+愿景"等。其中最受人推崇的是"三点式"即兴演讲模式,将演讲内容分为三个核心要点进行阐述,每个要点都围绕一个中心思想展开,确保演讲内容条理清晰、易于理解。不少领导讲话总喜欢讲"三点意见"、说"三点希望"、提"三点要求"等,所谓"重要的事情说三遍"。运用这些模式有助于即兴演讲吗?有哪些注意事项?

（二）抓住听众注意力

为了吸引听众的注意力，演讲者需要使用引人入胜的开场白。可以通过提出一个有趣的问题、分享一个引人入胜的故事或使用幽默的方式来引起听众的兴趣。同时，在演讲过程中要保持与听众的眼神交流，以增强互动和连接。

（三）利用故事和实例

故事和实例是即兴演讲中非常有效的工具。它们能够生动地展现观点，让听众更容易理解和记忆。演讲者可以结合自身经历或身边的故事，将其融入演讲中，使内容更加生动有趣。

（四）精练语言表达

即兴演讲需要演讲者具备精练的语言表达能力。避免冗长和复杂的句子，尽量使用简洁明了的词汇和短语。同时，要注意语速和语调的调节，保持适当的节奏和韵律，使演讲更加流畅自然。

（五）灵活应变与互动

即兴演讲中可能会遇到各种意外情况或听众提问。演讲者需要具备灵活应变的能力，能够迅速调整演讲内容或方式以适应现场情况。与听众的互动是即兴演讲的重要组成部分，可以通过提问、邀请听众参与讨论等方式，增强演讲的互动性和吸引力。

（六）结尾总结与升华

在演讲结束时，要进行简洁明了的总结，并尝试将演讲内容升华到更高的层次。可以提出一些具有启发性的思考或建议，让听众在离开时留下深刻的印象。

除了上述方法和技巧外，演讲者还可以通过不断练习和反思来提升自己的即兴演讲能力。可以模拟不同场合和主题进行练习，积累更多的经验和自信。同时，要学会从每次演讲中吸取教训，不断改进自己的表现，逐渐提升自己的即兴演讲能力，并在各种场合中展现出自信和魅力。

五、即兴演讲训练

即兴演讲训练是一个综合而系统的过程，旨在提升演讲者在没有充分准备的情况下进行演讲的能力。以下是一些有效的训练方法：

（一）思维训练

1. 快速思维组织

训练自己在短时间内快速组织思维，明确演讲的核心观点和要点。可以通过阅读新闻、文章等，尝试在限定时间内提炼出主题和关键信息。

2. 逻辑思维训练

通过逻辑推理、因果分析等练习，增强自己的逻辑思维能力，使演讲内容更加条理清晰。

（二）语言表达训练

1. 口语表达

多进行口语练习，包括朗读、演讲、讨论等，提高自己的口语表达能力和语言组织能力。

2. 精练语言

学习使用简洁明了的语言表达观点，避免冗长和复杂的句子。可以通过写作练习来培养精练语言的习惯。

(三)技巧训练

1. 故事和实例

学习如何运用故事和实例来支持自己的观点,使演讲更加生动有趣。可以收集一些有趣的故事或案例,并在练习中尝试运用。

2. 肢体语言

注意自己的肢体语言和面部表情,学习如何通过肢体语言来增强演讲的感染力。可以观察优秀的演讲者,学习他们的肢体语言技巧。

(四)模拟训练

1. 模拟场景

模拟不同的演讲场景和主题,进行即兴演讲练习。可以邀请朋友或同事作为听众,给予反馈和建议。

2. 即兴问答

在练习中增加即兴问答环节,提高自己的应变能力和回答问题的能力。

(五)反馈与调整

1. 接受反馈

在训练过程中,积极接受他人的反馈和建议,了解自己的不足并进行调整。

2. 自我反思

每次练习后,进行自我反思和总结,分析自己的表现,找出问题并制定改进计划。

(六)调整心态

1. 自信建立

通过不断的练习和成功体验,逐渐建立自信心,相信自己能够应对各种即兴演讲场合。

2. 应对紧张

学习应对紧张情绪的方法,如深呼吸、放松技巧等,以保持冷静和自信的状态。

总之,即兴演讲训练需要综合运用多种方法和技巧,并注重实践和反馈。通过持续的练习和调整,你可以逐渐提高自己的即兴演讲能力,在需要时能够自信地展现自己的才华和魅力。

本章小结

演讲不仅仅是口头的表达,更是一种艺术,一种能够触动人心的力量。

1. 演讲的准备工作至关重要。在演讲前,明确主题、分析听众、准备好材料、构建逻辑框架、锻炼心态以及反复排练,都是确保演讲成功的关键步骤。这些准备工作的目的在于使演讲内容更加贴合听众需求,提高演讲的针对性和有效性。

2. 演讲稿的写作是演讲准备中不可或缺的一环。演讲稿不仅为演讲者提供了清晰的表达框架,还能确保演讲内容连贯、有条理。掌握演讲稿写作的基本方法和技巧,可以为今后的演讲实践提供有力支持。

3. 要深入领会演讲技巧的运用,其中包括口语表达、开头、结尾、衔接、应变、修辞、态势语等演讲技巧。这些技巧的运用,可以使演讲更加生动、有趣,更能够吸引听众的注意力。

4. 即兴演讲是一种更为灵活、更具挑战性的演讲形式。掌握即兴演讲的基本技巧,能提升自己的思维能力和表达能力。在未来的演讲实践中,将更加自信地应对各种即兴演讲场合,展现出自己的风采和实力。

综上所述,本章的学习使我们对演讲有了更为深刻的认识和理解。在今后的演讲实践中,将不断运用所学知识和技巧,努力提升自己的演讲水平,让每一次演讲都成为一次心灵的交流和碰撞。

思考练习

1. 演讲有哪些类型?
2. 正式演讲前,需要作哪些准备?
3. 演讲稿写作练习

选定一个你感兴趣的主题,撰写一篇500字左右的演讲稿。确保演讲稿结构清晰,包括开头、主体和结尾三个部分,并尝试运用一些修辞手法来增强语言的感染力。

反思你的演讲稿写作过程,思考你在确定主题、提炼核心观点、设计结构以及运用语言技巧等方面遇到的困难和收获。分析如何进一步优化你的演讲稿?

4. 即兴演讲练习

模拟一个即兴演讲的场合,例如,突然被邀请在会议上发言。在没有任何准备的情况下,尝试进行一段3分钟的即兴演讲。注意保持自信、冷静,并尽量使演讲内容有条理、有逻辑。

回顾你的即兴演讲表现,分析你在捕捉听众需求、构建演讲框架以及运用语言和声音方面的表现。有哪些地方可以改进?如何提高自己的即兴演讲能力?

5. 综合思考

结合本章学习的内容,思考演讲在日常生活和工作中的应用场景。你认为哪些场合下演讲技能尤为重要?如何通过不断练习和实践来提升自己的演讲水平?

推荐阅读

1.《演讲的艺术》　　作者:[美]史迪芬·E.卢卡斯

这是一本备受推崇的演讲教材,自1983年出版以来,已再版多次,始终高居美国演讲教科书销售榜榜首。该书在国际上被誉为"演讲圣经",并被全球上千所大学用作演讲课的教材,使数千万读者受益终身。

2.《演讲的力量》　　作者:[美]克里斯·安德森

安德森是TED的掌门人,他凭借自己在演讲领域的丰富经验和深厚造诣,将这本书打造成为了一本极具实用性和启发性的演讲指南。它不仅提供了实用的演讲技巧和方法,更传递了一种积极、自信、真诚的表达方式。对于希望提升自己演讲能力和影响力的读者来说,这本书无疑是一本不可或缺的宝典。

3.《魏斯曼的演讲大师课》　　作者:[美]杰瑞·魏斯曼

这是全球顶级商务沟通大师杰瑞·魏斯曼的经典之作,书中深入剖析了演讲的核心原则和技巧,并提供了大量实际案例和练习,以帮助读者掌握高效的演讲方法。

第十二章 谈 判

【本章提要】

谈判,作为解决利益冲突和达成合作共识的重要手段,广泛应用于各个领域。无论是商业合作、国际政治交往,还是日常生活中的家庭与人际关系处理,谈判都扮演着不可或缺的角色。本章将深入剖析谈判的核心概念、原则、过程、沟通策略与表达技巧,帮助读者更好地理解谈判的本质,提高谈判能力和效率。

【学习目标】

1. 掌握谈判的概念、特征、分类及原则。
2. 熟悉谈判的结构及过程。
3. 了解谈判的沟通策略。
4. 学习并掌握谈判的语言表达艺术。

【导入案例】

成功的商务谈判

某科技公司计划采购一批先进的生产设备,以提高生产效率和产品质量。经过市场调研,该公司锁定了一家国际知名的设备供应商。在谈判开始之前,科技公司做了充分的准备,包括了解市场行情、评估供应商的报价、制定采购计划等。

谈判当天,科技公司代表以礼貌而坚定的态度开场,首先表达了对供应商的尊重和感谢,然后明确阐述了公司的采购需求和期望。接着,科技公司代表提出了具体的报价和供应日期要求,并表示希望能够在双方互利的基础上达成合作。

供应商代表在听取了科技公司的需求后,表达了对合作的积极态度,但也提出了一些疑虑和困难。例如,供应商担心科技公司的报价过低,无法满足其盈利需求;同时,供应商也担心在供应日期上无法满足科技公司的要求。

针对这些疑虑和困难,科技公司代表进行了耐心的解释和说明。他们强调了公司的采购规模和长期合作的意愿,并表示愿意在价格上做出一定的让步,以换取供应商在供应日期上的配合。此外,科技公司还提出了一些具体的合作方案和建议,以进一步增强双方的信任和合作意愿。

经过一轮深入的交流和讨论，双方逐渐缩小了分歧和差距。最终，在友好而坦诚的氛围中，双方达成了初步的采购协议。

这个案例展示了商务谈判中常见的开局技巧和策略。科技公司代表通过礼貌而坚定的态度、明确阐述需求和期望、提出具体的合作方案等方式，成功地营造了良好的谈判氛围，为后续的合作奠定了坚实的基础。同时，他们也展示了灵活应对和解决问题的能力，使得谈判能够在双方的共同努力下取得积极的成果。

思考：谈判的流程是怎样的？怎样制定合适的谈判策略？

第一节 谈 判 概 述

谈判是一种沟通和交流的手段，它被广泛用于政治、贸易、经济、文化等领域的各种协商，也是决定国际关系的一种重要的技能。通过谈判，双方可以更好地解决争端和问题，实现各方利益的平衡和最大化。

谈判是解决争议和冲突的有效手段。在利益分配不均或追求差异导致的利益冲突中，通过谈判，各方可以平等地协商、交流，找到相对公平的利益分配方案，从而减少利益损失。此外，谈判还有助于平息争端，促进各方之间的相互理解和信任，减少误解和偏见，为更好地合作奠定基础。

谈判在商务活动中具有举足轻重的地位。在商品经济条件下，随着市场竞争的加剧和企业间合作的增多，谈判成为企业实现交易成功的关键因素。通过谈判，企业可以就产品买卖、合资合作等事宜达成互利共赢的协议，提高企业的经济效益。同时，谈判也有助于提高企业的营销管理水平，使其在激烈的市场竞争中脱颖而出。

谈判对于普通人的日常生活也具有重要意义。将专业的谈判技巧融入日常生活，可以帮助我们在买房、买车、做生意、获取薪酬、与朋友交流沟通等方面获得更多的优势和成功。谈判技巧的运用，可以让我们在与人交往中更加自信、从容，更好地维护自己的权益。

谈判有助于推动社会经济的发展和环境的改善。通过谈判，各方可以共同探讨解决问题的各种可能方案，发挥创造性思维，找到最适合各方的最优解决方案。这不仅有助于促进经济的繁荣和发展，还有助于推动社会的进步和环境的改善。

谈判在解决争议、促进交易、提高经济效益、改善人际关系以及推动社会经济发展和环境改善等方面都发挥着重要作用。因此，应该重视谈判的学习和实践，不断提高自己的谈判技巧和水平。

一、谈判的含义

在英语中，"negotiation"（谈判）这个词根源于拉丁文的"negotium"。美国谈判权威杰勒德·尼尔伦伯格1968年出版了《谈判的艺术》，被认为"开拓了一门新学科，展示了一个新的研究领域"。尼尔伦伯格为谈判给出了如下定义："谈判，是指人们为了改变彼此间的关系而

第十二章 谈　　判

进行的观点交换,或是为了达成某种共识而进行的磋商。"他进一步阐释说:"谈判的定义看似简单,但其涵盖的范围却极为广泛。每一个渴望满足的愿望,每一项寻求满足的需求,都是触发谈判过程的潜在因素。只要人们为了改变相互关系而交换观点,或为了达成某种共识而进行磋商,他们便在进行谈判。"

1972年,英国谈判学家马什在《合同谈判手册》中,对谈判给出了这样的定义:"谈判是指各方为了自身的目的,在一项涉及多方利益的事务中,通过磋商和调整各自的条件,最终达成一个各方都较为满意的协议的过程。"

原则谈判法(或称为哈佛谈判法、理性谈判法)的杰出代表威廉·尤瑞认为:"谈判是一个在自身利益与他人利益既有一致性又存在冲突的情况下,为了达成共识而进行反复沟通的过程。谈判不仅限于围绕一个争议话题在谈判桌上进行正式的辩论,它还包括在非正式场合下,为了争取某些利益而进行的私下交流。"

国际知名的谈判大师荷伯·科思指出:"谈判是个人或组织为解决共同关心的问题或改善关系而进行的磋商、讨论和辩论。"

我国学者吴秀红在《谈判口才艺术》一书中指出:"谈判是各方为了达成一致,充分运用情报、权力、智谋、勇气和策略,进行协商洽谈的沟通协调活动。这一过程分为'谈'和'判'两个阶段。'谈'即各方阐述对现存问题的看法,说明己方的责、权、利,并明确表达目标;'判'则是就各方的责、权、利及相关义务达成共识并进行确认。"

综上所述,谈判是指有关方面就共同关心的问题互相磋商,交换意见,寻求解决途径和达成协议的过程。谈判的本质是一种"有效协商",旨在达到双方都满意、都能接受的平衡状态,而非单纯击败对手。在谈判中,双方会就共同关心的问题互相磋商,交换意见,并在了解和满足对方需求的基础上,努力达成协议。谈判的目标是实现双赢的局面,即双方都能从谈判中获得利益。

谈判不仅是一种技巧和策略,更是一种艺术,需要双方在尊重、理解和合作的基础上,寻求最佳解决方案。谈判是一种重要的沟通方式,能够促进双方的理解和合作,解决问题和纠纷。谈判广泛应用于各个领域,如商业、政治、国际关系等,对于解决分歧、促进合作以及实现共同目标和利益具有重要作用。

在谈判过程中,谈判者需要注意不被情绪所左右,保持冷静和理性;同时,也需要善于运用各种谈判策略和技巧,如倾听、提问、表达、妥协等,以达成最有利的协议。此外,谈判者还需要注重诚信和尊重,以建立良好的谈判氛围和信任关系,为谈判的顺利进行奠定基础。

总之,谈判是一项复杂而重要的活动,需要谈判者具备丰富的知识、经验和技巧,以应对各种挑战和变化。通过有效的谈判,可以达成互利共赢的协议,促进双方的合作与发展,实现共同的目标和利益。

二、谈判的特征

谈判是一种涉及双方或多方之间,旨在通过协商和讨论解决分歧、达成共识或实现共同利益的过程。它具有以下几个显著特征:

(一) 自愿性与合作性

谈判的基础在于各方的自愿参与和合作的意愿。只有当各方都有谈判的愿望和诚意,谈判才可能顺利进行。谈判不是一方强迫另一方接受其条件的过程,而是各方基于共同利益或目标,自愿寻求解决方案的过程。

(二) 平等性与平衡性

谈判中,各方通常处于平等的地位,拥有同等的发言权和决策权。谈判是一个给予和获取的过程,各方在追求自身利益的同时,也需要考虑对方的利益,以寻求利益的平衡。这种平衡性不仅体现在物质利益的分配上,也体现在精神、情感等方面的满足上。

(三) 灵活性与策略性

谈判是一个动态的过程,需要谈判者根据具体情况灵活调整策略。谈判者需要善于运用各种谈判技巧和策略,如妥协、让步、拖延、施压等,以应对各种可能出现的情况,实现自身利益的最大化。

(四) 沟通性与协商性

谈判的本质是一种沟通和协商的过程。通过有效的沟通和协商,各方可以充分表达自己的观点、需求和利益,了解对方的立场和意图,从而找到双方都能接受的解决方案。这种沟通和协商不仅限于言语交流,还包括非言语信号的传递和理解。

(五) 约束性与规范性

谈判通常受到一定的规则和约束的制约,这些规则可能来自法律、道德规范或行业惯例等。谈判者需要在遵守这些规则的前提下进行协商和讨论,以确保谈判的公正性和合法性。

(六) 利益性与目标性

谈判的核心是利益和目标。各方参与谈判的目的是实现自身的利益或达到特定的目标。这些利益和目标可能是物质上的,也可能是精神或情感上的。通过谈判,各方可以寻求利益的共享和目标的共同实现。

综上所述,谈判具有自愿性与合作性、平等性与平衡性、灵活性与策略性、沟通性与协商性、约束性与规范性以及利益性与目标性等特征。这些特征使得谈判成为一种有效的解决分歧、达成共识和实现共同利益的方式。

三、谈判的分类

谈判可以根据不同的标准进行分类,以下是一些常见的分类方式:

(一) 按谈判规模分类

(1) 大型谈判。涉及多方参与,通常参与人数超过12人,涉及的问题复杂,影响范围广泛。

(2) 中型谈判。参与人数在4至12人,可能涉及多个利益主体,但相对大型谈判来说,规模和复杂性较小。

(3) 小型谈判。参与人数少于4人,通常涉及的问题较为具体,范围较小。

(二) 按谈判地点分类

(1) 主场谈判。在己方地点进行谈判,通常有利于己方。

(2) 客场谈判。在对方地点进行谈判,可能面临一些不利因素。

(3) 中立地谈判。在中立地点进行谈判,有助于保持公平和客观。

(三) 按谈判透明度分类

(1) 公开谈判。谈判过程和结果对公众或特定群体公开。

(2) 秘密谈判。谈判过程和结果保持秘密,通常用于涉及敏感信息或商业机密的谈判。

（四）按谈判内容分类

(1) 商品谈判。主要涉及商品买卖的谈判,如价格、质量、交货期等。

(2) 投资谈判。涉及资金投放、项目合作等投资活动。

(3) 技术谈判。关注技术转让、技术合作等涉及技术层面的内容。

(4) 劳务谈判。涉及劳务提供、劳务报酬等内容。

(5) 索赔谈判。在合同履行过程中,因一方违约或发生其他争议而进行的谈判。

（五）按谈判方向分类

(1) 纵向谈判。逐个讨论问题和条款,解决一个问题再进入下一个问题。

(2) 横向谈判。同时讨论多个问题,并在某一问题上出现矛盾时暂时搁置,继续讨论其他问题。

（六）按谈判方态度与方针分类

(1) 让步型谈判（软式谈判）。谈判者愿意为达成协议而做出让步,追求双方满意的结果。

(2) 立场型谈判（硬式谈判）。谈判者坚持自己的立场,认为谈判是一场意志力的竞赛。

(3) 原则型谈判（价值型谈判）。强调以公平和合理为基础,寻求双方都能接受的解决方案。

（七）按谈判双方接触方式分类

(1) 面对面谈判。双方直接面对面地交流,有助于实时沟通和建立信任。

(2) 电话谈判。通过电话或视频会议进行的谈判,适用于远程或紧急情况下的沟通。

(3) 书面谈判。通过信函、电子邮件等书面方式进行的谈判,适用于需要仔细考虑和保留记录的情况。

此外,还有按谈判参与方分类,如双边谈判（涉及两方）和多边谈判（涉及多方）；按谈判利益主体分类,如单方利益谈判和多方利益谈判等。

总的来说,谈判的分类方式多种多样,具体取决于谈判的情境、目的和参与者等因素。不同的分类方式有助于更好地理解谈判的特性和应对策略。

四、谈判的构成要素

谈判的构成要素主要包括以下几个方面：

（一）谈判当事人

谈判当事人是指参与谈判的各方代表,他们具有决策权或代理权,能够代表各自的利益进行谈判。谈判当事人可以是个人或团队,其内部应有明确的分工和角色定位,如主谈人、辅谈人、记录员等,以确保谈判的顺利进行。

（二）谈判议题

谈判议题是谈判的核心内容,是指各方希望讨论并达成协议的具体问题或事项。谈判议题通常与双方的利益、需求或目标密切相关,也是谈判的起因、内容和目的。明确且具体的谈判议题有助于引导谈判的方向和进程。

（三）谈判背景

谈判背景是指谈判所处的环境或条件,包括政治、经济、文化、法律等方面的因素。谈判背景对谈判的开展、走向及结果具有重要影响。了解并适应谈判背景,有助于谈判者制定合适的策略,提高谈判的成功率。

(四)谈判目标

谈判目标是指谈判各方希望通过谈判实现的具体目标或利益。谈判目标可以是短期的或长期的,可以是具体的或抽象的。明确且合理的谈判目标有助于谈判者保持清醒的头脑,避免在谈判过程中迷失方向,偏离主题。

(五)谈判策略

谈判策略是指谈判者在谈判过程中为达成目标而采取的一系列行动或手段。谈判策略的选择应根据谈判背景、议题和目标等因素进行灵活调整。有效的谈判策略可以帮助谈判者争取更多的利益,同时保持与对方的良好关系。

(六)谈判结果

谈判结果是指谈判各方经过协商后达成的最终协议或共识。谈判结果是谈判过程的产物,反映了各方在谈判中的利益分配和妥协程度。一个公平、合理的谈判结果有助于维护各方的长期合作关系。

综上所述,谈判的构成要素是一个相互关联、相互影响的整体。了解并把握好这些要素,有助于谈判者制定有效的策略,提高谈判的成功率。

五、谈判的基本原则

谈判的基本原则是指导谈判过程和行为的准则,它们是确保谈判顺利进行和达成互利共赢协议的基础。

(一)平等互利原则

谈判双方应享有平等的权利,承担平等的义务,并以互利共赢为目标。这意味着各方应尊重对方的利益和立场,通过平等协商寻求共同利益的实现。

(二)自愿原则

谈判各方应出于自身利益的追求和互惠互补的意愿参与谈判,而非受他人驱使或外界压力影响。自愿原则体现了谈判的自主性和自由选择权。

(三)求同存异原则

在谈判中,各方应努力寻求共同点和利益交汇点,同时尊重并接受彼此的差异。通过求同存异,促进谈判的顺利进行和达成妥协。

(四)诚信原则

谈判各方应真诚相待,信守承诺,遵守诚信规范。诚信是建立信任关系的基础,有助于维护谈判的稳定性和可靠性。

(五)灵活应变原则

谈判过程中可能会出现各种意外情况和变化,谈判各方应具备灵活应变的能力,及时调整策略,以适应形势的发展。

(六)时间效率原则

谈判各方应重视时间对谈判的影响,合理安排谈判进度,避免拖延和浪费时间。高效的时间管理有助于提高谈判效率以及达成协议的可能性。

（七）法律原则

谈判及协议签订过程应遵守国家法律、政策以及国际法则和相关法规。法律原则确保了谈判的合法性、协议的合规性、谈判的有效性。

这些原则相互补充，共同构成了谈判的基本框架和指导思想。在实际谈判中，根据具体情况和需要，可以灵活运用这些原则，以达成互利共赢的协议。

第二节　谈判的结构和过程

一、谈判的结构

谈判的结构可以从多个维度来理解，它涉及谈判的组成元素、谈判过程的阶段划分以及谈判中各方之间的关系和互动方式。

首先，从谈判的组成元素来看，谈判结构包括谈判的参与者、议题、背景、目标、策略以及结果等。参与者是谈判的主体，他们带着各自的议题和目标参与谈判。谈判背景则提供了谈判的外部环境和条件，对谈判的走向和结果产生影响。而谈判策略则是参与者在谈判过程中运用的智慧和技巧，谈判结果是参与各方通过协商和妥协达成的最终结果。

其次，谈判结构也可以从谈判过程的阶段划分来理解。一般来说，谈判过程可以分为准备阶段、开局阶段、磋商阶段以及终结阶段。每个阶段都有其特定的目标和任务，共同构成了完整的谈判过程。

此外，谈判结构还可以从参与者之间的关系和互动方式来看。在谈判中，参与者之间会形成一定的权力结构、议题结构、成员结构、阵营结构和实质结构。这些结构反映了参与者之间的力量对比、议题的重要性、参与者的角色和地位以及谈判的具体形式和内容。

综上所述，谈判的结构是一个复杂而多维的概念，它涉及谈判的各个方面和环节。理解谈判的结构有助于更好地把握谈判的本质和规律，从而更有效地参与和应对谈判。

二、谈判过程

（一）准备阶段

谈判的准备阶段是整个谈判过程中至关重要的一环。它涉及多个方面，旨在为后续的实质性谈判奠定坚实的基础。

（1）确定谈判目标。明确谈判的最高目标和最低目标。最高目标代表在谈判中期望获得的最佳效果，而最低目标则是谈判者愿意接受的底线。清晰的目标设定有助于谈判者在谈判过程中保持方向感，不被对方轻易引导。

（2）收集谈判信息。谈判者需要尽可能多地收集与谈判标的和谈判对手有关的信息。这些信息有助于谈判者了解对方的立场、需求和可能运用的策略，从而制定出更有针对性的谈判方案。

（3）组建谈判队伍。根据谈判的需要，筛选合适的谈判人员。谈判队伍的成员应具备相应的专业知识、谈判经验和良好的沟通能力。此外，团队内部的分工和协作也是确保谈判顺利进行的关键。

(4) 制定谈判计划。制定详细的谈判计划,包括谈判的时间、地点、议程等。计划应充分考虑各种可能的情况和变数,以便在谈判过程中灵活应对。

(5) 制定商务谈判工作计划。针对具体的商务谈判,制定详细的工作计划。这包括确定谈判的主题、议题顺序、可能的争议点等,以及制定相应的应对策略。

(6) 进行可行性分析。对谈判的可行性进行评估,包括分析双方的需求、利益、实力对比等,以判断谈判的潜力和可能达成的协议范围。

在准备阶段,谈判者还需要保持开放和灵活的心态,随时准备应对可能出现的新情况和新问题。同时,建立良好的关系也是准备阶段的重要任务之一,这有助于增强谈判的实力,影响对方的期望,并为谈判的进行和成功创造良好的条件。

总的来说,谈判的准备阶段是一个系统而复杂的过程,需要谈判者充分准备、认真分析和精心策划。只有这样,才能在后续的实质性谈判中取得更好的成果。

(二) 开局阶段

谈判的开局阶段,是谈判双方正式接触并展开交流的重要时期。这一阶段的目标是为了后续的实质性谈判建立良好的氛围和基础。

(1) 建立信任与友好关系。在开局阶段,谈判双方的首要任务是建立信任与友好的关系。通过礼貌的举止、真诚的态度和积极的沟通,可以消除陌生感和紧张情绪,为后续的谈判奠定良好的基础。

(2) 明确谈判议题与框架。开局阶段需要明确谈判的主要议题和框架,确保双方对谈判的内容和范围有清晰的认识。这有助于避免在后续谈判中出现误解或偏离主题的情况。

(3) 传递信息与试探实力。在这一阶段,谈判双方会开始传递各自的信息,包括需求、立场和期望等。同时,也会通过试探和观察来评估对方的实力和特点,为后续的讨价还价做好准备。

(4) 避免冲突与分歧。开局阶段应尽量避免直接冲突和分歧。即使存在意见不合的情况,也应以平和、理性的态度进行处理,保持谈判的和谐氛围。

(5) 制定开局策略。根据谈判的实际情况和双方的关系,制定合适的开局策略。例如,可以采用温和的开场白、适度的幽默或共同的兴趣点来拉近双方的距离。

在开局阶段,谈判者需要保持高度的警觉性和敏锐性,随时准备应对可能出现的新情况和新问题。同时,也要善于利用开局阶段的机会,为后续的实质性谈判赢得有利的条件和优势。

总之,谈判的开局阶段是谈判过程中至关重要的一环。通过建立信任与友好关系、明确议题与框架、传递信息与试探实力以及制定合适的开局策略,可以为后续谈判奠定坚实的基础。

(三) 磋商阶段

谈判的磋商阶段是整个谈判过程中最为核心和关键的阶段。在这一阶段,谈判双方就实质性议题进行深入讨论和协商,以达成互利共赢的协议。

(1) 磋商阶段涉及报价、协商价格、要求、抗争、异议处理、压力与反压力、僵局处理、让步等诸多活动和任务。谈判双方会就各自的核心利益进行激烈的讨论和博弈,以争取获得更有利的谈判结果。

(2) 磋商阶段需要谈判者具备较高的谈判技巧和策略。例如,谈判者需要善于运用各种沟通技巧来引导对话、化解冲突;同时,还需要灵活调整谈判策略,以适应不断变化的谈判形势。

(3) 磋商阶段是双方实力和智慧较量的过程。谈判者需要充分了解对手的需求和底线，以便制定出更具针对性的谈判方案。同时，也需要善于观察和分析对手的言行举止，从而洞察其真实意图和策略。

(4) 在磋商过程中，谈判者应注重维护良好的谈判氛围和关系。尽管在实质性议题上存在分歧，但双方仍应保持友好、尊重的态度，通过协商和妥协来寻求共同利益点。

(5) 磋商阶段可能需要经过多次的反复讨论和协商才能达成共识。因此，谈判者需要具备耐心和毅力，不断调整和完善谈判方案，直至达成满意的协议。

总之，谈判的磋商阶段是一个充满挑战和机遇的过程。通过充分的准备、灵活的技巧和策略的运用以及良好的关系维护，谈判者可以在这一阶段取得理想的谈判结果。

(四) 终结阶段

谈判的终结阶段是整个谈判过程的最后阶段，标志着双方已经就主要议题达成了共识，并准备结束谈判。在这一阶段，双方会对之前的讨论和协议进行最后的确认和整理，以确保所有的条款和细节都得到妥善处理。

(1) 确认最终协议。双方会再次确认之前讨论的所有议题和达成的共识，确保没有遗漏或误解。这通常涉及对协议内容的逐条核对和讨论，以确保双方对协议的理解完全一致。

(2) 签署正式协议。一旦双方对最终协议内容没有异议，就会签署正式协议。协议具有法律效力，对双方都具有约束力。签署协议通常需要一个正式的仪式，以体现其重要性和严肃性。

(3) 制定实施计划。除了签署协议外，双方还可能会讨论并制定实施计划，以确保协议内容能够得到有效执行。这包括确定实施的具体步骤、时间表和责任分配等。

(4) 处理未尽事宜。如果在谈判过程中还有一些未尽事宜或需要进一步澄清的问题，双方会在这一阶段进行最后的处理。这可以包括对一些细节问题的补充协议或备忘录等。

谈判的终结阶段并不意味着双方关系的结束，相反，它通常是双方合作关系的新起点。通过这一阶段的工作，双方可以确保谈判成果得到有效落实，并为未来的合作奠定坚实的基础。

在谈判终结阶段，谈判者需要保持高度的警觉性和敏锐性，以确保协议内容得到准确、完整的确认和签署。同时，还需要注重与对方的沟通和协调，以确保双方在合作关系中能够保持良好的互动和合作。

第三节 谈判中的沟通策略

谈判，实质上是双方信息的交流与互换过程。每一方都会站在自身立场上，坦诚地阐述观点、意愿与需求。通过持续的磋商与沟通，逐步达到思想上的一致与共识。这一切的基础，都离不开有效的沟通。

在英语中，沟通这一词汇的根源可追溯到拉丁语的 communis，它蕴含着"共享""共有"之意。只有当本人与他人共享了某些信息，沟通才得以形成；而当对方对这份信息的理解与我方不谋而合时，真正的信息共享才得以实现。从某种程度上讲，谈判的成败，往往取决于沟通的成败。

谈判的目的,是追求利益的最大化,而沟通,在本质上与谈判的目的殊途同归,同样是为了实现利益的最大化。但这里所说的利益,并非局限于个人的蝇头小利,而是着眼于社会整体利益的最大化。那些只看重眼前利益、斤斤计较的人,终究难以取得长远的成就。

成功的沟通,并非靠投机取巧、巧舌如簧,其核心在于真诚。这意味着既不要过分高估对手,也不应将其视为无知之辈。相反,应平等对待,以长远的利益为重,寻求共同之处,尊重并理解彼此的差异,以互利互惠、共同发展为宗旨,追求双赢的结果。

鉴于沟通过程的多样性和复杂性,在坚守真诚这一核心原则的同时,还需要掌握一些沟通技巧。在谈判活动中,有效的沟通策略是确保双方能够顺畅交流、达成共识并最终取得谈判成功的关键。

一、积极倾听策略

积极倾听是谈判中的基本策略,通过积极倾听对方的观点和意见,了解对方的需求和关切,有助于建立信任并促进双方的有效沟通。在倾听过程中,应避免打断对方或急于表达自己的观点,而是应给予对方充分的表达空间。谈判专家麦科·马克认为,如果你想给对方一个丝毫无损的让步,只要倾听他说话就行了。

(一)全神贯注,避免打断

在谈判中,应该全神贯注地聆听对方的发言,不受其他干扰的影响。这包括将注意力完全集中在对方的言辞和表达上,以及通过非语言信号(如表情、眼神和手势)来理解对方的情感和态度。在对方发言时,尽量避免打断或急于表达自己的观点。给予对方充分的时间来表达自己的立场和需求,这是尊重对方的表现,也有助于你更全面地理解对方的观点。

(二)提问与澄清

在倾听的过程中,可以通过提问和澄清的方式来确保自己完全理解了对方的观点。这有助于消除误解,并让对方知道你正在认真倾听他们的发言。

(三)体察和确认

体察对方的情感和态度,并通过适当的回应来表达你对他们的理解和关注。例如,可以通过点头、微笑或简短的评论来确认你正在倾听并理解对方的发言。

(四)采取开放性姿态

保持一种开放和接纳的姿态,让对方感受到你愿意听取他们的观点和需求。这有助于建立信任和合作关系,促进双方更好地沟通和协商。

(五)记录重要信息

在谈判中,可能会涉及大量的信息和细节。为了确保不会遗漏重要信息,可以记录对方的观点和需求。这有助于在后续的谈判中回顾和参考这些信息。

(六)保持耐心和冷静

在谈判中,可能会遇到一些挑战和困难。此时,保持耐心和冷静是非常重要的。不要让情绪影响你的倾听和回应,而是尽量冷静理智地处理各种情况。

总之,积极倾听策略是谈判中不可或缺的一部分。通过全神贯注地聆听、提问与澄清、体察和确认以及采取开放性姿态等方式,可以更好地理解对方的观点和需求,进而更有效地进行沟通和协商。

二、开放式提问策略

开放式提问是指在交流、讨论或谈判过程中,提出没有特定答案、不限定范围的问题。这种提问方式给予对方充分的发挥空间,允许对方详细阐述自己的观点、经验和感受。在谈判中,开放式提问是一种重要的沟通策略,有助于促进双方之间的深入交流和合作。

(一)使用方式

开放式问题通常以"什么""为什么""如何"等词开头,这些问题能够引导对方进行深入的思考和回答。通过开放式提问,可以收集到更多有关对方立场、需求和期望的信息,从而更好地理解对方的观点和意图。

(二)使用效果

与封闭式提问相比,开放式提问更注重探索、挖掘和启发对方的思考。它不仅能够激发对方的思考,还能够促进双方之间的深入交流和讨论。在谈判中,开放式提问方式有助于双方更好地理解彼此的需求和期望,找到共同的利益点,从而达成互利共赢的协议。

通过开放式提问,可以表现出对对方的尊重和关注,增强双方之间的信任感和合作关系。当对方感受到己方的真诚和关注时,他们更有可能与你分享更多的信息,与你建立更加紧密的合作关系。

(三)注意事项

在使用开放式提问策略时,需要注意避免过于主观或暗示性的提问方式,以免引起对方误解。同时,需要注意提问的时机和方式,确保问题能够引起对方的兴趣和关注,促进双方之间的有效交流。

虽然开放式问题较为广泛,但也需要保持一定的具体性和明确性。过于模糊或笼统的问题可能让对方难以回答或理解你的意图。因此,在提问时应该尽量明确问题的范围和目的,以便对方能够给出有针对性的回答。在对方回答开放式问题时,应该认真倾听并理解对方的观点和需求。同时,也要给予对方适当的反馈和回应,让对方感受到你的关注和理解。这有助于建立信任和合作关系,促进谈判的顺利进行。

总之,谈判中的开放式提问策略是一种重要的沟通技巧,它有助于深入了解对方的观点和需求,促进双方之间的深入交流和合作。在谈判中,灵活运用这种策略,将有助于更好地掌握谈判的主动权,实现自己的谈判目标。

三、同理心表达策略

在谈判中,表达同理心可以让对方感受到你的理解和尊重,有助于缓解紧张氛围并促进双方的合作。通过表达同理心,可以更好地了解对方的感受和需求,从而找到双方都能接受的解决方案。

(一)深入理解对方

同理心表达策略的核心是深入理解对方的立场和情感。在谈判中,不要仅仅关注自己的目标和利益,也要试着站在对方的角度思考问题,理解他们的需求和担忧。

(二)积极倾听、反馈与确认

积极倾听是同理心表达的基础。在对方发言时,全神贯注地聆听,不要打断或急于表达自己的观点。通过倾听,可以更准确地把握对方的情感和需求,为后续的同理心表达打下基础。

在倾听过程中,及时给予对方反馈和确认,让对方知道你正在认真聆听并理解他们的立场和情感。这可以通过点头、微笑、简短的回应等方式来表达。

(三) 表达理解与同情,避免对立和冲突

在理解了对方的立场和情感后,用温和、真诚的语言表达你的理解和同情。让对方感受到你关心他们的利益和需求,并愿意与他们共同寻找解决方案。在表达同理心的过程中,要尽量避免与对方产生对立和冲突。即使对方的观点与你不同,也要尊重他们的立场和情感,用平和、理性的方式表达自己的观点和需求。

(四) 共同寻找解决方案

同理心表达策略的最终目的是促进双方共同寻找解决方案。在理解了对方的立场和情感后,可以提出一些双方都能接受的解决方案,并共同探讨如何实施这些方案。

通过运用同理心表达策略,谈判者可以更好地理解对方的立场和情感,建立更深入的信任和合作关系。这有助于双方更好地沟通和协商,达成互利共赢的协议。同时,这种策略也有助于提高谈判的效率,增强谈判的效果,促进双方之间的长期合作。

四、信息共享策略

在谈判中,分享相关信息和数据可以增强己方论点的可信度,同时也有助于对方更好地了解己方的立场和需求。通过信息共享,可以促进双方之间的透明度和信任,为达成协议创造有利条件。

(一) 明确信息共享的目的

在谈判开始之前,应明确信息共享的目的,是为了增进双方的了解,还是为了共同解决问题。这有助于在谈判过程中更加有针对性地分享信息。

(二) 选择适当的信息

在信息共享时,应选择对谈判有重要影响的信息进行分享。这包括与谈判主题相关的背景信息、双方的需求和期望,以及可能的解决方案等。同时,也要避免分享过于敏感或机密的信息,以免对谈判产生不利影响。

(三) 保持信息的准确性和完整性

在分享信息时,应确保信息的准确性和完整性。避免提供错误或误导性的信息,以免双方产生误解或信任危机。同时,也要尽可能提供完整的信息,以便对方更好地理解你的立场和需求。

(四) 注意信息共享的方式

信息共享的方式可以是口头的、书面的或电子的。在选择信息共享方式时,应考虑对方的偏好和习惯,以及信息的敏感性和保密性。对于敏感或机密的信息,可以选择更加安全和可靠的共享方式,如加密的电子邮件或安全的云存储等。

(五) 鼓励双方共同分享信息

在谈判中,应鼓励双方共同分享信息。这不仅可以增强双方之间的透明度,还可以促进双方之间的理解和信任。当双方都能够坦诚地分享信息时,谈判过程将更加顺畅和高效。

(六) 尊重对方的隐私和保密需求

在信息共享过程中,应尊重对方的隐私和保密需求。如果对方对某些信息有保密要求,应

尊重其意愿并采取相应的保密措施。这有助于维护双方的信任和合作关系。

总之,谈判中的信息共享策略有助于增强双方之间的透明度、促进双方之间的理解和信任,进而达成更加公平和满意的协议。在运用这一策略时,应做到明确信息共享的目的、选择适当的信息、保持信息的准确性和完整性、注意信息共享的方式、鼓励双方共同分享信息以及尊重对方的隐私和保密需求等关键点。

五、双赢思维策略

强调双赢思维,是指在谈判中寻求双方都能获益的解决方案。这种策略有助于打破零和博弈的思维模式,促进双方之间的合作和共赢。通过探讨可能的双赢方案,可以增强双方的合作意愿并推动谈判取得成功。

(一)共同目标导向,强调合作而非竞争

双赢思维策略的核心是建立共同的目标导向。在谈判开始前,双方应明确共同的利益和目标,并努力在谈判过程中寻找能够实现这些目标的方案。双赢思维强调合作而非竞争。在谈判中,双方应摒弃零和博弈的心态,而是寻求共同合作,通过合作来实现双方的共同利益。

(二)深入了解对方,创造多种解决方案

在谈判中,深入了解对方的立场、需求和期望是实现双赢的关键。通过积极倾听和开放式提问,收集对方的信息,并试图理解其背后的动机和关注点。不要局限于一种解决方案,而是努力创造多种可能性。通过头脑风暴、讨论和协商,共同探索满足双方需求的多种方案,并寻求最佳的平衡点。

(三)建立信任关系,关注长期关系

双赢思维策略依赖于双方之间的信任关系。通过坦诚、透明和诚实的沟通,建立起相互信任的基础,有助于在谈判中实现更好的合作和共赢。双赢思维策略不仅关注当前的谈判结果,还注重维护双方之间的长期关系。在谈判中,双方应考虑到未来的合作和发展,避免一次性交易的心态,追求长期稳定的合作关系。

(四)持续沟通,体现灵活性和妥协精神

在谈判过程中,保持持续的沟通是实现双赢的关键。双方应及时交流信息、反馈意见和解决问题,确保谈判能够顺利进行并达到双方满意的结果。同时,双方都需要展现出一定的灵活性和妥协精神。当遇到分歧时,不要固执己见,而是愿意在关键问题上做出一定的让步,以换取双方的合作。

总之,谈判中的双赢思维策略是一种旨在实现双方共同利益和满意结果的沟通方法。通过共同目标导向、强调合作而非竞争、深入了解对方、创造多种解决方案、建立信任关系、关注长期关系、持续沟通、灵活性和妥协等关键点,可以实现谈判中的双赢,促进双方的合作和发展。

【案例分析】

苏秦的六国合纵谈判

苏秦是战国时期著名的纵横家,他提出的"合纵"策略成功地联合了六国(齐、楚、燕、韩、赵、魏)共同对抗强大的秦国。苏秦通过游说各国君主,向他们展示了六国联合抗秦的利益所

在。他强调,秦国之所以强大,是因为它不断侵蚀周边国家的领土和利益。如果六国能够联合起来,形成强大的联盟,那么秦国就无法轻易进攻任何一个国家,从而保障了六国的安全和利益。

在苏秦的游说下,各国君主纷纷认识到了联合抗秦的重要性,并同意加入联盟。这种合作不仅使得秦国在一段时间内无法对六国构成威胁,也为六国带来了相对和平的发展环境。同时,六国之间的合作也促进了彼此之间的经济、文化交流,进一步增强了彼此之间的联系和信任。

> 【分析】这个案例体现了双赢思维策略的核心思想:通过合作和协商,找到共同的利益点,实现双方的共赢。苏秦通过游说各国君主,使他们认识到了联合抗秦的重要性,并达成了合作共识。这种合作不仅保障了六国的安全和利益,也为六国带来了相对和平的发展环境。这种双赢的结果正是苏秦所期望的。
>
> 需要注意的是,虽然这个案例没有直接提到"双赢思维策略"这一概念,但其所体现的思想和原则与现代双赢思维策略是一致的。因此,可以将其视为中国古代谈判中双赢思维策略的一个典型案例。

在运用这些沟通策略时,还需要注意一些基本原则,如保持冷静和礼貌、尊重对方的文化和背景、灵活应对变化等。同时,也要根据具体的谈判情境和对方的特点来选择合适的沟通策略,以达到最佳的谈判效果。

总之,有效的沟通策略是谈判成功的关键之一。通过积极倾听、开放式提问、表达同理心、信息共享和双赢思维等策略的运用,可以促进双方之间的有效沟通和合作,最终实现谈判目标。

第四节　谈判的语言及其运用

一、谈判语言的分类及要求

(一) 谈判语言分类

谈判语言可以根据不同的维度进行分类,以下是一些主要的分类方式:

1. 依据语言的表达方式分类

(1) 有声语言。有声语言是谈判中最直接、最常用的表达方式,包括口头陈述、提问、回答等。有声语言能够直接传递谈判者的意图和观点,对于建立信任、推动谈判进程具有重要作用。

(2) 无声语言。无声语言包括肢体语言、面部表情、眼神交流等。无声语言在谈判中同样扮演着重要角色,它能够传递谈判者的情感、态度和立场,对于增强说服力、建立良好氛围具有积极作用。

2. 按语言的表达特征分类

(1) 专业语言。专业语言涉及特定行业或领域的专业术语和概念,具有准确性和规范性的特点。在谈判中,专业语言能够体现谈判者的专业素养和知识水平,有助于建立专业形象并提升谈判效果。

（2）法律语言。法律语言涉及法律规定和合同条款的专业用语，具有严谨性和权威性的特点。法律语言在谈判中能够明确双方的权利和义务，保障谈判的合法性和有效性。

（3）外交语言。外交语言具有模糊性、缓冲性和幽默性的特点，能够缓和谈判气氛、化解矛盾冲突。外交语言在谈判中能够体现谈判者的智慧和策略，有助于建立良好的人际关系并推动谈判进程。

（4）文学语言。文学语言生动形象、富有想象力，能够增强谈判的吸引力和感染力。但需要注意的是，文学语言在谈判中的使用适应度，避免过于夸张或偏离主题。

（5）军事语言。军事语言具有简洁、明确和果断的特点，能够体现谈判者的决心和信心。在谈判中，军事语言能够传达出谈判者的坚定立场和强硬态度，有助于在关键时刻取得谈判优势。

3. 按谈判的基本态势分类

（1）强硬的谈判语言。强硬的谈判语言表现出坚定、果断的态度，强调己方的立场和利益，通常用于对抗性或竞争性较强的谈判场合。

（2）软弱的谈判语言。软弱的谈判语言表现出妥协、退让的态度，可能用于寻求合作或缓解紧张关系的谈判场合。

（3）原则性的谈判语言。原则性的谈判语言强调公平、公正和原则性，注重维护双方的长远利益和合作关系。

这些分类方式有助于谈判者更全面地了解谈判语言的多样性，并根据具体情况选择合适的语言类型。同时，谈判者还需要注意语言的灵活性和适应性，根据谈判进程和对方反应及时调整语言策略，以达到最佳的谈判效果。

（二）影响谈判语言运用的主要因素

影响谈判语言运用的主要因素有很多，它们共同决定了谈判者在谈判过程中如何选择和运用语言。

1. 谈判领域的差异

不同领域的谈判涉及的专业知识和术语不同，这要求谈判者具备相应的专业背景，能够准确运用专业语言进行表达。

2. 谈判活动的性质

谈判活动的性质可能是竞争性的、合作性的或混合性的，这决定了谈判者选择对应的语言风格和策略。例如，竞争性谈判可能更倾向于使用强硬和坚定的语言，而合作性谈判则更注重协商和共识。

3. 谈判双方的力量对比

双方实力的不同会对谈判者的语言运用产生影响。实力较强的一方可能更有信心，语言更为直接和果断；而实力较弱的一方可能更加谨慎，语言更为委婉和妥协。

4. 谈判者的文化修养及知识水平

谈判者的文化背景、教育程度和专业知识水平会影响其语言运用。具备较高文化修养和知识水平的谈判者通常能够更准确地把握谈判要点，使用更恰当的语言表达。

5. 谈判者的个人谈判风格

每个谈判者都有自己独特的谈判风格，这包括他们的语言风格、表达方式和谈判策略。谈判风格的形成与谈判者的个性、经验和偏好密切相关。

6. 谈判者的心理状态

谈判者的心理状态,如紧张、自信或焦虑等,会直接影响其语言运用。例如,紧张的谈判者可能说话结巴或语无伦次,而自信的谈判者则可能表达更为流畅和有力。

7. 谈判双方的关系

双方之间的关系会影响谈判语言的运用。当双方关系良好时,语言的选择可能更为灵活和开放;而当双方关系紧张或存在冲突时,语言的选择可能更为谨慎和保守。

综上所述,影响谈判语言运用的主要因素包括谈判领域的差异、谈判活动的性质、谈判双方的力量对比、谈判者的文化修养及知识水平、个人谈判风格、心理状态以及双方之间的关系等。谈判者需要根据这些因素灵活调整自己的语言策略,以达到最佳的谈判效果。

(三)谈判语言的表达要求

1. 准确性

谈判语言必须准确无误地传达信息,不得产生歧义或误解。使用的词汇、句子结构和表达方式都应清晰明了,避免使用含糊不清的表达。

2. 礼貌性

谈判过程中,语言的礼貌性至关重要。无论谈判内容多么激烈,都应保持平和、尊重的语气,避免使用攻击性、侮辱性的言辞,以维护良好的谈判氛围和关系。

3. 专业性

谈判语言应体现专业性和行业特点,使用行业术语和专业知识,以展示谈判者的专业素养和谈判诚意。

4. 灵活性

谈判过程中,语言表达应具有灵活性,能够根据谈判形势的变化及时调整表达方式和策略。在应对对方的不同观点和要求时,能够灵活应对,避免陷入僵局。

5. 逻辑性

谈判语言应具有严密的逻辑性,能够清晰地阐述观点及理由,使对方易于理解和接受。同时,也要善于运用逻辑推理和辩证思维,有力回应对方的质疑和挑战。

6. 保密性

在谈判过程中,可能涉及一些敏感信息或商业机密,谈判者应注意保护这些信息,避免在语言表达中泄露重要内容。

综上所述,谈判语言的表达要求涵盖了准确性、礼貌性、专业性、灵活性、逻辑性和保密性等多个方面。只有掌握了这些要求,谈判者才能在谈判中更加自信、从容地应对各种挑战,达成满意的谈判结果。

二、谈判语言的辅助手段

谈判语言的辅助手段在谈判过程中起着不可或缺的作用,它们能够帮助谈判者更有效地传达信息、增强说服力、调节氛围,并推动谈判的顺利进行。

(一)态势语言

态势语言包括面部表情、手势、姿态等。恰当的态势语言能够增强口头语言的说服力,展现谈判者的自信和诚意。例如,保持微笑和开放的姿态能够传达出友好和合作的态度,有助于建立信任关系。

（二）声音控制

谈判者可以通过调整音量、语调和语速来影响谈判氛围和对方的情绪。例如，适度的音量和温和的语调能够营造轻松的氛围，有助于缓解紧张情绪；而较快的语速和坚定的语调则能够传达出谈判者的决心和自信。

（三）视觉辅助工具

视觉辅助工具，如幻灯片、图表、数据报告等，能够直观地展示谈判者的观点和论据，使对方更容易理解和接受。同时，它们也能够增加谈判的正式感和专业性，提升谈判者的可信度。

（四）实例引用

在谈判中，引用具体的实例能够增强说服力，使对方更容易相信谈判者的观点。这些实例可以是过去的成功经验、行业内的成功案例或相关的统计数据等。

（五）提问与倾听

通过提问，谈判者可以引导对方思考并表达观点，从而更好地了解对方的需求和底线。同时，倾听对方的回答是建立信任和推动谈判的重要手段。通过倾听，谈判者能够捕捉对方的真实意图和潜在需求，为后续的谈判策略制定提供依据。

综上所述，谈判语言的辅助手段多种多样，谈判者可以根据实际情况选择合适的手段来辅助谈判。同时，这些手段并不是孤立的，而是应该相互配合、综合运用，以达到最佳的谈判效果。

三、谈判语言的运用技巧

谈判语言运用的技巧是谈判成功的重要因素，它能够帮助谈判者更好地传达信息、掌握谈判节奏，以及有效应对各种挑战。

（一）开场白技巧

一个恰当、友好的开场白能够立刻为谈判定下一个积极的基调。开场白应简短明了，表达出对对方的尊重和合作意愿，同时引出谈判的主题。

（二）提问技巧

巧妙的提问能够引导谈判的方向，同时获取对方的关键信息。开放性提问能够鼓励对方详细阐述观点，而封闭性提问则适用于确认关键信息或细节。

（三）倾听技巧

有效的倾听是谈判成功的关键。谈判者需要全神贯注地听取对方的观点，理解其需求和关切。通过反馈和确认，表现对对方的尊重和理解，同时确保信息准确无误地传达。

（四）回应技巧

在回应对方时，谈判者应避免直接否定或反驳，而是采用"是的，但是"或"我理解你的观点，但我认为……"等表达方式，先肯定对方的观点，再提出自己的意见。这种回应方式能够减少冲突，增进双方的理解。

（五）模糊语言技巧

在谈判中，有时使用模糊语言能够保护己方的利益，避免过早暴露底线。模糊语言能够给对方留下一定的想象空间，同时为自己保留更多的谈判空间。

（六）幽默与缓解紧张气氛

适时地运用幽默能够缓解谈判的紧张气氛,增进双方的关系。但幽默的使用应适度,避免触及敏感话题或冒犯对方。

（七）语气与语调控制

谈判者的语气和语调能够传达出态度和情感。在谈判中,应保持冷静、平和的语气,避免情绪化或过于激动的表达。通过调整语调,能够强调关键信息或表达自己的决心。

综上所述,谈判语言运用的技巧多种多样,谈判者需要根据实际情况灵活运用。通过不断实践和总结,谈判者能够逐渐掌握这些技巧,提高谈判的成功率。

四、谈判中幽默语言的运用

幽默语言在谈判活动中具有多重作用,它不仅可以改善谈判氛围,增进双方的理解与沟通,还能在某些关键时刻为谈判者提供策略上的优势。

首先,幽默语言有助于创造和谐的谈判气氛。在紧张、对立的谈判环境中,一句幽默的话语往往能打破僵局,使双方在轻松的氛围中重新评估彼此的立场和利益。这种氛围有助于双方更加理性地看待问题,减少误解和冲突,从而更容易达成共识。

其次,幽默语言能够传递感情,暗示意图,并使被暗示者欣然领略、接受。通过幽默的方式表达自己的观点或提议,往往能使对方在笑声中领会自己的意图,从而更容易接受。这种方式既能避免直接冲突,又能有效地传达信息,提高谈判效率。

再次,幽默语言有助于缓解紧张情绪,避免尴尬两难的境地。在谈判过程中,双方可能会因为某些敏感问题或利益分歧而产生紧张或尴尬的情绪。此时,一句幽默的话语往往能化解这种紧张气氛,使双方能够继续以建设性的方式进行谈判。

最后,幽默语言还能增添辩论的力量,避开对方的锋芒。在谈判中,有时需要面对对方的质疑或攻击。通过幽默的方式回应对方的质疑,既能展示自己的智慧和应变能力,又能避免直接冲突,使谈判得以顺利进行。

需要注意的是,幽默语言的使用应适度、恰当。过度的幽默可能会让对方觉得不够严肃或专业,甚至可能冒犯到对方。因此,在使用幽默语言时,应根据谈判的具体情况和对方的反应来判断是否合适。

总之,幽默语言在谈判活动中具有重要的作用。它不仅可以改善谈判氛围、增进双方沟通,还能为谈判者提供策略上的优势。同时也要注意,在使用幽默语言时应适度、恰当,以避免产生负面影响。

【案例分析】

庄 周 贷 粟

庄周家中贫穷,所以去向河监侯借粮。河监侯答应说:"行。我将得到封邑内的租税,得到后借给您三百金,好吗?"

庄周听了后气愤得变了脸色,说:"我昨天来,道路中有呼喊的声音,我回头一看,是车轮碾过所留下的痕迹中有一条鲋鱼在那里。我问他说:'鲋鱼,来吧!你是干什么的?'回答说:'我是东海波浪里的鱼。您能有一斗一升的水使我活吗?'我说:'行。我将到南方去游说吴、越的国王,引发西江的水来迎接你,好吗?'鲋鱼气愤得变了脸色,说:'我失去了平常的环境,我没有生存的地方,我只要能有一斗一升的水就能活下去。你竟说这样的话,那还不如早早到卖干鱼的市场里去找我。"

【分析】庄周贷粟的故事,充分展示了庄子独特的处世哲学和沟通策略。这个故事告诉我们,在沟通和谈判中,可以运用智慧和幽默来化解尴尬和冲突,同时也能够表达自己的立场和需求。

五、谈判中非语言的运用

在谈判中,非语言的运用是至关重要的。这些非语言元素,如肢体语言、面部表情、眼神交流、语调以及空间语言等,都在无声地传递着信息,影响着谈判的进程和结果。

首先,肢体语言是谈判中非语言沟通的重要组成部分。手势、姿态和动作都能反映出谈判者的态度和意图。例如,一个坚定的手势可能表示决心,而微微前倾的身体则可能传达出倾听和尊重的态度。

其次,面部表情在谈判中起到了至关重要的作用。微笑可以传达出友好和合作的意愿,而眉头紧锁则可能表示不满或疑虑。谈判者需要善于利用面部表情来传达自己的情感和态度,以达到更好的沟通效果。

此外,眼神交流也是非语言沟通中不可忽视的一部分。通过眼神交流,谈判者可以表达自己的信任、尊重或疑虑等情感,也可以观察对方的反应和情绪变化,从而更好地把握谈判的节奏和方向。

语调是非语言沟通中的重要元素。谈判者可以通过调整语速、音量和语调来强调自己的观点或情感,使语言更具说服力。柔和的语调可以传达出亲切和尊重的态度,而高昂的语调则可能表达自信和决心。

最后,空间语言也是谈判中非语言沟通的一部分。谈判者的身体位置、姿态和与对方的距离等都可以传递出一定的信息。保持适当的距离和姿态可以展示出尊重和专业性,而过于接近或远离则可能让对方感到不适或产生误解。

综上所述,非语言在谈判中的运用是不可或缺的。谈判者需要善于利用这些非语言元素来增强沟通效果,表达自己的情感和态度,并敏锐地观察对方的反应和情绪变化,以做出恰当的应对策略。通过综合运用非语言沟通,谈判者能够更有效地传达信息、建立信任关系,并最终达成满意的谈判结果。

本章小结

通过本章的学习,我们对谈判有更全面和深入的了解。谈判不是一种简单的沟通或交流过程,而是一种策略性、技巧性极强的互动活动,旨在通过协商达成各方都能接受的协议。

1. 谈判的基本原则和沟通策略是谈判成功的基石。在谈判中,需要遵循平等、互利、诚信等原则,以确保谈判的顺利进行和结果的公正性。同时,还需要根据具体情况选择合适的谈判策略,如双赢策略、同理心策略或信息共享策略等,以在谈判中取得优势。

2. 掌握谈判的结构和过程。谈判通常包括准备阶段、开局阶段、磋商阶段和终结阶段等,每个阶段都有其特定的任务和注意事项。

3. 了解谈判中的语言表达艺术。在谈判过程中,语言表达不仅是信息的传递,更是策略的运用和情感的交流。通过不断地积累经验、提升自我修养和锻炼表达能力,谈判者可以在谈判中游刃有余地运用语言表达艺术,实现自己的利益诉求和目标。

综上所述,谈判是一门复杂而实用的学问,它需要具备扎实的理论基础和丰富的实践经验。通过不断学习和实践谈判技能,我们可以更好地应对各种挑战和机遇,实现个人和组织的利益最大化。

思考练习

1. 模拟谈判场景:

选择一个具体的谈判场景,如商业谈判、劳动合同谈判、国际贸易谈判等,确定谈判的各方及其立场和利益,进行模拟谈判。注意运用所学的谈判技巧和策略,反思模拟谈判的过程,分析成功与失败的原因,提出改进意见。

2. 分析谈判案例:

选择一个真实的谈判案例,如历史上的著名谈判、商业纠纷解决案例等;分析案例中的谈判策略、技巧和结果;思考案例中的谈判各方是如何处理利益冲突、达成妥协的;总结案例中的经验教训,提炼出对自己有用的谈判技巧。

3. 探讨谈判中的道德问题:

思考在谈判中可能遇到的道德问题,如信息不对称、欺骗、威胁等;分析这些问题对谈判过程和结果的影响;探讨如何在维护自身利益的同时,遵循公平、诚信等道德原则。

4. 研究谈判的跨文化因素:

了解不同文化背景下的谈判风格和习惯;分析文化差异对谈判过程和结果的影响;学习如何适应和应对不同文化背景的谈判对手,提高跨文化谈判能力。

推荐阅读

1.《谈判的艺术》　　作者:[美]尼尔伦伯格

这是一本关于谈判的权威之作,它深入浅出地介绍了谈判的基本知识和技巧,强调了谈判的普遍性和重要性,并提供了实用的谈判策略和哲学思考。这本书对于商业人士、政治家、社会活动家等各个领域的读者都具有重要的参考价值。

2.《谈判力》　　作者:[美]罗杰·费希尔、[美]威廉·尤里、[美]布鲁斯·巴顿

这本书是谈判领域的经典之作,主要探讨了如何提高谈判的成功率,并提供了实用的谈判技巧和策略。不仅适用于商业谈判,也适用于日常生活中的各种谈判场景。它强调了谈判的理性、公正和双赢原则,为读者提供了宝贵的启示和灵感。

3.《谈判的逻辑》　　作者：［德］弗洛里安·韦

这是一本关于谈判的实用指南。它系统地总结了谈判的理论和技巧，为读者提供了丰富的案例和实践经验。无论你是商务谈判人员、职场人士还是普通读者，都可以从这本书中获得有益的指导和帮助。

4.《优势谈判》　　作者：［英］罗杰·道森

这是一本值得一读的谈判经典之作。它不仅提供了实用的谈判技巧和策略，还强调了谈判的复杂性和挑战性。通过阅读这本书，读者可以更加深入地了解谈判的本质和过程，提高自己的谈判能力。

第十三章　书面应用表达

【本章提要】

书面应用表达(应用文写作)是一种实用性的写作方式,这种写作是为了满足特定的实际需求,并注重内容的实际应用。书面应用表达的核心在于通过清晰、准确、有效的语言表达,实现特定的沟通目的或解决实际问题。本章主要探讨了书面应用表达的基本原则、技巧和方法。首先,强调了目的性和针对性,即写作内容必须根据具体的写作对象和目的进行定制,以满足读者的需求和期望。其次,介绍了书面应用表达的基本结构,包括标题、引言、正文和结尾等部分,以及各部分的功能和写作技巧。此外,还详细讲解了书面应用表达中常用的语言表达技巧,如简洁明了、条理清晰、重点突出等。最后,通过实际案例的分析和练习,使读者能够更好地理解和应用所学知识,提高书面应用表达的能力。

【学习目标】

1. 了解书面应用表达的特点。
2. 掌握常用事务文书的写法。
3. 掌握常用个体文书的写法。
4. 学习 AI 时代书面应用表达的方法。

【导入案例】

博 士 寻 驴

从前,有一位老先生,学富五车,才高八斗,人称"博士"。有一天家人告诉他,家里一头黑驴丢失了,请老爷写个寻驴启事,博士磨墨铺纸,提笔运腕,一张《寻驴启事》一气呵成,墨迹未干就张贴在闹市口了。几天过去了,一点消息也没有,博士来到闹市口一看,启事还在,不少人在围观,有人正摇头晃脑地给大家念着:"……我中华古国、历史悠久、文化灿烂、民风淳朴、文明教化,……盘古开天……,唐宗……,宋祖……"一个寻驴启事写了洋洋洒洒几千字下去,还没提到一个"驴"字。围观的人没等念完,就四下散去。

思考: 分析应用文的特点,思考应用文与文学作品的区别。

第一节　书面应用表达概述

一、书面应用表达的含义

书面应用表达，即我们通常所说的应用文写作，它主要通过书面的形式向特定对象传达信息、请求或建议。在商业、教育、行政等领域中，书面应用表达被广泛用于正式沟通。通过有效的书面应用表达，人们能够清晰地传达自己的意图，达到预期的沟通效果。

"应用文"一词最早可以追溯到清代刘熙载的《艺概·文概》，文中写道："辞命体，推之可为一切应用之文。应用文有上行，有平行，有下行，重其辞乃所以重其实也。"很显然，这里的"应用文"就是指公务类文书。清代著名文书学家徐望之在其所著的《尺牍通论》中写道："有用于周应人事者，若书札、公牍、杂记、序跋、箴铭、颂赞、哀祭等类，我名之曰'应用之文'。"显然，此处所言"应用之文"主要是指私人事务文书。

陈跃南教授在《应用文概说》一书中说："应用文，就是'应'付生活、'用'于实务的'文'章，凡个人、团体、机关相互之间公私往来，用约定俗成的体裁和术语写作，以资交际和信守的文字，都叫应用文。"

张仁青教授在《应用文》一书中说："凡个人与个人之间，或机关团体与机关团体之间，或个人与机关团体之间，互相往来所使用之特定形式之文字，而为社会大众所遵循、共同使用者，谓之应用文。"

二、书面应用表达的文体特点

（一）鲜明的实用性

应用文是根据人们的实际需要而发展起来的文章门类，它和其他文体之间最大的差别，就在于"应用"二字。应用文写作的目的不是审美，而是应用，每一个文种，每一篇文章，都具有很明确的实用性，都有特定的缘由和需要解决的实际问题，目的明确，针对性强，与实际生活、工作密切相关。它具有实事求是地反映客观事物，解决实际问题的实用价值。

（二）规范的程式性

规范性是实用性在形式上的体现。在应用文写作中，有些文体的模式是在漫长的历史发展过程中约定俗成的，有一定的历史继承性，如书信、条据、日记等，如不按相对稳定的模式写作，则会贻笑大方；有的则是由权力机关以法规的形式加以认定而形成的，如行政公文、司法文书，如不按规定格式写作，则会影响文件的传递和办理，影响工作效率。我们在撰写应用文时必须了解这些规范和程式，共同遵守，不能随意更改和杜撰。

（三）客观的真实性

应用文所涉及的人与事必须绝对真实，包括事件、情节、数字、细节等，绝不允许有半点虚构和夸张。否则，不但不能达到解决现实生活中实际问题的目的，还会给工作造成很大损失。如公务文书中的发布法规、传达指示、作出决定，它体现的是国家政权的权威性和法规政策的严肃性,绝不能有任何不真实之处。经济文书中的商品介绍、贸易商洽,也都要实事求是,杜绝"想当然",以虚假的情况骗取对方一时的信任,最终会带来不良后果。

（四）严格的时效性

应用文的写作和发布需要满足及时性的要求。例如,在商业沟通中,及时回复客户的邮件或订单可以提升客户满意度和忠诚度。在新闻传播中,第一时间报道事件可以确保新闻的真实性和时效性。在法律领域,律师需要及时准备和处理各种法律文件,以确保当事人的权益得到有效保护。应用文只在一定时期内产生直接作用。一旦写作目的实现,其直接效用就会随之消失。例如,会议通知需要在会议开始之前发出,以确保相关人员能够准时参加。同样,法律文件需要在有效期内进行申请或诉讼,过期则可能会失去法律效力。

（五）鲜明的针对性

应用文的写作目的是满足特定读者的需求。在写作之前,需要明确读者对象的特点和需求,如年龄、性别、职业、文化背景等,以确保所写内容与读者的兴趣和需求相符合。应用文旨在解决实际问题或实现特定目的,因此其内容必须针对具体问题或需求展开。在写作过程中,需要深入了解问题的背景、原因和影响,并提出切实可行的解决方案或建议,以帮助读者解决问题或实现目标。为了更好地针对特定读者,应用文的语言和表达方式也需要根据读者的特点进行选择。例如,对于政府机构或法律领域的读者,语言应严谨、规范、准确;对于商业领域的读者,语言应简洁、明了、专业;对于一般公众,语言应通俗易懂、易于理解。

三、书面应用表达的语言特点

应用文的语言特点主要表现在准确性、简洁性、朴实性和得体性上,这与基础写作和文学作品的语言有所不同。在撰写应用文时,应按照这些特点进行选词、造句和组织段落,确保语言能够准确、清晰地传达信息。同时,应用文的功能性和目的性也要求语言简练、直接,避免过多的修饰和抽象表达。因此,在撰写应用文时,应注重语言的实用性和有效性,以满足读者的实际需求。

（一）准确性

应用文写作要求准确、明确地表达所需传达的信息。使用正确的词汇、语法和标点符号,避免使用模棱两可的表达,以防产生歧义。

1. 词汇要准确

应用文的词汇需要准确传达信息,避免歧义和误解。要选用含义明确、具体、不易引起误解的词语,如果存在多个同义词或近义词,应选择最为准确、符合语境的那一个。同时,要注意区分同义词之间的细微差别,准确选用,所用之词应符合表达对象的实际。另外,要注意避免使用过于口语化或非规范性的词汇,以确保信息的正式和规范。

2. 语法要正确

应用文句子的使用要做到少用长句,多用短句;少用整句,多用散句;少用感叹句、疑问句,多用陈述句。选择合适的句子形式可以使读者更好地理解文章的内容。如果长句太多,既易出现病句,也会给理解带来困难,而整句、感叹句、疑问句使用太多,也会使应用文失去其独有的平实、自然的文风,降低其作为实用文章的存在价值。除此之外,造句时要避免出现病句,病句的出现不仅不能正确地表达所要说明的意思,反而会影响所要传递的信息的准确性。

3. 引用数据、事例等要准确

应用文所引用的内容,往往作为判断或处理事情的依据,因此必须经过反复核对,确保其准确无误。在引用话语时,应忠实于原话,避免随意改动,以保持信息的真实性。同时,如果需要注明出处,则应按照规范的方式进行标注,以体现对原创者的尊重和权益保护。这样做不仅能够确保信息传递的准确性,还能够提高应用文的权威性和可信度。

除此之外,应用文还要准确地使用标点符号。总之,"准确"是应用文语言最基本的要求。

(二) 简洁性

(1)用词简练:应用文通常要求用词简练、准确,避免使用冗长或过于华丽的词语。选择简洁、直接的词汇能够使信息更加清晰、易于理解。

(2)句式简短:应用文的句子结构应简短明了,避免使用复杂的长句和从句。简短的句子更易于阅读和理解,有助于提高信息的传递效率。

(3)表达明确:应用文的语言要力求表达明确,避免含糊不清或模棱两可的表达方式。明确的表达有助于读者快速理解信息,减少误解的可能性。

同时,在追求简洁性的同时,也要注意不要过于简化语言,导致信息不完整或过于模糊。在应用文的写作中,应找到一个平衡点,既要用词简练、句式简短,又要确保信息的完整性和准确性。长期以来,人们在公文中沿用一些使用频率较高的专用词语。这些词语虽非法定,但已约定俗成。尤其是公文中的专用词语,虽然与旧文书中的套语有一定的联系,但经过历次公文改革的筛选提炼,已取其精华,去除糟粕,保留了至今仍具积极作用的部分。掌握这些词语,有助于文章表述得简练。

(三) 朴实性

应用文的语言风格应该追求朴实无华,不追求华丽的辞藻和形象的描写,更不应使用含蓄或虚构的写作技巧。应用文的目的是解决实际问题,因此,为了方便读者理解,应用文的语言应该尽量平实。在行文时,应该多采用平直的叙述、恰当的议论和简洁的说明。例如,公文具有行政约束力和法定的权威性,因此其语言必须朴素、切实,不能过于浮华或失实,也不能随意使用形容词或俚俗口语。此外,虽然应用文的语言要求平实,但平实并不等于平淡。历史上许多优秀的应用文,既具有实用性,又兼具文学价值。这些文章通过平实的语言风格,传达出深刻的思想和意义,给人留下深刻的印象。因此,在应用文写作中,应该在保持语言平实的基础上,注重文章的思想深度和文学魅力,使文章既有实用性又有艺术性。

(四) 得体性

应用文的语言得体性是指应用文语言应适应不同文体的需要,表达讲究分寸,适度。应用文的语言是为特定的需要服务的,有确定的写作目的、专门的读者对象和一定的使用场合,因此要根据对象和功用来选择恰当的语体、语气。在选择说什么、不说什么、说到什么程度、用什么语气、选择什么词汇时,要充分考虑最后的效果。

公文语言应简明庄重。根据不同的公文类型和对象,选择适当的语体和语气。给上级的公文,用词要谦恭诚挚;给下级的公文,用词要肯定平和;给平级机关或不相隶属的机关,用词要谦敬温和。同时,公告、通告等公布性公文,通过大众媒体发布或在公共场所张贴,语言应严肃、庄重而通俗易懂。

此外,事务文书的语言应朴实客观,学术文章应严谨缜密,礼仪文书则应端庄大方、不卑不亢、情感适度。根据不同的文种和场合,选择适当的语言风格和表达方式,以达到最佳的交际效果。在应用文写作中,掌握得体的语言技巧能够更好地表达意图、传递信息,增强文章的实用性和效果。

四、书面应用表达的注意事项

在书面应用表达中,需要注意以下几点:

(一) 明确目的

在撰写应用文时,首先需要明确沟通的目的。只有明确了目的,才能确保在写作过程中保持清晰和一致,让读者能够准确理解作者的意图。通过明确目的,作者可以更有针对性地展开内容,避免偏离主题或产生歧义。同时,明确目的还有助于选择适当的语言风格和表达方式,以更好地传达信息。因此,在开始写作之前,思考和确定沟通目的是非常重要的。

(二) 确定受众

在撰写应用文时,了解受众的特点和需求是至关重要的。通过了解受众,可以更好地选择适当的语言和风格,以满足他们的阅读和理解需求。例如,如果受众是上级或客户,那么需要使用更为正式和专业的语言,以展现出专业性和尊重。如果受众是同事或合作伙伴,则可以选择更为亲切和自然的语言,以建立良好的沟通和合作关系。总之,了解受众并选择适当的语言和风格是确保信息准确传达的关键。

(三) 组织结构

确保文章结构清晰,有明确的开头、中间和结尾。开头可以引入主题或提出请求,中间部分提供详细信息或理由,结尾总结要点并感谢对方的阅读。

(四) 使用正式语言

避免使用口语化或非正式的语言,保持正式和专业的表达方式。

(五) 清晰表达

确保语句简洁明了,避免使用复杂的词汇和句子结构。同时,避免使用模糊或含糊不清的措辞。

(六) 校对和修改

在完成应用文的撰写后,校对和修改是至关重要的环节。通过仔细校对和修改,可以确保文章中没有语法错误、拼写错误或其他错误,从而提高沟通的可信度和专业性。校对时,要特别注意检查语句是否通顺、逻辑是否严密、表述是否清晰。如果有不确定的地方,可以请教专业人士或查阅相关资料。在修改时,可以着重对文章的表述方式、用词选择和段落结构进行调整,以使文章更加流畅、准确和易于理解。通过校对和修改,不仅能够提高文章的质量,还能够展现出作者的严谨态度和专业素养。因此,要认真对待并做好校对和修改工作。

总之,书面应用表达是一种重要的沟通方式,需要注重目的、受众、结构、语言和表达等方面的细节,以确保准确、清晰地传达信息。

第二节 事务文书写作

一、事务文书概述

事务文书是指党政机关,社会团体、企事业单位或公民个人为处理日常业务而使用的一种文书,但却又不属于党政机关的规范性公文,只可归之于机关,社会团体、企事业单位和公民个人经常使用的,包括计划、总结、调查报告、声明、启事、简报、摘编等。这类文书虽然不像行政公文有严格的规则和法定的权威效力,但大多数都有约定俗成的行文要求。事务文书是党政机关,社会团体、企事业单位处理日常事务时使用最为普遍和广泛的实用性文体。

事务文书按照不同的标准,可以分为不同的种类。依据其性质与作用的不同,可以分为以下几类:① 计划类文书。计划类文书是单位或个人对一定时限内的工作、生产,学习做出有目的、有措施、有步骤地安排所撰写的文书,包括规划、方案、计划、安排等。② 报告类文书。报告类文书是反映工作状况和经验,对工作中存在的问题或具有普遍意义的重要情况进行分析研究的文书,包括总结、述职报告、调查报告等。③ 简报类文书。简报类文书是简明扼要记录工作状况的文书,包括简报、大事记等。

二、计划

(一) 计划概述

计划是计划类文体的统称,是国家机关、企事业及社会团体和各单位各部门,根据党和国家的方针政策或上级的指示精神,结合本地区,本单位,本部门的实际情况,对于预计在一定的时期内所要做的工作或所要完成的生产、科研、学习或其他任务的规划和安排等所进行的周详、条理化和具体化的书面表达。是一种工作中具有一定指导性的事务文书。日常工作中,安排、打算、规划、设想、意见、方案等也都属于计划一类。由于内容侧重不同,往往选用不同的名称。

按照不同的划分标准,可将计划分为不同的种类。按内容划分为:工作计划、生产计划、军事计划、教学计划、科研计划、学习计划等。按时间划分为:月计划、季度计划、年计划、跨年度计划等,还可以分为短期计划、中期计划和长期计划。按性质划分为:综合计划、单项计划、专题计划等。按效力划分为:指令性计划、指导性计划等。按范围划分为:国家计划、省(市)计划、部门计划、单位计划等。按形式划分为:文件式计划、表格式计划、文件与表格相结合的计划等。

(二) 计划的写作

计划的写作格式和结构因应用场景和目的的不同而有所差异,但常见的计划一般采用条文式和表格式两大基本类型。对于国家党政机关工作的计划,大多采用条文式,将计划的宗旨、内容用文字逐条列出,以确保计划的明确性和可操作性。而在经济领域,各部门的计划如生产、营销、基建、财务等常采用图表格式,在事先设计好的图表上逐项填写数字、数据,以便清晰地呈现各项指标和数据。

案例分析:全国人大常委会2023年度立法工作计划

对于日常工作的安排,可以采用表格的形式进行规划和管理。

1. 标题

标题是计划的名称。计划的标题有以下两种情况:

(1)完整式。写明制订计划的单位名称、计划内容、适用时间和文种名称,如"××学院2024年工作计划""××大学2024~2025学年教学改革计划"。

(2)省略式。对制订单位,适用时间进行一定的省略。如省略单位的"关于2024年党建工作计划";省略时间的"××省直属机关整党计划"。如果是属于未经正式讨论通过,或没有最后定稿的计划,须在标题后用括号注明"草案""初稿""讨论稿""征求意见稿"等字样。

计划的标题应该简明扼要,能够概括计划的核心内容。标题应该清楚地表达计划的性质和范围,以便读者能够快速了解计划的内容。

2. 正文

正文是计划的主体。包括引言、计划事项、执行希望三个部分。

(1)引言。引言部分简要介绍计划的背景、目的和意义,为正文的展开做好铺垫。常见写法有以下几种:

① 概述式引言。概述式引言简要地介绍制定计划的背景、依据和目的,说明计划的必要性和重要性。例如,"为了响应公司的发展战略,提升市场份额,特制定本年度营销计划。"

② 提问式引言。提问式引言通过提出问题来引出计划的内容,强调解决问题的重要性和紧迫性。例如,"在当前市场竞争激烈的环境下,如何提升品牌影响力?本计划旨在解决这一问题。"

③ 名言警句式引言。名言警句式引言突出计划的主旨,增强计划的感染力和说服力。例如,"'凡事预则立,不预则废。'为了确保项目的顺利进行,我们制订了详细的项目计划。"

④ 时间式引言。时间式引言说明制订计划的时间背景,强调计划的时效性和针对性。例如,"在新的一年伊始,为了明确工作目标和方向,我们特制订了本年度工作计划。"

(2)计划事项。计划事项主体部分通常包括任务目标、实施步骤、保障措施等,在撰写计划时,应将以上三方面内容有机地结合起来,根据实际情况进行灵活安排和处理。

① 任务目标。计划是为了完成一定任务而制订的。目标是计划产生的导因,也是计划奋斗方向,应说明"做什么"的问题。计划应根据需要与可能,规定出在一定时间内所完成的任务和应达到的要求。任务和要求应该具体明确,有时还要定出具体的数量、质量和时间要求。

② 实施步骤。实施步骤是指执行计划的工作程序和时间安排。各项任务,在完成过程中都有阶段性,而每个阶段又有许多环节,它们之间常常是互相交错的,因此,制订计划必须胸有全局,妥善安排。应合理安排哪些先做、哪些后做,也应该明确哪些是重点、哪些是一般。在时间安排上既要有总的时限,又要有各阶段的时间要求,以及人力、物力的相应安排、配合。

③ 保障措施。要确保实现目标和完成任务,就必须制订出相应的措施和办法,保障措施是实现计划的保证。措施和方法主要指达到既定目标需要采取什么手段、动员哪些力量、创造什么条件、排除哪些困难等,并落实责任单位,即执行任务的有关部门和人员。

(3)执行希望(结尾)。结尾部分通常是对计划的总结或强调,也可以提出对未来工作的展望和建议。有时主体写完后,可以自然结束,不再另写结尾。

3. 落款

在正文结束后的右下方,注明制订计划的单位名称和日期。如果在计划标题下已标明了单位名称,结尾处就不必重复。上报或下达的计划,要在落款处加盖公章。此外,与计划有关的材料,可以在正文后面附文、附图、附表说明。

(三)计划写作的注意事项

在撰写计划时,需要注意以下几点:

(1)**结构清晰**。计划的各部分应该条理清晰,层次分明,方便读者理解和记忆。

(2)**语言准确**。计划中的语言应该准确、简练,避免歧义和误解。

(3)**数据支持**。在阐述计划时,应该尽可能地使用数据和事实来支持自己的观点和预测,提高计划的可靠性和说服力。

(4)**可行性分析**。在制订计划时,应该充分考虑资源和时间的限制,确保计划的可行性和可操作性。

三、总结

案例分析:芜湖市2022年政务公开工作总结

(一)总结概述

总结是指把某一阶段的工作或某项任务的完成情况,包括取得的成绩、存在的问题及尚未完成的工作任务等,进行全面系统的回顾和分析,找出已经取得的经验和获得的教训做出评价,从中探求出规律性的认识,以指导工作的一种应用性文书。总结可以帮助人们系统地了解过去的工作情况,发现存在的问题和不足,明确下一步的工作方向和目标。总结可以是对个人或团体的活动进行总结,可以是工作总结、学习总结、思想总结等。

总结具有如下特点:

(1)**理论性**。总结是理论的升华,是对前一阶段工作的经验、教训的分析研究,借此上升到理论的高度,并从中提炼出有规律性的东西,从而提高认识,以正确的认识来把握客观事物,更好地指导今后的实际工作,具有理论性。

(2)**客观性**。总结是对实际工作再认识的过程,是对前一阶段工作的回顾,其内容必须完全忠于自身的客观实际,材料必须以客观事实为依据,不能东拼西凑、添枝加叶,具有客观性。

(3)**指导性**。总结以回顾思考的方式对自身以往实践做理性认识,找出事物的本质和发展规律,取得经验,以指导未来工作,具有指导性。

总结可以从不同的角度分类。按内容分,有全面总结、专题总结;按性质分,有工作总结、学习总结、生产总结,思想总结、活动总结、会议总结;按范围分,有单位总结、部门总结、个人总结;按时间分,有年度总结、半年总结、季度总结、月份总结、阶段总结。

(二)总结的写作

总结一般由标题、正文、具名、日期等部分构成。

1. 标题

总结的标题,由以下几种方式构成:

(1)**公文式标题**。公文式标题可以是完全式,也可以是省略式。

① 完全式标题。由单位名称、时间、事由、文种四个方面组成,如"××学院2024年工作总

结""××单位2024年技术革新工作总结"。

② 省略式标题。由单位、事由、文种组成,如"××单位抗洪工作总结";由事由、文种或时间、文种组成,如"关于组织青年志愿者活动的工作总结""2024年销售情况总结"。

（2）新闻式标题。新闻式标题可以是单标题,也可以是双标题。

① 单标题。直接表明总结的基本观点,如"适应新的形势,努力做好商业工作""加强管理监督,防范金融风险"。

② 双标题。一般正题用文章式标题,点明总结的主要观点,使读者易于把握;副题采用公文式标题,补充说明单位、时限、内容,可用于专题性总结。如"奋力开拓,打开局面——××公司2024年空调销售工作总结""薄利多销,保质保量——××市服装公司经验总结"。

各单位常规工作总结大都采用公文式标题。用于介绍经验,并准备在新闻媒体发表的总结,大多数采用新闻式标题。所以,总结标题的写法具有较大的灵活性。

2. 正文

正文内容包括前言、主体、结语三部分。

（1）前言也称引言,一般简要概述总结的依据和目的。前言开头的方式主要有以下几种。

① 概述式：概括介绍基本情况。

② 结论式：提出总结的结论,并重点介绍经验或概括成绩。

③ 提示式：对工作的主要内容进行提示性的简要概括。

④ 提问式：开头提出问题以引起读者对该文的关注。

（2）主体是总结的核心部分,一般由基本情况、成绩与经验、问题与教训、今后打算等组成。

① 基本情况交代,总结对象的概貌、工作的背景、具体任务、工作结果等,用以说明在什么情况下,完成了什么任务,采取了什么主要措施,收到了什么成效。这一部分一般写得比较概括,是为了使人们对总结有个大体了解。这些内容有时与前言结合起来,有时甚至可以把它糅合在经验中写。

② 成绩与经验部分,总结工作成效,分析取得成绩的主客观原因,从而找出经验和规律,这是总结的重点,应占有比较长的篇幅。这一部分应有理有据,通过翔实的材料,切实、明确地把新的经验总结出来。在有的总结中把这一部分称为基本做法或主要措施,实际上都是分析归纳取得成效的原因。

③ 问题与教训部分,说明工作中存在的问题,分析原因,找出病根,以便解决问题,避免今后工作中出现类似的失误。总结既要看到成绩,也不应忽视存在的问题,因而经验教训是总结必要的组成部分。总结经验教训要有重点,要把重点放在对未来工作有指导或借鉴意义的方面,避免出现不分主次,平均使力的情况。

④ 今后的打算和努力方向部分,要针对工作中存在的问题提出切实有效的改进措施,提出新的奋斗目标,以表明态度。

由于总结侧重不同、目的要求不同,其正文的结构方式也不同,常见的结构方式主要有以下几种：

① 常规式。主体部分的结构形式通常采用"基本情况—经验做法—存在问题—今后打算"的顺序,分成四大部分进行总结,这是总结的传统方法。这种结构容量大,眉目清楚,适用

于综合性总结。

② 阶段式。阶段式总结用于对周期长,阶段性显著的工作进行总结。把整个工作过程按照时间顺序划分成几个阶段,分别说明每个阶段的情况、成绩和问题。

③ 并列式。并列式总结将总结的内容按照性质逐条排列为几部分,每一部分既有相对的独立性,又有密切的联系。有的是以经验体会为序分条,结合经验体会自然地介绍工作情况、成绩、问题等;有的是以工作项目为序分条,在介绍工作情况的基础上引出经验教训,它的优点是条理清楚,纲举目张。

④ 贯通式。贯通式总结既不列条款,也不分小标题,而是从头到尾,围绕主题,分若干自然段一气呵成。它主要靠清晰的思路来串联材料,靠分清层次来架构全篇,靠语言的过渡来贯通始终。这种结构常按时间顺序或事理发展的层次,抓住主要线索,层层分析说明,总结工作全过程。

(3) 总结正文写完后,有的无须加上结尾部分即可结束。有的还须加上结束语,可以是对前文的总结,也可以是对未来的展望和号召。

3. 具名和日期

具名和日期,又叫落款。一般在正文结束的右下方签署作者姓名及成文日期。有的单位署名放在标题下,日期在文后右下方。

四、调查报告

(一) 调查报告概述

调查报告是对某一项工作、某一件事情、某一个问题、某一种情况或某一方面的经验,进行深入了解、周密调查,认真分析研究后写出的书面报告。调查报告是经历了调查、研究、整理成文三个环节才最终形成的书面材料。调查报告具有以下特点:

(1) 真实性:调查报告的内容是真实、客观的。尤其人、事、时、地必须符合客观实际,经得起复核、验证,才能研究出客观规律,提出建议或意见,供决策或工作参考。其中,尤其数据、关键情节要准确。如果不能做到这一点,调查报告也就失去了它的意义。

(2) 针对性:调查报告所反映的内容必须是现实生活中人们最关心而又需迫切解决的问题,因此,它具有很强的针对性。

(3) 典型性:调查报告的目的是通过典型事例的分析,总结出具有方向性的普遍的经验,来推动工作向前发展。

按调查目的和最终形成的书面报告的内容综合评价,调查报告大体可分为以下类型:

1. 典型经验调查报告

这类调查报告是为了概括出先进人物或先进地区、先进单位的正面经验,使其便于在面上发挥影响。调研对象是一个或一类特定的先进典型。调查报告写成之后,其中所概括的经验,可以为有关人员或单位所借鉴,或可以使之从中受到启发;也可作为有关主管部门开展学习先进活动的素材。

2. 情况调查报告

这类调查报告因调查目的、范围和用途的差异而可以分两种:一种是反映具体情况的个案性调查报告。其调研目的是把某一个具体问题界定清楚,调研范围单一、具体,报告的内容一般用来作为处理某一具体问题的依据或重要参考。另一种是反映基本情况的综合性调查报告,调研的目的是掌握某一领域或某一方面的概貌,调研范围相对宽广,涉及的对象较多,报告的内容主要用作宏观决策参考,或者用于说明某种客观现象、某一学术观点。

3. 揭露问题调查报告

这类调查报告一般是暴露出问题和问题涉及的有关单位和人员。揭露问题的调查须在已有线索的基础上展开。调查的目的是查清事实,获得足以说明问题性质、程度的材料。揭露问题的调查报告不仅可以用来澄清是非,辨明真伪,教育群众,还可直接用作对有关责任单位和责任人进行处理的重要依据。

4. 历史情况调查报告

这类调查报告用来对某些历史事件或某些重要史实进行周密的实地考察、核实,借以查清真相,澄清事实,还历史以本来面目,对历史问题做出新的结论。

5. 研究性和预测性调查报告

这类调查报告的作用主要是为有关单位和部门制定决策服务的,是实施决策民主化、科学化的重要方法之一。它不仅包括应对某个有关事项的现状进行调查分析,以及要对该事项的相关要素进行研究;还包括对这种研究的种种结果进行综合性的推理论证,从而对有关事项正确地做出评价,并提出调整改革的建议,或者预测未来发展的趋势等。这种调查报告具有相当水准的学术性,在政治和社会管理、财政金融和商业市场管理方面,以及在国民经济各部类的经营管理方面越来越重要。

(二) 调查报告的写作

1. 调查报告的写作过程

(1) 调查前的准备。调查前的准备工作主要从三个方面着手:一是明确调查目的。在开始调查之前,必须明确调查的目的和目标。这有助于确定调查的范围和重点,以及需要收集哪些数据和信息。二是制定调查计划。制定详细的调查计划,包括调查的时间表、人员分工、资源需求等。这有助于确保调查过程的有序进行,并能够在预定的时间内完成。三是设计调查问卷或提纲。根据调查目的和目标,设计合适的调查问卷或提纲。问卷或提纲应该包含所有需要了解的问题和方面,以便收集到全面和准确的数据。

(2) 选择合适的调查方法。常用的调查方法有:

① 实地观察法:调查者通过实地观察获得直接、生动、真实可靠的第一手资料。但实地观察法所观察到的往往是事物的表面现象或外部联系,带有一定的偶然性,且受调查者主观因素影响较大。

② 访谈调查法:访谈调查法是比实地观察法更深一层次的调查方法,能获得更多、更有价值的信息,适用于调查的问题比较深入、调查的对象差别较大、调查的样本较小,或调查的场所不易接近等情况。具体包括个别访谈法、集体访谈法、电话访谈法等。

③ 会议调查法:通过邀请若干调查对象以座谈会形式来搜集资料、分析和研究问题。会议调查法的工作效率高,可以较快地了解到比较详细、可靠的社会信息,节省人力和时间。

④ 问卷调查法:最大优点是能突破时空的限制,在广阔的范围内,对众多的调查对象同时进行调查,适用于对现时问题、较大样本、较短时期、相对简单的调查,被调查对象应有一定文字理解能力和表达能力。

⑤ 抽样调查法:按照一定方式,从调查总体中抽取部分样本进行调查,并用所得结果说

明总体情况。抽样调查法节约人力、物力和财力,能在较短的时间内取得相对准确的调查结果,具有较强的时效性。

⑥ 典型调查法:在特定范围内选出具有代表性的特定对象进行调查研究,借以认识同类事物的发展变化规律及本质的一种方法。在调查样本太大时,可以采用典型调查法。但必须注意对象的选择,要准确地选择对总体情况比较了解的、有代表性的对象。

2. 调查报告的结构

调查报告通常包括标题、导语(或引言)、正文、结尾和落款等几个部分。

(1)标题。调查报告标题的写法多种多样,主要有以下几种方式:

① 概括式:这种标题通常是对调查报告内容的概括,通过标题就能够大致了解报告的主题。例如,"某地区农村居民收入情况的调查报告"。

② 问题式:这种标题是以提出问题的形式呈现,通过标题引起读者的好奇心,激发他们阅读报告的兴趣。例如,"为什么某品牌的产品在市场上表现不佳?"

③ 结论式:这种标题直接呈现调查报告的结论,突出重点,让读者对报告的内容一目了然。例如,"某企业通过改进生产流程,提高了生产效率"。

④ 复合式:这种标题由正标题和副标题组成,正标题概括调查报告的主题或结论,副标题则补充说明调查的对象、范围、目的等信息。例如,"某市居民出行方式的调查报告——对某市居民出行方式的调查和分析"。

(2)序言。序言是调查报告的开头部分,可用来交代调查的时间、地点、目的、对象、范围;也可以用来概述调查的主要内容,取得的主要收获;还可以交代调查工作的背景以及通过调查所获得的结论。

(3)正文。正文是调查报告的主体部分,包括调查方法、调查结果和调查分析等。调查方法应说明调查的具体方式、样本选择、数据收集和处理方法等;调查结果应客观、准确地呈现调查所得的数据和信息;调查分析则是对调查结果进行深入分析,解释原因,揭示问题,提出观点。

在正文的结构上,常见的形式有纵式结构、横式结构和纵横式结构。

① 纵式结构是按照事物发生、发展的时间顺序或逻辑顺序来组织材料,这种结构条理清晰,便于读者了解事物的来龙去脉。

② 横式结构则是将不同性质、不同方面的材料按照类别或问题平行排列,这种结构能够使文章内容丰富,各部分相互独立又相互联系。

③ 纵横式结构则是将纵式结构和横式结构结合起来使用,既有纵向的发展脉络,又有横向的比较分析。

(4)结尾。结尾部分是对整个调查报告的总结,可以提出建议、预测趋势或展望未来。结尾应简洁明了,给读者留下深刻印象。

(5)落款。落款包括调查者的姓名、单位、调查时间等信息,以表明报告的来源和可信度。若以上信息不需要明确,则可以不写。

五、策划书

(一)策划书概述

策划是指为了实现特定目标或完成某项任务而进行的前瞻性思考和创造性思维的过程。

它旨在为决策、计划和行动提供科学、系统和可行的方案,从而确保目标的实现。策划过程需要综合考虑各种因素,包括资源、时间、人员、预算等,并结合实际情况进行创新和优化,以达到最佳效果。策划书是对某个项目或活动的策划方案进行详细的描述和安排的应用性文书,主要用于向相关人员展示项目的目标、内容、实施方案和预期成果。策划有活动策划、营销策划、管理策划、公关活动策划、广告策划等。

(二)策划书的写作

在整个策划活动中,策划书是实施策略和计划的指导性文件,是策划活动的核心和灵魂。一份好的策划书能够为策划者提供明确的行动方向和具体的操作方案,使策划活动更加科学、系统和可行。同时,策划书的撰写也是整个策划活动的重要环节之一,它标志着策划运作的开始。因此,策划书的质量和水平直接影响到策划活动的成功与否。

策划书的格式,依据活动内容或商品的不同要求,在策划的内容与编制格式上也有变化。但是,从策划活动一般规律来看,其中有些要素是共同的。

策划书一般包括封面、目录、正文、大型附件、封底等。

1. 封面

策划书的封面可提供以下信息:策划书的名称、被策划的客户、策划机构或策划人的名称、策划完成日期及本策划适用时间段。

2. 目录

列出策划书的主要章节和页码,方便读者查阅。

3. 正文

(1)策划背景。简要介绍策划的背景信息,包括市场环境、竞争态势、目标受众等。

(2)策划内容。详细描述策划的具体内容,包括活动安排、产品设计、营销策略等。对于策划所涉及的活动内容或产品市场状况、竞争状况以及宏观环境要有一个清醒的认识。它是为相应的活动或营销策略采取正确的手段提供依据的。"知己知彼方能百战不殆",因此这一部分需要策划者对环境和市场比较了解。如做一个市场营销策划,这部分主要分析当前市场状况、市场前景及影响产品市场的因素。

(3)策划具体行动方案。包括活动宗旨、策略方法、营销渠道、宣传手段。

(4)策划方案各项费用预算。这一部分记载的是整个策划方案推进过程中的费用投入,包括总费用、阶段费用、项目费用等,其原则是以最少投入获得最优效果。

(5)效果预测。对策划方案的实施效果进行预测,以便及时调整和改进。

4. 附录

包括相关数据、图表、调研报告等补充材料,以支持策划书的观点和结论。

【案例分析】

校园诗词大会活动策划书

一、活动背景与目的

中华诗词历史悠久,博大精深。为了丰富同学们的校园文化生活,提高同学们的文化素质,我们决定举办一场别开生面的"校园诗词大会"。此次活动旨在培养同学们对中华诗词的热爱,传承中华优秀传统文化,同时提升同学们的文学素养和审美能力。

二、活动主题

以"传承文化,共赏诗词之美"为主题,通过丰富多彩的活动形式,让同学们在轻松愉快的氛围中感受诗词的魅力。

三、活动时间与地点

时间:××××年××月××日

地点:××××

四、活动内容与形式

1. 诗词朗诵:邀请学生代表进行诗词朗诵,展示中华诗词的韵律之美。
2. 知识竞答:设置有关诗词知识的趣味竞答环节,检验同学们的诗词储备。
3. 飞花令:以传统飞花令游戏为载体,让同学们在轻松互动中感受诗词的意境。
4. 创作展示:鼓励同学们现场创作诗词,优秀作品将进行展示和表彰。
5. 名著分享:邀请老师或学生代表分享诗词名著,深入了解诗词文化。

五、活动组织与分工

1. 活动筹备组:负责活动的策划、组织与实施,制定详细的活动方案和分工安排。
2. 宣传推广组:负责活动的宣传推广工作,包括海报设计、宣传单制作、网络平台推广等。
3. 现场执行组:负责活动的现场布置、秩序维护以及活动流程控制,确保活动的顺利进行。
4. 后勤保障组:负责活动的场地租赁、设备调试、物资采购等后勤保障工作。

六、活动预算与资源需求

1. 场地租赁费用:×××元
2. 宣传物料制作费用:×××元
3. 奖品及礼品费用:×××元
4. 活动物资采购费用:×××元
5. 工作人员及志愿者费用:×××元

总预算:××××元

活动资源需求包括活动场地、宣传物料、音响设备、灯光设备、桌椅等。其中,场地租赁需提前预订,宣传物料需提前设计制作,音响设备、灯光设备需调试确保正常使用。

七、活动效果评估与总结

活动结束后,我们将通过问卷调查、反馈意见收集等方式对活动进行效果评估,主要包括活动的参与度、满意度、影响力等方面。同时,我们将对活动进行总结,分析活动的成功之处和不足之处,为今后的活动提供经验和教训。通过评估和总结,不断完善和提高我们的活动组织和实施能力。

【分析】这是一份相对容易的活动策划书,将整个活动的内容、步骤及经费预算策划明白即可。如果是营销类策划书,则需要提前做好市场调查。

第三节　个体文书写作

个体文书是指的是由个人撰写、用于表达个人意图、观点或经验的文书。这类文书具有私人性和主观性的特点,与机构或组织撰写的正式文书相对。个体文书可以包括求职信、个人简历、述职报告等

一、求职信

求职信,又名自我推荐书、自荐信,它是职场中个人向用人单位介绍个人情况、表达求职意愿的个人信笺。

(一) 求职信的特点

(1) 针对性强:求职信是针对某一职位或某一公司而写的,需要明确表达求职者对该职位的兴趣和适应能力。信中应突出与所求职位相关的个人经历、技能和成就,以增加雇主对求职者的关注度。

(2) 自荐性明显:求职信是求职者自我推荐的一种方式,需要充分展示求职者的优势和特长。通过阐述自己的教育背景、工作经验、技能专长等方面,使雇主对求职者产生好感,进而增加进入面试的机会。

(3) 注重情感沟通:求职信不同于简历的客观陈述,它更注重情感的交流。求职者在信中应表达对公司和职位的热爱,以及对未来工作的期望和热情。通过真挚的情感表达,可以拉近与雇主的心理距离。

(4) 简洁明了:求职信应简洁明了,避免冗长和啰唆。用精练的语言阐述自己的观点和经历,使雇主在短时间内对求职者有一个清晰的认识。

(二) 求职信的格式和写法

求职信和一般书信的格式基本一致,一般由标题、称呼、正文三个部分组成。

1. 标题

求职信的标题通常为"求职信""自荐信""自荐书"等。

2. 称呼

称呼通常写于标题下方换一行左面顶格的位置。一般写尊称和领导的职务名称,如"尊敬的某某公司经理""尊敬的人事部经理"等。

3. 正文

正文是求职信的主体。一般由个人基本情况、个人的求职条件、致谢、落款四部分构成。个人基本情况包括姓名、就读学校、专业名称、毕业时间等;个人的求职条件主要简述个人的学业基本情况、个人的综合素质、个人所长、求职动机和求职意愿等;致谢部分写感谢对方阅读求职信,希望对方能给予面试机会或答复;落款包括署名和日期。署名写于结尾祝词下一行的右下方,日期写于署名的正下方。若有附件,可在信笺左下角注明,如:"附件:简历、成绩表"。

第十三章　书面应用表达

【案例分析】

求 职 信

尊敬的领导：

　　您好！

　　我是××大学中文系文秘专业的应届毕业生，今天从贵公司的人事招聘公开栏处得知，贵公司因海外业务扩展，需要招聘文秘人员，所以自我推荐。

　　在校期间，我不仅系统地完成了文秘专业的所有课程，而且还利用业余时间学习了计算机文字处理技术和操作，选修了外语系的专业课程并取得优异成绩，具备了较好的计算机操作能力和英语听说能力。此外，我还曾担任学生会宣传干事，且获得学校第四届辩论赛三等奖和散文征文二等奖，具有较强的口头表达能力和写作能力。

　　我相信，我的经历和能力可以胜任文秘岗位的工作，并能发挥所长，在贵司海外业务扩展中展现才能，服务发展战略。

　　感谢阅读我的求职信，恭候您的佳音。

　　此致

敬礼！

求职人：××
2024 年 5 月 20 日

【分析】 这封求职信文字简短但内容全备，亮点有二：其一，求职信充分展现出对目标公司的深入了解，明确知晓该公司当前的人才需求，使得求职信的发送更加精准且有针对性，有效提升了求职信与岗位的匹配度。其二，在求职信中巧妙且明确地展示了自身的优势，不仅强调了个人作为复合型人才的全面能力，还特别从公司的实际需求出发，表达了个人技能与公司发展战略的高度契合，从而增加了自身在求职者中的竞争力。

二、简历

　　简历，又称履历，是求职者向潜在雇主展示其个人背景、教育经历、工作经验以及专业技能等关键信息的文书。作为求职和人才流动过程中的核心文书，简历在求职者争取面试机会、进而获得心仪职位的过程中发挥着至关重要的作用。

（一）简历的写作原则

1. 完整真实

　　简历中的信息应该完整且真实，包括个人基本情况、教育背景、工作经历、技能和成就等。不要遗漏重要信息，也不要虚构或夸大事实。

2. 针对性强

　　简历应该针对所求职的职位和公司进行定制，突出与该职位相关的经历和能力。不同的职位和公司可能需要不同的技能和经验,因此需要根据实际情况进行调整。

3. 关键词突出

在简历中突出关键词,如所求职位的名称、相关行业的术语、自己的专业技能等。这有助于雇主快速了解求职者的专业背景和匹配程度。

4. 量化成果

在描述工作经历和成就时,尽量使用具体的数据和量化的成果来支持自己的观点。这有助于雇主更直观地了解求职者的能力和贡献。

5. 突出亮点

在简历中突出自己的亮点和特长,如获得过的荣誉、证书、特殊的技能或项目经验等。这些亮点可以增加雇主对求职者的关注度。

(二) 简历的主要内容

简历可以做成表格的形式,也可用其他形式呈现。简历一般由个人信息、教育背景、工作经历、所获荣誉、兴趣与特长、自我评价、附件七个部分组成。

1. 个人信息

个人信息包括求职者的年龄、性别、身高、民族、出生地、婚姻状况、住址等。

2. 教育背景

教育背景一般只写大专(中专)以上的教育情况,主要包含学校、专业知识、专业技能等,专业知识部分可以写主修课、专业课、选修课、实习等内容。

3. 工作经历

工作经历一般按照时间顺序写上工作经历,如大学期间的学生工作、社会实践工作或兼职、实习经历等。

4. 所获荣誉

所获荣誉包括"三好学生""优秀团员""优秀学生干部",专项奖学金获奖情况。既包括毕业生在院(校)、系、班各种层次各种活动中的获奖情况,也包括院(校)外的各种组织举办的活动中的获奖情况。

5. 兴趣与特长

兴趣与特长包括文学、体育、艺术等各个方面的兴趣爱好和特长,这些有助于用人单位深入了解应聘者的综合素质。如某学生喜爱足球运动,曾担任中学校队,大学系队、校队队长,并率队多次参加比赛,曾获某种荣誉称号等,这无疑是该求职者履历中加分的内容。

6. 自我评价

自我评价包括性格、为人、交友、学习、工作能力等方面。如某人的自我评价"活泼开朗、乐观向上、兴趣广泛、适应力强、勤奋好学、脚踏实地、认真负责、坚韧不拔、吃苦耐劳、勇于迎接新挑战"。

(三) 简历写作注意事项

在撰写个人简历时应注意:充分调查研究了解所求职位的具体情况,做到有的放矢;让用人单位能较为全面地了解自己,简历真实;突出工作经历和特长;设计与众不同的封面;多次修改,确保不要出现任何拼写、语法、标点或者打印错误;切忌千篇一律。

【案例分析一】

个人简历（条文式）

基本信息

姓名：刘×× 性别：女 民族：汉 年龄：22岁

学历：本科 专业：会计 籍贯：山东××

联系电话：136×××××××

电子邮箱：×××@×××.com

通信地址：××市××区××路××号××花园××栋××室

邮政编码：××××××

求职意向

工作类型：全职

工作地点：××

求职方向：党政机关及企事业单位财务部门、会计师事务所、财务咨询公司

求职职位：会计、会计助理、出纳等

教育经历

2020.09—2024.07　××大学会计专业　本科

社会实践经历

2024.01—2024.05　××市××财务咨询公司　业务助理

工作描述：了解服务业、商业、工业等企业的账目，完成财务报表分析、公司一般纳税人税务申报等工作。

2023.06—2023.08　××市××会计师事务所　会计助理

工作描述：实习项目包括做账、报税、交税及审计。熟悉了企业会计的相关程序，学习了很多会计相关岗位知识，锻炼了与人沟通的能力。

获奖情况

2021年12月　荣获××大学"新生杯"辩论赛一等奖

2022年12月　荣获××大学"大学生职业生涯规划大赛"一等奖，获"规划之星"称号

2023年5月　荣获××大学"××杯"会计知识大赛ERP沙盘模拟赛二等奖

技能证书

◆ 会计从业资格证

◆ 大学英语四级考试合格证书

基本功比较扎实，听、说、读、写有一定的基础。

◆ 选修第二外语——德语

可以进行简单的德语日常会话。

◆ 熟练应用相关的办公软件和财务软件（如Office,××财务软件等）。

兴趣爱好

辩论、演讲、文学、音乐、旅游等

自我评价

熟练掌握会计及审计的相关知识；思维活跃，学习能力较强；具有良好的沟通、组织协调能力及团队管理能力；做事注重脚踏实地、工作注重落实、计划注重可执行性。

【案例分析二】

求职简历（表格式）

基本信息			
姓　　名：李××	性　　别：男		（正面免冠照）
民　　族：汉	出生年月：2003 年 3 月		
籍　　贯：广东××	政治面貌：共青团员		
毕业院校：广东××学院	专　　业：市场营销		
联系电话：136×××××××	电子邮件：×××@×××.com		
通信地址：广州市××区××大道××号			
求职意向：市场营销、采购、贸易、营销策划			

教育背景
◆ 2021 年 9 月—2024 年 6 月　广东××学院　市场营销专业

主修课程
经济学、市场营销学、消费者行为学、市场调查与预测、商务谈判、销售管理、营销策划、商品推销原理与技巧、会计学原理、计算机应用基础等。

基本技能
◆ 英语水平：通过大学英语四级，具备基本的听、说、读、写能力。 ◆ 计算机水平：熟练掌握 Office 办公软件。

实践经历
◆ 2021 年 9 月—2022 年 6 月　在院团委组织部任副部长，协助组织各类活动，提高了协调、组织、沟通能力。 ◆ 2022 年 2 月—2022 年 3 月　在深圳龙岗平湖大草铺伟业厂做见习跟单员，了解熟悉业务流程，工作得到肯定。 ◆ 2022 年 7 月—2022 年 8 月　参加深圳市礼品公司的市场调查业务，顺利完成资料调查和整理，受到领导的表扬。 ◆ 2023 年 2 月—2023 年 3 月　在深圳鹏峰汽车担任汽车销售员，成功销售 2 台汽车。 ◆ 2024 年 2 月—2024 年 5 月　从事移动购机充值、销售数据统计等方面业务。通过组建团队，积极开拓市场，业绩在稳健中不断提高。善于整合团队结构，激发队员潜能，提高队员之间的凝聚力，使得整个团队的优势得到了最大的发挥。面对市场目光敏锐，待人热情、有亲和力，具有优秀的表达能力、沟通协调能力和团队合作精神。

获奖情况
◆ 2023 年 7 月　　通过"助理营销师"资格考试（国家职业资格三级）。 ◆ 2022 年 11 月　获得广东××学院"赢在职场杯"校园创业大赛一等奖。 ◆ 2022 年 9 月　　获得广东××学院"第四届系际足球联赛"冠军。

个人评价
专业基础扎实，学习能力强，分析能力强，逻辑思维敏捷。

【分析】以上两种形式的求职简历均为基本格式，在撰写个人简历的具体过程中，求职者应当紧密结合自身实际情况，特别是在列举奖项及兴趣特长等方面时，更应确保信息的真实性和相关性。在深入了解目标职位的要求和职责后，求职者应当有针对性地进行突出和展示，确保简历内容与目标职位高度匹配，从而有效地吸引招聘者的注意并提升求职成功率。

三、述职报告

（一）述职报告概述

述职报告是机关和部门负责人向所在单位的权力机关、上级机关或代表大会、董事会等部门提交的报告，旨在陈述自己在一定时间内履行岗位工作的成绩、问题、设想等。它是推动社会组织工作的重要环节，对于促进和监督其各项工作具有重要意义。述职报告是一种具有较强综合性的公文，通过述职报告，可以全面回顾和总结工作，发现问题和不足，并提出改进和发展的设想。这对于提升工作质量、推动组织发展、增强组织凝聚力等方面具有积极的作用。同时，述职报告也是对领导和员工进行考核和评价的重要依据，可以促进组织的规范化、科学化和可持续发展。

根据不同的划分标准，述职报告有不同的种类：

按时间可分为任期述职报告、年度述职报告、临时述职报告。

按范围可分为个人述职报告、部门述职报告。

按表达形式可分为口头述职报告和书面述职报告。

按内容可分为专题（单项）述职报告和综合述职报告。专题（单项）述职报告是指对某一方面工作或某项具体工作进行的专门汇报，如《开发项目建设，必须增加投资力度——××公司项目部经理述职》。综合述职报告是指对一个时期内所做工作的总体情况进行汇报，如《2023年度各部门经理述职报告》。

（二）述职报告的格式和写法

述职报告一般由标题、称谓、正文、署名和日期四部分组成。

1. 标题

述职报告的标题常用的有四种：一是"年度+文种"，如"2023年度述职报告"；二是只写文种，如"述职报告"；三是"任职期限+担任职务+文种"，如"××××年××月到××××年××月担任××职务的述职报告"；四是概括全文主旨，并用副标题加以补充说明，如"思想政治工作要结合经济工作一起抓——××公司党委书记×××的述职报告"。

2. 称谓

称谓是报告者对听取述职报告的对象的称呼。称谓要根据会议性质及听众对象而定，如"各位领导、同志们"，或如"组织部""人事处"等。

3. 正文

（1）开头。开头又叫引言，用平直、精练的文字概述述职者的身份、岗位职责、工作目标、总体评价等，常以"现将任职期间的情况报告如下"等过渡到下文。

（2）主体。详细阐述在一定时间内所完成的工作任务、取得的成绩和存在的问题等。根据工作内容,对自己的工作表现进行客观的评估和反思,分析存在的问题和不足,并提出改进措施。针对工作中存在的问题和不足,提出未来工作计划和目标,以及具体的实施措施。

(3)结尾。表明自己的意愿和态度,请求审议、批评和帮助,常见的结束语有"以上述职,请予审查""述职完毕,请批评指正"等。由于述职报告要面向本单位全体人员口头表达,结尾还需要"谢谢大家"之类表示感谢的用语。

(4)署名与日期。在正文右下方署上述职者的姓名、单位名称和述职日期。

(三)述职报告写作注意事项

1. 内容要真实可靠

述职报告作为自述性的文体,是本人对自己水平能力的综合评价,内容必须真实,否则会影响述职人的公众形象。在述职报告中,述职者应将自己负责的工作全面系统地进行叙述,不能顾此失彼,也不能只叙成绩,不叙问题。只有全面地叙述,才能使组织和群众了解述职者的工作实际情况,对述职者做出全面公正的评价。

2. 重点突出,详略得当

撰写述职报告,必须按照一定的标准对自己的工作进行评价,这个标准就是所在岗位的职责。因此,在写述职报告时,要突出重点,主要介绍重点工作和亮点成绩,不需要面面俱到。

3. 用数据和事实说话

述职者在叙述成绩时,尽可能提供具体的数据和实例来支持自己的观点,避免过多的空话、套话。

【案例分析】

×区商务局局长2023年度述职报告

各位领导,同志们:

根据区委组织部《关于开展区管科级领导班子、科级领导干部2023年度考核、政治素质考察和谈心调研工作的通知》要求,现就2023年度商务局的工作情况向各位领导和同志们作如下述职,请予评议:

在区委、区政府的正确领导下,在区委组织部的关心、支持和监督下,我坚持立足商务职能,团结干群一心,瞄准工作重点,突出自身特点,深入贯彻法律法规,高效廉洁推动工作,促使全区商务工作取得了良好发展。2023年先后获得"全省利用外资先进单位""全市开放型经济综合先进单位第一名""全市外资招商优秀单位""全市扩大开放工作先进单位""全市外贸工作先进单位""全区高质量发展考评综合先进单位""全区招商引资特别贡献奖""全区安全生产先进单位"等奖项,个人被评为"2022年度全市目标管理考评先进个人"。

一、积极努力学习,不断推动意识形态工作落实(略)

二、依法履行职责,推进全区商务工作全面发展

(一)精心规划产业布局,明确招商引资新方向。(略)

(二)优化招商引资方法,展现招商引资新作为。(略)

(三)健全项目推进机制,确保项目建设新成效。(略)

(四)坚持产业转型升级,确保招商引资新质量。(略)

(五)持续突出绿色环保,打造招商最美新岸线。(略)

（六）着力盘活闲置资源，提升工业园区承载力。（略）

（七）积极参与中心任务，推动各项工作再上新水平。（略）

（八）增强依法行政意识，坚决维护法律尊严。（略）

（九）强化安全防范意识，树立安全底线思维。（略）

三、抓好班子，带好队伍，树立商务良好形象（略）

四、廉洁自律守纪，互融共进勤政廉政（略）

五、正视问题，克服不足，全力抓好商务工作

今年的工作，有所得也有所失，不足之处主要表现在四个方面，也是本人今后努力的方向。一是认识水平有待提高，特别是对工作中可能出现的新问题和新困难，从整体上把握不够，工作的预见性不强，同时，处理事情有简单化的情况。二是充分发挥全体干部的积极性不够，未全部发挥班子及全体干部的主动性、积极性和创造性。三是落实制度力度不够，有流于形式的地方。四是自身综合素质和领导艺术和水平还有待于增强和提高。

针对以上不足，在今后的工作中我将从以下方面努力：

（一）进一步增强学习的自觉性和主动性，通过政治理论和业务学习不断提高自身的理论素质和业务素质。

（二）进一步增强发展意识，改进工作方法，提高认识水平，从整体上把握，增强工作的预见性。

（三）进一步加强班子建设，统一思想，改进作风，创新举措，充分调动班子成员的积极性、创造性和工作的主动性，增强班子的凝聚力和战斗力。

（四）强化管理，进一步完善机关管理制度，特别是在执行落实各项制度上加大力度。

（五）进一步深入实际，多做调查研究工作，上为区委、区政府决策当好参谋，下为企业和职工排忧解难，为助推项目大会战，促进全区开放型经济高质量跨越式发展贡献全部力量。

以上报告，敬请领导和同志们评议，欢迎对我的工作提出宝贵意见，并借此机会向一直关心、支持和帮助我的各位领导、同志们表示诚挚的谢意。

×区商务局局长××
2024 年 3 月 5 日

> **【分析】** 这是一篇年度述职报告。该述职报告的目的非常明确，即向区委、区政府以及组织部门展示商务局在过去一年的工作成果、总结经验教训，并提出未来的工作计划。报告采用了典型的文种结构，包括引言、工作内容与成果、存在问题与改进措施、总结等部分，使读者能够快速地抓住重点。

四、毕业论文

（一）毕业论文概述

毕业论文是高等院校应届毕业生在所在院系专业教师的指导下，综合运用基础理论、专门知识和基本技能，按照学术论文的标准，在规定时间内，独立表达自己对所学专业领域内某一方面或某个问题的研究见解的一种总结性、习作性、理论性文章。毕业论文是毕业生总结性的独立作业，是学生运用在校学习的基本知识和基础理论，去分析、解决一两个实际问题的实践锻炼过程，也是学生在校学习期间学习成果的综合性总结，是整个教学活动中不可缺少的重要环节。

（二）毕业论文的写作过程

1. 选题

论文的选题很重要,好的选题等于论文成功了一半。毕业论文的选题方法主要有以下几种：

（1）坚持选择有现实意义的课题。从"热点"问题选题,如新农村建设中连锁零售企业的发展问题研究,浅谈后疫情时代企业的营销策略；从现实的弊端中选题,如三聚氰胺事件危机公关策略研究。

（2）要根据自己的能力选择切实可行的题目。要有充足的资料来源。"巧妇难为无米之炊",在缺少资料的情况下,是很难写出高质量的论文的；要有浓厚的研究兴趣；要能结合发挥自己的业务专长。

（3）要选大小适宜题目。现实性强的重大问题和群众关心的问题,当然是好题目,但由于自己主客观条件的限制,题目如果切入点太大往往不容易写好。因此,一般来说,题目还是切入点小一点具体一点好。

2. 收集资料

选题之后,要围绕选题搜集相关资料。文献资料来源主要有四个方面：图书、报刊资料,这些资料的获取需要作者掌握文献检索方法；互联网资料,是指各大数据库之外的互联网资料,这些资料往往真假难辨,需要作者仔细斟酌；实地案例资料；问卷调查资料。

3. 拟定提纲

论文提纲是文章的脉络、框架,它起着理清思路、安排材料、确定结构的作用。因此,论文正式动笔之前,先要拟定写作提纲,使写作思路具体化、明确化和系统化。拟好全文主题中心句后,就可以开始撰写具体内容了。提纲一般包括大小标题、中心论点和内容纲要三个部分。按照一定的理论逻辑和论证规律,以章、节、目的形式依次将基本观点逐项排列。

4. 开始论文写作

根据中心论点和写作提纲,有效地组织材料,合理安排结构,注意表达方式,讲究论证方法,严格按照论文写作要求,严谨规范地撰写,最后修改定稿、打印成文。

（三）毕业论文的写作规范

毕业论文在长期使用过程中,形成了一定的写作范式,同时国家也颁布了相关的规则对此加以进一步的规范,如国家颁布的《科学技术报告、学位论文和学术论文的编排格式》（GB/T 7713—1987）,教育部颁布的《中国高等学校社会科学学报编排规范》等。在学位论文的写作过程中则要关注不同级别学位论文的写作规范要求,颁发学位的相关高校都会发布相应级别的写作模板,以规范形式。不同学校的模板也会有些格式上的差别。

从结构上看,一篇规范的学术论文是由标题、目录、内容摘要、关键词、正文、注释、参考文献等部分构成的。

1. 标题

毕业论文的标题是论文的眉目,应仔细推敲,尽可能从各个角度充分考虑,选择最合适的。一个好的标题应是确切适宜、简洁明了、醒目引人。标题不可过长,尽量在 20 个字以内,应尽量避免使用非公知公用的缩略语、字符、代号和公式,如《用服务"粘住"你的顾客——海尔的客户服务策略》。

论文的标题一般有三个作用：第一,提示作用,以简洁的词语来概括论文的核心内容和主要观点、论点;第二,吸引作用,一方面,读者首先从题名来判断文章是否对自己有用,从而决定是否阅读全文,另一方面,一个精彩的标题也更容易引起读者的阅读兴趣;第三,检索作用,给二次文献机构和数据库系统提供检索和录用的便利。学术论文的标题大致有两种拟定方式。一是用标题提示论文中心论点,如《中西"经文辩读"的可能性及价值》《女秘书职业发展困扰及解决策略》;二是用标题提示论文研究范围或对象,如《消费者低碳消费行为的心理归因和政策干预路径》《中国农村土地制度改革:需求,困境与发展态势》。

2. 摘要

摘要是论文内容的简要陈述,是一篇具有独立性和完整性的短文。摘要应包括本论文的基本研究内容、研究方法、创造性成果及理论与实际意义。摘要中不宜使用公式、图表,不标注引用文献编号,避免将摘要写成目录式的内容介绍。摘要一般不分段落。句子要求合乎语法,内容要求符合逻辑,上下连贯,互相呼应。国家曾颁发了国家标准《文摘编写规则》(GB/T 6447-1986)和《科学技术报告、学位论文和学术论文的编写格式》(GB/T 7713-1987),对摘要的编写做出了若干规定。

3. 关键词

关键词是供检索用的主题词条,应采用能覆盖论文主要内容的通用技术词条。一般是从论文标题、内容提要或正文中提取的,能表现论文主题的,具有实质意义的词语,一般应选3~5个,应该尽量从《汉语主题词表》中选取。

4. 中图分类号

应按照《中国图书馆分类法》(第4版)对论文标引分类号。涉及多主题的论文,一篇可给出几个分类号,主分类号排在第1位,分类号之间以分号分隔。

5. 正文

正文一般由引言、主体和结尾组成。

引言,又称前言、绪论等,主要是介绍论文的研究背景、目的、范围、任务、方法、意义等,以及通过这些介绍引出论文的中心论点。我们应该更进一步强调的是,严谨的学术论文在引言或文章开头部分应该对与本文研究有关的学术史做出交代,说明该课题前人研究的成就、目前研究的新进展以及不足之处,自己的研究与前人研究的继承关系或创新之处等。

主体,又称本论,主要是通过采用充分的论据,以一定的结构形式进行严谨、科学而有力的论证。这部分是论文的核心内容,充分体现了作者的科研水平和写作水平。

结尾,又称结论,结论是全文的总结,要准确、完整、明确、精练。

6. 注释

注释主要是对文中的引文注明出处或对文中某些解释不尽的问题加以进一步的补充说明。篇名注释和作者注释一般用脚注;文内有关特定内容注释可用脚注置于当页页脚,也可用尾注的方式集中置于文末。

7. 参考文献

参考文献列出论文写作过程中参考过的文献目录。参考文献只列作者阅读过,在正文中被引用过、正式发表的文献资料。要求参考文献数量不少于15篇。

参考文献的著录可采用顺序编码制,即按照其所引用文献在论文中出现的先后顺序加以排序。同一文献在一文中被反复引用者,以第一次出现的顺序为准进行排序,同时在著作信息之后标注每次引用出处所在的页码或章、节、篇名。在交流性学术论文中多采用这一排序方式。

参考文献的著录还可采用首字母编码制,即按照所引用文献的篇名首字母的顺序加以排序。这一排序方式往往出现在参考文献数量较多的学位论文中。

8. 附录

附上不便在正文中收录的图表、数据、图片或相关文件等,如调查问卷、调研数据等。

(按:本章应用文的基本知识参考杨晓英、钟翠红编《新编应用文写作教程》及黄高才、刘会芹主编《新编应用写作教程》)

第四节　AI 时代的应用写作

AI(人工智能)依赖海量数据,基于特定算法,遵循一定的语法规则与程序进行创作。人工智能写作本质上是一种"数据库创作",其对于人类作品的模仿高度依赖数据库,数据库收集的样本越是全面丰富,越有助于人工智能的学习、模仿和创作。

一、AI 与应用文写作

AI 在应用文写作中的运用,已经成为当今时代的一种趋势。AI 不仅可以理解和生成自然语言,还可以根据用户需求进行智能推荐、智能纠错等操作,极大地提高了应用文写作的效率和质量。

具体来说,AI 在应用文写作中的角色主要体现在以下几个方面:

(一) AI 在应用文写作中的具体应用

首先,AI 可以通过自然语言处理技术,理解和分析用户的需求和意图,从而为用户提供更加精准的写作建议和素材。比如,在撰写一篇商业计划书时,AI 可以帮助用户分析市场数据、竞争对手情况等信息,并提供相应的写作建议和模板。

其次,AI 还可以通过智能推荐技术,为用户推荐相关的写作素材和案例。比如,在撰写一篇科技论文时,AI 可以根据论文的主题和关键词,为用户推荐相关的文献和研究成果,从而节省用户查找资料的时间和精力。

最后,AI 还可以通过智能纠错技术,对用户的写作内容进行智能纠错和润色。比如,在撰写一篇英文邮件时,AI 可以检查邮件中的语法、拼写、用词等方面的错误,并提供相应的修正建议和润色方案。

(二) AI 应用文写作的局限性

尽管 AI 在应用文写作中具有很多优势,但也存在一些局限性。

首先,尽管 AI 可以快速地分析和处理大量的数据和信息,但它仍然无法像人类一样理解和处理复杂的社会和文化背景信息。因此,在使用 AI 进行应用文写作时,用户需要注意文化差异和背景知识的积累。

其次,AI 写作内容失之笼统,语言相对僵硬,不贴合实际工作。尤其是公文写作方面,部分受访公务员评价说,"目前市面上的 AI 写作公文对于地方的基本情况了解不全面、不准确,更不懂当地的新政策、新提法""AI 生成文章放之四海而皆准,缺乏吸睛点,难以满足领导要求的吸引力"。撰写政务材料,往往需要大量理论知识和实践案例支撑。"一些 AI 生成的公文看上去框架齐全,其实空无一物,没有实际内容。"

最后,虽然 AI 可以通过智能纠错技术对用户的写作内容进行智能纠错和润色,但它仍然无法像人类一样具有语感和情感理解能力,因此在使用 AI 进行应用文写作时,用户需要注意检查文章的语言风格和情感表达是否符合要求。

AI 写作的局限性体现在公文写作方面更为明显,比如,AI 还无法分辨出上行文和下行文的区别,也不太了解不同体系内的上下级关系,公文内容的准确性和法律的严谨性目前仍需要人工审核。从精神传达的角度看,官方的公文不仅要体现相关决策、处理结果,更重要的是传达自上而下的"人情味"。比如,在某些引起舆论广泛关注的重大事件发生后,不管是公众,还是上下级机关都亟须一个明确的精神导向。撰写政务材料,虽然不乏基本程序与写作规律,但需要有大量理论知识、实践案例和辅助性数据来支撑。对于那些工具性、客观性较强的内容,一些政务部门虽乐意采用新的技术手段,但平心而论,由 AI 生成的公文看上去框架齐全,其实空无一物,没有实际内容。

【案例思考】

某高校校长开学典礼讲话稿

尊敬的各位老师、亲爱的同学们:

大家好!

在这金秋送爽、丹桂飘香的美好时节,我们迎来了新的学期。首先,我代表学校向全体师生致以最热烈的欢迎和最诚挚的祝福!同时,我也要向辛勤工作、无私奉献的全体教职员工表示衷心的感谢和崇高的敬意!

回顾过去的一年,我们全校师生团结一心、砥砺前行,取得了令人瞩目的成绩。在教育教学方面,我们坚持以学生为中心,深化教学改革,不断提高教学质量,为学生的全面发展奠定了坚实的基础。在科研创新方面,我们鼓励师生勇攀科学高峰,积极开展科研活动,取得了多项重要成果,为学校的发展注入了新的活力。在校园文化建设方面,我们注重培养学生的综合素质,丰富校园文化生活,营造了积极向上的学习氛围。

新的学期,新的起点,我们面临着新的机遇和挑战。在此,我想对全体同学提出几点希望和要求:

一、要坚定理想信念,树立远大志向。作为新时代的青年学子,我们要有崇高的理想追求和坚定的信念支撑,不断锤炼自己的品格和意志,努力成为担当民族复兴大任的时代新人。

二、要勤奋学习,全面发展。学习是学生的天职,我们要珍惜大学时光,刻苦钻研、勤奋学习,掌握扎实的专业知识和宽广的知识面。同时,我们还要注重培养自己的创新精神和实践能力,积极参加各类实践活动和社团活动,全面提升自己的综合素质。

三、要锤炼品德,塑造良好形象。我们要注重个人品德修养,遵守社会公德和校规校纪,尊重师长、团结同学、诚实守信、勤奋进取。我们要积极参与志愿服务和公益活动,用实际行动践行社会主义核心价值观,树立良好的个人形象和社会形象。

四、要积极参与校园文化建设,营造良好氛围。我们要热爱自己的学校,积极参与校园文化建设活动,为学校的繁荣发展贡献自己的力量。我们要树立正确的审美观和价值观,培养良好的兴趣爱好和习惯,营造积极向上的校园文化氛围。

老师们、同学们，新的学期已经开始，让我们携手并进、共同努力，为实现学校的各项发展目标而努力奋斗！我相信，在全体师生的共同努力下，我们一定能够创造更加辉煌的明天！

最后，祝愿全体师生在新的学期里身体健康、工作顺利、学习进步、家庭幸福！

谢谢大家！

> 【思考】上文为 AI 生成讲话稿，如果你是要发言的校长，对这篇讲话稿是否满意？

二、学习和提高 AI 背景下的应用文写作

北京大学教授漆永祥认为，对于政务系统内一些简单直接的信息传递，如会议通知等，可以交给 AI 写作去完成，但人工智能的加入并不意味着公文写作能力不再重要。他说："公文写作需要较强的分寸感和对象意识，这恰恰是 AI 写作力有不逮的。当 AI 承担更多基础性工作时，高超的写作能力和其背后的思考能力将更为稀缺。"因此，在 AI 智能写作背景下，提升应用文写作能力的重点不在格式，而在于思考能力及语言表达的温度等。

（一）学会利用 AI 写作工具

首先，运用 AI 写作应用文。在 AI 时代，要学会"借力"，需要了解和学习 AI 在应用文写作方面的基本原理和方法，包括自然语言处理、智能推荐、智能纠错等技术的基本原理和应用范围，熟练运用智能写作工具，让智能写作工具成为应用文写作的有效辅助。所谓"借力"，就是一种对写作软件所持的参考性、辅助性和启迪性的开放式态度。在一些应用文写作软件开发商看来，AI 模型基于大量应用文语料训练，既可帮助经验、能力不足导致写材料困难的在职人员，也可以为有大量材料写作需求的人提高工作效率。AI 写作软件定位更像工作秘书，通过与人的交互，帮助工作者发散思维、组织语言、优化结构，是技术与人共同完成应用文写作。在 AI 时代，包括应用文写作在内的工作，合理利用 AI 技术，也是与时俱进的一种体现，具有提高工作效率、减轻工作负担等优点。

其次，运用 AI 提升语言表达能力。AI 可以帮助润色语言，我们可以利用 AI 的这一功能，不断磨炼自己的语言，提升语言表达能力。

（二）随时了解新政策、新提法

了解新政策、新提法能提高自己的政治站位，始终站在时代前沿，保持写作的时代感，并提升自己的鉴别力，能有效分辨 AI 智能稿件的优劣。

需要了解的新政策、新提法主要包括以下四种类型：第一类，政治理论、中央领导重要讲话、党和国家的重大方针政策以及一些法律法规，特别是与自己所在行业、所从事工作密切相关的材料。第二类，本地方、本部门现任领导及领导班子的工作思路、思想风格、认识见解，单位的历史传统、文化和理念，特别注意掌握领导一系列讲话。第三类，业务知识和从事主要业务相关的基本材料、行业发展、前沿情况。第四类，社会普遍关注的热点、焦点。这些材料主要用于促进文稿创新，以紧跟形势，增加新的内容。

（三）吸收优秀应用文的精华

阅读《光明日报》、"学习强国"等平台的文章，学习其写作方法。主要可以从以下五个方面进行学习。

（1）学观点：搞清楚文章的核心观点，学习作者怎样就一个事件形成自己的观点。

（2）学框架：分析文章的行文逻辑，文章的开头、中间、结尾都分别讲述了什么内容，采用了怎样的结构？

（3）学语言：分析文章的行文风格，比如华丽还是朴实，是否适合运用多种修辞手法等。

（4）学例子：文章为了阐述观点，列举哪些例子？阅读这些例子并做好记录。

（5）学迁移：试着把学到的观点、框架、语言、例子迁移到文章写作中去。

本章小结

1. 书面应用表达具有鲜明的实用性、规范的程式性、客观的真实性、极强的时效性以及鲜明的针对性等特点。

2. 书面应用表达的语言要求准确、简洁、朴实、得体。

3. 要提高书面应用表达水平，需要不断地实践和积累经验。通过多写多练，熟悉不同类型的应用文写作要点和格式要求，培养自己的写作风格和习惯。

4. 要注意不断学习和掌握新的知识和技能，以适应不断变化的工作和生活需求。在 AI 时代，书面应用表达面临更高的要求，写作者需要不断锤炼自己的语言，及时把握前沿信息。

思考练习

1. 写一篇学期学习计划。

2. 用 AI 写作工具生成一篇期末总结，修改到自己满意为止。

3. 自己写一篇应用文，用 AI 写作工具进行修改，分析其中的区别。

推荐阅读

1.《新编应用写作教程》　　编者：夏京春、郗仲平

本书从教学实际和社会需要出发，精选了行政公文类、事务文书类、财经文书类、司法文书类、公关文书类、学术论文等人们日常工作用得较多的 30 多种文体，从其概念、特点、格式、要求等方面进行了详尽的介绍，每章后还附有思考题和练习题，便于学习。

2.《应用文写作教程》　　编者：刘金同

本书包括各类应用文写作的格式及案例，阅读本书，读者可以扩展自己的应用文写作视野，并有针对性地学习应用文写作技巧。

3.《新编现代应用文写作与范例大全》　　编者：刘畅

本书采用应用文写作的知识点与范本精讲相互结合的方式，让读者充分了解各类应用文的相关知识点、格式、要点以及实际写作的注意事项，同时为读者提供大量常用的应用文范本，既可学又可用。

第十四章　数字化时代的沟通与表达

【本章提要】

数字化时代让信息传递变得更加迅速和便捷。通过社交媒体、电子邮件、即时通信工具等方式，人们可以随时随地与他人进行沟通交流和信息分享。这种即时性和全球性的沟通方式打破了传统的信息传递模式，使人们能够更快速地获取和传播信息。然而，这种信息传播方式也带来了新的挑战。一方面，数字平台上的信息往往是碎片化的，缺乏深度和完整性，这导致人们往往只接触到信息的一部分，而无法全面了解事件的来龙去脉。另一方面，由于数字信息的传播速度极快，人们往往在未经证实的情况下就轻易地分享和传播不实信息，这导致了虚假信息的泛滥。

在表达方面，数字化时代带来了许多变化。传统的写作和表达能力在数字时代依然重要，但同时，人们还需要掌握新的数字工具和数字平台的使用技巧，以便更好地与他人沟通和表达自己的观点。此外，由于数字信息的互动性和参与性，还需要学会在多元化的声音中脱颖而出，表达出自己的独特观点和价值观念。

为了应对这些挑战，需要不断学习和适应新的沟通与表达方式。首先，需要培养批判性思维，学会辨别信息的真伪，避免被不实信息误导。其次，需要提高自己的数字素养，掌握数字工具和数字平台的使用技巧，以便更好地与他人沟通和表达自己的观点。最后，需要尊重他人的观点和意见，建立良好的沟通氛围和对话机制。

总之，数字化时代的沟通与表达是一个不断发展和变化的领域。需要保持开放的心态和持续学习的态度，以应对新的挑战和机遇。

【学习目标】

1. 了解数字化对社会生活、人才能力素质、人际关系、沟通与表达的影响。

2. 掌握各种数字沟通工具，如电子邮件、即时通信软件、社交媒体等，以及如何使用这些工具进行有效的沟通。

3. 掌握各种数字表达工具，学习如何快速阅读并理解关键信息，以及如何准确地捕捉到对方想要传达的信息。

【导入案例】

数字化时代的沟通与表达

在数字化时代,有效的沟通表达对于个人和组织的发展至关重要。为了更好地与客户沟通,提升品牌形象和市场占有率,某公司决定制定一份针对目标受众的数字化沟通方案。该方案的目标受众是25~40岁的职场白领,他们具有一定的购买力,注重品质与个性化,关注社交媒体上的品牌动态。

根据目标受众的特点,选择微信、微博和知乎作为主要的沟通平台。这些平台覆盖面广,用户活跃度高,适合品牌宣传和互动。具体设计了信息内容:

(1) 品牌故事:介绍公司的起源、发展历程及品牌理念,增加客户对品牌的认同感。

(2) 产品介绍:用生动、简短的语言描述产品的特点、优势和使用场景,突出产品的差异化。

(3) 互动话题:发布与目标受众相关的话题,如职场经验、生活态度等,鼓励用户参与讨论。

(4) 优惠活动:发布限时优惠、折扣等促销信息,吸引客户购买。

在制定沟通内容时,充分考虑目标受众的文化背景和价值观,避免涉及敏感话题和负面元素。同时,根据不同平台的受众特点,调整内容风格和表达方式。特别是语言表达方面,应使用简单易懂的语言,避免过于专业或晦涩的表达;采用亲切、自然的语气,拉近与受众的距离;适当运用网络热词和流行语,增加内容的可读性和吸引力;对长篇内容进行合理分段,提高阅读体验。

视觉元素方面也进行了重点设计:设计简洁明了的封面和图标,提升品牌辨识度;使用高质量的图片和视频素材,展示产品特点和场景应用;运用色彩搭配和排版布局,使内容更加美观和易读;制作动态效果图和图表,直观地呈现数据和信息。

思考:数字化时代的沟通与表达具有哪些特点?

第一节 数字化的影响

案例分析:
数字技术
应用二则

数字化时代是继工业时代和信息时代之后的一个新时代,是指信息领域的数字技术向人类生活各个领域全面推进的过程。在这个时代,大数据、5G技术、云计算、物联网、区块链、人工智能等新技术广泛应用,使得社会能够实现低成本、快反应、高定制的发展。数字化的根本特征是实现了"真正的个人化",个人选择丰富化、个人与环境能够恰当地配合。在数字化时代,信息可以通过计算机和网络进行快速、高效的处理和传输,这使得人们的生活和工作更加便捷、高效。数字化也带来了许多新的机遇和挑战,例如,数据安全、隐私保护、数字鸿沟等问题。因此,我们需要不断探索和实践,以更好地应对数字化时代的挑战和机遇。

一、数字化对社会生活的影响

（一）信息爆炸
数字化时代的信息传播速度更快、范围更广，人们可以随时随地获取和分享信息。这导致了信息的爆炸式增长，对人们的生活、工作和学习产生了深远的影响。

（二）智能化
随着人工智能、机器学习等技术的发展，越来越多的设备和系统开始具备智能化功能。这使得人们的生活更加便捷，提高了生产效率，但也带来了新的安全和隐私挑战。

（三）虚拟化
数字化时代使得很多现实世界的事物都可以在虚拟世界中模拟和呈现。人们可以在线购物、虚拟社交、在线学习等，这改变了人们的生活方式和工作方式。

（四）全球化
数字化时代使得信息传播不再受地域限制，全球范围内的联系更加紧密。这促进了全球化的发展，也使得跨文化交流和合作变得更加普遍。

（五）个性化
数字化时代使得人们可以更加自由地表达自己的个性和喜好。社交媒体、个性化推荐等应用满足了人们的需求，也为个性化定制和服务提供了可能。

（六）数据驱动
数字化时代产生了大量的数据，这些数据被用来驱动决策和创造价值。数据分析和人工智能技术为数据驱动提供了支持，使得企业能够更好地理解客户需求，优化业务流程，提高竞争力。

（七）网络安全挑战
数字化时代使得网络安全问题变得更加突出。黑客攻击、网络犯罪等事件频发，给个人和企业都带来了安全威胁。因此，网络安全防护和隐私保护成为数字化时代的重要议题。

二、数字化对人才能力素质的影响

（一）数字化思维
数字化思维是指能够理解和利用数字技术、工具和数据，并将它们应用到工作中。

（二）技术能力
技术能力是指精通各种数字技术和工具，如云计算、大数据、人工智能等，并能够将这些技术应用到实际问题中。

（三）创新能力
创新能力是指能够利用数字技术和数据提出新的思路和解决方案，不断推动创新和改进。

（四）数据分析能力
数据分析能力是指能够从大量数据中提取有用的信息，并利用这些信息做出决策和预测。

（五）沟通能力
沟通能力是指能够有效地与团队成员、客户和合作伙伴沟通，并解决各种问题。

（六）学习能力
学习能力是指对新技术和新知识有持续的学习兴趣和动力，不断更新自己的知识和技能。

第十四章 数字化时代的沟通与表达

（七）领导能力
领导能力是指能够有效地领导团队，推动项目进展，并能激发团队成员的潜力。

（八）团队合作能力
团队合作能力是指能够与团队成员紧密合作，共同完成任务和目标。

（九）跨文化交流能力
跨文化交流能力是指在全球化环境中，能够与来自不同文化和背景的人进行有效的交流和合作。

（十）责任感和可靠性
责任感和可靠性是指对自己的工作有高度的责任感，并能够在压力下保持高效率和质量。

以上是数字化时代人才所需的能力和素质，具体的要求可能会因行业、职位和组织而有所不同。因此，为了适应数字化时代的变化，个人需要不断学习和成长，提升自己的能力和素质。此外，数字化时代的人才还需要有先进的世界观、人生观、价值观、思维方式、学习方式、知识结构、生活方式等。数字化时代已经到来，它改变了人们的生活方式和工作方式。在这个时代，人们可以通过互联网和移动设备随时随地获取信息和服务，人们的生活也更加便利和高效。

三、数字化对人际关系的影响

在数字化时代，人际关系发生了显著的变化。随着社交媒体、通信软件和其他数字工具的普及，人与人之间的联系和互动方式发生了深刻的变化。以下是数字化对人际关系变化的主要影响：

（一）社交媒体的普及
社交媒体的普及使得人们能够轻松地与世界各地的陌生人建立联系。通过社交媒体，人们可以扩大社交圈子，与志同道合的人建立联系，并随时分享自己的生活和兴趣。

（二）通信方式的革新
数字化时代，通信方式发生了巨大的变化。人们可以通过手机、电子邮件、即时通信软件等数字工具进行实时通信，打破了时间和空间的限制，使得异地交流变得简单而便捷。

（三）人际关系的多元化
数字化时代，人们可以与不同背景、兴趣和文化的人建立联系，使得人际关系更加多元化。这种多元化的人际关系有助于人们拓宽视野，增进对不同文化的理解和尊重。

（四）社交网络的虚拟性
虽然数字化时代的人际交流更加便捷，但这种关系也存在一定的虚拟性。人们往往通过数字工具进行交流，缺乏面对面的互动和感知，这容易导致一定程度的隔阂和误解。

（五）个人信息的透明化
在数字化时代，个人信息变得更加透明。人们可以通过社交媒体和其他数字工具了解他人的生活、兴趣和观点。这种信息的透明化可能影响人们对他人和自己的认知，以及对人际关系的理解和处理。

（六）数字鸿沟的出现
尽管数字化时代提供了许多便利，却在另一方面形成了数字鸿沟。一些人可能因为缺乏数字技能或设备而无法充分利用这些工具，这可能导致他们在信息获取和社会参与方面处于不利地位。

（七）人际关系的依赖性增强

在数字化时代，人们更加依赖于数字设备和技术来维持人际关系。例如，通过社交媒体和通信软件，人们可以随时随地与他人保持联系。这种依赖性可能导致人们在人际关系中更加脆弱，因为一旦失去联系，可能会感到孤独和焦虑。

（八）深度交流的减少

尽管数字化时代提供了便捷的交流方式，但这种便捷性可能导致人们更加注重表面交流，而忽视了深度交流的重要性。深度交流需要更多的时间和精力，但可以建立更加深厚的情感联系和理解。

（九）社交媒体的沉迷

社交媒体的普及也带来了一些负面影响，例如，社交媒体沉迷。有的人可能会花费过多的时间在社交媒体上，忽视了自己的工作和生活，导致精力和注意力的分散。

（十）隐私保护的重视

在数字化时代，个人隐私保护成为一个重要的问题。虽然社交媒体和其他数字工具提供了便捷的交流方式，但它们也可能导致个人隐私泄露的风险增加。因此，保护个人隐私需要进一步重视，以防止个人信息被滥用和侵犯。

总之，数字化时代的人际关系发生了深刻的变化，这些变化为人们带来了便利和机遇，但同时也带来了一些挑战。在享受数字化时代的便利时，也需要关注和处理这些问题，以建立健康的、有意义的人际关系。

【案例分析】

数字化时代的网络安全

近年来，随着社交媒体平台的迅猛发展，人们越来越依赖这些平台来分享生活、交流思想和建立联系。然而，与此同时，网络隐私泄露事件也屡屡发生，给用户带来了巨大的困扰和损失。

某知名社交媒体平台拥有数亿用户，用户可以在上面发布动态、分享照片和视频，与朋友互动等。然而，该平台曾发生一起大规模的网络隐私泄露事件，导致大量用户个人信息被泄露。这起事件起因于黑客攻击。黑客利用该平台的漏洞，成功入侵了用户的数据库，盗取了数百万用户的个人信息，包括姓名、邮箱地址、电话号码、用户名和密码等敏感信息。这些信息被黑客在暗网上出售，给用户带来了巨大的安全隐患。

这起网络隐私泄露事件对用户产生了深远的影响：

(1) 隐私侵犯：用户的个人信息被黑客盗取，个人隐私遭受严重侵犯。

(2) 财务损失：用户的账号和密码被盗取，可能导致财务损失，如信用卡被盗刷、账号被恶意使用等。

(3) 心理压力：用户面临来自个人信息泄露的心理压力，可能产生焦虑、不安等负面情绪。

(4) 信任危机：该社交媒体平台的信任度受到严重打击，用户可能对该平台失去信任，转而寻找其他替代平台。

(5) 法律责任：该平台可能面临法律责任，需承担因隐私泄露给用户带来的损失。

针对这起网络隐私泄露事件，该社交媒体平台采取了以下应对措施：

(1) 立即修复漏洞：平台迅速修复了被黑客利用的漏洞，防止更多用户信息被盗取。

(2) 通知受影响用户：平台通过电子邮件、短信等方式通知受影响用户，提醒他们尽快更改密码，加强账户安全。

(3) 提供免费信用监测服务：平台为受影响用户提供免费的信用监测服务，帮助他们监测和防范潜在的财务损失。

(4) 加强安全措施：平台加强了安全措施，包括数据加密、多因素身份验证等，以防止类似事件再次发生。

(5) 赔偿受影响用户：平台向受影响用户赔偿因隐私泄露造成的直接经济损失，以示诚意。

> 【分析】这起网络隐私泄露事件给人们敲响了警钟，提醒我们在使用社交媒体平台时要注意个人隐私的保护。同时，也要求社交媒体平台加强安全措施，确保用户数据的安全。只有双方共同努力，才能维护一个安全、健康的网络环境。

四、数字化对沟通与表达的影响

数字化时代，沟通与表达已经成为现代社会不可或缺的一部分。通过掌握数字化沟通与表达的技巧和方法，我们可以更好地适应数字化时代的需求，提高人际关系的亲密度和工作效率。同时，我们也需要关注数字化沟通与表达带来的挑战和问题，采取有效的应对措施来保障信息安全和隐私权益。在未来的学习和工作中，我们还需要不断探索和创新，为数字化沟通与表达领域作出更多的贡献。具体来看，数字化时代的沟通与表达还具有以下特点：

（一）全球化

数字化工具打破了地域限制，使得人们可以与世界各地的人进行实时交流。这不仅拓宽了人们的视野，也加速了全球化进程。

（二）多元化

数字化时代使得人们可以更加自由地表达自己的观点和情感，也使得不同文化、不同背景的人能够更加深入地了解彼此。

（三）互动性

数字化工具具有强大的互动功能，人们可以通过在线讨论、评论、投票等方式进行互动交流，使得沟通更加活跃和生动。

（四）即时性

数字化工具可以实现信息的实时传递和交流，使得人们可以及时获取信息和反馈，提高了沟通的效率。

（五）可追溯性

数字化沟通可以实现信息的可追溯性，方便人们回顾和整理沟通记录，提高了沟通的质量和效果。

随着科技的飞速发展，我们已身处一个数字化的时代。这不仅改变了我们的生活方式，还重塑了沟通表达的方式。传统的面对面交流逐渐被数字交流所取代，这无疑为人们带来了便利，但也带来了新的挑战。

首先,数字化交流极大地扩展了我们的交流范围。无论身处世界的哪个角落,只要有互联网连接,我们都能与他人即时沟通。这使得地理不再是障碍,人们可以跨越国界、时区进行交流,极大地促进了全球化进程。

然而,这种非面对面的交流方式可能导致沟通的深度受限。在数字交流中,我们往往只能通过文字、图像或声音来传达信息,这可能导致信息的误解或遗漏。而面对面交流时,肢体语言、面部表情和语调的变化都能为沟通提供额外的信息,这是数字交流无法替代的。

此外,数字化交流改变了人们的思考和表达方式。在数字平台上,人们可以花费大量时间编辑和修改自己的信息,这可能导致人们在沟通时过于注重语言的完美,而忽视了真实的思想和情感。同时,数字交流的即时性也使得人们更倾向于快速回应,而不是深思熟虑地表达。尽管如此,数字化交流仍然有其独特的优势。例如,它使得信息的传播更为迅速和广泛,为知识的分享和传播提供了便利。此外,数字交流也为那些在传统交流中感到拘束的人提供了表达的机会。

总的来说,数字化时代的沟通表达是一把双刃剑。它既提供了便捷的交流方式,也带来了新的挑战和问题。为了更好地利用这一工具,需要了解其优点和局限性,从而做出最佳的沟通选择。

第二节　数字化时代的沟通

在数字化时代,沟通的重要性更加凸显。信息可以通过各种渠道,如电子邮件、社交媒体、即时通信工具等迅速传播。这使得企业能够更快地响应市场变化和客户需求,同时也能更好地与员工、客户和合作伙伴保持联系。数字化沟通工具使得团队成员可以在不同地点、不同时间进行协作,从而提高了工作效率。通过实时沟通和共享文档,团队成员可以更好地协同完成任务,解决问题和做出决策。

【案例分析】

数字化时代的沟通

某公司开发了一款智能家居产品,该产品具有先进的智能化功能,能够通过手机 APP 进行远程控制。然而,在产品发布后,公司收到了一些客户的投诉,抱怨他们无法使用该产品的某些功能。

公司立即展开调查,发现问题的根源在于客户使用该产品的语言问题。原来,该产品的界面和说明书都是用公司所在地的方言编写的,而客户则来自不同的地区,他们使用的是不同的方言。由于客户无法理解产品的使用说明,导致他们无法正确使用该产品的某些功能。

公司立即采取措施,重新编写了产品的界面和说明书,使用通用语言,以便让更多的客户能够理解和使用该产品。同时,公司还增加了在线客服和电话客服,为客户提供更加便捷的帮助和支持。

经过这些改进,客户的投诉数量大大减少,产品的销售量也得到了显著提升。公司管理层认识到，在数字化时代，沟通的重要性更加凸显。只有通过良好的沟通，才能够让客户更好地了解和使用产品，提高客户满意度和忠诚度。

> **【分析】** 数字化时代的沟通对于企业的成功至关重要。通过使用各种数字化沟通工具和技术，企业可以更好地与员工、客户和合作伙伴保持联系，提高工作效率和透明度，提高创新能力，应对市场变化。同时，数字化沟通还可以提升决策质量、拓展业务机会、降低沟通成本并加强文化认同，为企业的发展提供强有力的支持。

数字化沟通可以使组织内部的沟通更加透明。员工可以更容易地了解公司的战略目标、业务状况和决策过程，这有助于增强员工对公司的信任和归属感。通过数字化渠道与客户保持联系，企业可以更好地了解客户需求和反馈，提供更好的产品和服务。同时，数字化沟通可以帮助企业更好地处理客户问题和纠纷，提升客户满意度。

数字化沟通工具和技术为创新提供了更多的可能性。例如，通过人工智能和机器学习等技术，企业可以自动化处理大量数据和信息，从而更好地分析市场趋势和竞争环境。数字化沟通还可以使企业更快地了解市场变化和竞争对手的动态，从而做出更明智的决策。通过实时数据分析和反馈，企业可以更好地调整战略和业务模式，以适应市场变化。

提升决策质量数字化沟通鼓励更多的信息和数据共享，使得决策者能够基于更全面的信息做出更明智的决策。通过数据分析工具，企业可以更好地理解业务状况，预测未来趋势，从而制定更有效的战略。数字化沟通可以帮助企业拓展业务领域和市场份额。通过互联网和移动设备等渠道，企业可以接触到更多的潜在客户，提供更广泛的产品和服务。同时，数字化沟通也可以促进企业与合作伙伴之间的合作，共同开发新的市场和业务机会。

数字化沟通工具和平台通常比传统沟通方式成本更低。例如，通过电子邮件和在线会议等方式进行远程沟通可以节省差旅费用和时间成本。此外，数字化沟通还可以提高沟通效率，减少信息传递过程中的时间和资源浪费。数字化沟通可以促进组织内部的文化认同和价值观传递。通过共享信息和知识，企业可以加强员工之间的联系和互相了解，培养共同的目标和价值观。这有助于增强员工的凝聚力和归属感，提高企业整体的文化软实力。

一、数字化时代的沟通特点

数字化时代的来临，带来了空前丰富的沟通手段和前所未有的交流体验。无论是实时性更强的交流，还是多媒体沟通，抑或是社交网络、全球化交流等，都深刻地改变了沟通方式。数字化时代的沟通呈现出以下特点：

（一）实时性更强

在数字化时代，沟通的实时性得到了极大的增强。通过互联网和移动通信技术，人们可以随时随地与他人进行交流，无须等待。这种实时的沟通方式使得信息的传递更加迅速和及时，提高了沟通的效率和响应速度。

（二）多媒体化

数字化时代使得多媒体沟通成为可能。人们可以使用文字、语音、视频、图片等多种形式进行交流，使得信息的表达更加丰富和生动。这种多媒体沟通方式不仅提高了沟通的效率，还能更好地满足不同沟通风格的人的需要。

（三）社交网络化

社交网络是数字化时代的重要沟通工具之一。通过社交网络，人们可以建立和维护人际关系，分享信息、知识和经验。社交网络使得人们能够跨越地域和时间限制，与志同道合的人建立联系，形成各种社群和共同体。

（四）全球化

数字化时代使得全球化交流成为可能。无论身处地球的哪个角落，只要拥有互联网连接，人们都可以与其他国家或地区的人进行交流。这种全球化交流促进了不同文化之间的交流和融合，也为企业和个人提供了更广阔的市场和机会。

（五）信息可追溯性

数字化时代的沟通方式使得信息可追溯成为可能。通过电子记录和通信痕迹，人们可以追踪和查询信息的来源、传递路径和接收者。这种信息可追溯的特点在企业管理、法律取证等方面具有重要意义，也使得信息的传递更加透明和可靠。

（六）互动性更高

数字化时代的沟通方式具有更高的互动性。人们可以通过在线聊天、评论、点赞等方式与他人进行实时互动。这种互动性不仅增强了沟通的趣味性，还使得信息的传递更加双向和平等，促进了信息的共享和传播。

二、数字化时代的沟通方式

数字化时代的沟通方式主要包括线上沟通和社交媒体沟通。线上沟通主要通过电子邮件、即时通信工具、在线会议等方式进行，这些方式能够实现文字、语音、视频等多种形式的交流，提高沟通效率。而社交媒体沟通则主要是通过各种社交媒体平台进行，如微信、微博、抖音等，这些平台提供了丰富的功能，如发布动态、评论、点赞、私信等，使得人们可以随时随地与他人进行互动和交流。

（一）数字化时代的沟通方式类型

1. 电子邮件

通过电子邮件系统进行文字、图片、视频等信息的传递。

2. 社交媒体

社交媒体，如微信、微博、抖音、小红书等，这些平台提供了即时通信、信息分享、互动交流等功能。社交媒体已经成为现代人获取信息、交流思想的重要平台。企业通过社交媒体发布信息，不仅可以迅速传播，还能与目标客户建立直接联系，提升品牌影响力。比如某公司利用微博平台发布招聘信息，通过精准定位吸引了大批目标人群关注，从而实现了高效的招聘流程。

3. 在线会议

在线会议，如腾讯会议、Zoom 等，这些工具支持多人同时在线参与会议，可以进行屏幕共享、文档演示等。例如，某公司在远程办公模式下，通过视频会议软件实现各部门跨地域协作，确保项目顺利进行。在线视频会议的应用，打破了地域限制，使得企业能够更加灵活地组织团队，提高工作效率。

4. 视频通话

视频通话，如 QQ 视频通话、微信视频通话等，这些工具支持实时音视频通信，可以实现面对面交流。

5. 消息推送

消息推送,如手机短信、微信推送、应用推送等,这些工具可以通过推送通知的方式,将信息及时传递给接收者。

6. 在线协作

在线协作,如腾讯文档、WPS 云文档、金山文档、有道云协作等,这些工具支持多人同时在线编辑文档,可以进行实时协作。这些工具可以帮助团队进行文档共享、在线编辑、实时协作等功能。例如,某团队在异地协作过程中,使用云协作工具共享文档和资料,实时同步更新,确保项目进度同步。云协作工具的应用,使得团队成员可以随时随地访问共享资源,提高协作效率。同时,也降低了资料丢失的风险。

7. 网络电话

网络电话,如 Skype、阿里通等,这些工具可以通过互联网进行语音通话,省去了长途话费。

8. 在线表单

在线表单,如问卷星、腾讯问卷等,这些工具可以帮助发起人快速收集信息,并进行分析处理。

9. 即时通信

即时通信,如企业微信、钉钉等,这些工具支持多人同时在线聊天,可以进行文件分享、任务分配等团队协作。

(二)数字化时代的沟通方式的特点

1. 高效便捷

数字化时代的沟通方式能够实现快速的信息传递和交流,不受时间和空间的限制,方便快捷。

2. 多样化的沟通方式

数字化时代的沟通方式不仅包括文字,还包括语音、视频、图片等多种形式,满足了人们不同的沟通需求。

3. 社交属性强

社交媒体平台使得人们可以随时分享自己的生活和感受,与他人互动交流,增强了社交属性。

4. 数据化沟通

数字化时代的沟通方式还能够实现数据化的沟通和交流,通过数据分析和挖掘,更好地了解用户需求和市场变化。

在数字化时代,如何更好地进行沟通交流也是需要关注的问题。首先,需要掌握各种数字化沟通工具的使用方法,提高沟通效率。其次,需要注重沟通的质量和效果,避免无效的沟通。最后,还需要注重沟通的礼仪和规范,尊重他人的意见和感受,以建立良好的人际关系。

第三节 数字化时代的表达

数字化时代的表达方式多种多样,其中最常见的是使用数字技术来呈现和传达信息。这包括使用电子设备、应用程序和社交媒体等工具来制作、发布和分享内容。

数字时代改变了传统的人际沟通方式,能够以前所未有的方式表达和交流思想。数字化表达可以更加快速、方便、高效,让信息传播得更快更广。同时,数字时代的表达方式也带来了一些负面影响,如信息泛滥、虚假信息的传播、隐私泄露等问题。

在数字化时代,应该如何正确表达呢?首先,需要遵守法律法规和社会道德规范,不传播虚假、恶意或侵犯他人权益的信息。其次,应该注意表达的方式和语言,尽可能使用清晰、准确、有逻辑的语言来传达信息。最后,需要尊重他人的观点和意见,避免使用攻击性或侮辱性的言辞。

总之,数字化时代的表达方式虽然带来了很多便利,但也需要保持理性和谨慎,遵守法律法规和社会道德规范,共同维护良好的信息传播秩序。

【案例分析】

数字化时代的社交媒体

小李是一位来自四川的年轻厨师和社交媒体网络红人。她通过在各大社交媒体平台上发布自己的烹饪视频和乡村生活片段,吸引了数百万的粉丝。她的视频内容以中国传统乡村生活为主题,展示了烹饪、园艺、传统手工艺等多个方面。凭借精美的画面和独特的叙事风格,她的视频在全球范围引起了广泛的关注和赞誉。

> **【分析】** 小李在社交媒体运营方面主要采取以下策略:
> (1) 选定特色主题:让观众能够感受到中华传统文化的魅力和乡村生活的宁静与美好。
> (2) 高质量内容:重视视频的镜头语言与细节,突出每一期视频的特色。
> (3) 跨平台传播:通过多个平台的传播,扩大影响力,吸引粉丝。
> (4) 与粉丝互动:举办一些线上活动,增加粉丝黏度和认可度。
> 小李的视频内容以中国传统乡村生活为主题,她非常注重视频内容的品质,对每一道菜肴的制作都非常认真,让观众能够看到最好的烹饪技艺,感受到最真实的美食体验,因而小李在多个社交平台上都有很高的关注度。小李非常注重与粉丝的互动,经常回复粉丝的评论和私信,这种互动让她的粉丝黏性更高,也吸引了更多的新粉丝。
> 通过以上几点策略,小李成功地利用社交媒体提升了自己的知名度,成为一位知名的网红。她的成功证明了中华传统文化和乡村生活的魅力和影响力。
> 利用社交媒体成为网络红人,如今并不是一件容易的事情。小李的成功不仅在于她灵活地运用了各种社交媒体,还在于她自身的综合素质经得起万千网友的考验。这个案例提示无论处于何种时代,提升自身文化修养,打造核心竞争力是获得成功的必要条件。

一、数字化时代的表达特点

数字化时代的表达具有以下特点:

(一) 多媒体化

数字化时代使得信息表达不再局限于文字,而是可以通过图片、音频、视频等多种形式进行表达,使得信息更加生动、形象。

(二) 交互性

数字化时代的表达不再是单向的,而是可以进行互动和反馈。用户可以通过点赞、评论、转发等方式参与到信息的传播和交流中,形成双向互动的关系。

(三) 个性化

数字化时代的信息表达可以更加个性化,人们可以根据自己的喜好和需求定制信息内容和形式,实现个性化的信息表达。

(四) 实时性

数字化时代的表达具有实时性特点,人们可以通过社交媒体、直播等方式快速获取和分享最新信息,同时也可以实时表达自己的看法和情感。

(五) 数据化

数字化时代最重要的特点之一是数据化。随着数字技术的发展,各种数据源如社交媒体、互联网、物联网等不断涌现,数据规模不断扩大,数据类型不断丰富。同时,数据处理和应用的技术不断提升,数据分析和挖掘的效率和精度不断提高。这为个人、企业和政府等提供了更加多样化、精准化的信息服务。数字化时代的表达可以以数据化的方式呈现,通过数据分析和挖掘,可以更加精准地表达信息的核心内容和价值。

(六) 虚拟化

数字化时代的表达可以通过虚拟现实、增强现实等技术实现虚拟化的信息呈现,给用户带来更加沉浸式的体验。

(七) 创新性

数字化时代涌现了许多颠覆性的技术创新,如人工智能、大数据、云计算、物联网等。这些新技术改变了生产、管理和服务的方式,带来了更高效、更智能的工作模式和商业模式。

(八) 连接性

数字化时代强调人与人、人与物、物与物之间的连接与互联。互联网成为连接和传递信息的主要平台,人们可以通过网络实现远程办公、在线教育、跨境交易等,扩大了交流和合作的范围。

二、数字化时代的表达方式

数字化时代的表达方式多种多样,每一种方式都有其特点和适用场景。在选择表达方式时,需要根据信息的内容、受众和传播目的进行选择,以达到最佳的信息传递效果。同时,也需要注重表达的规范和礼仪,避免信息误导和不良影响。数字化时代的表达方式多种多样,其中最常见的是通过社交媒体和在线平台进行交流和表达。人们可以通过微博、微信、抖音等社交媒体平台发布自己的想法、观点和感受,通过博客、知乎等在线平台发表自己的文章、评论和见解。此外,数字化时代还催生了一些新的表达方式,如短视频、直播、语音日记等。这些新的表达方式使得人们可以更加直观、生动地表达自己的想法和情感,同时也使得信息的传播更加快速和广泛。在数字化时代,人们还需要注意表达的准确性和规范性,避免因为表达不当而引起误解或纠纷,也需要注意保持真实和诚信,避免虚假信息的传播。

数字化时代的表达方式主要包括以下几种:

本 章 小 结

（一）文字表达
通过文字进行信息的传递和交流，如社交软件、电子书、新闻网站等。
（二）图像表达
利用图像进行信息的表达，如摄影、插画、漫画等。
（三）视频表达
通过视频进行信息的传递和交流，如短视频、直播、电影等。
（四）音频表达
通过音频进行信息的传递和交流，如音乐、有声读物等。
（五）交互式表达
通过交互的方式进行信息的传递和交流，如游戏、虚拟现实、增强现实等。
（六）数据可视化表达
通过数据可视化的方式进行信息的传递和交流，如图表、地图、信息图等。
（七）混合表达
将多种表达方式进行混合使用，如 VR 电影、交互式游戏等。

【案例分析】

数字可视化表达

数字化时代，表达方式的重要性愈发凸显。一个典型的案例就是"世界人口 80 亿"的可视化表达方式。

在这个案例中，通过使用颜色代表不同的大陆，并将圆圈代表地球，有效地传达了全球人口数据的复杂性。这种可视化方式不仅简单、直观，而且具有很强的视觉吸引力。它让人们能够更直观地理解世界人口达到 80 亿这一重要里程碑的含义。

> 【分析】这一案例充分展示了在数字化时代表达方式的重要性。通过有效的可视化方式，可以将复杂的数据和信息以简单、直观的方式呈现出来，让人们更好地理解和掌握这些信息。同时，这种表达方式也能够更好地理解和解读世界，提高人们的认知和理解能力。

在数字化时代，需要不断地探索和创新表达方式，以更高效便捷地传递信息和数据，提高工作效率、增强沟通效果。只有这样，才能在数字化浪潮中更好地应对挑战、把握机遇。

本章小结

数字化时代的沟通与表达是一个复杂而多元的话题。随着数字技术的迅猛发展，人们的沟通方式、表达方式和信息传播方式都发生了深刻的变化。这些变化既带来了便利，也带来了新的挑战。

1. 数字化时代极大地改变了人们的沟通方式。传统的面对面交流逐渐被在线聊天、电子邮件、即时通信等数字通信方式所取代。这些数字通信方式不仅打破了时间和空间的限制，使得远距离的沟通成为可能，还为人们提供了更多的沟通选择和自由度。然而，这种沟通方式的转变也带来了一些挑战。例如，非面对面的交流往往缺乏肢体语言、语调和表情等非言语信息，这可能导致误解的产生。

2. 在表达方面，数字化时代同样带来了深远的影响。如今，人们可以通过文字、图片、视频等多种形式来表达自己的观点和情感。这些表达方式各有特色，可以根据不同的情境和需求进行选择。例如，视频通话可以传递更丰富的情感和视觉信息，而文字表达则可以更深入地阐述思想和观点。然而，这也意味着表达者需要具备更高的媒介素养，才能更好地运用这些新的表达方式。

3. 数字化时代的信息传播速度极快，这使得人们在表达时需要更加谨慎和负责。不当的言论或行为可能会迅速在网络上传播，对个人或组织造成不良影响。因此，在数字化的语境下，人们需要更加注重言辞的准确性和适度性，以避免不必要的误解和冲突。

4. 数字化时代的沟通与表达具有许多新的特点和挑战。为了更好地适应这个时代，人们不仅需要掌握新的沟通技巧和表达方式，还需要保持开放的心态和负责任的态度。只有这样，才能在数字化时代更好地交流与表达。

思考练习

1. 思考数字化时代沟通的优点和缺点。
2. 思考如何有效地利用数字化时代表达自己的观点和情感。
3. 思考数字化时代如何更好地倾听和理解他人的观点和情感。

推荐阅读

1.《影响力》　　作者：[美] 西奥迪尼

这本书主要讲述了政治家、商人和推销员如何运用影响力来达到自己的目的，同时也讲述了许多关于沟通技巧的内容。

2.《数文明》　　作者：涂子沛

这本书以大数据为核心元素，深入阐述了一个全新的数文明时代。它从人类的数据文明、商业世界的数据文明以及个人世界的数据文明三个层面描绘了互联网时代的一种全新文明形态。这本书将大数据与人类文明融合在一起，提供了一种全新的叙事结构，并突破了读者的认知边界和思维极限，提供了一个应对这个世界的全新的认知方法论。

3.《数字化：引领人工智能时代的商业革命》　　作者：冯国华、尹靖、伍斌

这本书介绍了数字化转型产生的技术因素以及商业因素、方法论以及数字化转型的四个关键环节，包含16个知名企业数字化转型案例。这本书能为企业管理者制定发展战略提供帮助，也能给企业生产者、供应商提供数字化时代的企业生存指南，有助于企业拥抱新技术，推动业务高质量发展，从而走向世界的大舞台。

参 考 文 献

[1] 徐书奇,刘林娟.沟通与口才[M].郑州:河南科学技术出版社,2021.
[2] 王用源.沟通与写作[M].北京:人民邮电出版社,2020.
[3] 脱不花.沟通的方法[M].北京:新星出版社,2021.
[4] 戴尔·卡耐基.卡耐基沟通艺术与人际关系[M].天津:天津社会科学院出版社,2013.
[5] 戴尔·卡耐基.卡耐基沟通的艺术与处世智慧[M].北京:中国华侨出版社,2012.
[6] 盛安之.口才三绝:会赞美会幽默会拒绝[M].上海:立信会计出版社,2015.
[7] 朱宪玲.沟通与口才[M].广州:广东高等教育出版社,2013.
[8] 童革.表达与沟通能力训练[M].3版.北京:高等教育出版社,2018.
[9] 吕丽辉.人际关系与沟通技巧[M].北京:人民邮电出版社,2021.
[10] 赵洱崟.管理沟通:原理、策略及应用[M].北京:高等教育出版社,2017.
[11] 罗纳德·B.阿德勒,拉塞尔·F.普罗科特.沟通的艺术[M].15版.北京:北京联合出版公司,2023.
[12] 廉捷.沟通技能训练[M].北京:外语教学与研究出版社,2015.
[13] 王建民.企业管理沟通实务[M].3版.北京:中国人民大学出版社,2012.
[14] 禹建湘.人际传播与沟通[M].北京:科学出版社,2017.
[15] 张文光.大学实用语文[M].北京:机械工业出版社,2016.
[16] 荆爱珍,周林庆.实用语文[M].北京:机械工业出版社,2008.
[17] 安德鲁·D.沃尔文,卡罗琳·格温·科克利,吴红雨.倾听的艺术[M].5版.上海:复旦大学出版社,2010.
[18] 黄静,郑玮.批评的艺术[M].北京:中国经济出版社,2004.
[19] 闫寒.学会拒绝[M].北京:中国盲文出版,2003.
[20] 智语著.你可以说不:1分钟学会拒绝的艺术[M].北京:金城出版社,2011.
[21] 黄伯荣,廖旭东.现代汉语(精简本)[M].6版.北京:高等教育出版社,2018.
[22] 郑燕芳.实用汉语基础教程[M].北京:中国广播影视出版社,2020.
[23] 张颖炜.普通话口语训练教程[M].南京:南京大学出版社,2015.
[24] 汪江,姜松雪.新编职业汉语教程[M].北京:高等教育出版社,2018.
[25] 高海霞.演讲与口才[M].北京:人民邮电出版社,2021.
[26] 李元授,熊福林.新编演讲与口才[M].武汉:武汉大学出版社,2023.
[27] 杨晓英,钟翠红.新编应用文写作教程[M].2版.南京:南京大学出版社,2017.

郑重声明

高等教育出版社依法对本书享有专有出版权。任何未经许可的复制、销售行为均违反《中华人民共和国著作权法》，其行为人将承担相应的民事责任和行政责任；构成犯罪的，将被依法追究刑事责任。为了维护市场秩序，保护读者的合法权益，避免读者误用盗版书造成不良后果，我社将配合行政执法部门和司法机关对违法犯罪的单位和个人进行严厉打击。社会各界人士如发现上述侵权行为，希望及时举报，我社将奖励举报有功人员。

反盗版举报电话　（010）58581999　58582371
反盗版举报邮箱　dd@hep.com.cn
通信地址　北京市西城区德外大街4号　高等教育出版社知识产权与法律事务部
邮政编码　100120

教学资源服务指南

扫描下方二维码，关注微信公众号"高教社极简通识"，学生可学习名校通识课，教师可学习教师培训课程、免费申请课件和样书、观看直播回放等。

名校通识课

点击导航栏中的"名校通识"，点击子菜单中的"课程专栏"，即可选择相应课程进行学习。

教师培训

点击导航栏中的"教师培训"，点击子菜单中的"培训课程"，即可选择相应课程进行学习。

教学资源服务指南

课件申请

点击导航栏中的"教学服务",点击子菜单中的"课件申请",填写相关信息即可申请课件。

样书申请

点击导航栏中的"教学服务",点击子菜单中的"免费样书",填写相关信息即可免费申请样书。